AUFBAU VERLAGSGRUPPE

Christina von Braun
Bettina Mathes

Verschleierte Wirklichkeit

Die Frau, der Islam und der Westen

Aufbau-Verlag

Mit 40 Abbildungen

Wir danken Idil Efe, die uns bei den materialreichen
Recherchen unterstützt hat.

ISBN 978-3-351-02643-1

Aufbau ist eine Marke
der Aufbau Verlagsgruppe GmbH

1. Auflage 2007
© Aufbau Verlagsgruppe GmbH, Berlin 2007
Einbandgestaltung gold, Anke Fesel und Kai Dieterich
Druck und Binden Ebner & Spiegel, Ulm
Printed in Germany

www.aufbau-verlag.de

INHALT

Kapitel VII

Kapitel VIII

Einleitung

Ex oriente crux. Aus dem Morgenland kam alles, was bis heute die westlichen Gesellschaften prägt: der Monotheismus, das Alphabet, die drei großen ›Religionen des Buches‹ – Judentum, Christentum und Islam. Der Orient, so hat der französische Historiker Jules Michelet einmal geschrieben, ist der ›Schoß der Welt‹ – eine nicht ganz unschuldige Metapher. Auch das christliche Kreuz hat seinen Ursprung im Morgenland. Es wird oft mit einem anderen religiösen Symbol verglichen, das heute zu kollektiven Erregungszuständen führt: das Kopftuch. Beide sind zu Symbolen der Begegnung von Orient und Okzident geworden.

In unserem Buch wollen wir die Subtexte, die unterschwelligen oder expliziten Annahmen, untersuchen, die diese Begegnung seit langem begleiten und die heute – im Zeitalter der Globalisierung – erneut aufeinanderstoßen. Es geht uns nicht darum zu sagen, was der Orient ›ist‹ und was man unter ›dem Westen‹ zu verstehen hat. Unser Blick richtet sich vielmehr auf das ›Dazwischen‹: auf die Art, wie sich die Annahmen der einen Seite mit denen der anderen verbinden oder zur gegenseitigen Abgrenzung führen. Natürlich beschreiben wir auch historische Fakten: Veränderungen, die sich auf beiden Seiten dieses neuen ›kulturellen Vorhangs‹ vollzogen haben, der heute an die Stelle des militärisch-politischen ›Eisernen Vorhangs‹ zu treten scheint, folgt man den Thesen über den *Clash of Civilizations*. Im Gegensatz zu dieser Konfrontationsthese sind wir der Ansicht, daß der schon seit langem bestehende transkulturelle Austausch zwischen Orient und Okzident heute – dank der Globalisierung bzw. *Mondialisierung*[1] – eine Neuauflage und neue Ausformung erfährt. Der transkulturelle Austausch rund ums Mittelmeer vermittelt besonders deutlich die Erkenntnis, daß es weder ›die‹ Geschichte gibt noch ›den‹ Orient oder Okzident. Es gibt nur die Positionen, aus denen heraus diese entworfen werden – und es ist die Entstehungsgeschichte dieser Standorte, die uns interessiert.

Der Leitfaden unseres Buches ist die Geschlechterordnung. Wir sind beide langjährige Forscherinnen auf diesem Gebiet und haben viele Publikationen dazu vorgelegt. Sehr oft wird das Wort Geschlechterordnung mit ›Frau‹ gleichgesetzt – und es ist auch nicht zu bestreiten, daß der Ort, der der ›Weiblichkeit‹ in einer Kultur zugewiesen wird, oft der direkteste Schlüssel ist, um eine Geschlechterordnung und ihre religiösen wie gesellschaftlichen Implikationen zu verstehen. Aber die Geschlechterordnung ist eben mehr als nur ›die Frau‹: Jede kulturelle Zuordnung an die Weiblichkeit impliziert auch eine an die Männlichkeit. An sich erscheint das so selbstverständlich, daß sich diese Präzisierung erübrigt. Doch die Erfahrungen der Geschlechterforschung zeigen, daß die Begriffe ›Sex‹ oder ›Gender‹ (das soziale oder kulturelle Geschlecht) fast ausschließlich mit Weiblichkeit in Verbindung gebracht werden. Das Thema unseres Buches ist also nicht nur der transkulturelle Austausch von Orient und Okzident, sondern auch die Art, wie dieser ›Dialog‹ in der Auseinandersetzung über die ›richtige‹ Geschlechterordnung in Erscheinung tritt.

Die Geschichte des Schleiers und anderer Symbole, wie etwa des Kreuzes, bilden einen ersten Knotenpunkt in diesem Buch. Auch dem Kreuz eignet eine politische und geschlechtliche Symbolik, die in der aktuellen Diskussion zumeist untergeht. Wir werden ihre Geschichte deshalb kurz skizzieren. Diese Symbole dienen uns als Einstieg in Fragestellungen, die inhaltlich und historisch viel weiter greifen und deren Komplexität von den Symbolen ›verschleiert‹

wird. Wir möchten einerseits einige der ›Mechanismen‹ darstellen, nach denen sich das Verhältnis von Orient und Okzident entwickelt hat und weiterhin bewegt. Wir möchten
andererseits aber auch zeigen, wie und warum in diesem
Konfliktfeld Fragen der Geschlechterordnung eine zentrale
Bedeutung angenommen haben. Warum sie zu den ›besetzten Gebieten‹ der aktuellen Auseinandersetzung zwischen
Orient und Okzident geworden sind. In diesen Auseinandersetzungen spielt die Verschleierung des weiblichen
Körpers eine wichtige Rolle, denn an ihr lassen sich komplizierte und widersprüchliche Phänomene auf einen scheinbar konkreten Nenner bringen: neben der Geschlechterordnung auch die Gegenüberstellung zwischen einem angeblich
›progressiven‹ Westen und einem angeblich ›rückständigen‹
Orient. Wir greifen deshalb mehrfach die aktuelle Kopftuchdebatte auf, weil mit ihr viele dahinter verborgene Fragen thematisiert werden: Mit der Frage des Schleiers werden kulturelle, mediale, soziale, politische und ökonomische
Aspekte verhandelt, von denen wir einige – wie etwa Schriftsysteme, Buchdruck, Wissensgesellschaft, Photographie
und Film, die Strukturierung des öffentlichen Raums, Mo-
dernisierungs- und Säkularisierungsprozesse, Prostitution
und Sextourismus und die Geschichte des Geldes – näher
beleuchten. Bei einigen dieser Topoi ist es evident, daß sie
mit Fragen der Geschlechterordnung zu tun haben, bei anderen wollen wir dazu beitragen, diese Zusammenhänge zu
verdeutlichen.

Wir sind der Ansicht, daß die Geschlechterordnung das
Terrain ist, auf dem das Unbewußte jeder Kultur am deutlichsten agiert. Deshalb sind Fragen der Geschlechterordnung so hoch emotional besetzt und geraten Gesellschaften
darüber so leicht an die Grenzen ihrer ›Berechenbarkeit‹.
Auf den ersten Blick verläuft der Prozeß der Globalisierung
nach ›berechenbaren‹ Mustern, weil er in erster Linie öko-
nomisch gedacht wird. Aber es ist schon heute ersichtlich,

daß der Prozeß auch unkalkulierbare Reaktionen hervorruft und daß sich ein Teil von ihnen auf jenem Terrain abspielt, auf dem Geschlechterordnungen und religiöse Ordnungen sich überschneiden. Unsere Untersuchung soll deshalb auch dazu beitragen, diese Prozesse – anhand historischer und aktueller Beispiele – besser zu verstehen.

›Die Frau im Islam‹ ist zu einem beliebten Thema der westlichen Gesellschaft geworden, und viele Publikationen gehen dabei gern auf die dunklen Seiten der ›anderen‹ Gesellschaft ein: die Zwangsheirat, den Ehrenmord oder die Genitalverstümmelung. Dabei wird übergangen, daß diese Praxis zwar häufig in islamischen Gesellschaften vorkommt, aber keineswegs ausschließlich in diesen. Die Genitalverstümmelung wird etwa auch von koptischen Christen praktiziert. Überdies wird übergangen, daß diese Praxis weniger mit dem Islam zu tun hat als mit Traditionen, gegen die der Islam manchmal sogar angetreten ist. Wenn, wie kürzlich geschehen, ein islamisch-afrikanisches Land wie Somalia eine Fatwa gegen die Genitalverstümmelung von Mädchen anordnet, so ist diese Nachricht den westlichen Zeitungen kaum drei Zeilen wert. Ehrenmorde und Zwangsheiraten dominieren hingegen (berechtigterweise) wochenlang die Schlagzeilen und werden zudem als ›islamisch bedingt‹ begriffen. Warum nicht Schlagzeilen über die Fatwa Somalias?

›Die Frau im Islam‹ ist eine erheblich komplexere Erscheinung, als manche westlichen Publikationen (die sich bezeichnenderweise fast immer auf eine einzige Region beziehen und von dieser verallgemeinernd auf ›den Islam‹ schließen) behaupten. Es genügt, die Untersuchungen von ägyptischen, türkischen, marokkanischen, algerischen, palästinensischen Autorinnen zu lesen, die Positionen von Frauen aus Pakistan oder Bangladesh wahrzunehmen, um zu erkennen, daß es ›die Frau im Islam‹ nicht gibt, sondern nur eine Fülle von unterschiedlichen Zeugnissen, Lebensbedingungen und Erfahrungen, die weibliches Leben, die Sexualität und damit auch die Geschlechterordnung prägen.

Einige dieser Autorinnen (die ihren eigenen Gesellschaften kritisch gegenüberstehen und von denen manche unter Verfolgungen im eigenen Land zu leiden haben) zitieren wir. Es soll gezeigt werden, wie schwer es viele Frauen in diesen Ländern haben, die um ihre Rechte kämpfen. Und es soll gezeigt werden, wie sehr die Intellektuellen von den neuen fundamentalistischen Strömungen bedroht werden. Aber das hat wenig mit der einen Religion – wenn überhaupt mit Religion – zu tun. Die Intellektuellenfeindlichkeit ist ein Symptom, das alle Fundamentalismen verbindet, egal, ob islamischer, christlicher oder jüdischer Herkunft. Die überwiegend evangelikalen und pietistischen Verfechter des Kreationismus und der Theorien eines gottgelenkten *intelligent design*, die dafür eintreten, die biblische Schöpfungslehre als wissenschaftliche Theorie in den Schulen zu lehren, verweigern ihrerseits eine wissenschaftliche Debatte über ihre anti-evolutionistischen Thesen. Dieselben christlichen Fundamentalisten vertreten frauenfeindliche und anti-intellektuelle Positionenen. So können sie sich auf eine ›gottgegebene‹ Geschlechterordnung berufen.

Alle Formen des Fundamentalismus verbindet zumeist eine oberflächliche Kenntnis der heiligen Texte, auf die sie sich so gerne berufen. Dem Mörder des ägyptischen Präsidenten Mohammed Anwar al-Sadat wurde – erstaunlich genug – bei seinem Prozeß die Möglichkeit geboten, seine Tat theologisch zu begründen. Die Anhörung offenbarte eine bemerkenswerte Unkenntnis des Koran und seiner Auslegungen. Eine ähnliche Unkenntnis würde auch eine genauere Betrachtung der Argumentation christlicher und jüdischer Fundamentalisten zutage fördern. Der Fundamentalismus breitet sich dort aus, wo das Fundament fehlt – und zwar das religiöse Fundament. In diesem Kontext tauchen simplistische Antworten auf komplexe Fragen auf; es entsteht der Anspruch, daß die eigene Position die ›absolute Wahrheit‹ repräsentiere; wer andere Ansichten vertritt, wird stigmatisiert und dämonisiert. In allen drei Religionen des Buches sind zur Zeit fundamentalistische Strömungen zu beobachten. Aber auch viele säkulare Debatten über ›die Frau im Islam‹ sind kaum weniger simplistisch als die der Fundamentalisten.

Die Darstellung unterschiedlicher islamischer Gesellschaften wird zur Zeit von einigen hervorragenden IslamwissenschaftlerInnen und von AutorInnen aus diesem Kulturkreis geleistet. Einige von ihnen, wie Fatimah Mernissi oder Nilüfer Göle, wurden ins Deutsche übersetzt, andere sind als Übersetzungen auf englisch zugänglich. Uns geht es jedoch um die Frage: Was besagt eigentlich die Fülle von westlichen Schriften, die sich dem Orient widmen, *über den Okzident*? Denn bei einer Betrachtung des ›Dialogs‹ von Orient und Okzident ist man schnell mit dem Dilemma konfrontiert, daß der Okzident viel mehr über den Orient geschrieben hat als umgekehrt.

Gewiß, es gibt in den Ländern des ›Orients‹ (oder von diesen ausgehend) eine Vielzahl von politisch-polemischen Schriften (und militanten Aktionen), die sich gegen ›den Westen‹ richten. Sie stammen oft aus dem Umfeld der Moslem-Brüder oder anderer fundamentalistischer Strömungen. Diese Schriften geben gar nicht erst vor, neutral oder ›wissenschaftlich‹ zu sein. Es sind zumeist Kampfschriften. Komplizierter sind die Schriften des Westens über den Orient, denn sie behaupten, einen ›objektiven‹ oder unvoreingenommenen Blick auf den Orient zu richten. Doch es ist eben diese angebliche Neutralität und Objektivität, die es zu untersuchen gilt.

Daß der Okzident mehr über den Orient geschrieben hat als umgekehrt, ist einerseits ein Zeichen für die vielen Phantasien, die der Orientalismus hervorgebracht hat. Es ist an-

14

dererseits aber auch ein Zeichen für das Selbstbild des Okzidents, der sich gern mit einer alle Kulturen einschließenden Definitionsmacht versieht. Wir sind der Ansicht, daß sich hinter dem Interesse am Orient und den Schriften, die im Westen darüber erschienen sind, vor allem eines verbirgt: die ›Verschleierung‹ der Tatsache, daß die Perspektive des Westens alles andere als ›objektiv‹ und ›neutral‹ ist. Der auf den ›Orient‹ und dessen ›Fremdheit‹ gerichtete Blick konstruiert eine ›übergeordnete‹ Wissens- und Wahrnehmungsstruktur, mit der sich der Westen gern ausgestattet sieht. Doch hinter dieser Konstruktion – und den Objekten ihres Blicks – offenbart sich eine Position, die sich dingfest machen läßt: an der Art, wie die Objekte der Untersuchung als ›fremd‹, ›anders‹, ›irrational‹ oder ›zurückgeblieben‹ bezeichnet werden.

Nicht nur Menschen, auch kulturelle Begegnungen lassen sich mit einem Instrumentarium, das der Psychoanalyse entliehen ist, entziffern. Das tat schon der in Algerien tätige Psychiater Frantz Fanon, der die dem Kolonialismus zugrunde liegenden Penetrationsphantasien beschrieb. »Jeder abgelegte Schleier eröffnet den Kolonialisten bislang verschlossene Horizonte und zeigt ihnen Stück für Stück das entblößte algerische Fleisch. Die Aggressivität des Okkupanten und seine Hoffnungen verzehnfachen sich mit jedem freigelegten Gesicht. Jeder abgelegte Schleier, jeder Körper, der sich von der traditionellen Fessel des *haïk* befreit, jedes Gesicht, das sich dem frechen und ungeduldigen Blick des Okkupanten darbietet, drückt auf negative Weise aus, daß Algerien beginnt, sich zu verleugnen, und daß es die Vergewaltigung durch den Kolonisator hinnimmt.«[2]

Fanons Text über den algerischen Unabhängigkeitskrieg erhält durch die Kopftuchdebatte eine überraschende Aktualität, denn er macht deutlich, daß es bei dieser ›Vergewaltigung‹ nicht so sehr um die einzelne Frau wie um die algerische Nation ging. Aber Fanon zeigte auch, daß die

Entschleierung von den Frauen individuell erlebt wurde: als Entfremdung vom eigenen Körper. Er schrieb über die Frauen, die sich im algerischen Bürgerkrieg des Schleiers *entledigten*, um so, als unverdächtige ›Konvertiten‹ der europäischen Gesellschaft, Waffen und Nachrichten schmuggeln zu können: »Man muß die Bekenntnisse der Algerierinnen gehört oder das Traummaterial einiger kürzlich Entschleierter analysiert haben, um die Bedeutung des Schleiers in der Körpererfahrung der Frau begreifen zu können. Eindrücke eines zerstückelten, in die Willenlosigkeit geworfenen Körpers; die Glieder scheinen ins Unermeßliche zu wachsen. Beim Überqueren einer Straße ist sie plötzlich unsicher über die Entfernungen, die sie zurückzulegen hat. Der entschleierte Körper scheint zu entfliehen, sich in viele Stücke zu zerteilen. Der Eindruck, schlecht gekleidet, ja nackt zu sein. Eine mit großer Intensität erfahrene Unvollständigkeit. Ein ängstlicher Geschmack des Unzulänglichen. Eine erschreckende Sensation der Desintegration.«[3] Paradoxerweise verwendet der Westen heute ähnliche Bilder vom ›Unbehagen‹, der ›Willenlosigkeit‹ und der ›Unsicherheit‹, um den Körper der Frau *unter* dem Schleier zu beschreiben.

Im postkolonialen Diskurs zeigt sich die Verwendbarkeit des psychoanalytischen Instrumentariums auf der Ebene der Wunschphantasien. Für die türkische Soziologin Meyda Yeğenoğlu dient der Schleier zwar auch »als eine Abschirmung gegen westliche Penetrationsphantasien«. Darüber hinaus offenbare sich darin aber auch »der paradoxe Versuch, einerseits die Trägerin zu entschleiern, sie andererseits aber auch zu verschleiern«.[4] Der Schleier wird für sie zum Mittel, ein Geheimnis *herzustellen*. In dieser Konstellation offenbare sich das Zusammenspiel zwischen der »›echten Politik‹ (der Welt der Konflikte) und der textuellen Sublimation (der Literatur)«.[5] Manchmal erzählt die Literatur (zu der für uns auch ein Teil der wissenschaftlichen Theorie zu rechnen ist) mehr über politische Konstellationen als öffentliche Deklamationen. Das heißt, Literatur und Kunst bieten für ein Verständnis von kollektiven kulturellen und politischen Denkweisen eine ähnliche Funktion wie die Träume eines Individuums für die individuelle Biographie: Sie sind ein Schlüssel zum Unbewußten einer Gesellschaft. In diesem Sinne möchten wir kulturhistorische Perspektiven nutzen, um aktuelle Diskurse über die Geschlechterordnung des Islam zu ›entschleiern‹: Wir teilen die Empörung über Zwangsheirat und Klitorisbeschneidung; auch wir möchten kein Kopftuch tragen. Aber wir verlieren nicht aus den Augen, daß die Klitorisbeschneidung in den europäischen Ländern noch bis vor einigen Jahrzehnten als Therapie gegen Onanie und Hysterie empfohlen wurde. Daß eine Kopfbedeckung noch bis vor ein bis zwei Generationen zur Standardkleidung der ›anständigen Frau‹ im westlichen Abendland gehörte. Haben wir vergessen, daß Paulus der Frau verbot, die Kirche ohne Schleier zu betreten? Daß das Christentum die einzige Religion ist, die ein ausdrückliches Verschleierungsgebot erlassen hat? Daß noch heute in vielen Regionen Europas die Kirche von den Frauen fordert, in einem Gotteshaus eine Kopfbedeckung zu tragen? Daß es über Jahrhunderte verheirateten Frauen untersagt war, ohne Kopfbedeckung auf die Straße zu gehen?

Als ungeschriebenes Gesetz galt diese Kleiderordnung noch bis tief ins säkulare Zeitalter hinein und wurde auch immer wieder als Mittel benutzt, die Stimme von Frauen im öffentlichen Raum zum Schweigen zu bringen. Als die Frauenrechtlerin Anita Augspurg 1893 in Karlsruhe den Festvortrag zur Eröffnung des ersten deutschen Mädchengymnasiums hielt – dem Schritt waren Jahrzehnte des Kampfes um höhere Bildung für Frauen vorausgegangen –, berichtete die deutsche Presse landesweit über das Ereignis: Der Inhalt der Rede fand erheblich weniger Beachtung als die Tatsache, daß sie ohne Hut ans Rednerpult getreten war. Die Kopfbedeckung war zu einem Symbol für die Debatte um die höhere Mädchenbildung geworden. Eine solche ›relativierende‹ Betrachtungsweise bedeutet weder, daß wir nicht die Gewalt gegenüber dem weiblichen Körper sehen oder ihr gar das Wort reden, noch daß wir von einem ›kleinen Rückstand‹ der anderen Kultur ausgehen. Sie erlaubt jedoch, nach den kulturellen Hintergründen für solche Unterschiede zu fragen, und sie wirft nebenbei auch die Frage nach dem Frauenbild des Westens auf.

Viele aktuelle Aussagen und Texte von Politikern, Juristen, Journalisten, Soziologen lassen sich wie ›literarische‹ Texte lesen: als Schriften, die etwas über das Begehren, die Wünsche und Ängste ihrer Verfasser und ihres Zeitalters erzählen. In seinem Buch »Orientalismus« hat Edward Said dargestellt, wie sehr die westliche Kultur den Orient in einen großen Roman verwandelt hat. »Der Orient ist nicht nur Europa benachbart, er ist auch der Ort der größten, reichsten und ältesten Kolonien Europas, die Quelle von Europas Zivilisationen und seiner Sprachen, seines kulturellen Wettkampfes und eines seiner ältesten und am häufigsten wiederkehrenden Bilder des Anderen. Zusätzlich half der Orient Europa (oder dem Westen), sich als dessen kontrastierendes Bild, Idee, Persönlichkeit, Erfahrung zu definieren. Nichts an diesem Orient ist nur imaginativ. Der Orient ist ein integraler Teil der europäischen *materiellen* Zivilisation und Kultur. Der Orientalismus drückt diesen Teil kulturell und selbst ideologisch aus und repräsentiert ihn als eine Art Diskurs mit der Hilfe von unterstützenden Institutionen sowie Vokabular, Wissenschaft, Bildwelt, Doktrinen, selbst kolonialen Bürokratien und kolonialen Herrschaftsweisen.«[6]

Für den Westen wurde der Orient zu einem ›Gesamtkunstwerk‹, in dem sich Philosophie und Soziologie, Literatur und Film gegenseitig zitieren und als ›Wahrheit‹ legitimieren. Seltsam nur, daß sich diese Wahrheit so gern des Symbols der Verschleierung bedient. Die Debatte um das Kopftuch erweckt den Eindruck, als habe die westliche Gesellschaft einen Gutteil ihrer unbewußten, ungeschriebenen, verdrängten Fragen an dieses (Ver-)Kleidungsstück verwiesen, das zur Leinwand einer Vielzahl von Projektionen des westlichen Ichs geworden zu sein scheint. Daß der Schleier diese Funktion hat, ahnte schon Novalis: Als sein Held schließlich den Schleier der Göttin von Sais lüften darf, entdeckt er dahinter kein anderes als das eigene Antlitz. Mit anderen Worten, wenn es den Schleier nicht schon gegeben hätte, der Westen hätte ihn erfinden müssen, um seine vielen Phantasien vom Selbst im Spiegel des ›Orients‹ unterzubringen.

Will man etwa die kulturgeschichtliche Dimension der aktuellen Kopftuchdebatte begreifen – die weit jenseits der Frage liegt, ob ein Kopftuch ideologische, antiwestliche oder antiemanzipatorische Inhalte vermittelt –, so kann man nicht umhin, sich Gedanken über die rasante Geschwindigkeit zu machen, mit der der weibliche Körper in der westlichen Welt in den letzten hundert Jahren entkleidet wurde. Eine solche Betrachtung hat nichts mit Kritik am nabelfreien T-Shirt zu tun, sondern mit der Frage, ob diese Nacktheit wirklich ein Zeichen von ›Emanzipation der Frau‹ und so frei von Ideologie und sozialem Druck ist, wie manche Apologeten der ›westlichen Freiheit‹ behaupten. Kurz: Es geht nicht um ein Urteil über die ›richtige Einstellung‹ zur Kopftuchfrage. Über diese Frage läßt sich nicht kollektiv, sondern nur von Fall zu Fall entscheiden – und genau dies ist die Schlußfolgerung, zu der fast alle Autoren, die sich intensiver mit den vielen Facetten der Kopftuchfrage auseinandersetzen, wie auch die Richter des Bundesverfassungsgerichts, kommen.[7]

Weil es sich in der Begegnung von Orient und Okzident um Subtexte und unbewußte Inhalte handelt, enthält diese

Begegnung auch so viele Paradoxien. Freud hat vom Unbewußten gesagt, es kenne weder die ›logischen Denkgesetze‹ noch den Widerspruch; auch nehme es keine Rücksicht auf die Realität.[8] Eine ähnliche ›Realitätsferne‹ charakterisiert auch die Phantasien des Okzident über den Orient. Was nicht alles unter oder hinter dem Schleier vermutet wird! Die Phantasien reichen von der erotischen Odaliske bis zur geknechteten Frau, sie dienen als Titelbild für das »Rätsel Islam« ebenso wie für den Selbstmordattentäter. Eben weil es sich um einen Roman handelt, entwickelt dieser Stoff auch so große politische Wirkungsmacht. Es ist immer die Möglichkeit (oder die Phantasie), nicht die Realität, die unsere Gefühle in Schwingungen versetzt, und dieses Prinzip gilt besonders dann, wenn die Phantasien mit Sexualbildern aufgeladen werden. Insofern kann man sagen, daß das Thema dieses Buches das ›rätselhafte‹ westliche Subjekt im Spiegel des ›Rätsels Islam‹ ist.

Daß dieses Subjekt auf paradoxe Weise mit der Geschlechterordnung umgeht, sei an einem kleinen Beispiel illustriert: Nachdem Großbritannien 1882 Ägypten besetzt hatte, wurde der Repräsentant der englischen Krone, Evelyn Baring (später Lord Cromer), zu einem der Vorkämpfer für die Entschleierung und die ›Befreiung der Frau‹ im besetzten Land. In seinem Heimatland war Cromer Mitbegründer und Vorsitzender der *Men's League for Opposing Women's Suffrage* (Liga der Männer gegen das Frauenstimmrecht).

Es gibt unbestreitbar Traditionen, die den Osten vom Westen unterscheiden. Diese Unterschiede machen den Osten für den Westen zum ›Fremdkörper‹ – und umgekehrt. Der Westen hat – wie mehr oder weniger alle Gesellschaften – seine kollektiven Probleme mit dem ›Fremden‹ traditionell am weiblichen Körper ausgehandelt. Das galt schon für die rassistischen Imaginationen über ›den Juden‹, und es gilt heute erneut für die Bilder ›des Orientalen‹. In ihrem Buch »Fremde sind wir uns selbst« zeigt die französi-

sche Philosophin und Psychoanalytikerin Julia Kristeva, daß Frauen die ersten Fremden der abendländischen Kultur waren: Die in Ägypten geborenen Danaiden flohen vor Ehe und Sexualverkehr in das griechische Argos – eine Geschichte, die der griechische Dramatiker Aischylos in den »Schutzflehenden« aufgegriffen hat. Kristeva interpretiert die schutzflehenden Frauen als Fremde auf zweifache Weise: »Sie kommen aus Ägypten, und sie widersetzen sich der Ehe. Sie stehen außerhalb der Gemeinschaft der Bürger von Argos, und sie verweigern die grundlegende Gemeinschaft: die Familie.«[9] Sie wollen Individuen sein. Doch genau das kann die griechische Gesellschaft dem Frauenkörper nicht zubilligen.

Als in der griechischen Antike die Vorstellung vom Menschen als Individuum entsteht, geschieht dies unter dem Ausschluß des weiblichen Körpers: Er gilt als ›Fremdkörper‹, solange er nicht hierarchisch eingemeindet werden kann – durch die Ehe. Den Danaiden, die vor der ›Zwangs-ehe‹ aus Ägypten geflohen waren, blieb nichts anderes übrig, als die Ehe mit einem Griechen einzugehen.[10] Ein ähnlicher Umgang mit dem fremden ›orientalischen Frau-enkörper‹ scheint sich auch heute zu vollziehen: Schutz vor der Zwangsehe bieten wir dir erst, wenn du so geworden bist wie wir – d. h. ohne Kopftuch. Dabei sind es heute sehr oft kopftuchtragende Frauen, die sich am deutlichsten ge-gen die Bevormundung durch ihre Herkunftsfamilien und frauenfeindliche Traditionen in ihrer eigenen Gesellschaft zur Wehr setzen.

Kristeva erinnert daran, daß sich das Christentum ur-sprünglich als Gemeinschaft der Fremden konstituierte. Die frühen Christen verließen ihre Eltern, Ehegatten und Geschwister, um in Gemeinschaften zu leben, in denen Blutsverwandtschaft oder die Zugehörigkeit zu einer Polis keine Rolle spielen sollten. Jeder und jede, die sich der neuen Lehre anschlossen, waren willkommen: An die Stelle der Stadt und der Familie trat die ›Ecclesia‹.[11] Dieser Entzug aus der traditionalen Gesellschaft war ein Skandal, der bei der Verfolgung der frühen Christen eine wichtige Rolle spielte. Diese Christen waren sich untereinander fremd, und die Gemeinschaft als Ganzes wurde als ›Fremd-körper‹ innerhalb der antiken Gesellschaft wahrgenom-men: Das entsprach der von den Evangelien überlieferten Aussage Jesu, sein Reich sei »nicht von dieser Welt«.

Doch schon ab dem 4. Jahrhundert, mit der Anerken-nung der christlichen Religion im Römischen Reich, bil-dete sich innerhalb der Kirche eine neue Hierarchie heraus, die kaum noch Abweichungen zuließ und Andersdenkende als Häretiker verfolgte oder exkommunizierte. Die Selbst-wahrnehmung der Christen als ›Fremde‹ geriet mit der Mission und der Ausbreitung des Christentums mehr und mehr zur Fiktion, und so entstand eine ›Blindheit‹ gegen-über den wirklich Fremden. Es entstand das Bedürfnis, jede

Differenz zum Verschwinden zu bringen, sie dem Selbst zu assimilieren. Es ist kein Zufall, daß ausgerechnet der assimilierte Jude Sigmund Freud auf die Herkunft des Fremden aus dem Eigenen aufmerksam gemacht hat: Das Unheimliche, das uns Angst macht, vor dem wir die Augen verschließen möchten, so sagt er, ist das verdrängte Eigene.[12] Von Freud können wir lernen, so Julia Kristeva, das Fremde nicht woanders zu verorten, sondern »die Fremdheit in uns selbst aufzuspüren«.[13] Das sei die einzige Möglichkeit, sie weder zu verfolgen noch auszustoßen. Um diese Art von ›Heimlichkeit‹ und ›Unheimlichkeit‹ geht es in der Begegnung von Orient und Okzident. Dabei kommt dem weiblichen Körper eine paradoxe Rolle zu: Einerseits stellt er das ›erste Heim‹ dar; andererseits gilt der weibliche Körper aber auch als ›dunkler Kontinent‹, als ›Geheimnis‹, das es zu ›lüften‹ gilt. Für den Westen erfüllt der Orient eine ähnliche Funktion: Er wird einerseits als der ›Schoß der Welt‹ betrachtet, andererseits beflügelt dieser ›dunkle Kontinent‹ aber auch seine Erkenntnislust.

Für die einen symbolisiert der Orient Geheimnis und islamisches Patriarchat (meistens beides zugleich), für die anderen erzählt er von einer angeblich unbeherrschbaren Triebhaftigkeit des moslemischen Mannes. Die einen konstatieren eine ›Rückständigkeit‹ der islamischen Gesellschaften, die anderen sehen in ihm die Brutstätte eines modernen Terrorismus, der sich der neuesten Militär- und Kommunikationstechniken bedient. Die westliche Angst vor dem Orient suggeriert, dem verschleierten Orient stehe ein offen zugänglicher Okzident gegenüber, der den undurchsichtigen Machenschaften der islamischen Welt schutzlos ausgeliefert sei. Gerade die Penetrations- und Deflorationsphantasien, die sich auf den orientalischen Harem richten, erzählen jedoch vom Gegenteil. Der Wunsch, in den Harem einzudringen, geht von einem blickenden Subjekt aus, das selbst nicht gesehen werden will und das seine Lüste und Interessen mit

Die Kunst, zu sehen,
ohne gesehen
zu werden.

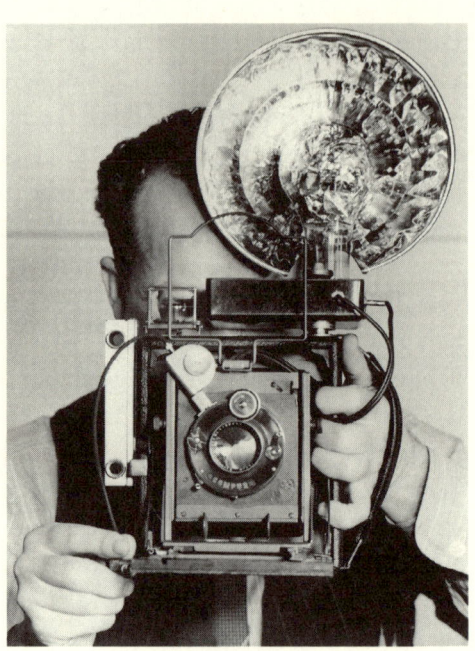

Hilfe optischer Sehgeräte verschleiert, die ›Objektivität‹,
Neutralität und Freiheit versprechen.

Es ist bekannt, daß die Photographie eine entscheidende
Rolle im Kolonialismus gespielt hat; und zwar sowohl bei
der Herausbildung westlicher Phantasien vom Harem als
auch bei der gewaltsamen Entschleierung der muslimischen
Frau. Der einäugige, scheinbar körperlose Blick des Photographen, der nicht erwidert werden darf, durchdringt den
Raum und den Körper und duldet keine privaten (tabui-
sierten) Zonen. Die heutige Technologie hat es verstanden,
diesen symbolischen Schleier des blickenden Subjekts unsichtbar zu machen; die frühen Photokameras verlangten
noch vom Photographen die Bedeckung des Kopfes mit
einem schwarzen, lichtundurchlässigen Tuch, das dem
Schleier der Muslimin verblüffend ähnelt.

Europäische Photographen eröffneten Photostudios in
Algier, Kairo oder Istanbul, um vermeintliche Haremssze-

*Die Kunst, zu sehen,
ohne gesehen
zu werden.*

nen (die sie in Wirklichkeit nie gesehen hatten) sowie halb
entschleierte Frauen in lasziven Posen und in einer luxuriö-
sen Umgebung zu photographieren. Diese gestellten Bilder
fanden als Postkarten reißenden Absatz in den europäischen Kolonialstaaten.[14] Die heimischen Verleger achteten
darauf, daß die scheinbar realistischen Photographien der
entschleierten Schönheiten den westlichen Phantasien vom
Orient entsprachen. Die Bilder aus dem Inneren eines türkischen Harems, die die Engländerin Grace Ellis aufgenommen und an eine britische Zeitung geschickt hatte,
wurden hingegen als zu unrealistisch abgelehnt.[15]

Die verschleierte Frau widersetzt sich nicht nur diesem
kolonisierenden Blick, sie wird dabei auch selbst zur Be-
trachterin, die nicht gesehen werden kann. Der aus Algerien stammende französische Philosoph Malek Alloula hat
die Provokation, die von dieser Verweigerung ausgeht, auf
den Punkt gebracht: »Für den Photographen stellen die

25

verschleierten Frauen nicht nur ein peinliches Rätsel dar, sondern auch einen Angriff auf seine Autorität. [...] Gebündelt durch den kleinen Sehschlitz, entspricht dieser weibliche Blick in gewißer Weise der Linse des Photoapparates, die auf die ganze Welt zielt. Der Photograph weiß dies sehr genau; er kennt diesen Blick gut; er ähnelt seinem eigenen Blick. Der Präsenz der verschleierten Frau ausgesetzt, fühlt sich der Photograph selbst photographiert, er selbst wird zu einem Objekt des Blicks.«[16]

Die Debatte über Kopftuch und Schleier eignet sich auch deshalb zur Entschlüsselung unausgesprochener, unterschwelliger Redeströme zwischen Ost und West, weil sie von der Rolle des Sehens in der westlichen Kultur erzählt, deren Definitionsmacht und Herrschaft über andere auch auf einer Macht des Blicks beruht. Der Schleier ist nicht nur ein Kleidungsstück, das verhüllt und enthüllt, er ist auch ein uraltes Symbol für das Geheime, das sich dem Blick entzieht. Die westliche Kultur hat das Geheime immer als Aufforderung verstanden, zu neuer Erkenntnis zu gelangen. Die öffentliche Entblößung des Frauenkörpers wurde zum Beleg für ein Wissen um die ›nackte Wahrheit‹. Seit der Renaissance und durch die gesamte Wissensgeschichte des 18. und 19. Jahrhunderts hindurch war der entblößte Frauenkörper eine Symbolgestalt für Erkenntnis, Entdeckung und technische Innovation. Einige der Errungenschaften der Moderne – wie ›Freiheit, Gleichheit, Brüderlichkeit‹ oder ›die Republik‹ – waren abstrakt und unsichtbar. Doch sie wurden ›sichtbar‹, greifbar, indem man ihnen eine weibliche Gestalt verlieh: Auf den Barrikaden der Französischen Revolution kämpft Marianne: mit entblößtem Oberkörper.

Indem der Westen Schleier und Kopftuch bei muslimischen Frauen als Symbole patriarchaler Unterjochung und eines ›islamistischen Fundamentalismus‹ interpretiert, erzählt er auch etwas über die ideologische ›Verwendung‹

Die ›Freiheit‹ auf den Barrikaden der Französischen Revolution: Der entblößte weibliche Körper als Symbol für Erkenntnis und Fortschritt.

des weiblichen Körpers in der Geschichte des Westens. Die Darstellung des weiblichen Körpers im Westen blieb nicht ohne Rückwirkungen auf die Frauen selbst. Ohne die barbusige Marianne auf den Barrikaden der Republik hätte den europäischen Frauen die rasante Entblößung ihres Leibes nie als Zeichen ihrer Freiheit und Gleichberechtigung verkauft werden können. Der Gewalt, der der Westen die verschleierte Muslimin ausgesetzt glaubt, steht die Gewalt des westlichen voyeuristischen Blicks gegenüber. Und der Gewalt der Klitorisbeschneidung, die im Westen zu Recht als Menschenrechtsverletzung verurteilt wird, stehen im Westen Schönheitsoperationen gegenüber und die Selbstverletzungen, die junge Frauen (und zunehmend auch Männer) ihrem Körper zufügen. Wir bestreiten keineswegs die

27

hierarchische Geschlechterordnung des Islam, die von männlicher Definitions- und Entscheidungsmacht geprägt ist. Wir möchten nur zeigen, daß die Probleme, die wir an der Muslimin zu erkennen glauben, nicht nur mit dem Islam, sondern auch mit der westlichen, christlich geprägten Kultur zu tun haben.

Der Schleier ist ein ›leerer Signifikant‹, und die beliebige Aufladung dieses Symbols gilt nicht nur für den Westen, sie trifft auch auf den islamischen Raum zu. Das ist an den vielen unterschiedlichen Bedeutungen abzulesen, die je nach islamischem Land dem Kopftuch beigemessen werden. Die angeblich klare Aussage des Koran über das Schleiergebot, auf das sich alle seine Befürworter beziehen,[17] ist alles andere als explizit und auf jeden Fall weniger deutlich als die des Paulus, der im ersten Korinther-Brief die Verschleierung der Frau christlich begründet.[18] Sein Vorbild kam aus der jüdischen Tradition und war seinem Befremden über die unverschleierten Frauen von Korinth geschuldet.[19] Zur Zeit Mohammeds war der Schleier kein selbstverständliches Kleidungsstück für Frauen. Er wurde von Frauen höheren Standes getragen als Zeichen ihrer Zugehörigkeit zur Oberschicht, nicht als Zeichen der Geschlechtertrennung. Erst drei oder vier Generationen nach dem Tod des Propheten setzte eine weite Verbreitung ein.[20] Die Uneindeutigkeit der Aussage über die Schleierpraxis wie auch die unterschiedliche Bedeutung, die das Tragen des Schleiers transportiert, hatte in den verschiedenen Ländern des Islam eine unterschiedliche Praxis zur Folge. Das Spektrum reicht von der völligen Verhüllung der Frauen unter den Taliban bis zum losen Schal um den Kopf der pakistanischen Premierministerin Benazir Bhutto.

Die westliche Fixierung auf den Schleier verhindert oftmals das Erkennen politischer Kontroversen und Säkularisierungstendenzen, die sich *in* den islamischen Gesellschaften abspielen. Historisch und aktuell wurden auch dort

28

Schleier und Entschleierung immer wieder für politische Zwecke instrumentalisiert. Das galt im Iran sowohl für die Zeit des Schah-Regimes als auch für den religiösen Umsturz unter Khomeini. In Afghanistan unter den Taliban verband sich das Verschleierungsgebot mit massiven Unterdrückungsmaßnahmen gegen die Frauen. Andererseits wurde der Schleier aber auch von den Frauen selbst als politische Waffe eingesetzt. Als der marokkanische Sultan Mohammed V. von den Franzosen ins Exil verbannt wurde, tauschten die Frauen in vielen Städten Marokkos den traditionellen weißen Schleier gegen einen schwarzen – sie bedienten sich dieser Symbolik, um ihre Solidarität mit dem Herrscherhaus und der nationalen Unabhängigkeit zu demonstrieren. Fanon schreibt, daß für die arabische Gesellschaft die Farbe Schwarz kein Ausdruck für Trauer sei. »Im Zusammenhang mit dem Unabhängigkeitskampf entspricht die Aneignung von Schwarz dem Wunsch, symbolischen Druck auf den Besatzer auszuüben: durch die konsequente Wahl seines eigenen Zeichensystems.«[21]

Die Politisierung des Schleiers hatte schon lange vor dem Kolonialismus begonnen. Als der Scheich der algerischen Stadt Constantine im Jahre 1792 von seinem Gegner Hasan Pascha ermordet wurde, tauschten die Frauen von Constantine über Nacht ihre weißen *haïks* gegen schwarze aus. Die schwarzen Tücher unterscheiden sie bis heute von Frauen anderer algerischer Städte. In anderen Gebieten wurde der Schleier zu einem Symbol der Abkapselung *gegen eine islamische Fremdherrschaft*. So etwa bei den Mzābiten, die sich schon früh von anderen islamischen Strömungen abspalteten und im 17. Jahrhundert in eine Oasengruppe nach Südalgerien auswanderten. Sie wurden als die ›Puritaner des Islam‹ bezeichnet. Dieser Puritanismus findet einerseits in einer strengen Endogamie ihren Ausdruck – die Männer der Gemeinschaft sind verpflichtet, Frauen aus der eigenen Gruppe zu heiraten –, andererseits aber auch in der kompletten Verschleierung der Frauen: Nur ein Auge ist zu sehen. Die Mzābiten leben in einer der unwirtlichsten Gegenden Nordafrikas und gehören zu den erfolgreichsten Kaufleuten Algeriens. Wegen dieser Verbindung von Puritanismus und wirtschaftlicher Dynamik sind sie oft mit den Kalvinisten verglichen worden.[22] Das heißt, der Schleier wurde immer wieder zum Symbol für eine ideologische Abgrenzung gegen eine Majorität oder Fremdherrschaft, die gelegentlich, aber keineswegs immer vom Westen ausging.

Ebenso hatte natürlich auch die *Ent*schleierung eine politische Symbolik: etwa im Unabhängigkeitskampf Algeriens, wo die Entschleierung zu einer Strategie der ›Verhüllung‹ und des Partisanenkampfs wurde; oder bei der Konstruktion eines säkularen türkischen Nationalstaats. Im Iran wurde der Schleier im 20. Jahrhundert gleich zweimal zur Etablierung neuer Herrschaftsstrukturen in Anspruch genommen. In den dreißiger Jahren verfügte Reza Schah, der Vater des von Khomeini gestürzten Mohammed Reza Schah, eine Zwangsentschleierung der Frauen nach dem Vorbild der Türkei, die 1979 im Zuge der Iranischen Revolution mit der Anordnung des Schleierzwangs wieder beendet wurde. Frauen, die ihrem Protest gegen die Schah-Diktatur Ausdruck verleihen wollten, taten dies, indem sie den Schleier anlegten.

Viel wird im Westen gegen ›islamische‹ Zwangsheiraten und importierte Bräute aus der Türkei geschrieben. Dieser Ablehnung schließen wir uns an. Bemerkenswert ist jedoch, wie wenig im Westen von dem viel massiveren Frauenhandel und Sextourismus die Rede ist. Betrachtet man die Geschichte des Geldes und des Kapitalismus, dann wird schnell deutlich, daß es sich nur um eine andere Art der Verfügung über den weiblichen Körper handelt. Durch diese konkurrierenden Formen des Umgangs mit dem Frauenkörper werden zugleich zwei unterschiedliche Wirtschaftssysteme verhandelt: im Okzident die Annahme, das Geld sei ein reiner Signifikant, der sich von der materiellen Deckung emanzipiert habe; im Orient die Vorstellung, dem Geldzeichen entspreche eine materielle, vom Gold oder anderen Rohstoffen gesicherte Deckung. Diese unterschiedlichen Geldtheorien hatten und haben Auswirkungen auf das Geschlechterverhältnis. Sie führten im Westen zu einem intensiven Wechselverhältnis zwischen Geldzeichen und käuflicher Sexualität. Weil sich im Abendland das Geldzeichen von der Materie losgelöst hat, entstand das Bedürfnis, den Signifikanten an einen Körper zu binden, der seine ›Echtheit‹ und seinen Wert widerspiegelt: In der Antike, als das Geld entstand, war dies das geopferte Rind, heute ist es der Körper der Prostituierten, die in der globalisierten Wirtschaft, insbesondere in dem dieser zugehörigen Sextourismus, als Ware gehandelt wird. Der einzige Bereich, in dem diese Handelsbeziehung nicht funktioniert, ist der islamische Raum. Zwar gibt es auch dort Prostitution, aber Länder wie der Iran, Libyen, Algerien oder auch das touristisch recht gut erschlossene Ägypten finden sich nicht auf der Landkarte des westlichen Sextouristen. Die einseitige Empörung über die islamischen Zwangsheiraten mag auch diesem verweigerten Handelsverkehr geschuldet sein.

Ex occidente lux? Erregungen gibt es auf beiden Seiten – im Westen wie im Osten. Die westliche Debatte um das Kopftuch zeigt, daß auch der ›rationale‹, ›aufgeklärte‹ Westen von den Erschütterungen betroffen ist, die eine neue ›Weltordnung‹ hervorruft.

KAPITEL I

Ex oriente crux.
Das Kreuz mit dem Kopftuch

Im Vergleich zwischen Christentum und Islam spielen die Symbole Kopftuch und Kreuz eine wichtige Rolle. In den Darstellungen der Kirchen steht – in bemerkenswerter ökumenischer Einstimmigkeit – oft die Behauptung im Vordergrund, daß das Kreuz als »öffentliches Zeichen einer Kultur der Versöhnung« (der damalige Kardinal Ratzinger)[23] bzw. als ein »Symbol des Friedens« (Bischof Huber)[24] zu betrachten sei. Der ehemalige Bundestagspräsident und Mitglied im Zentralkomitee der deutschen Katholiken, Wolfgang Thierse, erklärt: »Ein Kreuz ist kein Symbol von Unterdrückung, das Kopftuch für viele muslimische Frauen schon«; und der Vorsitzende der Deutschen Bischofskonferenz, Kardinal Lehmann, verkündet, daß Kreuz und Ordenskleidern »nicht die geringste Spur einer politischen Propaganda eigen« sei. Das Kopftuch dagegen habe eine politische Bedeutung.[25]

Wir bestreiten nicht, daß dem Kopftuch eine politische Bedeutung zukommt – vor allem in Europa, wo es zu scharfen Polarisierungen geführt hat, in denen man die erstaunlichsten neuen Allianzen – etwa zwischen der CDU und einem Teil des Feminismus – konstatieren kann. Wir bestreiten aber, daß dem Kreuz diese ›versöhnliche‹, ›friedliche‹ und unpolitische Bedeutung zukommt. Man wird die Phantasien des ›Westens‹ über den Islam – und insbesondere über den mit so vielen Bedeutungen aufgeladenen Schleier – nur begreifen, wenn man sich die Geschichte des angeblich unpolitischen und pazifistischen Gegensymbols, des Kreuzes, vergegenwärtigt. Wir wollen so von vornherein den Blick auf den Islam mit einem Blick auf die christliche Gesellschaft verbinden. Die Geschichte des Kreuzes erzählt, anders als das Diktum vom Kreuz als ›Friedenssymbol‹ behauptet, von einer Geschichte der Ermächtigung, der (ebenso wie dem Symbol des Kopftuchs) religiöse, politische und geschlechtliche Dimensionen eignen.

Die Symbolik des Kreuzes

Das Kreuz taucht in fast allen Kulturen auf. Allgemein symbolisiert es die Begegnung zwischen Himmel und Erde, dem Transzendenten und dem Weltlichen.[26] Diese Mittlerfunktion des Kreuzes nahm im Christentum die Bedeutung einer Vermittlung zwischen Zeichen und Physis oder zwischen Symbol und Symptom an. War im Alten Ägypten die *crux ansata*, das Henkelkreuz, hieroglyphisches Wortzeichen für ›Leben‹, so deuteten es die Kopten im christlichen Sinne vom ›ewigen Leben‹ um.[27] Im Hakenkreuz, das – mit Ausnahme von Australien – weltweit verbreitet ist, tritt im indischen Raum eine geschlechtliche Symbolik zutage. Während die rechtsläufige Swastika als männliches Prinzip für den Gott Ganesh steht, symbolisiert das linksläufige Sauvastika-Zeichen das weibliche Prinzip und gilt als Zeichen der Göttin Kali. Da die beiden Formen des Hakenkreuzes nichts mit biologischen Gegebenheiten des männlichen oder weiblichen Körpers zu tun haben, haben die Geschlechtsunterschiede offenbar eine symbolische Funktion, durch die andere Dichotomien sichtbar gemacht oder ›naturalisiert‹ werden sollen. Eine vergleichbare Geschlechterzuordnung wird sich später auch in der christlichen Symbolik des Kreuzes durchsetzen. Das linksläufige Hakenkreuz erscheint im Buddhismus übrigens oft auf der Brust, den Handflächen oder Fußsohlen von Buddha-Figuren[28] – allesamt Stellen des Körpers, die als Wundmale auch für die christliche Kreuzigungsmetaphorik von Bedeutung sind.

Die christliche Kreuzessymbolik ist geprägt vom sogenannten ›Kreuzes-Paradox‹, was die Tatsache bezeichnet, daß das christliche Kreuz sowohl den Tod als auch die Auferstehung symbolisiert, daß es also von einer Hinrichtung *und* von einem Sieg über den Tod erzählt. In der Geschichte der Kreuzessymbolik wird dieses Paradox allmählich eine geschlechtliche Symbolik annehmen: Die Bedeutung Tod wird sich mit Weiblichkeit verbinden, die Überwindung des Todes mit Männlichkeit.

Eine wichtige Ausnahme in der Symbolik des Kreuzes stellt das Hebräische dar. Ob als stehendes oder als liegendes Kreuz, bedeutet es – dem hebräischen Lautzeichen *taw* entsprechend – einfach nur ›Zeichen‹ bzw. Buchstabe. Es verweist also, anders als beim christlichen Kreuz, auf keine Realität – den gekreuzigten Gott –, sondern nur auf sich selbst.

Allerdings hat die Tatsache, daß ein Zeichen nur ›das Zeichen‹ symbolisiert, in einer Religion, in der sich Gott ausschließlich durch die Buchstaben der Schrift offenbart, auch eine religiöse Bedeutung. Sie impliziert die unüberwindbare Differenz zwischen der Ewigkeit Gottes (dem Zeichen) und menschlicher Leiblichkeit (Physis).[29] Diese Differenz immer wieder kulturell einzuüben ist der Grundgedanke des jüdischen Bilderverbots[30] so wie der symbolischen Geschlechterordnung, auf die wir noch zurückkommen. Im Christentum hingegen verbinden sich Sema und Soma. So wie Christus das ›Fleisch gewordene Wort‹ ist, bedeutet auch das Kreuz Zeichen *und* körperliche Wirklichkeit zugleich, ist es sowohl Symbol als auch Symptom.

34

Im Gegensatz zu Persern und Römern kannten die Juden des alten Palästina nicht die Hinrichtung durch Kreuzigung als innerjüdische Strafe. Andernorts war sie jedoch, laut Herodot, schon im 5. Jh. v. Chr. verbreitet. Es war die qualvollste und schamvollste Hinrichtungsform, darauf angelegt, einen langen, langsamen und äußerst schmerzhaften Tod zu bereiten. Sie blieb vor allem aufständischen Sklaven vorbehalten und kam eben deshalb auch unter den Römern vor allem in Palästina zur Anwendung. Vom Beginn der Römerherrschaft über Palästina (63 v. Chr.) bis kurz vor Ausbruch des Jüdischen Kriegs (66 n. Chr.) beziehen sich alle bekannten Zeugnisse über Kreuzigungen in Palästina auf von Römern gekreuzigte Aufständische und deren Anhänger.

Das lateinische Wort für Kreuz, *crux*, bedeutet eigentlich nur Marterholz bzw. Pfahl. Weil es als besonders schändlich galt, am Kreuz zu sterben, sollte es auch lange dauern, bevor die Christen bereit waren, das Kreuz als Symbol ihres Glaubens zu akzeptieren. Der Gedanke setzte sich erst langsam im 4. Jahrhundert durch, nachdem Konstantin der Große um 320 n. Chr. einerseits die Kreuzigungsstrafe abgeschafft und andererseits das Christentum zur staatlich anerkannten Religion ernannt hatte. Konstantin sorgte auch für die Aufhebung des Bilderverbots: ein Symptom unter anderen, daß sich im christlichen Glauben allmählich der Gedanke an einen Mensch gewordenen Gott durchzusetzen begann – eine Vorstellung, die im frühen Christentum sehr umstritten war. Jesus war immer weniger eine historische Gestalt, ein begnadeter Rabbiner, und wurde immer mehr zum ›Fleisch gewordenen Wort‹ Gottes.

Die gnostischen Strömungen, die in der Frühzeit des Christentums weniger eine ketzerische Splittergruppe als einen wichtigen Bestandteil der Lehre bildeten, hatten ihre eigene Interpretation des Kreuzestodes: Für sie war der irdische Leib Jesu nur ein Scheinleib, der sich nach seinem Tod mit seinem ›wahren‹ Leib in der Welt des Lichts vereint habe. Das Heilsversprechen der Gnosis bestand in der Überwindung leiblicher Existenz. Wer sich an die *körperliche* Wirklichkeit des Gekreuzigten halte, so Irenäus, unterstehe schon der Macht der Archonten, d. h. der Kräfte des Dunkels, die den Menschen daran hindern, zur Erkenntnis und zur Welt des Lichts zu gelangen.[31] Mit der allmählichen Etablierung der christlichen Kirche sollte sich jedoch immer mehr die Vorstellung herausbilden, daß das Leiden Christi, Passionsgeschichte und Kreuzigung, als ein real-körperliches, irdisches Leiden zu begreifen ist, erlitten von einem wahrhaft Mensch gewordenen und deshalb auch leidensfähigen Gott.

Für die Alte Kirche wurde das Kreuz zum theologischen Leitthema: Es verkünde, so Gregor von Nyssa, die Erfüllung der Verheißung eines Mensch gewordenen Gottes.[32] Der gekreuzigte Christus galt als das Wort Gottes; Kreuz und Christus waren nahezu austauschbar.[33] Doch die Kreuzigung wurde nicht dargestellt, ebensowenig wie die Auferstehung.[34] Das änderte sich erst mit einem allmählichen Bedeutungswandel des Kreuzes: Aus dem Symbol für Hinrichtung wurde allmählich ein Zeichen für die Überwindung des Todes. Diesem Wandel lag einerseits die Abschaffung der Hinrichtungsart zugrunde, andererseits wurde er aber auch durch die Tatsache bestimmt, daß Konstantin der Große seinen Sieg über Maxentius im Jahre 312 einer Kreuzesvision zuschrieb.[35] Damit wurde das Kreuz zu einem Symbol des Sieges und der Macht über den Tod. Das gilt bis heute: Das erste Symbol, das nach dem 11. September auf Ground Zero errichtet wurde, war ein Kreuz, an dem die amerikanische Fahne wehte.

Mit dem Wandel seiner Symbolik nahm das Kreuz in den Gotteshäusern eine zentrale Rolle ein. Es wurde nun zu-

*Ground Zero:
Das Kreuz
als Symbol einer
Selbstermächtigung
durch Leiden.*

nehmend ausgeschmückt: mit Blumen oder Edelsteinen,
und dabei oft mit dem in Genesis 2 zitierten ›Baum des
Lebens‹ verbunden.[36] Allmählich traten auch Kreuzigungsdarstellungen auf: Zunächst sollte der Tod *mit* der Auferstehung dargestellt, dann sollte aber auch das Leiden
selbst thematisiert werden. Ab dem 5. Jahrhundert erschienen Darstellungen, die Christus, das Kreuz tragend oder
ans Kreuz geschlagen, zeigen.[37] Ab Ende des 7. und Anfang
des 8. Jahrhunderts überwogen die Darstellungen des
Kreuzesgeschehens, also die Darstellungen des Leidens, die
das Bild einer Überwindung des Todes um so machtvoller
hervortreten ließen.

Ging das frühe Mittelalter noch zögerlich mit den
Darstellungen der Kreuzigung um, so rückte das Hoch-Mittelalter die Bilder des Leidens Christi ins Zentrum der bildlichen Gestaltung.[38] Die leidensintensiven Kreuzigungsdarstellungen wurden zum Anlaß eines realen ›Mit-Leidens‹,

das sich sowohl in mystischen Visionen wie denen von Bernhard von Clairvaux[39] oder Franziskus von Assisi[40] als auch den Selbstgeißelungsbewegungen niederschlug. Schon in der Alten Kirche war die monastische Lebensweise als eine ›Existenz am Kreuz‹ aufgefaßt worden:[41] Einsiedlertum und Askese galten als Vorform des Kreuzes. In einer vom Zisterziensermönch Caesarius von Heisterbach um 1220 verfaßten Anleitung für Novizen heißt es: »Zweifach ist die Kreuzigung der Mönche, eine des inneren Menschen durch Mitleiden mit anderen und eine des äußeren durch Abtötung des eigenen Fleisches.«[42]

Doch im Verlauf des Mittelalters – zunächst in den Klöstern und dann auf den Straßen – wurde das Fleisch nicht nur zum Schweigen gebracht, sondern durch Blut und Leiden in Aufruhr versetzt. Gläubige prägten ihrem Körper das Kreuzeszeichen durch glühende Messingkreuze ein, sie trugen ein mit spitzen Nägeln besetztes Kreuz oder nagelten sich selbst ans Kreuz.[43] Es war, als sollte dem Körper ein Zeichen eingeschrieben werden, vergleichbar der Beschneidung, die in der jüdischen Religion den Bund zwischen Gott und Israel besiegelt. Hier ging es um den Bund zwischen Christus und seiner Glaubensgemeinschaft, und dieser Bund wurde ständig erneuert durch eine ›handelnde Vergegenwärtigung des Kreuzes‹ im leidenden Leib des Gläubigen. Schon vorher und zeitgleich versuchten zahlreiche Kirchendogmatiker – vom heiligen Ambrosius bis zu Thomas von Aquin – die Beschneidung Christi in einem christlichen Sinne umzudeuten, indem sie die Beschneidung zum Beginn der Passionsgeschichte erklärten.[44]

Hatte das Frühchristentum eine distanzierte Scheu vor dem Kreuz gezeigt, so suchte das Hoch-Mittelalter die Nähe zum Kreuz. Es entstand – bei Männern wie bei Frauen – eine Lust am Leiden und am Schmerz. Vor allem in Deutschland und Italien setzte sich der Typus eines sinnlich besetzten *crucifixus dolorosus* durch. Diese Entwicklung vollzog sich parallel zur Durchsetzung der Transsubstantiationslehre, mit der die Kirche ab 1215 dekretierte, daß Hostie und Wein keine Symbole für den Leib und das Blut des Erlösers seien, sondern von seiner Realpräsenz bei der Messe zeugen. War Gott Mensch geworden, so hatte der Mensch durch das Leiden auch Anteil an Gottes Unsterblichkeit. Wollte der Gläubige Anteil haben am Heilsgeschehen, so mußte sich die Passionsgeschichte an seinem Leib wiederholen. Paulus sprach ausdrücklich davon, daß der Gläubige ›mit-gekreuzigt‹ werde, denn indem er ›mitgestorben‹ sei, werde er auch ›mit-auferstehen‹.[45] Die Bewegung der Flagellanten zeigt deutlich, daß dieses Leiden nicht passiv erlitten, sondern als ein Sieg über den Körper verstanden wurde – vergleichbar der Darstellung des Kreuzes als Zeichen der Auferstehung. Die ›Leitkultur‹, auf die sich heute die CDU und Angela Merkel im Zusammenhang mit der Diskussion um das Kopftuchverbot beziehen,[46] war zunächst eine ›Leid-Kultur‹ – und zwar einer der *Ermächtigung* über das Leiden.

Ab dem Beginn des zweiten christlichen Millenniums war die Selbstkasteiung in vielen Klöstern zu einem wichtigen Bestandteil christlicher Glaubenspraxis geworden.[47] Es ging dabei weniger um Buße oder um eine Bestrafung für begangene Sünden als um die ›Repräsentation‹ (in jedem Sinne des Wortes) des Leidens Christi. Der Körper des Gläubigen wurde zu einem Ort der Darstellung und der ›handelnden Vergegenwärtigung‹ der Passionsgeschichte. Durch die Selbstgeißelung machte sich der Gläubige zum Folterer und Gefolterten zugleich. Waren für die Frühchristen Askese und Enthaltsamkeit Mittel, sich dem Zyklus von Untergang und Wiederkehr zu widersetzen,[48] so stand hinter der Praxis der klösterlichen Selbstgeißelung das Herrschaftsparadigma von der Überwindung der Körperlichkeit und des Verfalls mittels einer Beherrschung des Körpers durch den Geist.

Warum aber nimmt die Praxis der Selbstkasteiung ab etwa 1000 n. Chr. zu? Eine der Antworten darauf lautet, daß das christliche Abendland in dieser Zeit endgültig aus einer Kultur der oralen Tradition in eine Kultur der Schriftlichkeit, d. h. der Textualität und abstrakten Zeichenhaftigkeit, überging.[49] Das hatte Folgen für die Gestaltung des Reichs, die Entstehung großer Verwaltungen an den Höfen; und es zeigte sich in der zunehmend über den Warentausch bestimmenden Rolle des Geldes, des Zeichensystems schlechthin. Schriftlichkeit beinhaltete aber genau das, was die großen Asketen praktizierten: Beherrschung der Körperlichkeit und der Materie durch den Geist. Die Selbstgeißelung stellte also die ›Einschreibung‹ des Geistes oder der Gesetze der Schrift in den Körper dar.

Zugleich waren Peitsche und Rute auch Werkzeuge eines Theaters der Augen. Bildete der leidende Körper des Heilands oder der Märtyrer die Grundlage und Rechtfertigung christlicher Bilderverehrung, so wurde der zerschürfte und blutende Körper des Asketen zu einem *tableau vivant* der Bilderverehrung. Aus dem Zusammenhang von ›Mal‹ und ›malen‹, Zeichen und zeichnen, der in Kreuz und Passionsgeschichte seinen deutlichsten Ausdruck findet,[50] bezogen die Selbstgeißler das Repertoire für die Inszenierung und Zelebrierung des Zeichens am eigenen Leib: Sie schrieben ihrem sterblichen Körper die unsterblichen Zeichen Gottes ein und verwandelten ihn zugleich in eine Ikone. Die Geißlerzüge, die bis zu mehreren tausend Menschen umfassen konnten, wuchsen zu Massenbewegungen an, die Europa durchwanderten, um in den Orten ihres ›Passionswegs‹ Vorstellungen zu geben. Das Haupt unter Kapuzen versteckt, den unbedeckten Rücken unter den selbst zugefügten Hieben blutend und verletzt, unternahmen die Büßer in größeren oder kleineren Gruppen Wanderungen von mehreren Wochen, in denen sie sich ›der Welt‹ entzogen und zugleich darboten. Wo sie hinkamen, zogen sie neue Adepten

an. In einigen Gegenden, vor allem in Italien und Frankreich, also den späteren romtreuen Gebieten, machten sich
Priester und Mönche zu den Anführern der Geißlerzüge. In
vielen nördlichen Gegenden Europas hingegen ernannten
die Büßerbewegungen ihre Anführer selbst – und diese Entwicklung sollte zu einer kirchlichen Kritik an den Geißler-
bewegungen führen. Einige von diesen hatten tatsächlich
einen neuen, selbstdefinierten christlichen Glauben hervorgebracht, in dem die blutenden Wunden zur ›wahren Taufe‹
erklärt wurden. Einige der Anführer der Geißlerbewegun-
gen, deren Auftreten die Reformation und den Abfall von
Rom vorausahnen läßt, wurden als Häretiker verurteilt und
hingerichtet. Die Reformation sollte – zusammen mit der
Bilderverehrung – die Selbstgeißelung als christliche Praxis verwerfen. Als das geschah, hatte sich das Paradigma
einer Selbstermächtigung durch den Schmerz allerdings
schon verselbständigt und war aus der Sphäre des Glaubens
in den der weltlichen Macht übergegangen. Dies geschah
vornehmlich auf drei Ebenen: einer politischen, einer geschlechtlichen und einer wissenschaftlichen.

Die Verweltlichung der Kreuzes-Symbolik

Mit seiner Kreuzesvision auf dem Schlachtfeld hatte Konstantin schon Anfang des 4. Jahrhunderts das Vorbild für
die Übertragung der Siegessymbolik auf *politische* und krie-
gerische Angelegenheiten geschaffen. »Die Fähigkeit zum
Herrschen und Siegen beruht auf der Macht des Kreuzes«,
hieß es.[51] Dem Herrscher mit dem Kreuz wurde die Macht
zugesprochen, über Feinde, über Tod und Gefahr herrschen zu können. Das Kreuz wurde auf Rüstungen übertragen – vor allem natürlich auf die der Kreuzritter. Später
wurde es auch zum Feldzeichen der Missionare[52] bzw. zum
Zeichen einer Gebietseroberung: Wo die *conquistadores*

hinkamen, errichteten sie ein Kreuz. Auch innenpolitisch wurde das Kreuz zum Symbol der Macht: Es wurde zum Wahrzeichen des Kaisers beim Einzug in die Stadt; Herrscherkronen, die Insignien von Königen und Fürsten, das Szepter des Kaisers wurden mit Kreuzen versehen, so wie ganz allgemein ein Rückgriff auf christologisches Gedankengut stattfand, um den Herrscher zu legitimieren.[53] Das Kreuz erschien im Gerichtssaal; man schwor aufs Kreuz; wenn Richter Urteile fällten, stand das Kreuz vor ihnen auf dem Richtertisch. Das Kreuz repräsentierte weltliche Macht, und seine transzendente Symbolik legitimierte die weltliche Herrschaft.

So erstaunt es nicht, daß das Kreuz auch im säkularen Kontext überlebte und im 20. Jahrhundert zu *dem* Symbol irdischer Macht und Zerstörungskraft werden sollte: etwa in der Gestalt des Hakenkreuzes. Ohne die vorangegangene Geschichte einer paradoxen Ermächtigung durch das Leiden und den Schmerz, für die das Kreuz steht, wäre die Faszination und Macht, die das Symbol des Hakenkreuzes ausgeübt hat, kaum denkbar. Eric Voegelin hat schon in den 1930er Jahren den Nationalsozialismus als ›politische Religion‹ bezeichnet. Dieser Charakterisierung entsprach auch das Selbstverständnis des Nationalsozialismus. In allen Zeremonien des Nationalsozialismus war die Verweltlichung der Kreuzessymbolik spürbar: Hitler küßte die Blutfahne wie der gläubige Christ die Wunden des Erlösers. In einem Kult der ›Märtyrer‹ wurden an jedem 9. November vor der Feldherrnhalle in München die Toten des Hitler-Putsches von 1923 geehrt; der Chor der aufmarschierten Kompanien ließ sie ›auferstehen‹. Hitler berief sich ganz ausdrücklich auf die christliche Erbschaft, wenn er laut den Protokollen von Hermann Rauschning erklärte: »Ostern ist nicht mehr Auferstehung, sondern die ewige Erneuerung unseres Volkes. Weihnachten ist die Geburt unseres Heilandes: des Geistes der Heldenhaftigkeit und Freiheit unseres Volkes.

Karl der Große: Das Kreuz als Symbol weltlicher Macht.

Sie werden das Kreuz durch unser Hakenkreuz ersetzen. Sie werden anstatt des Blutes ihres bisherigen Erlösers das reine Blut unseres Volkes zelebrieren; sie werden die deutsche Ackerfrucht als heilige Gabe empfangen und zum Symbol der ewigen Volksgemeinschaft essen, wie sie bisher den Leib ihres Gottes genossen haben. Und dann, wenn es soweit ist, werden die Kirchen wieder voll werden. Wenn *wir* es wollen, wird es so sein, wenn es *unser* Glaube ist, der dort gefeiert wird.«[54]

Die geschlechtliche Symbolik des Kreuzes war komplizierter. Sie läßt sich am besten an dem Disput zwischen der Mediävistin Caroline Walker Bynum und dem Kunsthistoriker Leo Steinberg darstellen, die beide die Sexualsymbolik der Kreuzesdarstellungen untersucht und auf unterschiedliche Weise interpretiert haben. Bynum zeigt an einer Reihe von Darstellungen aus dem Mittelalter, daß der Körper des Gekreuzigten mit allen Insignien der Weiblichkeit ausgestattet war: Sein geopfertes Blut wurde als weiblich nährende Brust gezeigt. Solchen Darstellungen entsprachen die Aussagen von Klosterfrauen wie etwa der heiligen Katharina von Siena, die schrieb: »Wir müssen uns so verhalten wie das kleine Kind, das nach Milch verlangt. Es nimmt die Brust seiner Mutter, legt den Mund an und zieht mit der Kraft des Fleisches die Milch. So müssen auch wir uns verhalten, wenn wir ernährt werden wollen. Wir müssen uns an die Brust des gekreuzigten Christus heften, die die Quelle der Barmherzigkeit ist, und durch dieses Fleisch werden wir Milch erhalten.«[55]

In vielen Darstellungen nahmen die Wunden des Herrn auch die Form einer blutenden Vulva an. Die Kreuzigung wurde dargestellt als der Moment der Geburt und Entbindung, in der das Selbstopfer Christi zur Niederkunft wird. So erklärte Margarete von Oingt: »Lieber Gott, [...] bist Du nicht meine Mutter und mehr als meine Mutter? [...]

*Christus als mütter-
liche Figur:
Die Wunde
als nährende Brust.*

Denn als die Stunde Deiner Entbindung kam, wardst Du
ans harte Bett des Kreuzes geschlagen [...] und all Deine
Nerven und Venen zersprangen. Und wahrlich, es ist nicht
verwunderlich, daß Deine Venen barsten, als Du in einem
Tag die ganze Welt gebarst.«[56] Bei solchen Bildern handelt es sich, wie Bynum darstellt, um eine Ermächtigungs-
phantasie, in der der männliche Erlöser sich die weibliche
Reproduktionsfähigkeit aneignet: Jesus als potentere Mutter.

Dagegen führt der Kunsthistoriker Leo Steinberg zahlreiche Kreuzigungsdarstellungen an, auf denen die *Männlichkeit* des Erlösers betont wird: Hier werden die Genitalien
hervorgehoben. Je weiter die Passionsgeschichte voran-
schreitet, desto deutlicher tritt in den Kreuzigungsdarstellungen die Betonung der männlichen ›Potenz‹ des Gekreuzigten zutage. Steinberg spricht in diesem Kontext von
einem Zusammenhang zwischen ›erection‹ und ›resurrec-

tion‹.[57] Er folgert, daß in diesen Darstellungen die antike Bedeutung des Phallus – als Symbol für Macht, Fruchtbarkeit und Überwindung des Todes – auf die Gestalt des christlichen Erlösers übertragen wird,[58] allerdings in gewandelter Form. Es ging einerseits um die Überwindung der Leiblichkeit durch den Geist, andererseits diente das Bild sexueller Potenz aber auch der Darstellung einer zeugenden Macht des Geistes.

An sich sind diese beiden Interpretationen der geschlechtlichen Symbolik der Kreuzigungsdarstellung unvereinbar. Liest man sie jedoch unter dem Blickwinkel des Kreuzes-Paradoxes, so wird deutlich, daß hier eine Spaltung stattfindet: Tod und Sterblichkeit, das Leiden und die Wunde werden mit Weiblichkeit in Verbindung gebracht, die sich zugleich mit dem Bild einer ›männlichen Mutterschaft‹ überkreuzt: die Wunde als nährende Brust, die Kreuzigung als Entbindung. Auferstehung und Überwindung des Todes werden hingegen als Zeichen männlicher Potenz gelesen. Diese Geschlechtersymbolik sollte sich auch im nationalsozialistischen Hakenkreuz niederschlagen, dessen Märtyrerkult und Auferstehungsinszenierungen Männern vorbehalten blieben.

In der *Wissenschaft* läßt sich die Verweltlichung der Symbolik des Kreuzes besonders deutlich an der Genetik zeigen. Diese wird zwar oft als Selbstermächtigung des Menschen interpretiert, als Versuch, sich göttliche Macht anzueignen, und in dieser Hinsicht als der christlichen Demut konträr beschrieben. Genausogut läßt sich der Diskurs über das Gen aber auch als Fortführung christlicher Traditionen lesen, gerade wenn man das Kreuz als ein Symbol der Selbstermächtigung begreift. Auch beim Gen geht es um ein Symptom gewordenes Zeichen: Ist Christus der Fleisch gewordene *logos*, so handelt es sich hier um das Biologie gewordene Bit.

›Erektion und
Resurrektion‹:
Die Überwindung
des Todes
als phallische Macht.

Das Gen begann als eine linguistische Fiktion, erfunden vom dänischen Genetiker Wilhelm Johannsen im Jahre 1909, um eine angenommene Zelleneinheit zu beschreiben, die bestimmte Eigenschaften hervorrufen kann. Johannsen übernahm den Begriff wiederum von dem deutschen Physiologen Hugo De Vries, der den Begriff des ›Pangens‹ von Charles Darwins ›Pangenesis‹ abgeleitet hatte: Mit Pangenesis (der Verweis auf die Bibel kommt nicht von ungefähr) war die Theorie über den Ursprung der biologischen Variation gemeint. Für die erste Generation der experimentellen Genetiker Anfang des 20. Jahrhunderts bezeichnete das ›Gen‹ eine physische Eigenschaft. Das moderne Konzept des Gens betrachtet den Körper nicht als eine feste Gegebenheit, sondern – vergleichbar dem Computer – als einen ›Satz von Anweisungen‹, als ein ›Programm‹, das von einer Generation zur nächsten weitergegeben wird. In ihrem Buch »The DNA Mystique« schreiben Nelkin und

47

Lindee: »Menschen sind die ›Computerausdrucke‹ ihrer Gene. Wenn Wissenschaftler den Text entziffern und decodieren können, die Markierungen auf der Karte klassifizieren und Anweisungen lesen können, so die Vorstellung, dann werden sie auch die Essenz der menschlichen Wesen rekonstruieren, menschliche Krankheit und die menschliche Natur selbst entschlüsseln können, um so die letzten Antworten auf das Gebot ›Kenne dich selbst‹ zu geben. Der Genetiker Walter Gilbert beginnt seine öffentlichen Vorlesungen über Gensequenzierung damit, daß er eine Kompaktdiskette aus der Tasche zieht und dem Publikum verkündet: ›Das sind Sie.‹«[59]

›*Hoc est corpus meum.*‹ Die Geste des Genetikers erinnert an die Worte des Priesters in der katholischen Messe, bevor die Glöckchen die Wandlung von Hostie und Wein in Fleisch und Blut anzeigen. Tatsächlich läßt sich das undefinierbare Gen auch am besten mit der Hostie vergleichen, dem *corpus christi mysticum*, mit dem sowohl der Leib Christi, das ›Fleisch gewordene Wort‹, als auch die Gemeinde der Gläubigen bezeichnet wird. Beide Funktionen hat das Gen übernommen. Das Gen ist Zeichen und Fleisch zugleich, eine Metapher für den individuellen und den kollektiven Körper, und es bietet das Versprechen einer fleischlichen Unsterblichkeit. Wie Hostie und heiliges Abendmahl macht es das Göttliche ›gegenwärtig‹, es birgt die Erlösung von der ›Erbsünde‹ (erblicher Krankheit oder Behinderung); und wie bei der Transsubstantiation verspricht es wundersame Verwandlungen und ›Wunderheilungen‹. Es ist die Leib gewordene Schrift. Mit der Gentechnologie, so schreibt der Wissenschaftstheoretiker Hans-Jörg Rheinberger, »wird das Labor, diese privilegierte Schmiede epistemischer Dinge, in den Organismus selbst verlegt und damit potentiell unsterblich, fängt sie doch an, mit der eigenen Schreibmaschine des Seins zu schreiben«.[60] Genetiker selbst vergleichen das Gen manchmal mit ›der

48

Bibel‹, dem ›Heiligen Gral‹, dem ›Buch des Menschen‹.[61] Es erscheint wie ein sakraler Text, der über die Schöpfung der Natur wie über die moralische Ordnung bestimmt. Manchmal wird das Gen auch mit einem ›Wörterbuch‹, einer ›Bibliothek‹, einer ›Karte‹, einem ›Rezept‹, einem ›Referenzwerk‹ verglichen. Auch Christus wurde beschrieben als Gral, als Buch, Bibel und Speise zugleich. Ebenso wie Christus Gott *und* Mensch, unsichtbar und dennoch materiell ist, verbinden sich auch in der DNA Kultur und Natur, Zeichen und Fleisch. In den Worten von James Watson, Nobelpreisträger und ehemaligem Leiter des *Human Genome Project*, ist das ›Schreibprogramm‹ DNA das, »was uns zu Menschen macht«.[62] Daher haben Abtreibungsgegner die DNA auch »die Zeichen eines göttlichen Alphabets« genannt, »das die einmaligen Eigenschaften eines Individuums ausbuchstabiert«.[63]

Schon die Eugeniker der Jahrhundertwende sprachen von einem »Körperextrakt«, dem »Beständigkeit bis zur Unsterblichkeit« eigen sei.[64] »Das ewige Leben«, schrieben die amerikanischen Eugeniker Paul Popenoe and Roswell Hill Johnson in den 1920er Jahren, »ist mehr als eine Metapher oder ein theologisches Konzept«. Der Tod einer riesigen Agglomeration hochspezialisierter Zellen habe wenig Bedeutung, sobald das Keimplasma weitergegeben worden sei, denn es enthalte »die Seele selbst« des Individuums.[65] Anfang dieses Jahrhunderts führten die Zeugung und Züchtung von »wertvollem Erbgut« in den USA zu den sogenannten *Better Babies Contests*. Auf einem Photo ist die Gewinnerin des Wettbewerbs von 1914 zu sehen: die sechs Monate alte Virginia June Nay, nackt auf dem Boden vor einem Bündel Getreideähren sitzend.[66] Solche Photoinszenierungen zitieren – bewußt oder unbewußt – die christliche Ikonologie des Mittelalters, bei der Christus mit Kornähren dargestellt wird: Das Brot, die Hostie, verweist auf den Leib des Herrn als Speise, die Unsterblichkeit ver-

leiht. Für die Eugeniker hatte das ›unsterbliche Erbgut‹ diese Funktion übernommen. ›Better Crops‹, besseres Getreide, war das Schlagwort, unter dem für verbesserten Nachwuchs geworben wurde.

Prämiert wurde auf den *Better Babies Contests* nicht etwa die Schönheit des Kindes, sondern seine Übereinstimmung mit Durchschnittsnormen wie Körpergröße, Wachstum etc., es wurde mit Maßstäben und berechenbaren Normen gearbeitet. »Häßliche Babys konnten Preise gewinnen. Das einzige, das zählte, waren die objektiven Maße. Für jede Abweichung von der Norm in Größe, Entwicklung oder Gestalt wurden Punkte abgezogen.«[67] Die Norm wurde zum ›heiligen Text‹, zum ›Kanon‹, der dem Körper eingeschrieben wurde: dem Körper aus Fleisch und Blut. Allmählich wurde so aus der Eugenik eine *civil religion*, in deren Zentrum das ›sakralisierte Kind‹[68] stand, ein Topos, der seinen christlichen Ursprung kaum verleugnen kann.[69]

*Wissenschaft:
Eine eugenisch
kontrollierte
Nachkommenschaft
als Brot,
das Unsterblichkeit
garantiert.*

Daß die Errungenschaften der Genwissenschaft nicht nur Implikationen für Zeugung, sondern auch für Sexualität und Geschlechterordnung haben, zeigen die vielen gentechnischen Neuerungen wie extrakorporale Befruchtung, Samenbank, Leihmutterschaft und Eispende, die schon längst zum Alltagsgeschäft geworden sind und zu neuen Definitionen von ›Vaterschaft‹ und ›Mutterschaft‹ geführt haben. Zu ihnen gehört auch die ›geschlechtslose‹ Konzeption, für die die christliche Jungfrauengeburt das Vorbild liefert. Sie ist heute nicht nur religiöses Dogma, sondern auch praktizierte Medizin.[70] Dan Brown hat den Topos in seinem Roman »Illuminati« aufgegriffen, in dem er das Verhältnis von Kirche und Wissenschaft auf ihre Gegensätzlichkeit *und* auf ihre Vereinbarkeit hin behandelt. Der Krimi dreht sich um einen Papst, der die Möglichkeit der In-vitro-Fertilisation nutzt, um Nachkommenschaft zu zeugen, ohne sein Keuschheitsgelübde zu brechen.

51

Angesichts dieser vielfältigen Bedeutung des Kreuzes und ihrer Implikationen für Politik, Geschlechterordnung und Wissenschaft fällt es schwer, das Kreuz nur als Zeichen des Friedens und der Versöhnung zu begreifen. Es ist mindestens ebensosehr ein Zeichen von Ermächtigung. Ebenso schwer fällt es aber auch, im Kreuz ein Symbol zu sehen, das auf Religion als auf eine ›private Angelegenheit‹ verweist. Vielmehr handelt die Geschichte des Kreuzes von weltlicher Politik und Religionsgeschichte, von Geschlechterordnung und Wissensmacht. Dasselbe gilt auch für den Schleier: Auch dessen Geschichte erzählt von einer vielschichtigen Symbolik, die immer wieder neue Bedeutungszuweisungen erfuhr, religiöser wie politischer Art, deren geschlechtliche und wissenshistorische Dimensionen nicht zu übersehen sind. Bei genauerem Hinsehen erkennt man, daß die Geschichte des Schleiers das Gegenstück zum Kreuz darstellt: Was mit den Debatten über den Schleier verhandelt wird, ist eine Neuordnung des ›Kreuzes-Paradoxes‹: Wurde in der Kreuzes-Symbolik Ohnmacht und Sterblichkeit der Weiblichkeit zugewiesen, so gelten nun auch ähnliche Zuweisungen für den Schleier und mit ihm für den Islam, als dessen ›religiöses Symbol‹ er gilt.

Die Geschichte des Schleiers

Die aktuellen Debatten über den Schleier erwecken den Eindruck, die Verschleierung der Frau sei eine rein islamische oder orientalische Angelegenheit und habe mit der westlichen Welt kaum etwas zu tun. Unterschlagen wird dabei die weit ältere Tradition des Schleiers im Christentum, und unterschlagen werden auch die Ähnlichkeiten – bei aller Differenz – zwischen Orient und Okzident, die nicht zuletzt an der ›Schleierfrage‹ sichtbar werden. Ein

Blick in die Geschichte der Verschleierung im Mittelmeerraum und im Nahen und Mittleren Osten kann zeigen, daß die Islamisierung des Schleiers eine gewisse Blindheit gegenüber der eigenen Geschichte impliziert. Diese Verdrängungsleistung kommt deutlich in der Wortwahl der Kritiken am muslimischen Kopftuch zum Ausdruck. So etwa, wenn der Schleier als Gefahr für die ‹westliche Zivilisation› gesehen wird. »Vor lauter Multi-Kulti ist bald wieder Kannibalismus zugelassen«, schreibt ein Leser der Wochenzeitschrift »Die Zeit« als Reaktion auf die Klage der kopftuchtragenden Lehrerin Fereshta Ludin am Bundesverfassungsgericht.[71] Auch Alice Schwarzer beschwört den ›Untergang des Abendlandes‹, wenn sie den Schleier als »blutiges Symbol« beschreibt und als »Flagge des islamistischen Kreuzzuges, der die ganze Welt zum Gottesstaat deformieren will«.[72] Die etwas schiefe Metaphorik zeigt, wie wenig der westliche Blick über die historisch und geographisch vielfältigen Bedeutungen der weiblichen Verschleierung im Islam weiß (und wissen will) und wie sehr dabei die Wahrnehmung des Islam von der verdrängten Gewalt, die die eigene Geschichte (des Kreuzes) begleitet hat, bestimmt wird.

Der Vergleich mit dem Kannibalismus läßt sich, wenn überhaupt, auf das Christentum anwenden. In der christlichen Religion, so Hyam Maccoby, begegnen wir »einer Religion, in der das Menschenopfer eine zentralere Stelle einnimmt als in jeder anderen uns bekannten Religion, die aber nichtsdestoweniger das Menschenopfer als eine ihr fremde und überholte Vorstellung von sich weist«.[73] Ebenso blendet der Blick auf den Schleier die eigentliche Geschichte der Verschleierung aus. Die verschleierte Muslimin symbolisiert den ›geschichtslosen‹ Orient,[74] heißt es. Doch in den Phantasien über den Orient geben sich all die Dinge zu erkennen, die der Okzident aus seiner eigenen Geschichte getilgt hat. »Kopftuchtragende Frauen«, so Farideh Akashe-Böhme, »stellen diese ganze Welt in Frage und werden entsprechend verächtlich als nicht zu dieser Welt gehörig, als Fremde wahrgenommen.«[75]

Die Vielfalt des Schleiers

Betrachtet man die Geschichte der Verschleierung des weiblichen Körpers, dann stellt man fest, daß der Schleier nicht vom Islam erfunden wurde, ja ihm nicht einmal von Anfang an zu eigen war, sondern in Auseinandersetzung mit den älteren (vorislamischen) Kulturen und den beiden anderen monotheistischen Religionen – Judentum und Christentum – übernommen wurde.[76] Die Verschleierung der Frau, die wir heute als spezifische Eigenart des Islam wahrnehmen, ist in Wirklichkeit – so Renate Kreile – »ein herausragendes Element der ›Einheit des Mittelmeerraums‹ […], das tief im vorislamischen Nahen Osten verwurzelt ist«.[77] Wie die Historikerin Leila Ahmed ausführlich darstellt, war zur Zeit der Entstehung des Islam im 7. Jahrhundert die Verschleierung der Frau in den christlichen Regionen des Nahen Ostens, in Byzanz und im Mittelmeerraum gängige Sitte. Die Christen hatten sie von den Syrern, Juden und Griechen angenommen. In islamischen Gebieten wurde der Schleier zunächst nur von Mohammeds Frauen und später von Frauen aus der Oberschicht getragen, erst seit dem 9. Jahrhundert gehörte er verbindlich zur zivilen (nicht sakralen) Kleidung der Frau, seine Form variierte jedoch von Region zu Region und richtet sich auch heute noch danach, welcher der zahlreichen Gruppierungen innerhalb des Islam die jeweiligen Frauen angehören. Die Verschleierung der Frau als eine genuin islamische Sitte zu beschreiben, wäre deshalb, so Ahmed weiter, »eine Verzerrung historischer Tatsachen«,[78] die die Austauschbeziehungen und Kontinuitäten unter den verschiedenen Kulturen und Religionen im

Nahen Osten und Mittelmeerraum zum Verschwinden bringe.[79]

Der Schleier ist mithin untrennbarer Bestandteil der Geschichte des christlich geprägten Westens: Wenn wir heute den Schleier als fremd empfinden, dann nicht etwa, weil er der westlichen Kultur tatsächlich fremd wäre, sondern weil wir ihn uns ›fremd gemacht‹ haben. Zu dieser Verdrängung des Schleiers aus dem kulturellen Gedächtnis gehört auch, daß Formen der weiblichen Kopfbedeckung, die sich kaum bis gar nicht vom ›muslimischen‹ Kopftuch oder dem Schleier unterscheiden, nicht als Verschleierung wahrgenommen werden. Bis heute tragen Frauen in den ländlichen Gebieten Süddeutschlands Kopftücher.[80] Soweit wir diese Tücher überhaupt bemerken, betrachten wir sie als Bestandteil der traditionellen ländlichen Tracht; wir sehen in ihnen keine Symbole ›gefährlicher‹ bäuerlicher Rückständigkeit oder vormoderner Frauenfeindlichkeit. Auch der Nonnentracht begegnen wir nicht mit dem Mißtrauen, das wir dem muslimischen Schleier entgegenbringen; und dies sogar dann nicht, wenn Nonnen in solch kulturell sensiblen Institutionen wie der Schule oder dem Krankenhaus arbeiten: Einrichtungen, in denen Kinder und Patienten den dort tätigen Personen ebenso ›schutzlos‹ ausgeliefert sind wie die Grundschüler den kopftuchtragenden Lehrerinnen.

Schließlich gelang es Modeschöpfern sogar, dem Kopftuch einen gewissen Sex-Appeal zu verleihen. Als die Haute Couture das Kopftuch in den 1950er Jahren (vornehmlich als Reisekleidung) hoffähig machte, ließen sich Filmstars wie Grace Kelly, Brigitte Bardot und Jeanne Moreau und sogar gekrönte Häupter wie Elizabeth II. oder Königin Fabiola gern und oft mit Kopftuch photographieren.[81]

Die Wahrnehmung des ›muslimischen‹ Schleiers geschieht offensichtlich im Kontext der Nicht-Wahrnehmung des westlichen Kopftuchs. Daß wir dessen religiöse und geschlechtliche Bedeutungen heute nicht mehr wahrhaben wollen, heißt jedoch nicht, daß sie nicht trotzdem kulturelle Wirkungsmacht entfalten. Um diese zu verstehen, ist ein Blick in die lange Geschichte der weiblichen Verschleierung wichtig. Die historische Perspektive zeigt, daß nicht in erster Linie die Tatsache der Verschleierung der Frau erklärungsbedürftig ist, sondern viel eher die ihrer *Entschleierung*.

Welche Bedeutung transportiert der Schleier? So gestellt, ist die Frage bereits Ausdruck einer Verdrängung. Es gibt wohl kaum ein mehrdeutigeres, widersprüchlicheres und wandelbareres Symbol als den Schleier. Während die europäischen Sprachen nahelegen, daß sich die verschiedenen Formen der Verhüllung des weiblichen Körpers unter dem Begriff ›Schleier‹ (engl. *veil*, franz. *voile*) subsumieren lassen, kennt die arabische Sprache solch einen Allgemeinbegriff nicht. Daß die Eindeutigkeit und historische Konstanz, die das Wort ›Schleier‹ suggeriert, historisch gesehen unhaltbar ist, zeigt bereits eine kurze Aufzählung der wichtigsten Bedeutungen.

Historisch greifbar wird der Schleier (am weiblichen Körper) als Attribut der Göttin wie auch als Kleidungsstück der sterblichen Frau. Die frühesten Zeugnisse stammen aus Mesopotamien und dem Mittelmeerraum. So werden die verschiedenen Gestalten der Muttergottheit (Ischtar, Isis, später Demeter und Vesta) oft verschleiert dargestellt. In babylonischen Texten, so Alfred Jeremias, »wird die Nacht als die verschleierte Göttin angerufen«.[82] Von der ägyptischen Isis heißt es, ihr Standbild habe die Inschrift getragen: »Ich bin das All, das Vergangene, Gegenwärtige und Zukünftige, mein Gewand hat noch kein Sterblicher gelüftet.«[83] Homer berichtet, daß die Eleusinischen Mysterien Demeter als die »Herrin des glänzenden Schleiers« verehren.[84] Ein Rechtsdokument aus Assur (ca. 1450–1250) schreibt den verheirateten Frauen die Verhüllung des Kopfes vor, wenn sie sich in der Öffentlichkeit zeigen: »Verheiratete Frauen und Witwen müssen beim Aufenthalt auf freien Plätzen den Kopf verschleiern.«[85] Auch im antiken Griechenland gehört der Schleier zur Bekleidung von verheirateten Frauen der Oberschicht. Ebenso tragen die Bräute den Gesichtsschleier als Zeichen ihrer Schamhaftigkeit – eine Sitte, die sowohl bei den Juden als auch bei den Griechen praktiziert und später von den Römern übernommen wird. Im Hebräischen bedeutet das Wort für Braut (*kallatu*) wörtlich ›die Verschleierte‹. Indem der Bräutigam den Schleier der Braut lüftet, entblößt er symbolisch ihre Scham, und indem er sie ›erkennt‹, vollzieht er symbolisch den Geschlechtsakt.[86]

Während der Schleier als Attribut der Göttin deren Unabhängigkeit sowie die prinzipielle Unverfügbarkeit des Heiligen symbolisiert – die unverheirateten Priesterinnen der römischen Vesta beispielsweise bewachen einen mit Vorhängen geschützten, den Blicken der normalen Sterblichen entzogenen Innenraum, in dem sie ungesehen ihre Rituale verrichten[87] –, zeigt im profanen Bereich die Ehefrau mit dem Schleier ihre Zugehörigkeit zu einem Mann (ihre Ehrbarkeit) und grenzt sich damit von der Prostituierten ab, der es unter Androhung harter Strafen verboten war, den Schleier anzulegen. Es »soll der Kopf der Dirne bei schwerer Strafandrohung offen sein«, heißt es in dem zitierten Rechtsdokument aus Assur. Gemeinsam ist diesen verschiedenen Bedeutungen des Schleiers, daß sie ihre Trägerin als sexuelles Wesen kennzeichnen. Auch die Muttergöttinnen stellte man sich als sexuell aktiv vor; ihre Sexualität galt als heilig und hatte im Tempel ihren Platz.[88] Die Göttin selbst erscheint oft als Verkörperung der weiblichen Sexualität und Erotik. Im Kult der Ischtar beschreiben rituelle Gesänge die Schönheit ihrer Brüste und ihrer Vulva sowie den Geschlechtsakt mit ihrem Geliebten, dem Hirten Dumuzi.

Im Christentum hingegen signalisiert der Schleier den Verzicht auf Sexualität und Fortpflanzung, ohne damit die anderen Bedeutungen gänzlich zum Verschwinden zu bringen. So ermahnt der christliche Autor Tertullian in seiner um das Jahr 216 n. Chr. verfaßten Schrift »De virginibus velandis« die unverheirateten Jungfrauen, ihre Keuschheit mit dem Schleier zu schützen: »Ich bitte Dich, Jungfrau, verhülle mit dem Schleier Dein Haupt! Ergreife die Waffe der keuschen Zucht, umgib Dich mit dem Walle der Schamhaftigkeit [...] Denn Du hast Dich mit Christus vermählt, ihm hast Du Deinen Leib übergeben.«[89] Schließlich, um noch ein letztes Paradox aufzuzählen, kann der Schleier den Körper der Frau als abwesend und geheimnisvoll bezeichnen – die verschleierte Muslimin ist aufgrund des Schleiers für den Blick des Mannes unsichtbar –, *und* er kann jenes unsichtbare, im Inneren des weiblichen Körpers verborgene ›Geheimnis der Jungfräulichkeit‹ symbolisieren. So ist Maria seit dem 5. Jahrhundert bei der Verkündigung des Engels, sie werde, obgleich jungfräulich, einen Sohn gebären, mit Webe- oder Spinnarbeiten beschäftigt.[90] Nachdem im 11. Jahrhundert das Jungfernhäutchen ›erfunden‹ wird, symbolisiert der Schleier das unsichtbare Hymen der Jungfrau.

Den vielfältigen und widersprüchlichen Bedeutungen des Schleiers entspricht sein Form- und Farbenreichtum. Es gibt durchsichtige und undurchsichtige, farbige und schwarze Schleier; solche, die nur das Haupthaar bedecken, und andere, die auch den Nacken und die Schultern verhüllen, und wieder andere, die auch über das Gesicht fallen und entweder ein Auge oder beide bedecken. Daneben solche, die Mund und Nase, aber nicht den Kopf verhüllen, und schließlich solche, die den gesamten Körper dem Blick entziehen und die entweder aus einem Mantel und langen, weiten Hosen bestehen oder aus einem losen, über den Kopf gezogenen, zeltartigen Gewand, das nur einen kleinen gitterartigen Schlitz für die Augen offenläßt. Es gibt Schleier aus feinster Seide und solche aus grober Baumwolle, manche sind einfarbig, andere bunt gemustert.[91]

Christliche Jungfrauen mit Schleier:
Ein »heiliges Gefäß, dem Herrn geweiht«.

Mit anderen Worten, der Bedeutungsreichtum des Schleiers ist so groß, daß er hier nur angedeutet werden kann. Wichtig für die gegenwärtige Kopftuchdebatte erscheint uns jedoch ein genauerer Blick auf die je unterschiedlichen Bedeutungen des Schleiers in Christentum und Islam sowie auf die gegenseitigen Berührungen und Beeinflussungen. Für den Islam hat der Schleier eine wichtige Rolle in der Auseinandersetzung mit dem Christentum gespielt. Man kann deshalb nicht umhin, die Geschichte des Schleiers als gemeinsame Geschichte von Christentum und Islam zu denken. Deshalb werden wir im folgenden Abschnitt weniger einen nach Religion getrennten Überblick geben als vielmehr die wichtigsten Aspekte des Schleiers im direkten Vergleich darstellen.

Der Schleier im Christentum und im Islam

Obwohl die Verschleierung der Frau im Christentum eine lange Tradition hat, verkündet die christliche Lehre in ihrem Kern eine Botschaft der Entschleierung, festgehalten im letzten Buch des Neuen Testaments, der Offenbarung des Johannes. Das griechische Wort für Offenbarung heißt *apokalypsis*, wörtlich ›Entschleierung‹, und ist zusammengesetzt aus *kalypta*, was soviel wie ›schleierartiger Umhang‹ bedeutet, und dem Präfix *apo* (= weg, entfernt). Auch der lateinische Begriff *revelatio* versteht die Offenbarung als einen symbolischen Akt der Entschleierung (*velum* = Schleier, Vorhang). Man könnte einwenden, alle drei monotheistischen Buchreligionen seien Offenbarungsreligionen, gründen sie doch auf dem offenbarten Wort Gottes. Der deutsche Begriff ›Offenbarung‹ legt hier Gemeinsamkeiten zwischen Judentum, Christentum und Islam nahe, die jedoch gerade im Bezug auf die Zugänglichkeit des Göttlichen nicht bestehen. Sowohl die jüdische als auch die islamische Religion gehen von einem verborgenen Gott aus, der nicht abgebildet werden darf – er bleibt mithin verschleiert – und mit dem der Gläubige nicht unmittelbar in Kontakt treten kann: Er hat sich ihm gegenüber also zu verschleiern. Deshalb erfordert der Empfang des offenbarten Wortes sowohl bei Moses als auch bei Mohammed die Verschleierung des Hauptes. In der Hebräischen Bibel wird berichtet, Moses habe auf dem Gottesberg »sein Angesicht verhüllt, weil er sich vor dem Angesicht Gottes fürchtete« (2. Mos. 3,6), und von Mohammed weiß die Überlieferung, er habe vor seiner Entführung, als er das Herannahen Gottes spürte, gerufen: »Hüllt mich ein.« Darüber hinaus wird Mohammed in der islamischen Überlieferung auch »der Schleiermann« (*dū l-himar*)[92] genannt. In zwei Koransuren wird er ausdrücklich mit »O Verhüllter« (73,1) und »O Verdeckter«

(74,1) angesprochen.[93] Wird er im Bild dargestellt (was selten vorkommt), dann meist mit verhülltem oder ausgeblendetem Antlitz. Die im September 2005 in der dänischen Tageszeitung »Jyllands Posten« veröffentlichten – und von einigen deutschen und französischen Blättern im Februar 2006 nachgedruckten – Karikaturen Mohammeds, die den Propheten in entwürdigenden Posen, etwa als bärtigen Säbelschwinger und Zuhälter oder als Schwein bzw. Schweinefresser, darstellen (Schweine gelten im Islam wie in der jüdischen Religion als unrein), verstoßen ganz bewußt gegen dieses religiöse Tabu und intendieren die Verunglimpfung des Islam. Die Karikaturen lösten deshalb heftige Kritik aus und führten zu gewaltsamen Protesten in den islamischen Staaten des Nahen und Mittleren Ostens: Botschaften und Kultureinrichtungen europäischer Staaten wurden in Brand gesteckt, Flaggen öffentlich verbrannt, der Westen pauschal als Feind des Islam bezeichnet. Diese Gewalt und die sie begleitende gewaltsame Rhetorik sind zu verurteilen. Doch sie zeigen, daß die Karikaturen – eben weil sie sich gegen das Fundament des islamischen Glaubens richteten – als Angriff des Westens auf ›den‹ Islam und ›die‹ Muslime interpretiert wurden, dem nicht ganz überraschenderweise mit fundamentalistischen Mitteln begegnet wurde.

Als Enthüllungsreligion folgt das Christentum einer anderen Logik. Der Gedanke der Entschleierung besagt, die Wahrheit Christi, d. h. das Geheimnis Gottes, unverhüllt sehen und begreifen zu können. Darin liegt eine Abkehr vom Glauben an die grundsätzliche Unzugänglichkeit des Heiligen, den die polytheistischen Religionen mit ihren verschleierten Göttinnen ebenso pflegten wie das Judentum, dessen Gott weder mit seinem Namen angerufen noch im Bild festgehalten werden darf. Man kann die Haltung des Christentums und der christlich geprägten Gesellschaften gegenüber der Verschleierung der Frau nur verstehen, wenn man diese heilbringende Bedeutung der Enthüllung berücksichtigt.

Die Annahme, dem Göttlichen könne man unverhüllt begegnen, fügt der auch im Christentum praktizierten Verschleierung der Frau neue Bedeutungen hinzu. Da nur der Mann als Ebenbild Gottes angesehen wird, darf nur er diesem unverschleiert – sozusagen auf gleicher Augenhöhe – gegenübertreten. Die Frau dagegen ist Geschöpf und Abbild des Mannes und hat sich aus diesem Grund in der Kirche zu verhüllen. So ermahnt Paulus die Christinnen von Korinth, die entgegen den jüdischen Sitten, mit denen Paulus vertraut war, ohne Schleier in der Öffentlichkeit auftraten, nicht nur dazu, sich in der Kirche zu verschleiern – »Ein Weib aber, das da betet oder weissagt mit unbedecktem Haupt, die schändet ihr Haupt« (1. Kor 11,5) –, sondern er nennt auch die Gründe, die diese Verschleierung der Frau, und nur der Frau, erfordern: »Zwar darf der Mann seinen Kopf nicht verhüllen, denn er ist Abbild und Abglanz Gottes; die Frau aber (muß es tun, denn sie) ist Abglanz des Mannes. Es stammt ja (ursprünglich) nicht der Mann aus der Frau, sondern die Frau aus dem Manne« (1. Kor 11,7 f.).

Der Grund für die weibliche Verhüllung vor dem Göttlichen besteht also in ihrer angeblichen Abbildfunktion. Während der Mann als Schöpfer angesehen wird, ist die Frau lediglich Reproduziertes. Das Vorbild für diese Funktion des Schleiers findet Paulus in der ›Natur‹. Daß die Frauen in jener Zeit ihr Haar lang wachsen lassen, interpretiert er nicht als Ausdruck kultureller Weiblichkeitsvorstellungen, sondern die Sitte gilt ihm als Ausdruck der ›natürlichen‹ Verhüllung der Frau, die durch den Schleier symbolisch verdoppelt und damit als solche anerkannt werde. Männer dagegen, so Paulus, tragen keinen Schleier, weil ihr Haupthaar ›von Natur aus‹ kurz sei. »Lehrt euch nicht schon die Natur selbst, daß es für den Mann eine Schande ist, wenn er sein Haar lang wachsen läßt, für die Frau aber etwas Prächtiges, wenn sie ihr Haar lang trägt? Denn das lange Haar ist ihr zur Umhüllung gegeben« (1. Kor 11, 14 f.).[94] Der Vatikan hat dieses Gebot bis heute aufrechterhalten. Frauen dürfen dem Papst nur mit verhülltem Haupthaar gegenübertreten.

Bemerkenswert an Paulus' Deutung des Frauenhaares ist die Tatsache, daß er ihm keine magischen sexuellen Kräfte zuzuschreiben scheint, die es durch den Schleier zu bändigen gilt. Dabei war die Ansicht, das Frauenhaar sei der Sitz der weiblichen Sexualität, in der Antike weit verbreitet und fand etwa im Mythos des schreckenerregenden Schlangenhauptes der Gorgo-Medusa ihren Ausdruck. Das lange Haar symbolisierte sexuelle Magie und Fruchtbarkeit, galt als verführerisch und gefährlich – eine Ambivalenz, die sich später auch im Islam zeigt – und unterlag deshalb in allen Kulturen besonderen Ritualen.[95] Die Germanen zähmten die magische Kraft, die für sie vom Frauenhaar ausging, mit geflochtenen Zöpfen, oder sie bedeckten es mit einem Netz bzw. Tuch. »Die Verhüllung des Haares der verheirateten Frau war so sehr Sitte, daß der neuhochdeutsche Begriff ›Weib‹ sogar darauf zurückgeführt wird: Wiba – ›das Verhüllte‹ – bezeichnete zunächst die Kopfbedeckung der verheirateten Frau.«[96] Daß diese ›Vorsichtsmaßnahmen‹ sich in der Regel an Ehefrauen richteten, hat damit zu tun, daß die magische Kraft des Frauenhaares mit der sexuell aktiven Frau in Verbindung gebracht wurde, weshalb Jungfrauen, die man nicht als sexuelle Wesen wahrnahm, üblicherweise unverschleiert waren. Auch in diesem Punkt führte das Christentum eine Neuerung ein. Wie bereits erwähnt, sollten auch Jungfrauen ihr Haupt und ihr Gesicht verhüllen, um damit ihren Verzicht auf Sexualität zu demonstrieren. Diese Praxis schloß an die vorchristliche Tradition des Brautschleiers an, dem nun aber eine christliche Bedeutung unterlegt wurde. Die Entscheidung zu sexueller Askese und lebenslanger Jungfräulichkeit machte die keusche Frau zur ›Braut Christi‹, wie die oben zitierte

Ermahnung von Tertullian an die Jungfrauen zeigt. Diese neue Idee der Jungfräulichkeit nötige den »Heiden, welche sie sehen«, so der Kirchenvater Athanasius von Alexandria in einem Brief aus dem Jahre 356, »ihre Bewunderung für sie als Tempel des Wortes [ab]. Denn es besteht dieser heilige und himmlische Stand wirklich nirgends, sondern nur bei uns Christen, und er ist ein starkes Argument dafür, daß bei uns die echte und wahre Religion zu finden ist.«[97] Der Schleier der christlichen Jungfrau ist also ein Zeichen ihrer Weltabgewandtheit, er symbolisiert die Überwindung der Sexualität und macht aus dem Körper der Frau ein »heiliges Gefäß, das dem Herrn geweiht war«.[98]

Der Islam lehnt zölibatäre Frauen-(und Männer-)Gemeinschaften ebenso ab wie die christliche Sexualfeindlichkeit. Die Sexualität wird grundsätzlich als positiv angesehen. »Anders als der jungfräuliche Jesus wird der Prophet des Islam als jemand gepriesen, der nicht nur die Gesellschaft von Frauen, sondern auch die Freuden der Sexualität genießt. [...] Die geschlechtlichen Freuden sind ein Vorgeschmack auf das Paradies.«[99] Diese Wertschätzung der Sexualität heißt nicht, daß sie ›frei‹ ist. Wie in allen Kulturen unterliegt die Geschlechtlichkeit im Islam einer Vielzahl von Regulierungen, die man allgemein als Maßnahmen zur Aufrechterhaltung der Geschlechtertrennung beschreiben kann und die sich an beide Geschlechter richten. Die Verschleierung der Frau im öffentlichen Raum ist *eine* solche Maßnahme, nicht jedoch die einzige. »Es läßt sich sogar sagen«, so die Soziologin Nilüfer Göle, »daß im islamischen System viel mehr Verbote gegen das Zusammensein von Mann und Frau existieren als Beschneidungen der Rechte von Frauen.«[100] Im Koran heißt es über die Verschleierung der Frau: »Und sag den gläubigen Frauen, sie sollen darauf achten, daß ihre Scham bedeckt ist, den Schmuck, den sie am Körper tragen, nicht offen zeigen, soweit er nicht normalerweise sichtbar ist, ihren Schal sich über den (vom Halsausschnitt nach vorn heruntergehenden) Schlitz (des Kleides) ziehen« (Sure 24:31). Weil die weibliche Sexualität zwar als bedrohlich angesehen, nicht jedoch verurteilt wird, betrifft die Verschleierungspflicht nur Frauen ab dem fortpflanzungsfähigen Alter.

Hier wird auf ältere, nichtchristliche Funktionen des Schleiers als Schutz des Mannes vor der gefährlichen (weil ›unreinen‹) und dennoch überlebensnotwendigen Sexualität und Fruchtbarkeit der Frau zurückgegriffen. »Die Absonderung der Frauen«, so der Islamwissenschaftler Malise Ruthven, »wird mit der Furcht vor ihrer sexuellen Macht begründet: vielleicht ein Atavismus des kulturellen Gedächtnisses, eine Erinnerung an die weiblichen Gottheiten, die vom triumphierenden einzigen Gott zerstört worden sind.«[101] Fatima Mernissi schreibt: »Was angegriffen und verächtlich gemacht wird, ist nicht die Sexualität im allgemeinen, sondern die Frau als Verkörperung der Zerstörung, als Symbol des Chaos.«[102]

Daß mit der Verschleierung der Frau im öffentlichen Raum nicht die Überwindung oder Unterdrückung ihrer Sexualität einherging, sondern daß sie vielmehr einen spezifischen Umgang damit anzeigt, belegen Kommentare von Türkinnen, die im Zuge der Republikgründung 1923 entschleiert wurden: Sie empfanden diese Maßnahme als eine der westlichen, entschleierten Frau vergleichbare Neutralisierung ihrer sexuellen Identität. Zeigt sich die Frau unverhüllt in der Öffentlichkeit, dann muß ihre sexuelle ›Energie‹ auf andere Weise domestiziert werden; etwa dadurch, daß sie als ›emanzipierte‹, gleichberechtigte Frau und mithin als ›asexuell‹ wahrgenommen wird. »Anders ausgedrückt hat die kemalistische Frau zwar den Gesichtsschleier und den Umhang abgelegt, dafür aber ihre Geschlechtlichkeit ›verhüllt‹, in der Öffentlichkeit sich selbst eingepanzert, sich ›unberührbar‹, ›unerreichbar‹ gemacht.«[103] Die Entschleierung setzt mithin eine spezifische und in islamischen

Kulturen neue Form von verinnerlichter Selbstdisziplin voraus, die den Körper wie eine zweite, unsichtbare und deshalb ›natürlich‹ scheinende Haut umhüllt: ein Netz aus kulturellen Disziplinartechniken, das sich als ein auf der Haut
liegendes (zugleich verinnerlichtes) ›Über-Ich‹ umschreiben läßt.

Eine kleine Begebenheit, von der die Münchner Psycho-
login und Psychoanalytikerin Doris Laufenberg berichtet
(sie behandelt vornehmlich muslimische ImmigrantInnen),
gibt dafür ein anschauliches Beispiel. Sie besuchte während
einer ihrer Reisen in den Nahen Osten das Katharinen-
kloster am Mosesberg im Sinai. Eigentlich wollte sie dort
meditieren, aber es waren zu viele Touristen da, so daß sie
eine in der Nähe gelegene, leere Moschee aufsuchte und die
beiden Aufseher bat, hier beten zu dürfen. Sie trug keinen
Schleier, aber man gewährte es ihr. Als sie die Moschee wieder verließ, sagte einer der Aufseher zu ihr, er habe sie beobachtet, und sie habe gar nicht gebetet. Sie antwortete
ihm, daß sie immer »im stillen, nach innen« bete. Der junge
Mann nickte und sagte: »Ich verstehe, du trägst deinen
Schleier innen.«[104]

Die Verschleierung der Frau im Islam verweist auf den
Bereich des Göttlichen. »Beschränkungen für Frauen sind«,
so Ruthven, »auf das engste mit Vorstellungen vom Heiligen verbunden«.[105] So leitet sich der Schleier, den die Frau
trägt, historisch und etymologisch vom Vorhang ab, der das
Private vor dem Öffentlichen schützt. Nicht Offenbarung
(*revelatio*), sondern Abtrennung steht hier im Vordergrund.
Der Islamwissenschaftler Ludwig Ammann schreibt: »Das
von der Wurzel HGB abgeleitete Substantiv *ḥiǧâb* kommt in
vorislamischen Texten nur selten vor. Es gehört nicht zu den
Begriffen, die für Gesicht und Körper bedeckende Schleier
oder Schals benutzt werden, sondern bezeichnet einen Vorhang am Hauseingang. Dem entspricht das Verb *ḥaǧǧaba* im
Sinne von ›am Eintritt hindern‹. Im koranischen Sprach-

gebrauch bezieht sich *ḥiǧâb* auf Trennvorhänge und Wand-
schirme.«[106] Erst in späterer Zeit wurde *ḥiǧâb* auch auf die
Verhüllung des weiblichen Körpers in der Öffentlichkeit
übertragen.

Etwas Ähnliches gilt auch für den Harem, der im westlichen Imaginären eine so große Rolle spielt. Das arabische
Wort für Harem (*ḥarîm*) geht auf dieselbe Wurzel zurück
wie heilig (*ḥarâm*). »Im Arabischen decken die ḥRM-Deri-
vate das semantische Feld des Heiligen, Unverletzlichen,
Verbotenen, Ehrfurchtgebietenden ab.«[107] Mit ebendiesem
unzugänglichen Raum wurde der weibliche Körper, genauer: die weibliche Scham, gleichgesetzt. Das, was vom
Schleier beschützt wird, ist die Fruchtbarkeit und Gebärfähigkeit der Frau. Der Harem ist von dieser religiösen Bedeutung abgeleitet, er bezeichnet einen abgeschiedenen,
den Blicken der Fremden nicht zugänglichen Bereich, eine
»heilige Tabusphäre lebenswichtiger sozialer Funktionen«.[108] Als Repräsentantin des verborgenen Aspekts der
Gottheit und der Fortpflanzungsfähigkeit muß die Frau
außerhalb des geschützten Bereichs des Harems verhüllt
werden, in Gestalt des Schleiers trägt sie den Harem mit
sich. Hier wird deutlich, daß der Harem ursprünglich kein
Ort der sexuellen Ausschweifung war, als der er in der
westlichen Imagination immer wieder beschworen wurde,
sondern ein privater Bereich, in den sich das in der Öffentlichkeit stets sichtbar agierende männliche Oberhaupt der
Familie zurückziehen konnte.

Ein architektonisches Merkmal islamischer Frauengemächer ist die sogenannte *Mashrabiyya*. Bei ihr handelt es sich
um eine meist aus Holz angefertigte, luft- und lichtdurch-
lässige, aus Ornamenten bestehende Wand – manchmal
auch mehrere Wände, die einen Erker bilden –, die die
Frauengemächer von denen der Männer abteilt. Da sie
nicht blickdicht ist, kommt ihr eher eine vermittelnde als
eine abschließende Funktion zu. Die *Mashrabiyya* kann als

architektonische Form des Schleiers interpretiert werden, und umgekehrt ist der Schleier eine tragbare, textile Form der *Mashrabiyya*. Wie der Schleier gewährt die *Mashrabiyya* einen Blick, der selbst nicht gesehen wird. »Traditionellerweise wurde die Mashrabiyya an den äußeren und inneren Wänden der Häuser angebracht. Ihre vornehmlich soziale Funktion bestand darin, die Frauen der Familie vor den Blicken der Fremden zu schützen, indem sie ihnen einen Sichtschutz zur Verfügung stellte, der es ihnen gleichwohl erlaubte, von ihren in den oberen Stockwerken gelegenen Gemächern in die Straße oder den Hof hinunterzuschauen, ohne gesehen zu werden.«[109]

Mann und Frau müssen nach muslimischer Logik auch deshalb getrennt werden, weil beide als sexuelle Wesen wahrgenommen werden. Fatima Mernissi hat die räumliche Geschlechtertrennung als eine Strategie zur Konfliktvermeidung bezeichnet,[110] wobei aus islamischer Perspektive der Konflikt immer von der Frau ausgehe. Ihre Sexualität verursache Chaos (*fitna*) und bedrohe den Mann in seiner sozialen Identität: »Für den Mann steht in dieser Begegnung alles auf dem Spiel: Seelenfrieden, Selbstbestimmung, Treue gegenüber Allah und soziales Prestige.«[111] Allerdings unterliegt auch die männliche Sexualität (und Bewegungsfreiheit) im Islam religiösen Beschränkungen. Der Verschleierung der Frau im öffentlichen Raum entspricht ein Blickverbot des Mannes. Nicht nur darf die Frau vom Mann nicht gesehen werden, auch der Mann darf sie nicht ansehen. Der große islamische Jurist und Theologe al-Ghazali (gest. um 1111) beschreibt den Blick des Mannes auf die fremde Frau als »sündigen Akt«, weil er einer »Kopulation mit dem Auge« gleichkomme.[112]

Der Schleier der Frau hilft somit dem Mann, sich blind zu machen für die Reize, die vom weiblichen Körper – insbesondere vom Haar – ausgehen. An dieser Stelle wird ein weiterer wichtiger Unterschied zur Funktion des Schleiers

Mashrabiyya. Der Schleier in der Architektur.

bei den christlichen Jungfrauen deutlich. Auch ihr Schleier sollte sie vor den Blicken der Männer schützen und auf diese Weise ihre ›Unschuld‹ bewahren helfen. Allerdings entspricht hier der Verschleierung der Frau kein Blickverbot des Mannes. Vielmehr dient der Schleier neben seiner Funktion, dem ausschweifenden Blick des Mannes eine Barriere entgegenzusetzen, auch dazu, der *Frau* ein Blickverbot aufzuerlegen. So jedenfalls will es Tertullian, der in seinem Traktat »De virginibus velandis« die Jungfrauen dazu auffordert, nicht etwa aktiv zu schauen, sondern ihre Augen unter dem Schleier niederzuschlagen: Mit dem Schleier »baue eine Mauer deinem Geschlechte, die weder deine eigenen Blicke noch die der Vorübergehenden hindurchläßt«.[113] Der Schleier symbolisiert im christlichen Kontext also den gesenkten Blick der Frau, dem keine vergleichbare Beschränkung des männlichen Auges entspricht. Dieses im Schleier codierte weibliche Blickverbot sollte im Laufe des Mittelalters zum allgemeinen Kennzeichen ehrbarer Weiblichkeit werden und auch Frauen, die keinen Schleier trugen, veranlassen, den Blick vor dem Mann zu senken. Bis heute wird der aktive Blick als ›männlich‹ wahrgenommen, auch wenn er nicht mehr ausschließlich Männern vorbehalten bleibt. Mit Hilfe optischer Medien (Fernglas, Mikroskop, Photokamera) eignen sich auch Frauen diesen Blick an. Doch Blickmacht an sich wird mit Männlichkeit gleichgesetzt.

In diesem Kontext kann man es schwerlich als Zufall ansehen, daß in Westeuropa die Verschleierung der Frau in der Öffentlichkeit zur selben Zeit symbolisch an Wert verliert, als mit der Zentralperspektive ein visuelles Medium zur Verfügung steht, das einen einseitigen, entpersonalisierten Blick und einen homogenen, allseits einsehbaren Raum erzeugt. Seit dem 16. Jahrhundert wird die Verschleierung der Frau – sei sie Jungfrau, Ehefrau oder Trauer tragende Witwe – in dem Maße bedeutungslos, in dem der zentralperspektivische Blick für die Kontrolle des öffentlichen Raums bedeutsam wird. Etwas verkürzt könnte man sagen, der unsichtbare Blick duldet keine Verhüllung, er ist darauf ausgerichtet, den Körper der Frau (und zunehmend auch den des Mannes) zu kontrollieren, vor ihm muß die Frau ihre Augen niederschlagen, ihm gegenüber hat sie sich zu zeigen. Um diese Zusammenhänge soll es ausführlich im nächsten Kapitel gehen; hier sei zunächst darauf hingewiesen, daß die Abwesenheit der Frau im öffentlichen Raum sowie das Blickverbot auf die Frau, das Männern in islamisch geprägten Gesellschaften auferlegt wird, die Herausbildung jener von Michel Foucault[114] beschriebenen panoptischen Kontrolle des einzelnen in der Öffentlichkeit – und die damit einhergehende, von Norbert Elias[115] nachgezeichnete Verinnerlichung dieses Blicks im Laufe des europäischen ›Zivilisationsprozesses‹ – in den islamisch geprägten Gesellschaften verhindert haben.

Natürlich war der Islam gegenüber westlichen Einflüssen nicht verschlossen. Diese haben sich nur anders ausgewirkt als im christlichen Kulturraum. »Der öffentliche Raum«, so Ruthven, wird »als die Summe seiner privaten Komponenten aufgefaßt, nicht als ein separates Gebilde, das rechtlichen Schutz benötigt.«[116] Eben weil der öffentliche Raum nicht die visuelle Zugänglichkeit des weiblichen Körpers fordert, kann Öffentlichkeit auch in ›privaten‹ Räumen stattfinden und sind Frauen in islamischen Ländern nicht automatisch von ihr ausgeschlossen. In ihrer Analyse von gesellschaftlich institutionalisierten Frauentreffen in Damaskus zeigt Friederike Stolleis, daß diese Treffen, die aus westlicher Perspektive als ›Kaffeekränzchen‹ erscheinen, keinen im westlichen Sinne privaten Charakter haben, sondern in einer nach Geschlechtern segregierten Gesellschaft öffentliche Funktionen erfüllen. »Treffen sich Frauen in Damaskus zu einer *ṣub ḫīya* (Frühstückstreffen), einem *istiqbāl* (Empfangstag) oder einer *ǧamʿīya* (Sparvereinigung), so entsteht für einige Stunden ein Handlungsraum, in welchem freie und gleiche Menschen ihre eigenen Angelegenheiten verbal regeln – also das, was nach Hannah Arendt das Öffentliche ausmacht. Der häusliche Bereich wird nach eigenem Bekunden der Frauen bewußt verlassen und in den Gesprächen ausgeklammert, auch Kinder werden nach Möglichkeit zu Hause gelassen. Dieser öffentliche Bereich ist damit [...] vom Bereich des Privaten und dessen spezifischen Tätigkeiten deutlich getrennt.«[117]

Ludwig Ammann gibt zu bedenken, »daß viele nicht-westliche Gesellschaften bei der Definition des Unterschieds von ›öffentlich‹ und ›privat‹ nicht von der öffentlichen Sphäre ausgehen, die unserem politisch-rechtlichen Diskurs über den Bürger und dessen Rechte und Pflichten so sehr am Herzen liegt, sondern daß dort der Ausgangspunkt das Private ist – wobei die Privatsphäre nicht als relativ bedeutungslose Restkategorie gilt. [...] Anders gesagt, hier gilt das Private als das Primäre, nicht andersherum!«[118] Daraus ergibt sich, daß der öffentlich Raum nicht als einheitlicher, homogener, quasi neutraler Bereich gedacht wird, in dem Privatinteressen zurückzustehen haben, sondern als eine Ausdehnung des Privaten in das Öffentliche. Insofern ist es nur ›natürlich‹, daß auch im öffentlichen Raum ›Sichtverbote‹ zu herrschen haben. Das arabische Wort für Nacktheit (*aura*) bedeutet im Deutschen soviel wie ›Blöße‹ oder ›Spalt‹,[119] beschreibt also einen Zustand, in dem man etwas zu sehen gibt, was nur für ›Eingeweihte‹ bestimmt ist. Der Vorrang des Privaten vor dem Öffentlichen mag der Grund sein, weshalb der städtische Raum in islamischen Ländern für die Augen eines Westeuropäers oftmals fremd und ohne Struktur erscheint, die aber für Moslems durchaus erkennbar ist.

Umgekehrt macht die aus dem Privaten abgeleitete öffentliche Sphäre islamischer Städte aber auch die unsichtbare Regulierung des öffentlichen Lebens in westlichen

Gesellschaften sichtbar. Als in der Türkei mit der Republikgründung die Verschleierung der Frau aufgehoben wurde, mußte der öffentliche Raum neu geordnet werden. »Je mehr die Frauen aus dem abgeschlossenen privaten Leben heraustraten, desto mehr sah sich der Staat gefordert, das öffentlich gewordene Leben der Frau zu ordnen. Man erließ ein Gesetz nach dem anderen und traf sogar polizeiliche Maßnahmen. [...] In städtischen öffentlichen Verkehrsmitteln, in Kinos, Theatern, Lokalen, sogar in den in Istanbul neu eingeführten Straßenbahnen wurden gesonderte Abteile für Frauen eingeführt.«[120]

Bevor sich im Abendland die Gestaltung der öffentlichen Sphäre nach den Regeln des panoptischen Blicks durchsetzte, bevor also der weibliche Körper entblößt wurde, ließen sich Frauen in den westlichen Ländern gern von den Kopfbedeckungen orientalischer Frauen inspirieren. Seit den Kreuzzügen und vor allem durch die im Laufe des Mittelalters sich verstärkenden Handelsbeziehungen mit den Textilzentren in Bursa, Damaskus und Bagdad schmückten Ehefrauen aus wohlhabenden Familien in den deutschsprachigen Ländern nördlich der Alpen ihren Kopf mit Schleiern, Hüten oder Hauben (die seit dem 15. Jahrhundert verstärkt in Mode kamen) aus kostbaren Stoffen wie Samt, Damast oder Brokat, die oftmals mit Goldstickerei verziert waren und weniger die Religiosität als vielmehr die soziale Stellung der Frauen kennzeichnen sollten.[121] Diesem ›Kleiderluxus‹ versuchten die Obrigkeiten wiederum mit Kleiderordnungen zu begegnen, die die ›ausschweifenden‹ Kopfbedeckungen der verheirateten Frauen einschränkten.

Man kann die Vorliebe für Kopfbedeckungen aber auch als Selbstschutzmaßnahme gegen die zunehmende Macht des Blicks im öffentlichen Raum interpretieren, die auf ein Unbehagen der westlichen Frau, sich in der Öffentlichkeit zu entblößen, schließen läßt. Ein Beispiel dafür ist das ›Nürnberger Regentuch‹ – so genannt, weil die Frauen es sich ursprünglich als Schutz vor dem Regen um Kopf und Körper legten. Der Rat der Stadt Nürnberg versuchte zwischen dem 15. und dem 17. Jahrhundert wiederholt, dessen Aussehen und Größe zu normieren, u. a. deshalb, weil sein Gebrauch immer weniger von seiner ursprünglichen Funktion bestimmt war. »Das Regentuch oder Schurtzhembd, wie es zunächst hieß, war zunächst eine einfache Leinen- oder Wolldecke [...]. Je vornehmer die Trägerin, desto kostbarer wurde das Material. Je kostbarer aber das Material, desto weniger konnte das Tuch als Regenschutz benutzt werden.«[122] Als störend wurde nicht nur die luxuriöse Ausstattung des Tuches empfunden, die unter Umständen die Standesgrenzen der Trägerin überschritt, sondern auch die Tatsache, daß unter dem Tuch die Identität der Frauen ›verborgen‹ blieb und daß es für einen außenstehenden Beobachter nicht zu erkennen war, was darunter vor sich ging. Unter der Überschrift »Verpott das frowen unnd Junckfrowen Ire haeubter / weder mit Schuerzhembden oder anderem / nyt bedecken sollen« heißt es in einer Verordnung des Regensburger Stadtrates aus dem 15. Jahrhundert: »Nachdem unter dem weiblichen Geschlechte hier in dieser löblichen Stadt ein Mißbrauch und eine Unordnung entstanden ist; also daß sie je zu Zeiten bei Tag und Nacht auf offener Straße ihre Häupter und Angesichter mit Schürzhemden, Tischtüchern und anderen, nicht dem gewöhnlichen Gebände entsprechenden Tüchern, bedecken und sich damit unkenntlich machen. Es ist ein ehrbarer Rat, Gott dem Allmächtigen und der Jungfrau Maria zum Lobe und auch den gesamten weiblichen Geschlechte zum Schutze und zur Ehre, solchen Mißbrauch abzustellen.«[123] Wie die Wortwahl der Verordnung zu erkennen gibt, widersetzt sich das Regentuch dem Sichtbarkeitsanspruch eines anonymen (fiktiven) Betrachters, der den öffentlichen Raum kontrolliert, was im Umkehrschluß bedeutet, daß es seine Trägerin vor der Bevormundung durch diesen Blick in Schutz nimmt.

Bemerkenswerterweise wird dieser Schutzmaßnahme, zu der die *westliche* Frau gegriffen hatte, in der gegenwärtigen Kopftuchdebatte keine Bedeutung beigemessen.

Osmanisches Reich: Der Kampf um den Schleier

Wie eng die Geschichte des Schleiers in Christentum und Islam von der gegenseitigen Begegnung bzw. der Rivalität der beiden Religionen geprägt ist, läßt sich nirgendwo so deutlich erkennen wie an den kriegerischen Auseinandersetzungen zwischen Byzanz und dem Osmanischen Reich, die 1453 mit der Eroberung Konstantinopels durch die Osmanen endeten. Byzanz hatte sich im 4. Jahrhundert von Rom abgespalten und Konstantinopel, das heutige Istanbul, zu seiner Hauptstadt erklärt. Da das byzantinische Christentum weit stärker als die Westkirche orientalischen und islamischen Traditionen verhaftet war, hatte sich dort die Praxis der Verschleierung und des Harems mit großer Selbstverständlichkeit gehalten. Unter dem Gesichtspunkt der Verschleierung und der Geschlechtertrennung war das Byzantinische Reich über weite Strecken kaum von islamischen Gesellschaften zu unterscheiden. Als die Osmanen zuerst Bursa und später Konstantinopel eroberten, fanden sie am Hofe der Herrscher und in den Häusern wohlhabender Familien große, aufwendig gestaltete Harems vor, die von Eunuchen bewacht wurden. Den neuen Herrschern gefiel diese Einrichtung so sehr, daß sie ebenfalls begannen, Harems einzurichten. Als Sultan Mehmet 1453 Herrscher von Konstantinopel wurde, sah er sich genötigt, die Verschleierung der osmanischen Frauen neu zu regeln, da sich ihre Schleier nicht genügend von denen der christlichen Frauen unterschieden. Er ordnete an, daß die muslimischen Frauen Istanbuls ein weißes oder cremefarbenes Kopftuch mit einem durchsichtigen Gesichtsschleier der gleichen Farbe tragen sollten, während die Christinnen in schwarzem Tuch zu gehen hatten.[124] Dies war ein starker Eingriff in die Kleidungssitten, denn zur normalen Tracht der byzantinischen Frau, mit der sie sich in der Öffentlichkeit zeigte, gehörte zu dieser Zeit ein heller Schleier, der Kopf, Hals und Schultern bedeckte. Zur Trauerkleidung gehörte dagegen ein schwarzer Schleier.

Im übrigen erstreckte sich die neue muslimische Kleiderordnung in den Städten des Osmanischen Reichs nicht nur auf Frauen. Männer waren verpflichtet, in der Öffentlichkeit einen Turban zu tragen, an dessen Farbe die Religion oder Nationalität des Trägers zu erkennen war. Die Farbe Weiß war dem Sultan und türkischen Männern vorbehalten. Für Männer, die ihre Abstammung auf den Propheten Mohammed zurückführen konnten, war Grün reserviert. Juden hatte gelbe, Griechen blaue und Araber bunte Turbane zu tragen. Allen anderen war der Turban verboten und lediglich eine einfache Mütze als Kopfbedeckung gestattet. Der Berufsstand der Turbanwinder sorgte dafür, daß Form, Farbe und Größe der Turbane den Kleidervorschriften entsprachen. Darüber hinaus war auch das Barthaar der Männer strengen Regeln unterworfen, denn es sollte die soziale Stellung des Mannes kenntlich machen. Ein Vollbart stand Männern aus der Oberschicht zu, während Angehörige der unteren Schichten nur einen Schnurrbart tragen durften.[125] Sultan Mehmets Gesetze zur Regelung der Kopfbedeckung waren nur die ersten in einer langen Reihe von Verordnungen, die sich über beinahe fünf Jahrhunderte hinziehen sollten und mit denen die islamischen Machthaber in Istanbul die muslimische Identität des Schleiers zu ›wahren‹ suchten. »Mal sollte die Kleidung der islamischen Frauen farbig sein, damit sie sich von der Kleidung der Christinnen unterscheide, mal sollte sie dunkel sein. Mal war der schwarze Tscharschaf [Mantel in Form eines überwurfartigen Tuches,

d. Verf.] die einzige ›ehrbare islamische Kleidung‹, dann sollte er wieder abgeschafft werden, weil es dem Sultan mulmig wurde bei so vielen vermummten Gestalten.«[126] In seiner elaborierten Version war der muslimische Schleier ein städtisches Phänomen, mit dem die ehrbaren Frauen in Istanbul und Bursa ihren sozialen Status demonstrierten. In den ländlichen Gebieten des Osmanischen Reichs trugen Frauen ein einfaches Kopftuch, das sie unter dem Kinn zusammenbanden.

Scheinen Verstöße gegen die Verschleierungsordnungen bis zum Beginn des 19. Jahrhunderts eher selten bestraft worden zu sein, so verschärfte sich die Kontrolle bezüglich der Einhaltung der jeweiligen Schleierordnungen ab Mitte des 19. Jahrhunderts deutlich – d. h. zu einem Zeitpunkt, als vermehrt Westeuropäer die Türkei bereisten bzw. sich dort als Diplomaten oder Händler niederließen. Der traditionelle durchsichtige, farbige Schleier der Istanbuler Frauen erschien nun angesichts der Präsenz fremder Blicke zu aufreizend und sollte durch dunkle, undurchsichtige Stoffe ersetzt werden. Um diese Zeit taucht in der Türkei zum ersten Mal der aus Persien bekannte schwarze Tscharschaf auf, der von den Frauen zunächst abgelehnt, gegen Ende der 1870er Jahre jedoch so beliebt geworden war, daß sich der Sultan genötigt sah, ihn zu verbieten. In einem Erlaß aus dem Jahre 1881 heißt es: »Entsprechend diesem Gesetz ist es Frauen verboten, auf öffentlichen Plätzen und in belebten Straßen nur den ›Tscharschaf‹ zu tragen; aber sie dürfen diesen Schleier in unbelebten Straßen und bei Besuchen gebrauchen.«[127] Hintergrund dieses mehrfach erneuerten Verbots scheint gewesen zu sein, daß »sich diese Frauen freizügig bewegten, als seien sie unbedeckt, ja sogar den in Trauer gekleideten Christinnen ähnelten«, weshalb Sultan Abdulhamid II. – wie in einem Erlaß aus dem Jahre 1892 formuliert wird – »Zweifel überkamen, ob diese Frauen Moslems seien«.[128]

Der Streit um die richtige Form der Verschleierung endete erst mit der Gründung der türkischen Republik am 29. Oktober 1923. Mustafa Kemal Atatürk erklärte die Entschleierung der Frau zum Maßstab für die nationalstaatliche Modernisierung der Türkei nach westlichem Vorbild. »Er nahm«, so Nilüfer Göle, »den am tiefsten wurzelnden Unterschied der Welt des islamischen Orients und der modernen westlichen Welt ins Visier, nämlich die gesellschaftliche Isolierung der Frau. Die Sichtbarwerdung der Frau wird zum Zeichen des Zivilisationswandels.«[129] Der ›Erfolg‹ ließ nicht lange auf sich warten: 1932, nur neun Jahre später, wird im belgischen Spa, wo in diesem Jahr die Miss-World-Wahlen stattfinden, die ›Miss Turkey‹, Keriman Halis Hanim, zur Schönheitskönigin gekürt – ohne Schleier.[130] Die ersten Miss Turkey (*Türkiye Güzeli*)-Wahlen in der Türkei fanden 1929 auf Initiative der republikanisch orientierten Tageszeitung *Cumhuriyet* statt, die die Wahlen bis 1932 auch ausrichtete. Die Photos der Bewerberinnen wurden auf der Titelseite der Zeitung abgedruckt – ein Prozeß der sich über mehrere Monate hinzog. Während die Wahl der Miss Turkey der Nation ein Gesicht verlieh, bot die Teilnahme an internationalen Schönheitswettbewerben der Türkei die Gelegenheit, sich sowohl als moderne Nation zu zeigen, als auch »den neuen Staat der Weltöffentlichkeit als gleichberechtigten Partner im Kreis der ›großen‹ und ›zivilisierten‹ Nationen der Welt zu präsentieren«.[131] Keriman Halis Hanim blieb kein Einzelfall. Im Jahre 2003, kurz nach dem Sieg der USA über die Taliban, nahm die in Afghanistan geborene (heute in Kalifornien lebende) Vida Samadzai als ›Miss Afghanistan‹ in Manila an den Wahlen zur Miss Earth teil. Ihr Outfit: ein knallroter Bikini, der viel Aufsehen erregte und ihr den Spezialpreis *Beauty for a cause* einbrachte.[132] Beiden Frauen wurde die ›Königinnenwürde‹ als Belohnung für die ›vorbehaltlose‹ Assimilation an das westliche Frauenbild zuteil. *Ex occidente looks.*

Der Schleier und der Schläfer

In den heutigen Debatten über Schleier und Entschleierung offenbart sich auch eine politische Dimension, die jenseits der Frage der Geschlechterordnung liegt. Erst seit den Attentaten vom 11. September 2001 ist die Debatte über das Kopftuch ins Zentrum der politischen Auseinandersetzungen gerückt. Hinter den Erregungen über das Kopftuch steht die Angst vor dem Terrorismus. Der Schleier erscheint als das sichtbare Symbol für einen unsichtbaren Feind: den *sleeper* oder ›Schläfer‹. Dieses Wort bezeichnet einen Gegner oder ›Schädling‹, der sich – als ›Fremdkörper‹ – in einer Gemeinschaft einnistet, dort unauffällig lebt, um irgendwann seine gefährlichen Eigenschaften zu entfalten. Das politische Bild des ›Schläfers‹ ist aus der Medizin übernommen, wo mit ähnlichen Begriffen potentielle oder latente Krebserreger und Infektionsherde im Körper des Menschen benannt werden. Es ist das Bild einer körpereigenen und dennoch fremden, zerstörerischen Kraft. An ihm zeigt sich deutlich, wie sehr sich die Metaphorik des sozialen Körpers auf die des biologischen Körpers bezieht – und umgekehrt. In einem 2002 veröffentlichten Buch »Schläfer mitten unter uns« thematisiert der Journalist Elmar Theveßen das »Netzwerk des Terrors« und prangert den »hilflosen Aktionismus des Westens« an. Er schreibt: »Der islamistische Terrorismus hat vieles gemeinsam mit einer Krebserkrankung. Dabei werden aus völlig gesunden normalen Zellen, wenn bestimmte Einwirkungen von außen stattfinden, gnadenlose Killer, die sich im menschlichen Körper immer weiter ausbreiten.«[133]

Die sozialmetaphorische Bedeutung des ›Schläfers‹ ist älter als der moderne Terrorismus: Sie reicht bis ins 19. Jahrhundert zurück und durchzieht die Geschichte der christlichen und postchristlichen Staaten. Wie der ›Schädling‹[134] entwickelte der Begriff seine größte Wirkungsmacht im antisemitischen Diskurs. Die Ausrottungspolitik der Nationalsozialisten gegen diesen ›Schädling‹ ist bekannt. Um so bemerkenswerter ist es, daß sich die moderne Bekämpfung des ›Schläfers‹ einer ganz ähnlichen Bildlichkeit und Sprache bedient: »Früher kannte die Medizin nur eine Methode zur Bekämpfung dieser Krankheit: das Herausschneiden der befallenen Stellen und die chemische Abtötung der bösartigen Zellen, die dem Skalpell entgangen waren.«[135] Theveßen betont die Notwendigkeit einer Modernisierung dieser alten Behandlungsmethode, die »den entscheidenden Nachteil hat, daß sich ein erneutes Ausbrechen der Krankheit in vielen Fällen nicht verhindern läßt«.[136] Effizienter seien neuere Methoden der Schädlingsbekämpfung, die »die Entfernung des Krebses mit einer Behandlung der Ursachen kombinieren. Eine Methode stoppt das Wachstum der Blutgefäße, die das Krebsgeschwür ernähren. Eine andere stärkt die Abwehrkräfte des Körpers, und eine dritte setzt bei den genetischen Voraussetzungen an, die für einen Ausbruch der Krankheit mitverantwortlich sind. Die Kombination der verschiedenen Taktiken verspricht den größten Erfolg.«[137] Auf den Terrorismus übertragen heiße das: erstens »die Blutversorgung des islamistischen Terrorismus« durch Geld zu stoppen, zweitens »die Ungleichheiten in den Heimatländern« (die als Ursache des Terrorismus ausgemacht werden) zu bekämpfen; drittens müßten »die Abwehrkräfte der westlichen Gesellschaft gestärkt werden«.[138]

Daß der Terrorismus eine reale Gefahr darstellt und seine Bekämpfung eine Notwendigkeit ist, bestreitet niemand. Uns interessiert jedoch die Art, wie diese Gefahr dargestellt wird: Sprachbilder und Metaphern bieten oft einen wichtigen Schlüssel, um die Subtexte von Aussagen – literarischer oder ›dokumentarischer‹ Art – zu ›lesen‹: der ›Blutstrom‹ des Geldes, das ›Krebsgeschwür‹, die mangelnden ›Abwehrkräfte der Gesellschaft‹. Es fehlt auch nicht der ausdrückliche Verweis auf das Kopftuch: Die Attentäter vom 11. September seien »sehr genau auf die Verschleierung ihrer wahren Ziele bedacht« gewesen.[139] In solchen Sprachwendungen, durch die unbewußte Ängste angesprochen werden, vermischen sich die Bilder vom ›inneren Feind‹ mit aktuellen Bildern von verborgenen Frauenkörpern.

Die Sexualisierung der Feindbilder hat im Antisemitismus Tradition. Dort richtete sich die Verwendung von Geschlechterbildern besonders gegen die assimilierten Juden, denen – wie beim modernen ›Schläfer‹ – ihre ›Unsichtbarkeit‹ vorgeworfen wurde. Die assimilierten Juden wurden als Gefährdung betrachtet, weil sie Kaftan, Bart und Schläfenlocken abgelegt hatten und ununterscheidbar geworden waren vom ›Wirtsvolk‹. Der Rassismus – mit seinen Stereotypen vom ›unverwüstlichen jüdischen Blut‹ und dem Vorwurf der ›Rassenschande‹ – konstruierte einen ›sichtbaren‹ Juden, der ihn für die Augen und die körperliche Wahrnehmung erkennbar machen sollte. Das war der Sinn der Sexualbilder: Sie sollten den imaginären ›Juden‹ in eine biologische ›Realität‹ überführen und seine gefährliche Gestalt dem Unbewußten einschreiben. Allgemein dient die Verwendung von Sexualbildern im Feld des Politischen dem Ziel, das Unbewußte des Individuums mit ›der Geschichte‹ der Gemeinschaft in Einklang zu bringen.

Das Bild des terroristischen ›Schläfers‹ ist auf andere Weise sexuell aufgeladen als das antisemitische: durch die Kombination mit dem Schleier. Der Tourist ›erkenne‹ die arabische Gesellschaft am Schleier, schrieb Frantz Fanon.[140] Heute wird über die verschleierte Frau der ›Schläfer‹ erkannt. Daher das Bedürfnis, sie zu entschleiern. Paradoxerweise wird also ebenjene ›Unsichtbarkeit‹ von ihr gefordert, die den ›Schläfer‹ charakterisiert und so gefährlich erscheinen läßt. Fanon setzte die Entschleierung der arabischen Gesellschaft durch die Kolonialmächte mit Penetrationsphantasien gleich. Indem das Kopftuch mit dem ›Schläfer‹ und terroristischen Attentaten in Verbindung gebracht wird, verkehrt sich das Bild: Der verkleidete weibliche Körper wird zur Symbolgestalt einer Vergewaltigung des Westens durch den Orient.

Die Sexualisierung des ›Schläfers‹ erfährt noch eine Verstärkung, seitdem es auch weibliche Selbstmordattentäter gibt. Nach dem Selbstmordattentat der gebürtigen Belgierin Muriel (Myriam) Degauque im November 2005 schrieb »Newsweek«: »Wenn es einen Trost gibt, dann den, daß die terroristischen Vorteile nicht so effektiv genutzt wurden, wie es hätte der Fall sein können. Die belgische Frau Degauque mit ihrem EU-Paß und ihrem nordeuropäischen Aussehen hätte leicht Zugang zu Zielen in vielen westlichen Ländern erhalten können. Aber sie jagte sich im Irak in die Luft.«[141] Nach dieser Argumentation stellt die unauffällige westliche Erscheinung eine perfekte Tarnung dar.

Gewiß, die Gefahr ist real: Der Terrorismus agiert im Untergrund, und zu seiner Kriegsstrategie gehört die Unsichtbarkeit: »Die Sichtbarkeit eines Carlos in den 1970er Jahren«, so schreibt der aus Algerien stammende und in Italien lehrende Soziologe Fouad Allam, »wird heute durch die Unsichtbarkeit eines ganzen Heeres ersetzt, und dessen große Zahl hat die Funktion, die Suche nach terroristischen Gruppen zu desorientieren und ins Leere laufen zu lassen. Diese Strategie des Geheimbundes, die bei den neuen Islamisten in eine Taktik der Unsichtbarkeit übergeht, hat ihre Wurzeln in den Strukturen mancher mystischer Gruppen: die Bruderschaft der Naqschbandiya zum Beispiel hat als Motto ›Allein in der Menge‹.«[142] Sinn des ›Hyperterrorismus‹ sei die Destabilisierung oder ›Destrukturierung‹, die nur durch Unsichtbarkeit herbeigeführt werden kann: »Seine Identität besteht in der Nicht-Identität.«[143]

Um so unsinniger ist es aber, ausgerechnet in dem so deutlich sichtbaren Kopftuch das Symbol des Terrorismus zu sehen. Wie eng die Verschleierung mit dem Bild des

Terroristen und ›Schläfers‹, des Repräsentanten einer unsichtbaren Gefahr, gedacht wird, zeigt ein Titelbild des
»Spiegel« aus dem Jahr 1998, als die Selbstmordattentäterin
noch kein Thema war (vgl. S. 21). Auf dem Bild ist alles
enthalten: der Schleier und die »Weltmacht hinter dem
Schleier«, der »Vormarsch der Extremisten« und das
Schwert über dem einzigen unbekleideten Körperteil der
Frau: dem Auge. Die Gefahren des Terrorismus sind real
– die Anschläge von New York, Madrid und London haben
es bewiesen. Nur die Assoziation mit dem verschleierten
Frauenkörper stimmt nicht – weder symbolisch noch historisch. Es genügt, an das von Frantz Fanon beschriebene Beispiel aus dem algerischen Unabhängigkeitskrieg zu denken,
wo es die entschleierten Frauen waren, die sich – als ›Euro-
päerinnen getarnt‹ – unauffällig bewegen konnten, um so,
in ihren Taschen, am eigenen Körper, Granaten oder Nachrichten zu transportieren und Terrorakte zu verüben.[144] Im
Algerienkrieg bildeten Terrorismus und *Ent*schleierung ein
Paar.

Die Angelegenheit wird noch dadurch kompliziert, daß
sich in der antiwestlichen Ideologie einiger islamischer
Staaten eine ganz ähnliche medizinische Metaphorik herausgebildet hat, wie sie das westliche Bild des ›Schläfers‹
kennzeichnet: Auch hier geht es um das Bedürfnis nach
einer ›Reinigung‹ des eigenen kollektiven Körpers von
›Schädlingen‹ und ›Infektionen‹. Allam schreibt: »Die re-
volutionäre khomeinistische Ideologie wollte, ausgehend
von der Diagnose einer für schlimm erachteten Krankheit,
eine ›Kulturtherapie‹ durchführen, wonach dem Einfluß
des Westens in allen kulturellen Bereichen entgegenzutre-
ten sei.«[145] Durch Re-Islamisierung sollte die Gesellschaft
von einer Krankheit gereinigt werden, die den Namen ›Westitis‹ erhielt – eine Wortschöpfung iranischer Intellektuel-
ler –, da sie sich durch eine Überdosis ›Westose‹ und eine
›Westtoxikation‹ auszeichne. »Der persische Ausdruck

lautet gharbzadegi (zusammengesetzt aus dem Allgemeinbegriff gharb, Westen, und dem Suffix zadegi, das, als
Bezeichnung einer Gewalteinwirkung auf den Körper, an
Handlungen wie Schlagen, Beherrschen, Prügeln erinnert);
die lexikalische Form des Ausdrucks identifiziert so den
Westen mit dem Feind des Menschen, mit einer Krankheit
oder einem Unheil, dessen Opfer der Islam ist.«[146] Dieselben Bilder, die Anfang des 20. Jahrhunderts den Antisemitismus prägten, tauchen also nun in der Begegnung
von Orient und Okzident auf, und die Geschlechterordnung wird zu dem paradigmatischen Feld, auf dem der
Kampf gegen die ›Krankheit‹ des anderen ausgefochten
wird.

Allerdings richtet sich, anders als im Antisemitismus, die
Auseinandersetzung im Islam weniger gegen einen ›Fremden‹, der mit einem anderen Glauben oder einer anderen
›Rasse‹ identifiziert wird, als gegen die eigenen Glaubens-
brüder, an denen die ›Krankheit‹ festgemacht wird. Denn
die Re-Islamisierung – zumindest im Iran, wo diese Entwicklung am deutlichsten zu verfolgen ist – hing von Anbeginn eng mit innenpolitischen Auseinandersetzungen
und akuten sozialen Problemen zusammen. Ariane Sadjed
schreibt: »Unter den Arbeitern, die in die Städte gezogen
waren, entstand eine neue Art von Religiosität, die sich aus
der Abneigung gegen die Privilegierten nährte und Hoffnungen auf zukünftige Gerechtigkeit versprach. Für Millionen neuer Stadtbewohner wurde die Religion zu einem
wichtigen Orientierungssystem und die Hauptform sozialer Interaktion.«[147] Gleichzeitig stellen Autorinnen wie
Fariba Adelkah aber auch eine zunehmende Verweltlichung
der Geistlichen fest – nicht nur im Sinne einer klerikalen
Beherrschung des öffentlichen Raums, sondern auch im
Sinne einer direkten, sozialen und politischen Verantwortung der Geistlichen, von denen viele heute auch weltliche
Berufe ausüben wie die des Arztes, Journalisten, Militärs

oder gar Fernsehproduzenten. Als solche, und nicht als Geistliche, erklären sie »die Teilnahme an den Wahlen zu einer gesetzlichen, politischen und sozialen ›Pflicht‹ (*ta-klif*)«.[148]

Die Re-Islamisierung wurde einerseits zu einem Instrument, soziale Gerechtigkeit zu erwirken, stellte andererseits aber auch den »Versuch dar, ein kulturelles Gegenmodell zur westlichen Moderne zu entwickeln«.[149] Das führe einerseits zu einer neuen Auslegung des Islam, wie sie etwa von iranischen Frauen gefordert wird, andererseits produziere die Entwicklung aber auch Widersprüche. In ihrem Buch »Being Modern in Iran« konstatiert Fariba Adelkah, daß iranische Modernisierungsprozesse u. a. zur Kommerzialisierung und Massenproduktion religiöser Schriften und Symbole geführt haben: Früher seien Zitate aus dem Koran nur auf besonderem Papier, mit kalligraphischer Ausschmükkung und zu besonderen Anlässen gedruckt worden. Seit den 1990er Jahren habe es jedoch »dank nachdrücklichen Bemühungen um neue Auslegungen auch zahlreiche neue Übersetzungen« gegeben: »Die Islamische Republik ist stolz darauf, der weltweit größten Edition des Koran den letzten Schliff zu geben, während gleichzeitig Mikro-Korane mit Schlüsselanhängern verkauft werden, die so klein sind, daß man sie nicht lesen kann.«[150] In den Zeitungen sind fast täglich Zitate aus dem Koran zu lesen – als Motto der Zeitung oder zur Unterstützung eines politischen Arguments in einem Kommentar. Dieselbe Zeitung diene am Ende des Tages als »besonders billiges Einpackmaterial für Fleischer und Gemüsehändler, bevor es im Mülleimer landet«.[151] Dieser Umgang mit der Heiligen Schrift stellt für muslimische Gläubige einen unvorstellbaren Verstoß gegen die Heilige Schrift dar: Wenn eine koranische Schrift überhaupt vernichtet wird (etwa weil sie auseinanderfällt), darf dies nur unter reinem und fließendem Wasser geschehen. Auch die orale Tradition erfährt eine Kommerzialisierung und ›Modernisierung‹. Der Verbraucher kann »die Sure seiner Wahl hören, indem er am Telefon die 114 wählt [...], und das Fernsehen empfiehlt, die Melodien während der telefonischen Warteschleifen durch Koranverse zu ersetzen – ein Vorschlag, der seit dem Frühjahr 1995 im Telefonnetz des Justizministeriums umgesetzt wurde«.[152] Der vielfältige und sorglose Gebrauch von Schriftzeugnissen sowie die massive Reproduktion und Kommerzialisierung von hochbesetzten religiösen Objekten sind dem Westen seit langem vertraut. Wenn sie nun als Symptom eines ›islamischen Modernisierungsprozesses‹ auftauchen, so bedeutet dies, daß sich das ›kulturelle Gegenmodell zur westlichen Moderne‹ nur geringfügig von dem Modell unterscheidet, gegen das es sich abzugrenzen versucht. Ebendies kommt im Begriff der ›Westitis‹ zum Ausdruck, der den wirklichen ›clash of civilizations‹ in der innerislamischen Welt verortet.

Im Kampf um eine ›eigene Moderne‹ verbindet sich die Auseinandersetzung um eine ›gesunde‹ Geschlechterordnung immer mit dem Vorwurf, daß die andere Gesellschaft Gewalt am Frauenkörper verübe. In den Augen des Westens beinhaltet die Sexualordnung des Islam die Unterdrückung der Frauen. Das traf zweifellos auf die Taliban in Afghanistan zu, und es gilt in mancher Hinsicht für Saudi-Arabien. Aber diese pauschale Beschuldigung des Islam übersieht die Tatsache, daß im Iran mehr als die Hälfte aller Studierenden Frauen sind, daß in Ägypten Polizistinnen die Straßen kontrollieren, in Jordanien die Mehrheit der Medizinstudenten Frauen sind und in den Gerichtssälen von Syrien und Palästina viele weibliche Anwälte plädieren. Umgekehrt sprechen fundamentalistische Bewegungen des Islam von der Ausbeutung und dem Mißbrauch des weiblichen Körpers durch den westlichen Kapitalismus.

In beiden Fällen geht es bei den pauschalen Vorurteilen gegenüber der Geschlechterordnung der ›anderen‹ Gesellschaft um alles, nur nicht um die Integrität des Frauenkörpers. Denn hinter dem Vorwurf der vom anderen verübten Gewalt an der Frau verbirgt sich oft die Angst vor einer ›Vergewaltigung‹ der eigenen Gemeinschaft, die als ein Frauenkörper imaginiert wird. Auch diese Vorstellung hat eine lange Tradition im Abendland. Schon im Deutsch-Französischen Krieg von 1870/71 und erneut im Ersten Weltkrieg zirkulierten auf beiden Seiten zahlreiche Darstellungen, auf denen entweder ›der Franzose‹ oder ›der Preuße‹ als Vergewaltiger von Germania bzw. Marianne dargestellt wurden.[153] Solche sexuell aufgeladenen Imaginationen von Krieg und Bedrohung erhielten mit der ›Dolchstoßlegende‹ eine zusätzliche – homosexuell konnotierte – Dimension.

Ähnlich sexualisierte Bilder spielen nun auch im Konflikt zwischen Orient und Okzident eine wichtige Rolle. Sie dienen der emotionellen Aufladung der Feindbilder und der Unterstreichung seines Bedrohungspotentials. Solche Sexualbilder entwickeln eine eigene historische Wirkungsmacht, bei denen das Wissen um ihre imaginäre Qualität verlorengeht. Den Bildern der Vergewaltiger des Ersten Weltkriegs folgten im Zweiten reale Vergewaltigungen von Frauen. Ähnlich im Bosnien-Krieg. Das besetzte Gebiet des weiblichen Körpers, Symbolgestalt der Gemeinschaft, wurde zum Kriegsschauplatz, auf dem nationale und kulturelle Konflikte ausgetragen wurden und werden.

Das Kreuz mit dem Kopftuch

Kein anderes Symbol zeigt so deutlich wie das Kreuz, daß die Moderne und der säkulare Staat nicht nur *gegen* das Christentum entstanden, sondern auch als dessen konsequente Fortführung zu begreifen sind. Deshalb können die modernen europäischen Staaten, von denen sich einige strikt laizistisch verstehen (zum Beispiel Frankreich) und andere als ›christlich geprägt‹ begreifen (einige deutsche Bundesländer), zu ein und demselben Urteil über das Tragen des Kopftuchs kommen: Frankreich verbannt das Kopftuch aus den staatlichen Schulen, weil es sich zum säkularen Staat bekennt, während Baden-Württemberg das Kopftuch aus Gründen der Verhaftung der europäischen Gesellschaft im Christentum verbietet. Die ehemalige baden-württembergische Bildungsministerin Annette Schavan wollte das Kopftuch verbannen, weil wir in einer ›christlich geprägten Gesellschaft‹ leben, während Alice Schwarzer dasselbe Ziel verfolgt, indem sie sich auf die Tradition der Aufklärung beruft: »Hier geht es um den Kern des Rechtsstaats; um die Trennung von Staat und Religion, eine mühsam erkämpfte Errungenschaft der Aufklärung.«[154]

Die Widersprüche werden noch komplizierter, wenn einerseits der frühere Bundespräsident Johannes Rau durch das Kopftuch »unser christliches Erbe nicht in Frage gestellt« sah, während Jürgen Rüttgers (CDU, damals Bundesbildungsminister) das Lehrverbot für Fereshta Ludin mit dem Argument befürwortete, daß der deutsche Staat weltanschaulich neutral sei, und daraus ableitete: »Gerade deshalb brauchen wir religiöse Bildung und religiöse Bindung.«[155] Die Forderung nach religiöser Bildung ist nachvollziehbar – um säkulares Gedankengut zu verteidigen, bedarf es einer guten Kenntnis der religiösen Texte, denn das Unwissen auf diesem Gebiet ist der typische Nährboden des Fundamentalismus. Aber religiöse Bindung ist nicht identisch mit Bildung.

Der ehemalige Richter des Bundesverfassungsgerichts, Ernst Gottfried Mahrenholz, brachte die Paradoxien von Christentum und Staat auf den Punkt, als er in einem Interview sagte: »Die christlich geprägte Kultur ist selbstverständlich. Wenn Atheisten in der Lage sind, sie zu vertreten – das ist nie bestritten worden – und wir haben in Deutschland Tausende von Lehrern, die Atheisten sind, die nichts mit dem lieben Gott am Hut haben, und trotzdem werden sie zugelassen zum Unterricht auf der Basis der christlichen Werte, und das ist vollkommen in Ordnung. Da frage ich mich natürlich, warum zwei Dutzend Lehrerinnen das nicht können, wenn alle Atheisten es können.«[156] Dieser Argumentation scheinen inzwischen auch einige deutsche Gerichte zu folgen. Die Lehrerin Doris Graber unterrichtete seit 1973 an baden-württembergischen Grundschulen. 1984 trat sie zum Islam über. Ab 1995 begann sie, auch während des Unterrichts ein Kopftuch zu tragen: in Mützenform um den Kopf gebunden. Das Oberschulamt forderte sie auf, es abzulegen oder den Schuldienst zu quittieren. Sie ging vor Gericht, und im Sommer 2006 hob das Gericht die Anordnung des Schulamtes auf, ließ auch keine Berufung zu. Graber verwies in ihrer Begründung u. a. darauf, daß die Ordensschwestern in baden-württembergischen Grundschulen in ihrer Ordenstracht nicht nur Religionsunterricht erteilen, sondern auch allgemeinbildende Fächer lehren.[157]

Solche Paradoxien gelten auch für die anderen europäischen Staaten – soweit dort eine Debatte stattfindet. Ausnahmen bilden derzeit Italien und Großbritannien, wo Polizistinnen und anderen Beamtinnen das Tragen des Kopftuchs erlaubt ist, sowie Österreich, das zwar erzkatholisch und konservativ, aber durch die Erfahrungen der Donau-Monarchie das Zusammenleben mit Muslimen gewohnt ist. Frankreich ist durch seinen strengen Laizismus in eine ähnlich paradoxe Situation geraten wie Deutschland. Weil die Moscheen zu Orten der Indoktrination geworden sind, gibt es in der französischen Regierung mittlerweile Bestrebungen, den Bau von Moscheen staatlich zu fördern und die Berufung der Geistlichen staatlich zu kontrollieren. Innenminister Nicolas Sarkozy, der bei den Bränden in den Vororten von Paris im Jahr 2005 eine Politik des starken Staates vertrat, ist einer der Hauptbefürworter dieser Politik. Das heißt, ausgerechnet der strikteste aller laizistischen Staaten Europas, der es wegen der Trennung von Staat und Kirche seit zweihundert Jahren ablehnt, die Kirchen (außer unter dem Aspekt des Denkmalschutzes) zu unterstützen, befindet sich nun in der Situation, die islamische Religion zu fördern, um den laizistischen Staat zu schützen.

In Deutschland wird das Kopftuchverbot einerseits mit der ›Neutralität‹ des Staates begründet, während andererseits dem Kreuz eine religiöse Neutralität zugebilligt wird, die weder ein gläubiger Christ noch ein Religionshistoriker ernsthaft in Betracht ziehen kann. Im Gesetz zur Änderung des Schulgesetzes von 2004 heißt es: »Lehrkräfte an öffentlichen Schulen nach § 2, Abs. 1 dürfen in der Schule keine politischen, religiösen, weltanschaulichen oder ähnliche äußeren Bekundungen abgeben, die dazu führen, die Neutralität des Landes gegenüber Schülern und Eltern [...] zu gefährden oder zu stören.« Zwei Sätze weiter heißt es: »Die Darstellung christlicher und abendländischer Bildungs- und Kulturwerte oder Traditionen entspricht dem Erziehungsauftrag [...] und widerspricht nicht dem Verhaltensgebot nach Satz 1.«[158]

Der Gesetzentwurf impliziert eine enge Beziehung zwischen Religion und Gesetz; die Begründung hingegen macht das Wissen über die Religion zu einer Aufgabe des Staates. Warum soll sich dieses Wissen aber auf die christliche Religion beschränken? Ist es angesichts der großen Zahl von Muslimen, die in Deutschland und den anderen europäischen Ländern leben, wie auch angesichts der Herausforderungen der Globalisierung (wenn diese nicht nur ökonomische Globalisierung sein soll) nicht sinnvoll, in die religiöse Bildung auch ein genaueres Wissen über die anderen Religionen – insbesondere die jüdische und die islamische – einzubeziehen? Die Religion kann zu einem mächtigen Mittel der Politik werden – und die Fundamentalisten aller Religionen zeigen zur Zeit, wie das geht. Religionen können dazu beitragen, Emotionen zu schüren. Beweise, Wissen spielen in der Religion keine Rolle, da sich ›die Wahrheit‹ auf eine transzendente Macht beruft. Um so wichtiger wird aber auch das Wissen über die Inhalte der heiligen Texte, die heute oft von den Atheisten genauer gelesen werden als von denen, die sich auf sie berufen.

Religion ist kein »Bildungs- und Kulturwert«, den man blindlings akzeptiert. Genau dazu wird sie aber durch Aussagen wie die der früheren baden-württembergischen Ministerin Annette Schavan, laut der Tracht und Kopfbedeckung der im Schuldienst tätigen Nonnen nicht religiöses Bekenntnis, sondern ›Berufskleidung‹ darstellen. Dieser Lesart widersprachen die Ordensfrauen selbst, deren Rechte, die Nonnentracht im Unterricht zu tragen, die Ministerin eigentlich verteidigen wollte. Die Vorsitzende der Vereinigung der Ordensoberinnen Deutschlands, Schwester Aloisia Höning, erklärte – zu Recht – die Ordenstracht der Nonnen »eindeutig für eine religiös motivierte Kleidung«.[159] Die Religion zu einem ›kulturellen Wert‹ zu deklarieren bedeutet eine Unterschätzung ihrer Macht und offenbart zugleich Unkenntnis oder Verdrängung der Geschichte des Christentums.

Eine Aussage, die mit der Weltlichkeit der Nonnentracht argumentiert, besagt letztlich, daß es sich auch beim Kreuz um ein *politisches* Symbol handelt. Ebendieser Vorwurf – ein politisches Symbol zu sein – war aber die Hauptbegründung für das Kopftuchverbot im baden-württembergischen Gesetzentwurf; und das Politische an diesem Symbol wurde festgemacht an den geschlechtlichen Implikationen. Annette Schavan: »Das Kopftuch als ein auch politisches Symbol ist Teil einer Unterdrückungsgeschichte der Frau; kann für eine Auslegung des Islam im Sinne des politischen Islamismus stehen, die mit dem Grundsatz der Gleichberechtigung von Mann und Frau nicht vereinbar ist.«[160] Sogar der Vatikan hat inzwischen ›die Frauenrechte‹ entdeckt, indem er christliche Frauen vor der Entmündigung warnt, die ihnen durch die Eheschließung mit Muslimen droht. Angesichts der Geschichte der christlich abendländischen Geschlechterordnung – die sich u. a. in der Symbolik des Kreuzes widerspiegelt – ist eine solche Aussage gewagt. Sie läßt sich aber als Spiegelbild der christlichen Geschichte lesen: Im anderen das Selbst entdecken und benennen.

Geschlechterordnungen sind Reflexionen ihrer jeweiligen Religion, und das zeigt sich heute nicht nur in der Konfrontation zwischen den Religionen, in denen die Geschlechterordnung das meist umstrittene Terrain darstellt, sondern auch an den unterschiedlichen Auslegungen innerhalb der einzelnen religiösen Gemeinschaften, vor allem denen, die innerhalb der westlichen Gesellschaften und mit den von ihnen geschaffenen säkularen Maßstäben leben. So wird die Menschenrechtskonvention einerseits als westliche Erfindung abgelehnt, andererseits aber auch von Muslimen herangezogen, um die Vorschriften des Islam durchzusetzen – gegen eine andere islamische Interpretation. Im Sommer 2004 erklärte der Europäische Gerichtshof für Menschenrechte in Straßburg (basierend auf der Europäischen Menschenrechtskonvention), daß das Kopftuchverbot an türkischen Universitäten nicht gegen die Menschenrechte verstößt.[161] Im März 2005 wurde einer jungen Muslimin aus Bangladesh von einem englischen Gericht bestätigt, daß sie in der Schule einen vollen Schleier (*Dschihab*) tragen dürfe. Sie berief sich dabei ebenfalls auf die Europäische Menschenrechtskonvention, die 1998 vom Unterhaus im britischen Recht verankert worden war.[162] Das heißt, dieselben Menschenrechte dienten dazu, sowohl das Kopftuch*verbot* als auch das *Recht* auf eine besondere Art der Verschleierung zu bestätigen. Die Angelegenheit in England wurde noch dadurch kompliziert, daß die Schule, die die junge Frau aus Bangladesh besuchte, zu 80 Prozent von muslimischen Schülern frequentiert und von einer

Muslimin geleitet wird. Die Schule hatte die Schuluniform in Absprache mit den örtlichen Imamen entwickelt. Der Sprecher der britischen Schulrektoren, Martin Ward, kommentierte: »Das Urteil bestätigt das Recht der Schulen, eine Uniform vorzuschreiben, und das Recht der Schüler, die Vorschrift zu mißachten.«[163]

All diese Widersprüche offenbaren, daß sich die europäischen Gesellschaften, wie übrigens auch die nordamerikanischen, nicht darüber einig sind, was unter einem ›säkularen‹ Staat zu verstehen ist. Heißt Säkularisierung Entkirchlichung oder Sakralisierung des Weltlichen?[164] Sind die Menschenrechte aus dem Christentum hervorgegangen, oder sind sie gegen die Kirche entstanden? Ist der moderne Staat ›neutral‹, oder ist er christlich geprägt? Die Geschichte der Kreuzessymbolik erzählt von beiden Möglichkeiten. Aber der Widerspruch wird nicht am Symbol des Kreuzes abgehandelt, sondern an das Symbol des Kopftuchs verwiesen. *Ex occidente crux.*

Kapitel II

Die symbolische Geschlechterordnung in den drei Religionen des Buches

Die symbolische Geschlechterordnung als Spiegelbild der Religionen

Die drei monotheistischen Religionen Judentum, Christentum und Islam beziehen sich aufeinander. Das gilt für die älteste der drei Religionen, die jüdische, wenn auch nicht theologisch, so doch historisch. Durch ihr Zusammenleben mit den anderen Religionen in der Diaspora – zumeist als minoritäre Religion – mußten sich die jüdischen Gemeinden und Gelehrten immer wieder mit den Entwicklungen der anderen beiden Religionen auseinandersetzen, und das hatte Rückwirkungen auf die Auslegung der eigenen Religion, wie besonders der Säkularisierungsprozeß zeigen sollte. Von der christlichen Gesellschaft ausgehend, führte er zu einer völlig neuen – weltlichen, philosophischen und historischen – Definition jüdischen Denkens.

Für die beiden später entstandenen Religionen gab es neben der historischen auch eine theologische Auseinandersetzung mit den anderen Religionen. Verstand sich das Christentum als der ›Neue Bund‹, durch den der ›Alte Bund‹ zwischen Gott und dem Volk Israel abgelöst wurde, so betrachtete der Islam Judentum und Christentum als ›Vorläufer‹ der durch ihn repräsentierten ›wahren Religion‹.

Trotz der Berufung auf eine gemeinsame Herkunft – und trotz der Tatsache, daß alle drei Religionen im östlichen Mittelmeerraum entstanden sind – kam es zu schroffen

Abgrenzungen zwischen den drei Religionen, die sich nicht nur in unterschiedlichen Heilsbotschaften, sondern auch in verschiedenen Riten und Repräsentationen des Verhältnisses von Gott und Mensch niederschlugen. Bei diesen Auseinandersetzungen spielte die Geschlechterordnung eine wichtige Rolle: Sie wurde als Spiegelbild der göttlichen Botschaft begriffen. Die Art, wie die Rollen von Mann und Frau definiert wurden, diente der irdischen Sichtbarmachung einer von Gott gewollten Ordnung. Das scheint – aus der Sicht der Religionen – generell eine der Funktionen der Geschlechterordnung zu sein. Deshalb lassen sich an den symbolischen Geschlechterordnungen der drei Religionen auch viele Grundunterschiede zwischen ihnen ablesen. Die symbolische Geschlechterordnung ist ein Hinweis auf die theologische Begründung für Regeln, die in religiösen – und oft auch säkularen – Gesellschaften über das Leben von Männern und Frauen bestimmen.

Doch die soziale Ordnung – d. h. die gelebte Ordnung der Geschlechter – steht auch unter dem Einfluß regionaler oder historischer Umstände bzw. ökonomischer Bedingungen, die oft eine ganz andere soziale ›Realität‹ hervorbringen und sogar Rückwirkungen auf die jeweilige Theologie haben können. So hat etwa im 19. Jahrhundert der Zugang von jüdischen Frauen zu säkularer Bildung die Entwicklung des Reformjudentums beeinflußt und im 20. Jahrhundert zur Folge gehabt, daß Frauen zur rabbinischen Ausbildung zugelassen wurden. Das heißt, weil Frauen in der jüdischen Tradition von der Bildung, die in erster Linie religiöse Bildung war, ausgeschlossen blieben und mit der Einführung der allgemeinen Schulbildung gern von ihrem Zugang zu – nicht-religiösem – Wissen Gebrauch machten (beim Kampf der Frauen um Bildung spielten Jüdinnen eine prominente Rolle), wurden sie wiederum zu den Schrittmachern einer Veränderung der religiösen Doktrin, zumindest für einen Teil des modernen Judentums. Im Folgenden werden wir jedoch idealtypisch vorgehen, was den Vorteil hat, strukturelle Unterschiede deutlicher zu machen.

Die Geschlechterordnung der jüdischen Religion kennt nicht die Verurteilung von Heterosexualität und sexueller Befriedigung, wie sie in vielen Epochen das christliche Denken dominiert hat. »Die jüdische Kultur vergibt keine Verdienstorden für zölibatäres Verhalten«, schreibt David Biale lakonisch in seinem Buch »Eros and the Jews«.[165] Sexualität wird als Teil der *conditio humana* betrachtet; sie bietet – als Bedingung der Fortpflanzung – die Möglichkeit, dem Stachel des Todes zu begegnen. In der Kabbalah und in chassidischen Lehren wird sie sogar zu einem der ›Tore‹ der Begegnung mit Gott und dem Heiligen. So heißt es in einem chassidischen Text, daß ein Mann, der sich ins Studium der Thora vertieft, »Gott in seinem Fleisch erkennen« werde, und der Text vergleicht ganz ausdrücklich den Koitus, »die größte Freude aller Freuden«, mit einem intensiven Studium des heiligen Textes.[166]

Auf der anderen Seite ist Sexualität aber auch das, was Mensch und Gott *unterscheidet*. Die Geschlechtlichkeit ist ein Symptom menschlicher Unvollständigkeit und der Differenz von Mensch und Gott. Der Gott Israels, so schreibt Tikva Frymer-Kensky, Judaistin und Leiterin des Department of Biblical Civilization an der University of Chicago, »wird männlich gedacht, aber nicht geschlechtlich. Er ist überhaupt nicht phallisch und kann weder männliche Virilität noch sexuelle Potenz repräsentieren. Die anthropomorphe biblische Sprache benutzt Körperbilder des Armes, der rechten Hand, des Mundes, aber Gott wird nicht unterhalb der Gürtellinie imaginiert. [...] Gott ist asexuell oder transsexuell oder metasexuell, je nachdem, wie wir das Phänomen betrachten. Er ist niemals sexuell.«[167] Auch verhalte sich Gott nicht sexuell. Zwar sei »Gott der ›Gatte‹ Israels, eine mächtige eheliche Metapher«, aber diese Sexualmetapher bezieht sich auf sein Verhältnis zur Gemeinschaft, nicht zum Individuum. Daß der chassidische Jude seine Vertiefung in die Texte der Thora mit Sexualbildern vergleicht, erzählt nur von der positiven Besetzung der Sexualität, nicht von einem Überschreiten der Grenze zwischen dem menschlichen Körper und göttlicher Ewigkeit. Weil Gott »kein Modell« für die menschliche Geschlechtlichkeit sei, so Frymer-Kensky weiter, gibt es in den Ritualen eine strenge Trennung zwischen dem Sexuellen und dem Heiligen, die in den Sakralgesetzen verankert ist: »Israels Unreinheitsgebote hatten den Sinn, die essentiellen Bedingungen der menschlichen Existenz intakt zu halten: das Heilige und das Profane, Leben und Tod.«[168]

Anders ausgedrückt: Die Reinheits- und Zeremonialgesetze der jüdischen Religion haben die Funktion, die strenge Unterscheidung zwischen göttlicher Ewigkeit und menschlicher Sterblichkeit aufrechtzuerhalten. Spiegelt sich die Differenz von Gott und Mensch in der Tatsache wider, daß Gott ›metasexuell‹ erscheint, so findet die ›Versehrtheit‹ des sterblichen Menschen in der *Betonung* der geschlechtlichen Differenz ihren Ausdruck. Mit der geschlechtlichen Differenz wird die Differenz von Mensch und Gott *unterstrichen*. Durch die Beschneidung wird dem männlichen Körper die Unvollständigkeit und Verletzlichkeit symbolisch eingeschrieben, während die Gesetze der *nidda*, die sich auf das weibliche Blut beziehen (das Menstruationsblut und das Blut nach einer Entbindung), die Besonderheit des Weiblichen hervorheben. Mit beiden wird ganz generell die Differenz der Geschlechter betont. Das Wort *nidda* bedeutet ›ausgelöscht‹, hat aber denselben Wortstamm wie *nadad*, was soviel wie ›entfernt‹, ›getrennt‹ bedeutet.[169]

Die Gesetze der *nidda* werden oft mit Reinheitsvorschriften übersetzt und als Herabsetzung des weiblichen Körpers während der Menstruation und nach der Niederkunft interpretiert. Aber es ist unsinnig, anzunehmen, daß in einer religiösen Tradition, in der Nachkommen und die Fortpflanzung zu den höchsten Gütern gehören (und, zumindest in der orthodoxen Auslegung, kein unverheirateter Mann zu rabbinischen oder synagogal-liturgischen Funktionen zugelassen ist), die Frau ausgerechnet in den Momenten, wo sie Leben geschenkt hat oder ihr Körper Symptome seiner Zeugungs- und Gebärfähigkeit zeigt, negativ besetzt wird.

Die hebräische Sprache kennt dreizehn verschiedene Begriffe für Reinheit und sechs für Unreinheit, je nachdem, ob sie sich auf Sexualität, die Speisen oder andere Zusammenhänge beziehen.[170] Im Falle der *nidda* scheint ihre Funktion in der Betonung der sexuellen Differenz zu liegen (was auch ein anderes Licht auf die unterschiedliche Länge der Enthaltsamkeit nach der Geburt eines Sohnes und einer Tochter wirft), und diese bestimmt nicht nur über das Leben der Frau, sondern auch über das des Mannes: Die Tatsache, daß ein verheirateter Mann im Rhythmus weiblicher Absonderung lebt und der Rabbiner mit den Funktionen des weiblichen Körpers aufs intimste vertraut ist, veranlaßt die amerikanische Judaistin Susannah Heschel zur Frage: »Wessen Vagina ist es? Oder ist die Vagina als ein Zeichen zu verstehen, vielleicht parallel zum Phallus, ein Zeichen, das mit jener emotionalen Bedeutung beladen ist, die die Geschlechtsidentität formt? [...] Die Nidda-Gesetze machen die Vagina zu einem transzendenten Zeichen der Geschlechtsidentität und des jüdischen Status.«[171]

Die christliche symbolische Geschlechterordnung unterliegt ganz anderen Prämissen: Indem der christliche Gott in seinem Sohn einen menschlichen Leib angenommen hat, wird die Differenz von Gott und Mensch *aufgehoben*. Das ist die Heilsbotschaft des Christentums, die in der Eucharistie, der Vereinigung des göttlichen und menschlichen Leibes beim heiligen Abendmahl, feierlich zelebriert wird. Für die katholische Kirche findet diese Vereinigung mit dem Leib des Herrn auf ›reale‹ Weise statt, bei den Protestanten wurde daraus zunehmend ein symbolischer Akt. Diese Heilsbotschaft findet wiederum in der Geschlechterordnung ihr Spiegelbild. Mit seiner Mensch- und Körperwerdung nahm der christliche Gott auch ein Geschlecht an – genauer zwei Geschlechter: eines, das die menschliche Sterblichkeit und Mütterlichkeit repräsentiert, und eines, das die Überwindung der Sterblichkeit darstellt. Wir haben das an der Symbolik des Kreuzes und dem Disput zwischen der Mediävistin Caroline Walker Bynum und dem Kunsthistoriker Leo Steinberg über ›das Geschlecht Christi‹ dargestellt (vgl. S. 44ff.). Die Symbolik zeigt deutlich, daß – anders als der Gott Israels – das Bild des christlichen Erlösers keineswegs an der Gürtellinie endet.

Wenn die christliche symbolische Geschlechterordnung die Differenz zwischen den Geschlechtern betont, so nicht, um menschliche Sterblichkeit von göttlicher Ewigkeit zu unterscheiden, sondern um die Grundlagen für ein Ideal der Symbiose zu schaffen, bei dem sich göttliche Ewigkeit mit menschlicher Zeitlichkeit vereint. Hierin besteht der entscheidende Unterschied zur jüdischen Heilsbotschaft und der mit ihr einhergehenden symbolischen Geschlechterordnung. Im Christentum findet eine Vereinigung von Gott und Mensch statt – und so wie Gott und Mensch sollen auch die Geschlechter eine Einheit bilden. Paulus, der den Mann zum ›Haupt‹ und die Frau zum ›Leib‹ der Ehe deklariert, sagt es ganz ausdrücklich: »So sollen auch die Männer ihre Frauen lieben wie ihren eigenen Leib. Wer seine Frau liebt, liebt sich selbst.«[172] Deutlicher als in diesem Bild eines Hauptes, das seinen eigenen Leib heiratet, läßt sich das Gesetz von der Unauflöslichkeit der Ehe, das von allen Religionen der Welt nur das Christentum kennt, kaum benennen.

Die Erhebung der Ehe zum Sakrament, die Unauflösbarkeit der Ehe in der katholischen Kirche sowie die paulinische Vorstellung, daß nicht nur Christus und Kirche, sondern auch Mann und Frau als unzertrennlicher Leib figurieren – all dies sind Ausdrucksformen einer Spiegelbildlichkeit von Heilsbotschaft und Geschlechterordnung. So kommt es in der christlichen Mystik, vergleichbar der Kabbalah, auch zu einer quasi-sexuellen Aufladung des Religiösen. Doch während Texte der Kabbalah und des Chassidismus bzw. das Salomonische Hohelied von einer irdischen Sexualbeziehung ausgehen, die zu Gott führen kann, geht es in der Beschreibung der religiösen Erfahrung, etwa bei Meister Eckehart, um eine Begegnung mit Gott, die mit Sexualbildern beschrieben wird. Der mittelalterliche Mystiker schreibt über das Sakrament des heiligen Abendmahls: »Denn in ihm wirst du entzündet und heiß, und in ihm wirst du geheiligt und ihm allein verbunden und vereint. Im Sakrament nämlich und nirgends so eigentlich findest du *die* Gnade, daß deine leiblichen Kräfte durch die hehre Kraft der körperlichen Gegenwart des Leibes unseres Herrn so geeinigt und gesammelt werden, daß alle zerstreuten Sinne des Menschen und das Gemüt hierin gesammelt und gereinigt werden [...]; und gestärkt durch seinen Leib wird dein Leib erneuert [...], so daß das Seine unser wird und alles Unsere sein, unser Herz und das seine ein Herz, und unser Leib und der seine *ein* Leib.«[173]

In der jüdischen Mystik führt die real erlebte Liebe der Geschlechter zu einer Nähe zu Gott, in der christlichen Mystik hingegen wird die Beziehung zu Gott mit Bildern aus der Sexualität ›aufgeladen‹. Solche Bilder wurden aber wiederum relevant für die soziale Geschlechterordnung: Meister Eckeharts Bemerkungen zur Ehe und zur Liebe zwischen den Geschlechtern machen ganz deutlich, daß die Parallelen zwischen der Vereinigung von Mensch und Gott und der Vereinigung mit dem anderen Geschlecht beabsichtigt waren. »Der Liebe aber eignet von Natur, daß sie entspringt und ausfließt von zweien als schlechthin Einziges. Niemals als eine Zwiefaches: als zwei existiert Liebe nicht! Zwei als eins, das gibt unweigerlich und naturgemäß Liebe, voller Drang und Glut und Begierde.«[174] Sogar die Scholastiker (die Meister Eckehart bekämpften) betonten die Analogie von heiliger und irdischer ›Kommunion‹. Es sei richtig, so sagte Thomas von Aquin, daß die Frau aus einer Rippe des Mannes erschaffen wurde, denn damit werde die Einheit von Mann und Weib bezeugt.[175]

Der symbolischen Geschlechterordnung des Islam eignen einige Aspekte, die auch die anderen beiden ›Religionen des Buches‹ charakterisieren. Vergleichbar der jüdischen Religion wird die Unterscheidung betont – eine Forderung, die sich u. a. in der Bewahrung der Scham zwischen den Geschlechtern niederschlägt, die im Koran vom Mann nicht minder gefordert wird als von der Frau.[176] Doch während im Judentum die Differenz dem Körper selbst eingeschrieben wird – über die Beschneidung und die Gesetze der *nidda* –, geht es im Islam um eine ›extrakorporale‹ Trennung zwischen den Geschlechtern, die unter anderem vom Schleier symbolisiert wird. Diese Symbolhaftigkeit des Schleiers ist nicht minder wirkungsmächtig als eine Einschreibung in den Körper. Zugleich wird aber auch deutlich, daß es sich um eine *symbolische* Geschlechterordnung handelt und nicht um eine quasi-biologische, wie sie sich im Denken des Westens herausbildete.

Ludwig Ammann interpretiert die Segregation oder Absonderung der Frauen im Islam damit, daß der weibliche Körper zu einem ›sakralen Raum‹ erklärt wird.[177] Harem und Schleier seien Ausdruck der Sakralität, die dem weiblichen Körper beigemessen werde. Folgt man dieser Interpretation, so wäre der Grundunterschied zwischen der islamischen und christlichen Geschlechterordnung folgendermaßen zu beschreiben: Im Christentum ist es die *Ehe*, die zum Sakrament erhoben wird – und im Islam wird der weibliche Körper sakralisiert (während er im Christentum alles andere als ›sakralen‹ Status hat). Aus der christlichen Sakralität der ehelichen Gemeinschaft werden im säkularen Zusammenhang das Ideal der ›Liebesehe‹, das Ideal der Geschlechtersymbiose und die westliche Kleinfamilie hervorgehen, auf die wir in einem späteren Kapitel zurückkommen.

Die Geschlechtersegregation im Islam findet also eine ganz andere Begründung als in der jüdischen Religion, und die Tatsache, daß sie sich mit der sozialen Ordnung verbindet – in den Gesetzen, in der Stadtarchitektur –, erklärt sich einerseits aus dem Fakt, daß durch den Islam von Anfang an nicht nur eine Religions-, sondern auch eine politische Gemeinschaft geschaffen werden sollte. Andererseits mag das aber auch der Grund für die Schwierigkeiten sein, diese Ordnung neuen historischen Gegebenheiten, wie etwa dem allgemeinen Zugang von Frauen zur Bildung, anzupassen. Die jüdische Geschlechterordnung, die ebenfalls das Prinzip der Segregation verkündete, wurde theologisch begründet – und diese Begründung erlaubte offenbar eine größere Anpassung an neue historische Gegebenheiten. Im Islam hingegen entsprach die Segregation einer politischen Entwicklung, die zeitgleich oder sogar nachträglich religiös begründet wurde.[178] Paradoxerweise scheinen die theologischen Begründungen – trotz des ›Ewigkeitsanspruchs‹ jeder Religion – also eine größere Flexibilität und Bereitschaft zur Veränderbarkeit aufzuweisen.

Die dem Islam eigene Geschlechterordnung läßt sich auch durch ihre Entstehungsgeschichte entschlüsseln. Es gibt, so die Historikerin Leila Ahmed, »im Islam zwei unterschiedliche Stimmen und zwei miteinander konkurrierende Konzepte der Geschlechterordnung. Die eine beruht auf den pragmatischen Regulierungen der Gesellschaft [...], die andere in der Artikulation ethischer Visionen.«[179] Das heißt, auf dem Gebiet der Geschlechterordnung unterscheiden sich Gesetz und religiöse Heilsbotschaft, wie sie aus dem Koran spricht. An vielen Stellen ist aus letzterem ein egalitäres Geschlechterkonzept zu erkennen, so etwa wenn in Sure 33:35 die Frauen gleichberechtigt mit den Männern als Vorkämpfer des Glaubens angesprochen werden. »Diese unbestreitbare Präsenz eines ethischen Egalitarismus erklärt, warum Musliminnen oft – für Nicht-Muslime unerklärlich – darauf beharren, daß der Islam nicht sexistisch ist. Sie lesen und hören in seinem sakralen Text, und dies vollkommen zu Recht, eine andere Botschaft als die, die sie von denen hören, die den orthodoxen und androzentrischen Islam gestaltet haben und erzwingen.«[180]

Dieses egalitäre Konzept geht bis in die medizinischen Bilder hinein. Während die griechische Medizin mit Aristoteles von einer ›Überlegenheit‹ des männlichen Samens ausging, der Söhne erzeuge, wenn er sich gegen die ›weibliche‹ Materie durchsetzen könne, stützte man sich in Syrien und Persien sowie im byzantinischen Christentum eher auf die Schriften von Hippokrates und Galen, die besagten, daß der Samen von Vater und Mutter gleichwertig sei: Deshalb habe ein Sohn Ähnlichkeit mit seiner Mutter.[181] Die hippokratische und galenische Zeugungstheorie, die das Geschlecht des Embryos als das Resultat eines ›Kampfes‹ zwischen dem weiblichen und dem männlichen Samen betrachtete, gelangte wahrscheinlich über die berühmte medizinische Akademie im persischen Gundishapur in den *Hadith* und prägte muslimische Vorstellungen über die Entstehung von Frauen und Männern. Galens Schriften wurden im 6. Jahrhundert von dem christlichen Priester Sergius Rai's al-Aina ins Syrische übersetzt. Der Übersetzer, der den Nestorianern angehörte – einer christlichen Splittergruppe, der die Übertragung eines Großteils der griechischen Medizinschriften ins Syrische zu verdanken ist –, hatte in Alexandria Medizin studiert und war 532 in Konstantinopel gestorben.[182] Aufgrund der Verfolgungen, denen nestorianische und aramäische Christen im Byzantinischen Reich ausgesetzt waren, flohen viele von ihnen nach Persien, wo ihnen der Sassanidenkönig Chosrau I. Asyl gewährte. Dort erhielten sie den Auftrag, für die medizinische Akademie in Gundishapur – im heutigen Westen des Iran gelegen – die griechischen Schriften, insbesondere die des Galen, ins Persische zu übersetzen. 642 wurde Gundishapur von arabischen Muslimen besetzt und stieg zum wichtigsten Lehrinstitut der islamischen Medizin auf. Harith Ibn Kalada, Weggefährte und zeitweiliger Leibarzt Mohammeds, war ein Absolvent der Akademie in Gundishapur.[183] Mit der später einsetzenden Rezeption der aristotelischen Schriften in der »Schule der Weisheit« in Bagdad (gegr. 832) gewannen Erklärungsansätze an Einfluß, die nur dem männlichen Samen Zeugungskraft zusprachen. Dabei spielten wiederum die medizinischen Schriften des großen muslimischen Gelehrten Avicenna eine wichtige Rolle,[184] der die Schriften der griechischen Philosophie ins Arabische übersetzte (von wo sie später auch ins christliche Abendland gelangten).

Die unterschiedliche Lesart des Islam, die die Voraussetzung für eine neue Exegese des Koran und der islamischen Dogmatik bildet, verdankte sich seiner Entstehungsgeschichte. Die als *djahiliya* bezeichnete vorislamische Zeit gilt den einen als Zeit der Unwissenheit und Finsternis, der Unwahrheit und der Unreinheit. Der Begriff wird auch auf die polytheistischen Pharaonen angewandt, und im 20. Jahrhundert übertrug ihn der südindische Vordenker eines neuen orthodoxen Islam, Abu al-Maududi (1903–1979), auf den Westen und auf ›verwestlichte‹ Muslime.[185]

Andere sehen in der *djahiliya* die Vorläufer einer kurzen Epoche des ›wahren‹ Islam. In der vorislamischen Zeit war der arabische Raum »die einzige Gegend, in der die patrilineare, patriarchale Ehe als einzig legitime Form der Ehe noch nicht institutionalisiert war«.[186] Die Geschlechter-beziehung kannte verschiedene Varianten, die matrilinear (die Genealogie verläuft in der mütterlichen Linie) oder uxorilokal (die Familie lebt beim Herkunftsstamm der Ehe-frau) sein konnten. Einige Männer hatten mehrere Ehe-frauen, aber andersherum »konnten auch manche Frauen von verschiedenen Ehemännern aufgesucht worden sein«.[187] Beispiele für Polyandrie sind aus Mekka und Medina bekannt. Im allgemeinen gehörten die Kinder zum Stamm der Mutter. Diese ›sexuelle Freizügigkeit‹ der Frauen, die der spätere Islam mit ›Hurentum‹ gleichsetzte, bedeutete nicht notwendigerweise, daß Frauen mehr Macht besaßen. Doch korrelierte die Vielfalt der Möglichkeiten, die Institution Ehe zu denken, »mit einer größeren sexuel-len Autonomie als die der Frauen im späteren Islam«.[188]

Aufgrund dieser Strukturen kam der schottische Islam-wissenschaftler Montgomery Watt, der sich lange mit dem frühen Islam beschäftigt hat, zu dem Schluß, daß in der präislamischen Gesellschaft Arabiens die Vaterschaft von geringer oder gar keiner Bedeutung war.[189] Beide Ehepart-ner konnten die Scheidung verlangen, Scheidungen und neue Eheschließung waren häufig. Auch waren Frauen an öffentlichen Aufgaben, inklusive Kriegführung, betei-ligt.[190] Montgomery Watt macht allerdings auch darauf auf-merksam, daß sich dank einer prosperierenden arabischen Gesellschaft zu Zeiten Mohammeds ein Wandel von der Matrilinearität zur Patrilinearität vollzog, deren drastische Konsequenzen für die Frauenrechte Mohammed durch einige Gesetze abgemildert habe.[191]

Die Frauenrechte wurden mit der Ausbildung des islami-schen Kodex erheblich eingeschränkt – aber eben erst mit der Ausbildung des Kodex, nicht mit der Formulierung des Koran selbst. Die vorislamische Situation der Frau spiegelt sich noch deutlich in der Geschichte von Mohammeds erster Ehefrau, Khadija, wider: einer reichen Witwe, die

Mohammed bei der Eheschließung u. a. zur Bedingung machte, daß er, solange sie lebe, keine zweite Frau und keine Konkubine haben dürfe. Auch die hohe Wertschätzung, die Mohammeds spätere Frauen, darunter die sehr viel jüngere Aischa, nach seinem Tod erfuhren, erzählt von einer anderen Rolle der Frau, als sie sich später im Islam durchsetzte. Aischa und die anderen Witwen erhielten hohe Versorgungszahlungen von der Gemeinschaft, wurden als Autoritäten gehört – von Aischa stammen mehr ›beglaubigte Zeugenaussagen‹ im *Hadith* als von irgendeinem der Weggefährten des Propheten. Mohammed wurde in Aischas Zimmer begraben, in dem sie weiterhin lebte.[192]

Die Strukturen änderten sich schon zu Mohammeds Lebzeiten, denn ein Teil der Botschaft des Islam »bestand in der Einrichtung einer Geschlechterbeziehung, die auf der Anerkennung der Vaterschaft beruhte«.[193] Da der Vaterschaftsbeweis schwierig war, bedeutete dies die Einführung einer strengen Monogamie (der Frau) und einer Kontrolle über ihre sexuellen Aktivitäten. Obgleich Mohammed alle anderen Formen der Ehe abschaffte,[194] implizierte dies nicht notwendigerweise die Repression der Frauen oder deren Ausgrenzung aus der Gesellschaft. Unter Mohammed gab es weibliche Imame; auch für das eigene Haus hatte er eine berufen. Nach seinem Tod traten Aischa und Umm Salama, eine andere Ehefrau des Propheten, als Imame auf. Aischa wurde von ihrem Vater als Testamentsvollstreckerin eingesetzt.[195] Solche Funktionen verweisen auf eine Rolle der Frau, die mit der späteren Geschlechterordnung des Islam kaum vereinbar ist. Auf die Entwicklung der sozialen Geschlechterordnung nach dem Tod des Propheten kommen wir in einem späteren Kapitel zurück.

Die Rolle des Mannes
in der Geschlechterordnung

Man ist gewohnt, die symbolische Geschlechterordnung einer Religion an der ›Rolle der Frau‹ festzumachen. Viel aufschlußreicher ist jedoch die Vorstellung von Männlichkeit und Vaterschaft. Vieles spricht dafür, daß in den aktuellen Auseinandersetzungen über die ›Frau im Islam‹ eigentlich zwei Prinzipien von ›Männlichkeit‹ und damit einhergehende Kastrationsängste verhandelt werden. »Viele arabische und muslimische Männer, keineswegs nur Djihadisten«, so schreibt »Newsweek« in dem schon erwähnten Artikel, »erfahren die fremde Besatzung als eine Form von Entmannung. (Wenige Wochen nach dem Sturz von Saddam Hussein im Jahre 2003 erklärte Qasim Alsabti, der kosmopolitische Eigentümer einer Kunstgalerie in Bagdad, der Zeitschrift Newsweek, daß die US-Besatzung Teil eines Plans sei, ›unsere Seelen zu rauben und uns zu kastrieren‹.)«[196] Ein solcher Eindruck wurde zweifellos durch die Photos aus dem Gefängnis von Abu Ghraib verstärkt. Aber es geht um mehr als Depotenzierungsängste durch die Besatzungsmacht. Die Bedeutung der symbolischen Kastration ist viel älter und keineswegs nur dem ›depotenzierten Orient‹ vorbehalten.

Was heute im Orient-Okzident-Konflikt unterschwellig verhandelt wird, wurde spürbar auf einer Tagung, die im Sommer 2004 in Berlin stattfand. Die Tagung zum Thema *Violence or Dialogue: Between Collective Fantasy and Collective Denial* wurde organisiert von der Internationalen und der Deutschen Psychoanalytischen Vereinigung sowie dem Auswärtigen Amt. Es ging um die psychischen Strukturen des modernen Terrorismus bzw. der Terroristen. Daß der Focus auf dem islamischen Terrorismus lag, wurde von einigen Teilnehmern zwar kritisiert, was aber – wegen der Attentate der letzten Jahre – nicht verhinderte, daß sich die Tagung auf den Islam konzentrierte.

Unter den vielen Theoretikern, die zu Worte kamen, befanden sich auch zwei Psychoanalytiker, die die Rolle des Vaters im Islam des arabischen Raums bzw. bei den Terroristen thematisierten. Der in Deutschland praktizierende Palästinenser Gehad Mazarweh berichtete aus seiner Erfahrung bei der Behandlung von potentiellen Selbstmordattentätern, die kurz vor der Ausführung ihres Vorhabens davon Abstand nahmen und danach oft schwere Depressionen erlitten. Die New Yorker Psychoanalytikerin Ruth Stein untersuchte das »Testament« von Mohammed Atta aus dem Jahre 1996 sowie die Gedichte Osama bin Ladens an den »väterlichen Gott«. Die »Geistliche Anleitung«, die im Gepäck von drei der Attentäter des 11. September gefunden wurde, erwähnte sie nicht, aber es ist zu vermuten, daß auch sie in ihren Überlegungen eine Rolle spielte.[197] Die Thesen von beiden Psychoanalytikern eignen sich, die Rolle des Themas Vergewaltigung und Kastration im transkulturellen Verhältnis von Orient und Okzident zu untersuchen.

Mazarweh sprach in seinem Vortrag von den ›Traumatisierungen‹, die hinter dem palästinensischen Terrorismus stehen. Der Begriff des ›Traumas‹ wird in Palästina fast ausschließlich im Zusammenhang mit den Gewalterfahrungen durch das israelische Militär in den besetzten Gebieten verwendet. Bei Mazarweh bezog sich der Trauma-Begriff jedoch auf die traditionellen ›patriarchalischen‹ Strukturen arabischer Familien. Der islamisch-arabische Vater sei allmächtig: gegenüber seiner Frau wie gegenüber seinen Söhnen. Die (oft physische) Gewalt des Vaters finde im Ritus der Beschneidung, die im arabischen Raum zwischen dem zweiten und dem zehnten Lebensjahr durchgeführt wird, ihren Höhepunkt: »Normalerweise steht der Vater bei diesem Ereignis neben dem ›Exekutor‹ und beobachtet die Kastration. Für die meisten männlichen arabischen Patienten bleibt die Beschneidung ein Trauma, das sie für den Rest ihres Lebens ertragen müssen.«[198] Die Macht des Vaters habe eine Entmündigung der Söhne und deren Gefühl von Hilflosigkeit zur Folge, die in Depression oder Gewalt umschlagen könne, sobald die Söhne den Herrschaftsbereich des Vaters verlassen. »Ich habe in meiner Arbeit mit jungen Männern, die von ihren Vätern ins Ausland geschickt wurden, diese Art von Hilflosigkeit gefunden. [...] Das Resultat sind Angstanfälle, Depressionen und eine Fülle psychosomatischer Symptome.« Diese Symptombildung gelte besonders für intelligente Studenten, bei denen jede Form von autonomem Verhalten »zu Gefühlen von Verrat und Untreue und quälenden Schuldgefühlen« führe. Solche Familienstrukturen, so Mazarweh, seien symptomatisch für Stammesgesellschaften: Nach außen hin hermetisch geschlossen, basieren sie auf einem ›Wir-Gefühl‹. Das Prinzip laute: »Meine Brüder und ich gegen die Vettern, meine Vettern und ich gegen die anderen.«[199] Mazarweh beschreibt also eine – von der Gestalt des Vaters dominierte – Gemeinschaft, deren Grenzen hermetisch nach außen abgeriegelt sind und die – wenn sie bei der Begegnung mit einer anderen Denkwelt ihre festen Umrisse verliert – zu einer feindseligen Einstellung gegenüber dem Fremden führt. In dieser Form von Gemeinschaftsstruktur bilden die Blutsbande die Basis für die Zugehörigkeit zur Gemeinschaft, die zumeist als ›Stammesgesellschaft‹ bezeichnet wird. Diese Gemeinschaftsform ist zwar weit verbreitet im arabischen Raum, aber kein Merkmal des Islam, der als Religion in Kulturgebieten wie China (80 Millionen Muslime) oder Indien (150 Millionen Muslime) Fuß gefaßt hat. Auch in den USA leben etwa drei Millionen Muslime. Zudem ist der Islam angetreten, viele Traditionen der ›Stammesgesellschaft‹, wie etwa die Blutrache, zu unterbinden.

Ruth Stein ging in ihrem Vortrag ebenfalls auf die ›patriarchale‹ Familienstruktur ein, die sie als Grundlage des Monotheismus bezeichnete und im ›Fundamentalismus‹

besonders deutlich ausgeprägt sah. (Die Fragwürdigkeit des Begriffs ›Fundamentalismus‹ thematisierte sie selbst.) Das ›Patriarchat‹, von dem Stein sprach, war anderer Art als das von Mazarweh beschriebene: »Wenn wir über den Fundamentalismus nachdenken, neigen wir dazu, die Ungleichheit zwischen Mann und Frau und die Ungleichheit zwischen dem Gläubigen und dem Ungläubigen wahrzunehmen; wir vernachlässigen jedoch die Ungleichheit zwischen dem Gläubigen und Gott.«[200] In den von ihr untersuchten Texten trete das Konzept eines ›übermächtigen Vaters‹ auf, das in Konkurrenz zum menschlichen Vater stehe. Es entwickle sich eine ›vertikale Liebe‹ zum ›göttlichen Vater‹, die von Begehren besetzt sei und dem Sohn »ein Gefühl völliger Sicherheit« vermittle, »ein Gefühl, im Recht zu sein, über die hermetische, konsistente und hoch rhetorische Wiederholung der Wahrheit« zu verfügen.[201] Die »vertikale homoerotische Gottsuche« finde in der Opferbereitschaft und in strengen Reinheitsritualen ihren Ausdruck. Der ›Fundamentalismus‹ bestehe einerseits aus Strenge, Rigidität und wörtlicher Befolgung, einer Unterwerfung unter das Über-Ich aus Angst vor der Kastration durch den Vater, andererseits werde er aber auch getragen von einer libidinös besetzten Unterwerfung unter den abstrakten Vater. Dessen Vorschriften zu beachten bedeute für den ›Sohn‹: Wahrheit, Schutz, eine auserwählte Beziehung. Stein verglich diese Beziehung mit einer »vertikalen Eheschließung«,[202] durch die der biologische Vater aus seiner Machtrolle verdrängt und zugleich ersetzt werde. Auf dieser Grundlage basiere die Gewaltbereitschaft des Attentäters, der »von einer homoerotischen, selbstverleugnenden Vater-Sohn-Beziehung« bestimmt sei, in der »die Umwandlung eines überhöhten, väterlichen (inneren) Objektes in ein mörderisches und verfolgendes« zum Ausdruck komme. Dieser Erfahrungszustand werde »mit völliger Hingabe und Liebe identifiziert«.[203]

Sosehr sich diese beiden Interpretationen auch unterscheiden – Mazarweh spricht von der Unterwerfung unter die Macht eines biologischen Vaters, Ruth Stein von der Liebe und Unterwerfung unter einen ›himmlischen Vater‹ –, ist ihnen doch eines gemeinsam: Der Vater wird einerseits als übermächtig, andererseits aber auch als kastrierend interpretiert. Nur wird die Übermacht des Vaters bei beiden Psychoanalytikern ganz unterschiedlich begründet. Bei Mazarweh steht hinter dem Vater die ›Stammesgesellschaft‹; bei Ruth Stein beruht die Macht des Vaters auf einer Vaterschaft von hoher Abstraktion. Um zu erklären, wie es überhaupt zu einer so intensiven Verehrung des abstrakten Vaters kommen kann, bedient sich Stein allerdings eines fragwürdigen Rückgriffs auf biologische Gegebenheiten. Die Unsichtbarkeit des körperlichen Bandes zwischen dem Erzeuger und seinem Kind – will sagen: der biologische Prokreationsakt – stelle »eine leicht mystifizierbare und unergründliche Verbindung« dar: Anders als die Mutter werde der Vater von seinem Kind als zeugend und dennoch unkörperlich wahrgenommen, nah und dennoch verbunden durch einen Akt der Zeugung, der in einer »unvorstellbaren Vergangenheit« stattfand.[204] Weil die (biologische) Vaterschaft eine »unsichere Angelegenheit« sei, werde »die Patrilinearität durch Blutopfer substantialisiert«, was im Opfer des Erstgeborenen bzw. im Krieg als Inszenierung des Sohnesopfers seinen Ausdruck finde.

Die Macht des Vaters im ›Patriarchat‹ (ob religiöser oder sozialer Art) basiert für Stein also auf der Abstraktheit des väterlichen Prokreationsaktes. Dagegen ließe sich einwenden, daß der väterliche Zeugungsakt in allen Kulturen diese ›abstrakte‹, ›unsichtbare‹, ›ephemere‹ Qualität hat, ohne daß es deshalb zum Terrorismus, zum Fundamentalismus oder zur ›vertikalen Eheschließung‹ mit einer monotheistischen Gottvater-Gestalt kommen muß. Ihre Erklärung für die erotisch besetzte Liebe zum abstrakten Vater ist also wenig befriedigend. Die beiden psychoanalytischen Erklärungsmuster verdeutlichen jedoch, daß es im Fundamentalismus – oder im Terrorismus – um die Konfrontation zwischen einem ›geistigen Vater‹ und einem biologischen Vater gehen könnte – und damit auch um eine Frage der Kastration. Ebendiese Konfrontation zwischen zwei ›Vätern‹ scheint im aktuellen Konflikt von Orient und Okzident auf.

In seiner wegweisenden Untersuchung über den ›Orientalismus‹, in der er die Stereotypen analysierte, die der Westen über den Nahen Osten entwickelt hat, wies Edward Said schon vor vielen Jahren darauf hin, daß der Topos der ›Stammesgesellschaft‹ zu den typischen Bildern des ›Orientalismus‹ gehört. »Jedesmal, wenn auf Zelt und Stamm verwiesen wird, wird dieser Mythos angewendet und ebenso jedesmal, wenn auf ein Konzept des arabischen Nationalcharakters verwiesen wird.«[205] Denn die ›Orientalisten‹ »erkennen die Macht der Familie, bemerken die Schwächen des arabischen Geistes, bemerken die ›Bedeutung‹ der orientalischen Welt für den Westen, aber sagen niemals, was ihr Diskurs impliziert: daß das, was dem Araber wirklich gelassen wird, nachdem alles gesagt und getan wurde, ein undifferenzierter Sexualtrieb ist«.[206] Worauf ›der Araber‹, so Said, in den Bildern des Orientalismus reduziert werde, sei seine (triebhafte) biologische Potenz. Diese wird als Gegensatz zur ›geistigen Potenz‹ des westlichen Mannes konstruiert.

Diese Gegenüberstellung von geistiger und sexueller Potenz macht deutlich, daß sich die Frage nach den ›zwei Vätern‹ auch ganz anders angehen ließe, als Mazarweh und Stein es getan haben. Setzt man den ›geistigen Vater‹ mit Schriftlichkeit und die ›Stammesgesellschaft‹ mit Oralität gleich, so erkennt man, daß sich hinter den beiden Prinzipien von ›väterlicher Macht‹ zwei unterschiedliche soziale Organisationsstrukturen verbergen. Genau das ist der Fall:

Viele Länder des islamischen Raums befinden sich – dank der Globalisierung – im Übergang von einer Gemeinschaft, die nach dem Gesetz der Oralität funktioniert, zu einer Gesellschaft, die unter dem Gesetz der Schrift steht. Daß dieser Prozeß, verglichen mit dem Westen, so spät stattfindet, wird heute oft thematisiert – man verweist auf die verspätete Einführung des Buchdrucks im Osmanischen Reich und die geringen Alphabetisierungsraten einiger arabischer Länder –, und diese Tatsache stößt auch zunehmend auf innerislamische Kritik.[207] Doch diese angebliche Rückständigkeit trifft gerade nicht auf islamische Fundamentalisten zu, deren Anhänger, wie Gilles Kepel schreibt, zumeist der zweiten Generation von Stadtmigranten angehören, Medizin oder Ingenieurwissenschaften studiert haben und in jeder Hinsicht in der Schriftlichkeit angekommen sind.[208] Die Frage ist allerdings: in welcher Schriftlichkeit?

In der »Geistlichen Anleitung«, die sich bei drei der Attentäter des 11. September fand, taucht ein ›geistiger Vater‹ in doppelter Gestalt auf: Es gibt einerseits den ›bösen Vater‹ der westlichen militärischen und wissenschaftlichen Überlegenheit und ihrer Techniken; und andererseits den ›gütigen Vater‹, dessen Alleinanspruch verteidigt werden soll: »Diejenigen, die von der westlichen Zivilisation fasziniert sind, haben ihre Liebe zu und ihre Verehrung für sie mit kaltem Wasser getrunken. Sie fürchten ihre [eigene] schwache Ausrüstung: ›Ihr sollt nun aber nicht vor ihnen Furcht haben, sondern vor mir, wenn ihr denn gläubig seid‹ [Koran 3:175]. Denn die Furcht ist eine große Form der Verehrung.«[209] Mit anderen Worten, die von den Attentätern genau befolgten Texte erzählen von der Konfrontation zwischen zwei geistigen Vätern, von denen der eine ›den Westen‹ und der andere ›den Islam‹ repräsentiert. Ebendiese Tatsache scheint uns im Zentrum des Konfliktfeldes von Okzident und Orient um die Geschlechterordnung und die Definition von Männlichkeit zu stehen.

Die Geschichte abendländischer Männlichkeit läßt sich erzählen als eine Geschichte der Kastration *und* der Selbstermächtigung durch die Kastration. Eine solche Struktur haben wir am Beispiel der Symbolik des Kreuzes skizziert. Nilüfer Göle überträgt sie auf das Verhalten von Muslimen, die als Migranten in den westlichen Gesellschaften leben. Sie schreibt: »Die Religion spielt eine wichtige Rolle als Macht, die es den Unterdrückten ermöglicht, ein Stigma in eine Quelle der Selbstermächtigung zu verwandeln und aus Scham Selbstachtung zu machen.«[210]

Eine solche Lesart bietet sich erst recht an, wenn man sich vergegenwärtigt, worin die ›Stigmatisierung‹ oder Verletzung des christlichen Westens bestand, die schließlich in Selbstermächtigung überführt wurde: Das Stigma, die Kastration, die der christliche Westen erfuhr, war die Unterwerfung unter das Gesetz der Schrift. Nicht irgendeiner Schrift, sondern der des griechischen Alphabets, das zusammen mit dem lateinischen nicht nur zum Hauptvehikel der christlichen Mission, sondern auch eines spezifischen Denkens wurde. »Man ist sich darüber einig«, schreibt Jan Assmann, »daß die einzigartige Ideenrevolution, aus der im Laufe weniger Jahrhunderte die fundierenden Texte, Traditionen und Denkformen des okzidentalen Rationalismus hervorgingen, weitgehend eine Sache der Schriftkultur, und zwar der griechischen Schriftkultur gewesen ist. Wenn wir Religion (im emphatischen Sinne) und Staat als die spezifische Errungenschaft der israelitischen bzw. ägyptischen Schriftkultur identifizieren können, dann stellen Philosophie und Wissenschaft, also die Entwicklung eines logischen Regeln der Wahrheitssuche verpflichtenden Diskurses, die spezifische Errungenschaft Griechenlands, den griechischen Sonderweg dar.«[211]

Auf eine einfache Formel gebracht: Durch das griechische Alphabet entstanden griechische Philosophie und eine spezifische Form von Wissenschaft, die in der Vorstellung einer

›neutralen‹, entkörperten Logik und Rationalität ihren Niederschlag fand. Die gesamte Geschichte der Alphabete – des semitischen, griechischen und arabischen – ist eine Geschichte der Abstraktion. Aber die des griechischen Alphabets implizierte die *Verdrängung* des Körpers durch das Zeichen. Sie ist damit auch eine Geschichte der symbolischen Kastration: vor allem der Männlichkeit, weil Schrift, Rationalität und Wissenschaftlichkeit mit Männlichkeit gleichgesetzt wurden. Dies war die ›Verletzung‹, die der Okzident als ›Stigma‹ erfahren und – mit Hilfe von Zeichensystemen wie etwa dem Buchdruck oder dem Geld – in Selbstermächtigung umgewandelt hat: männliche Selbstermächtigung. Etwas Ähnliches scheint auch heute anzustehen. Aber das bedeutet gerade nicht, daß der Fundamentalismus eine Rückbesinnung auf islamische Traditionen darstellt, vielmehr impliziert er eine Verwandlung islamischer Traditionen in einem westlichen Sinne. Um den Zusammenhang von Alphabet und Kastration zu verdeutlichen, werden wir einen kurzen Exkurs in die Geschichte der Alphabete vornehmen. Aus ihr lassen sich am besten die konkurrierenden ›Vatergestalten‹ begreifen, die sich hinter der Diskussion über die ›westliche‹ und ›islamische‹ Geschlechterordnung verbergen.

Das Alphabet als Kastrationsmaschine

Das Alphabet entstand – wie die drei ›Religionen des Buches‹ – im Orient. Es ist ein Schriftsystem, bei dem ein Laut, ein Phonem, in ein visuelles Zeichen überführt wird. Der Vorgang hat einen Abstraktions- und Entkörperungsprozeß zur Folge: Der gesprochene Laut gehört zum Körper des Sprechenden. Das Zeichen hingegen, auf Papier oder Stein verewigt, bedarf keines lebendigen Körpers; es unterliegt nicht dem Gesetz der Sterblichkeit. Ein Gedicht,

eine Erinnerung, ein Gebot können bewahrt und noch gelesen werden, wenn ihr Verfasser schon längst verstorben
ist. Das gesprochene Wort hingegen wird von einem sprechenden Körper zum nächsten weitergegeben. Es lebt und
geht unter mit diesen. Das hat mehrere Folgen: Auf der
einen Seite setzte sich mit dem Alphabet eine neue Form
von Erinnerung durch, es entstand ein neuer Ewigkeitsgedanke, bei dem ›das Leben‹ nicht dem Zyklus von Untergang und Erneuerung unterlag. Es fand eine Abstraktion
von der sinnlich wahrnehmbaren Welt statt – eine Erfahrung, die jedes Kind am eigenen Leib macht, wenn es Lesen
und Schreiben lernt und sich plötzlich sinnlich wahrnehm-
bare und von Gefühlen besetzte Dinge wie ein Garten oder
ein Tier in einzelne Zeichen-Komponenten auflösen, die
weder der sinnlichen Wahrnehmung noch dem mit dem
Objekt verbundenen Gefühl entsprechen.

Auf der anderen Seite brachte das alphabetische Schriftsystem aber auch die Vorstellung einer *zeugenden* Macht
der Zeichen hervor: Erst mit dem Alphabet – das semitische Alphabet war das erste überhaupt – entstand ein Gott,
der durch ›das Wort‹ die Welt, die Natur, den Menschen erschuf. Diese Zeugungsmacht der Zeichen galt nicht nur für
die religiöse Schöpfungsgeschichte, sie traf auch für das
Weltliche, die Politik, zu. »Die geschriebene Chronik«, so
schreibt Harold Innis, der als einer der ersten über den Zusammenhang von Schriftlichkeit und Staatsbildung nachgedacht hat, »bezeichnete, versiegelte und übertrug ge-
schwind das, was für die Militärmacht und die Verbreitung
der Regierungshoheit essentiell war. Kleine Gemeinschaften wurden größeren Staaten eingeschrieben, und Staaten
konsolidierten sich als Imperien. Die Monarchien Ägyptens und Persiens, das Römische Reich sowie die Stadtstaa-
ten waren vornehmlich Produkte der Schriftlichkeit.«[212]
Das Alphabet hatte noch eine zusätzliche Funktion: Da
jeder die wenigen Zeichen dieses Schriftsystems leicht er-

lernen kann, konnte keine Elite einen Herrschaftsanspruch über das Gedächtnis der Gemeinschaft und die Sozialstrukturen der Gesellschaft beanspruchen. Wissen wurde – zumindest potentiell – allen zugänglich.[213]

Diese zuletzt beschriebene Folge des Schriftsystems gilt nur für alphabetische Schriftsysteme, weil es sich um eine sprachnahe Form der Schriftlichkeit handelt. In Kulturen, deren Schriftsysteme auf Piktogrammen oder anderen Zeichensystemen beruhen – etwa das Altägyptische oder die chinesische Schrift – entsteht keine ›Konkurrenz‹ zwischen Schrift und Sprache. Die Kommunikationsformen bestehen nebeneinander und erfüllen unterschiedliche Funktionen. Vergegenwärtigt man sich nun, daß der gesprochene Laut und die Sprache den Körper – und mit ihm das Denken, die Libido, die Wahrnehmung des Selbst und des anderen – formen, so wird deutlich, daß die Entstehung der (körpernahen) alphabetischen Schriftsysteme als tiefgehender historischer Schnitt wahrgenommen worden sein muß, der an der Gemeinschaft und am Körper des einzelnen vollzogen wurde.

Die griechischen Tragödien erzählen immer wieder von diesem dramatischen – traumatisierenden – Übergang von einer Ordnung, die vom Körper und der Oralität bestimmt wird, zu einer Ordnung, die auf dem Gesetz der Schrift beruht: ein Konflikt, in dem sich der vorher beschriebene Prozeß der Entmachtung des biologischen Vaters durch den ›geistigen Vater‹ widerspiegelt. Dasselbe gilt für den Monotheismus: Man kann die Geschichte des Exodus als die Geschichte der Emigration eines Volkes aus der Sklaverei lesen, man kann sie aber auch als die Emigration einer Denkweise und eines Schriftsystems begreifen, die nicht nur Idolatrie und Polytheismus, sondern auch die Piktogramme des alten Ägyptens hinter sich ließen. (Ungeachtet der Tatsache, daß viele Buchstaben des phonetischen Alphabets ihre Gestalt ursprünglich Hieroglyphen verdanken).

Der Übergang von einer oralen zu einer ›Textgemeinschaft‹[214] hatte nicht nur neue wissenschaftliche, politische und soziale Strukturen zur Folge, er bewirkte auch einen Wandel der symbolischen Geschlechterordnung: ›Männlichkeit‹ und ›männliche Potenz‹ wurden zunehmend mit Geistigkeit, Rationalität, Nomos und Logos – das, wofür die Schrift stand – gleichgesetzt, während der weibliche Körper zum Symbolträger für Leiblichkeit, Sexualität und Sterblichkeit wurde. Er repräsentiert die Eigenschaften der gesprochenen Sprache. Folgerichtig hieß bei den Gelehrten des Mittelalters die Schriftsprache ›Vatersprache‹, während sie die gesprochene Sprache als ›Muttersprache‹ bezeichneten. Auf dieser symbolischen Zuweisung an den männlichen und weiblichen Körper basieren viele Gesetze und Regeln der sozialen Geschlechterordnung, die die Geschichte der drei Religionen des Buches kennzeichnen: das Kulturverbot für Frauen, die Nichtzulassung von Frauen zu geistlichen Ämtern, die Entmündigung von Frauen vor dem Gesetz usw.

Die Konsequenzen für den männlichen Körper waren anderer Art: Der biologische Vater wurde einerseits ›entmachtet‹, andererseits wurde die Gestalt des ›Vaters‹ als abstrakte Gestalt aber auch ermächtigt. Von diesem Wandel erzählen die Buchstaben des Alphabets: Das Zeichen ›Alpha‹, das sich vom Piktogramm eines Stierkopfs ableitet (in allen semitischen Sprachen bedeutet ›eleph‹ oder ›alpha‹ Stier bzw. Ochse), bezog sich zunächst auf die Kastration und Tötung des Stiers als höchstes Opfertier; später wurde es jedoch zu einem Symbol für ›geistige Fruchtbarkeit‹, die wiederum mit Männlichkeit gleichgesetzt wurde.[215] Das heißt, anders als Ruth Stein annimmt, leitet sich das Bild vom geistigen Vater nicht von der ›Unsichtbarkeit‹ des männlichen Prokreationsaktes ab, sondern ist vielmehr die Folge eines Schriftsystems, das den biologischen Vater in einen geistigen Vater, sexuelle Potenz in geistige Potenz überführt. Das erklärt auch, daß dieses Vaterbild weit-

Orale Verkündigung: Maria empfängt das Wort Gottes durch das Ohr.

gehend den monotheistischen, auf alphabetischen Schriftsystemen beruhenden Religionen vorbehalten bleibt.

Die Reihenfolge der Buchstaben des Alphabets ist nicht zufällig, sie entspricht einer Hierarchie der Zeichen, einer sogenannten ›Akrokratie‹, in der das Alpha die führende Stellung einnimmt. Es sei daran erinnert, daß das Wort ›Allah‹ (das seine Nähe zum ›Alpha‹ kaum verleugnen kann), nicht der Name Gottes ist, sondern das Wort für ›Gott‹. Im Islam ist der Name Gottes ebenso unaussprechlich, wie in der jüdischen Religion das Tetragramm nicht vokalisiert werden darf. In den arabischen Gegenden wurde das Wort ›Allah‹ beim Gebet nicht nur von Muslimen, sondern auch von Juden und Christen verwendet. Aus der Perspektive der Schrift gesehen, verweist das Wort ›Allah‹ auf die geistige ›Potenz‹ und Allmacht Gottes. Das B (bet) hingegen, der zweite Buchstabe in der Hierarchie des Alphabets, leitet sich in der hebräischen Schrift von einem

Schriftliche Verkündigung:
Maria empfängt das Wort Gottes mit den Augen, aus dem Buch.

Piktogramm für Haus (*bayit*) ab und wurde auch im griechischen Alphabet ›feminisiert‹. (Wir kommen auf diesen
Zusammenhang in einem späteren Kapitel zurück).

Warum ist der erste Buchstabe der Bibel nicht ein A, sondern ein B? Die Heilige Schrift stellt das ›befruchtete‹ Feld
dar, das durch den Samen des ›geistigen Vaters‹ ›imprä-
gniert‹ wurde. In den Buchstaben des Textes kommt das
Geistige ›zur Welt‹ und wird sichtbar. Im Neuen Testament
geht die christliche Religion noch einen Schritt weiter und
überträgt den Gedanken eines göttlichen Samens auf Christus als das ›Fleisch gewordene Wort‹. Dem entsprechen
die Verkündigungsdarstellungen: Im Mittelalter zeigen sie
eine Jungfrau Maria, die über das Ohr das Wort Gottes
empfängt. Spätere Verkündigungsbilder zeigen sie lesend:
Mit dem Übergang zu einer Schriftgesellschaft empfängt
sie das Wort Gottes mit den Augen.

Solche sexuellen Imaginationen wurden wiederum von

den Buchdruckern aufgegriffen, die die Wachsbuchstaben als *matrix* und die bleiernen Buchstaben, mit denen sie druckten, als *patrix* bezeichneten. Die leeren Seiten nannten sie ›Fleisch‹, damit implizierend, daß die bedruckten vom Geist ›befruchtet‹ werden. Die Voraussetzung dafür, daß die Zeichen der Schrift ihre eigene männliche ›Potenz‹ und Zeugungskraft entwickeln konnten, war aber die Entmachtung des biologischen Vaters – und dieser Prozeß spiegelt sich wider in den Theorien der beiden Psychoanalytiker zu den zwei kastrierenden Vätern. Im Konflikt von Orient und Okzident kommt heute jedoch noch eine weitere Gegenüberstellung hinzu: die Konkurrenz zwischen zwei unterschiedlichen Konzepten von ›geistiger Vaterschaft‹.

Das Verhältnis von Schrift und Körper in den drei Religionen des Buches

Alle drei ›Religionen des Buches‹ – Judentum, Christentum und Islam – basieren auf alphabetischen Schriftsystemen. Dementsprechend finden wir auch in den Gesellschaften, die nach den Gesetzen dieser Religionen leben, viele Ähnlichkeiten: ein machtvoller, unsichtbarer Gott, der aus dem Geist (oder durch das Wort) die Welt erschuf und über sie bestimmt; eine Geschlechterordnung, in der das Männliche das Gesetz und die Schrift repräsentiert und das Weibliche die Leiblichkeit und Oralität verkörpert. Dennoch gibt es große Unterschiede – und diese haben u. a. mit der Tatsache zu tun, daß sich die Alphabete unterscheiden und verschiedene Entstehungsgeschichten haben.

In einer Gemeinschaft, deren Kommunikation auf oraler Tradition beruht, ist die zirkulierende Sprache eine Art von Lebenssaft, der die Gruppe zu einem einzigen Körper zusammenschließt. In vielen stammesgesellschaftlich organi-

121

sierten Gemeinschaften – mit ihrer Blutrache, ihren Opfer-mahlzeiten und ihrem ›Ehrenmord‹ – erscheint das Blut wie die materialisierte Form des existentiellen, aber ›sub-stanzlosen‹ Lebenssaftes Sprache. Durch die Verschriftung der Sprache wird diese Zirkulation unterbrochen. Der ein-zelne Körper ist nicht mehr in derselben Weise eingebun-den in die Sprachgemeinschaft, den Sozialkörper. Diesen Verlust von Gemeinschaft haben die drei Religionen des Buches auf unterschiedliche Weise zu kompensieren ver-sucht.

In der jüdischen Religion ist es vor allem die Ortho-praxie. Es gibt die vielen Zeremonialgesetze, nach denen der Gläubige zu leben hat und die sich fast alle auf seinen Körper beziehen: Speisegesetze, Reinheitsgebote, Regeln über den Umgang mit Sexualität, Krankheit, Tod. Durch die gemeinsame Orthopraxie wird aus den vielen Körpern ein Gemeinschaftskörper. Im chassidischen Judentum wird diese Tradition noch dadurch verstärkt, daß der Körper in das Gebet einbezogen wird und alle Tätigkeiten des Kör-pers – Sexualität eingeschlossen – als Teil des Dialogs mit Gott begriffen werden.

Das ›kompensatorische‹ System der christlichen Heils-botschaft bestand in der Menschwerdung Gottes, der ›Fleischwerdung des Wortes‹. Das Christentum kennt kaum Regeln, die sich auf den Körper des einzelnen bezie-hen, wohl aber besteht sein Grundgedanke in der Zusam-menführung von Zeichen und Körper, Symbol und Sym-ptom, vom Göttlichen und Menschlichen: ein Gedanke, der im Bild des Kreuzes seinen Ausdruck findet und im hei-ligen Abendmahl rituell zelebriert wird.

Das Verhältnis von Körper und Zeichen im Islam ist noch einmal anders: Es ist einerseits gekennzeichnet von den Speise-, Fasten- und Reinheitsgeboten, vergleichbar der jüdischen Religion, wenn auch mit weniger Vorschrif-ten versehen. Andererseits gibt es auch viele Rituale, denen der Körper unterworfen ist: Fünfmal am Tag werden Gebete ausgeführt. Begleitet werden die Gebete »durch eine Abfolge von Bewegungen: Stehen, Verbeugen, Knien, Berührung des Bodes mit der Stirn, Sitzen ›in der Verehrung Gottes vereint wie ein einziger Körper‹«.[216] Auch hier also eine deutlich stärkere Einbeziehung des Körpers in das Verhältnis zu Gott, als dies in der christlichen Frömmigkeit der Fall ist.

Die enge Beziehung von Koran und ›körperlichem Glauben‹ zeigt auf anschauliche Weise ein kleiner Ritus, auf den der Islamwissenschaftler Peter Heine hingewiesen hat: Eines der Heilmittel im Falle von Krankheit sei, eine Sure auf eine Tafel zu schreiben, dann die Kreide mit Wasser von der Tafel zu waschen und das mit der Kreide und den Schriftzeichen versehene Wasser dem Patienten zu trinken zu geben. Der Text wird also dem Körper einverleibt. Ähnlich, so Heine, verhalte es sich auch mit dem Koran, der inkorporiert und nicht interpretiert werden soll.[217]

In der »Geistlichen Anleitung«, die bei den Attentätern des 11. September gefunden wurde, offenbarte sich ebenfalls eine intime Beziehung von Text und Körper. Die Attentäter wurden aufgefordert, vor und während der Durchführung ihres Anschlags Koranverse zu rezitieren: »Bloßes Lesen reichte nicht aus. Einzelne Koranverse sollten in die gewölbte Hand gesprochen und dann in den Körper und die Ausrüstung eingerieben werden, so daß deren Macht buchstäblich inkorporiert werden konnte.«[218]

Insgesamt ist die »Geistliche Anleitung« aufschlußreich, was die Beziehung von Text und Körper im Islam betrifft. An einer Stelle wird darauf hingewiesen, daß der Beginn des Glaubensbekenntnisses aus den leicht sprechbaren Worten *lā ilāha illā llāh* bestehe. Anschließend heißt es: »Und du kannst [mit offenem Mund] lächeln, während du es aufsagst; dies geschieht durch die großartigen Eigenschaften dieser Worte. Der, der sich mit ihnen genauer beschäftigt, wird finden, daß seine Buchstaben [in der arabischen Schrift] unpunktiert sind. Das ist das Zeichen ihrer vollkommenen Erhabenheit, weil die Wörter oder Buchstaben, die mit Punkten versehen sind, weniger wert sind als die anderen.«[219] Mit den ›Punkten‹ sind die diakritischen Zeichen gemeint, die später zur Unterscheidung von Buchstaben – als Ersatz für Vokale – eingeführt wurden. Daß in einer Anleitung für Selbstmordattentäter solche sprachwissenschaftlichen Überlegungen vorkommen, ist an sich schon bemerkenswert. Sie deuten darauf hin, daß es bei der Frage von Text und Körper um die Frage des Verhältnisses von Oralität und Schrift geht und daß diese Frage auch für den politischen Islam von zentraler Bedeutung ist.

Diese wenigen Beispiele zeigen, daß die Denkmuster, die die drei Religionen des Buches schufen, um den vom Alphabet bewirkten Abstraktionsprozeß zu kompensieren, unterschiedliche Lebensweisen zur Folge hatten, die sich bis in die Körperwahrnehmung des einzelnen auswirkten. Hinzu kommt noch ein weiterer Unterschied, der die christliche von den anderen beiden Religionen des Buches unterscheidet: Anders als die jüdische Religion und anders als der Islam schreibt die christliche Religion kein Regelwerk zur Lebensführung vor, sie verlangt vor allem ein *Glaubens*bekenntnis. Das ist eine ganz andere religiöse Denkweise. Jan Assmann hat mit seinem Begriff der ›mosaischen Unterscheidung‹ auf den Bruch verwiesen, den die Einführung des Monotheismus bewirkte: Es sei zum ersten Mal die Vorstellung entstanden, daß es eine ›richtige‹ Religion und den ›wahren‹ Gott gebe, denen gegenüber die anderen Götter als falsch und die andere Religion als ›Irrweg‹ galten. Das habe bei der jüdischen Gemeinschaft zu einer Abkapselung nach innen und einer Abgrenzung gegen die anderen Religionen geführt, bei den beiden (später entstandenen) Religionen des Buches hingegen zur

Aufforderung einer Ausbreitung: im Christentum zur Mission (und zur Ausgrenzung all dessen, was sich der Mission widersetzte) und im Islam (der sich von Anfang an zugleich religiös und politisch definierte) zum Gebot der Unterwerfung der Andersgläubigen.[220] Alle drei Religionen, so Assmann, haben sich ihrem Auftrag gemäß verhalten: In der jüdischen Diaspora verschärfte sich die Beachtung der Zeremonialgesetze, durch die sich Juden von Nicht-Juden unterschieden, während Christentum und Islam andere Kulturen und Religionen überlagerten, assimilierten, transformierten oder auslöschten.

Noch wichtiger als die ›mosaische Unterscheidung‹ erscheint uns jedoch die Unterscheidung zwischen der christlichen Glaubensreligion und den beiden anderen monotheistischen Religionen: Ist die christliche Religion gekennzeichnet von der Heilsbotschaft des ›Mensch gewordenen Gottes‹ (oder anders ausgedrückt: von der Verschmelzung von Symbol und Symptom, Zeichen und Fleisch), so charakterisiert die beiden anderen Religionen, daß es einerseits eine abstrakte Vorstellung von Transzendenz gibt – den unsichtbaren Gott –, andererseits aber ein irdisches Leben, das sich nach dem Regelwerk richtet, das die transzendente Macht erlassen hat. Im Christentum ist die transzendente Macht ›zur Welt gekommen‹, sie hat einen sterblichen Leib angenommen – eine Form von Heilsbotschaft, die einen wichtigen Einfluß auf den Säkularisierungsprozeß und damit auch auf die aktuellen Debatten über den säkularen, laizistischen Staat haben sollte.

Dieser grundlegende Unterschied zwischen Christentum einerseits und Judentum, Islam andererseits hängt eng mit den unterschiedlichen Schriftsystemen und ihrer Bedeutung für das Verhältnis von Zeichen und Körper, Zeichen und Gemeinschaft zusammen. Dabei erscheinen sowohl die jüdische als auch die christliche Gottesvorstellung wie eine *Folge* der Denkformen, die die beiden unterschiedlichen

Alphabete hervorbrachten, während sich beim Islam erst die Heilsbotschaft und dann ein Schriftsystem entwickelte, das diese Heilsbotschaft in eine Heilige Schrift überführte. Die Verkündigung, die dem Propheten mitgeteilt wurde, hatte die Entwicklung eines eigenen arabischen Schriftsystems zur Folge. Diese Unterschiede erklären auch, warum das gemeinsame Ursprungsgebiet der drei Religionen im Orient und das gleichermaßen aus der Antike tradierte Wissen – der Okzident verdankt dem Orient seine Kenntnisse von der griechischen Philosophie und Wissenschaft – keine ›Erinnerungsgemeinschaft‹ von Orient und Okzident schufen. Dieses Wissen, diese Traditionen wurden auf unterschiedliche Weise rezipiert.

Drei alphabetische Schriftsysteme

Obgleich das Alphabet eine Erfindung des Orients ist – *ex oriente books* –, haben sich die oralen Traditionen sowohl im Islam als auch im Judentum intensiver erhalten als im Westen. Das hängt eng mit den unterschiedlichen Schriftsystemen zusammen. Das hebräische Alphabet war um 1000 v. Chr. voll entwickelt. In diesem historischen Moment entstanden die ersten monotheistischen Bestrebungen, die sich erst viele Jahrhunderte später endgültig durchsetzten: Sie verkündeten die Existenz eines Gottes, der sich einzig in den Buchstaben der Schrift offenbart und dessen Name unaussprechlich ist, der also nicht in das Sprechen des lebendigen (sterblichen) Körpers des Menschen überführt werden darf. Das griechische Alphabet entstand rund 200 Jahre nach dem hebräischen Alphabet und sollte zum wichtigsten Vehikel der christlichen Heilsbotschaft werden: nicht nur in der Mission durch die griechische und lateinische Sprache, sondern auch durch das Schriftsystem selbst. Anders als das hebräische Alphabet schrieb das griechische auch die Vokale, d. h. dieses Schriftsystem umfaßte die Sprache vollkommen und war leicht in jede andere Sprache übertragbar.

Die Tatsache, daß das *hebräische Alphabet* nur die Konsonanten schrieb (die diakritischen Zeichen als Hinweis auf die einzusetzenden Vokale wurden erst später eingefügt), hatte zur Folge, daß die in dieser Schrift geschriebenen Texte nur lesen konnte, wer auch die Sprache sprach, also aus dem Inhalt erschließen konnte, welches Wort gemeint war. In der jüdischen religiösen und weltlichen Tradition erhielt sich dadurch eine hohe Bewertung des gesprochenen Wortes. Schriftlichkeit und Mündlichkeit galten als komplementär. Auf der einen Seite gibt es die Heilige Schrift, an der seit ihrer Veröffentlichung durch Esra vor den Toren von Jerusalem um 440 v. Chr. kein Wort verändert werden darf. Andererseits sorgte aber die mündliche Exegese für eine immer wieder erneuerte – und der jeweiligen Zeit angepaßte – Auslegung und Rezeption des Textes. Die Weitergabe der Heiligen Schrift verlief von Generation zu Generation, von Lehrer zu Schüler über die sprechenden Körper. Auch dann, wenn die Exegese verschriftlicht wurde, wie das mit den rabbinischen Auslegungen in der *Mischna* (der Aufzeichnung des bis dahin mündlich überlieferten jüdischen Religionsgesetzes) bzw. dem *Talmud* geschah, der mit seinen Lehren und Begründungen das Fundament jüdischer Erziehung, Bildung und Denkschulung bildet, gelten diese als ›mündliche Thora‹.

Das implizierte, daß der heilige und unveränderbare Text – je nach historischer Situation und kultureller Umgebung, an die sich die jüdische Gemeinde in der Diaspora anpassen mußte – eine neue Auslegung erfahren konnte. Durch das Zusammenleben mit anderen Kulturen erlebte die jüdische Gemeinschaft, die sich fast immer in der Minorität befand, viele Situationen, in denen eine neue Auslegung des heiligen

Textes notwendig erschien. Sie lernte allmählich, wie Dan Diner es ausdrückt, in zwei unterschiedlichen Sphären zu leben: der eigenen Rechtsnorm und der der umgebenden Kultur. »Durch Interpretation und Auslegung galt es, sie miteinander kompatibel zu machen.«[221] Die jüdische Gemeinde lernte, nach zwei Kalendern zu leben: dem sakralen Mondkalender der jüdischen Feiertage (der Mondkalender ist charakteristisch für orale Kulturen mit zyklischer Zeitvorstellung) und dem aus jüdischer Sicht profanen Sonnenkalender, der über die christliche Zeitrechnung bestimmt. (Der heilige Sonntag war übrigens keine Erfindung des Christentums, sondern stellt eine Erbschaft des heidnischen Mithraskultes mit seinem Sonnengott dar.)

Obgleich vom konsonantischen Schriftsystem mit einer kulturellen Tradition versehen, die eher Zyklus als lineare Zeit besagte, erwies sich für die jüdische Gemeinschaft in der Diaspora die Tradition der oralen Exegese als eine effiziente Überlebensstrategie. So beruht die jüdische Tradition, nicht anders als der Islam, auf einer hohen Bewertung von Oralität und zyklischer Zeit, aber die Flexibilität der Exegese, die mit Oralität einhergeht, bot jüdischen Gelehrten auch immer wieder Möglichkeiten zur Erneuerung. Aus diesem Grund konnten Juden zu Schrittmachern von Modernisierungsschüben werden, die sich eigentlich dem westlichen Säkularisierungsprozeß verdankten, in der christlichen Gesellschaft aber oft auf Widerstände stießen.

Etwas Ähnliches scheint sich heute in vielen Ländern des Islam zu vollziehen – am deutlichsten zu beobachten im Iran, der einerseits unter dem Zeichen der ›Islamischen Revolution‹ steht, sich andererseits aber auch, wie Ariane Sadjed schreibt, mit dem »massiven Einbruch der Moderne« konfrontiert sieht.[222] Um mit diesem Widerspruch umzugehen, beginnen viele gläubige Muslime, nicht nur in einer doppelten Zeitrechnung, sondern auch in ›zwei Welten‹ zu leben. »Soviel Doppelleben. Öffentlicher und privater Raum sind getrennte Welten, hier und dort gelten verschiedene Werte, Normen, Verhaltenserwartungen. Nahezu jede Familie hütet Geheimnisse. Um sie zu wahren, lernen viele Kinder früh das Lügen, lernen zu unterscheiden, was sie in der Schule sagen und welcher Freundin sie etwas erzählen.«[223] Der iranische Psychologe Abdurazzah Kordi spricht von »paradoxen Identitäten« und »Zwei-Sein« der Menschen in der Iranischen Republik, und die Soziologin Masserat Ebrahim schreibt, der »iranischen Gesellschaft seien ›multiple Persönlichkeiten‹ zur zweiten Natur geworden«.[224] Einen solchen Umgang mit Paradoxien kannten jüdische Gemeinschaften schon lange; er war die Folge der Diaspora, durch die Juden gezwungen wurde, sich nach den Lebensgewohnheiten der Mehrheitsgesellschaft zu richten und dennoch ihre Eigenständigkeit zu bewahren. Über die Jahrhunderte entwickelten jüdische Gemeinschaften eine Art von ›Training‹ in ›paradoxer Identität‹. Viele islamische Gesellschaften scheinen sich heute in einer vergleichbaren Situation zu befinden – nur daß sich die weit überwiegende Mehrzahl der Muslime nicht in der Fremde befindet, sondern die Fremde in ihre ›Heimat‹ eingedrungen ist. Es ist denkbar, daß das arabische Schriftsystem, wie das hebräische Alphabet, gute Voraussetzungen für einen solchen Anpassungsprozeß bietet.

Auch die *arabische Schrift* besteht ursprünglich aus einem Konsonantenalphabet; entsprechend hoch ist im Islam die Wertschätzung mündlicher Traditionen. Muslime, egal welcher Glaubensströmungen, sind »sehr empfänglich für die vorgetragene Rede, die, verbunden mit Sprachkunst, religiösen Assoziationen und Rückgriffen auf die frühislamische Zeit, zu einer starken Emotionalisierung der Zuhörerschaft führen kann«.[225] Beim Gebet ist die Rezitation wichtig. Viele Muslime verstehen die in Hocharabisch geschriebenen Texte nicht, aber die »musikalische oder poetische Rezitation von

Koranversen steht am Anfang aller Gemeinschaftsveranstaltungen.« Sie empfinden ein ästhetisches Vergnügen allein an der »reichen, klangvollen, gereimten Prosa des Korans mit ihren Wiederholungen und subtilen Wendungen«.[226] In öffentlichen Wettbewerben werden die ›Meistersinger‹ unter den Koranzitatoren gekürt, die eine Verehrung genießen, »die sich mit der Bewunderung für Opernstars im Westen vergleichen läßt«.[227]

Die hohe Bewertung von Rezitation und Gesang ist ein typisches Phänomen von oralen Gesellschaften: Das Gedächtnis der Sprache findet hier seinen Träger nicht im geschriebenen (körperlosen) Text, sondern durch Reim und Rhythmus werden Erinnerung und Wissen dem Körper *eingeschrieben*. Die Arabistin Angelika Neuwirth schreibt: »Die Verwandlung historischer Zeit in Gegenwart ist auffallend im islamischen Gebet. [...] Allein die Tatsache, daß der Koran vom Gläubigen rezitiert wird, daß Gottes Worte über seine Lippen kommen und mit seiner Stimme wiederholt werden, kann als eine kontinuierliche Vergegenwärtigung des Vorgangs verstanden werden, bei dem der Prophet die göttlichen Worte empfing.«[228]

Im Christentum geschieht der Vorgang der ›Vergegenwärtigung‹ vornehmlich durch das Auge und für das Auge – ein Symptom unter vielen für die Dominanz der Schrift und des Sehens über die Sprache und das Gehör. Unter diesen Umständen wird es aber auch verständlich, weshalb der Koran weder in modernes Arabisch noch in eine andere Sprache übertragen werden darf (was türkische und andere nicht-arabische Muslime dennoch getan haben). Es geht nicht nur darum, daß jede Übersetzung eine neue *Auslegung* des Textes impliziert, wie sie etwa von Martin Luther und Moses Mendelssohn für die Bibel vorgenommen wurde. (Im einen Fall sollte das zu einer völlig neu strukturierten und von Rom unabhängigen christlichen Gemeinde führen; im anderen wurde der Grundstein für die Entstehung der ›Wissenschaft des Judentums‹ gelegt: einer säkularen Auslegung jüdischer Traditionen und jüdischer Ethik.) Es geht offenbar auch darum, diese ›körperliche‹ oder orale Qualität des Koran zu erhalten.

Die Bedeutung der Oralität wirkt sich auch auf die Erinnerungskultur aus. Das zeigt sich etwa am *Hadith*, einer Sammlung von Überlieferungen über das Leben des Propheten, die als Norm für guten Lebenswandel gelten. Die Authentizität dieser Erzählungen wird nicht etwa durch die Tatsache bezeugt, daß sie schriftlich vorliegen, sondern durch die »Verifizierung der Übermittlerkette«.[229] Diese muß bis zu Mohammed selbst oder einen seiner unmittelbaren Gefährten zurückgeführt werden können. Dabei wird große Sorgfalt auf die Frage verwendet, ob die Betreffenden ihre Gewährsleute auch wirklich gekannt haben konnten. »Gelang es, die Kette der Übermittler einer Überlieferung als möglich zu erweisen, so konnte diese *Hadith*-Überlieferung fortan als authentisch gelten.«[230] Eine solche Form von Erinnerungskette und ›Authentifizierung‹, bei der er es um Wissen geht, das nicht über Schriftzeugnisse, sondern von Mund zu Mund weitergegeben wird, ist ein typisches Beispiel für orale Erinnerungstraditionen.

Bei der hohen Bedeutung, die der oralen Tradition im Islam beigemessen wird, spielt nicht nur das Konsonantenalphabet eine Rolle, sondern auch die Tatsache, daß sich die Verschriftlichung des Koran erst allmählich und lange nach dem Tod des Propheten vollzog. Zwar besagt die orthodoxe Ansicht, daß der Koran Wort für Wort in mündlicher Weise Mohammed mitgeteilt worden sei, doch erst zur Zeit des dritten Kalifen wurde eine Fassung autorisiert – und auch dies gegen den Widerstand von einigen Gemeinschaften, die andere Festlegungen befürworteten. Dieser Vorgang zeigt, so Leila Ahmed, daß die Theologen und Gesetzgeber der Zeit, die »sich bei unterschiedlichen Lesarten für den Ausschluß der einen entschieden, schon den ›Sinn‹

der Überlieferung aus der Perspektive ihrer eigenen Zeit ableiteten«.[231]

Veränderungen des Ursprungsgedankens gelten natürlich auch für die beiden anderen Religionen des Buches – die gesamte Geschichte des Christentums ist begleitet von Auseinandersetzungen über die ›wahre Form‹ der ursprünglichen Botschaft. Doch bei der Verschriftlichung des Koran kommt hinzu, daß eine endgültige und voll vokalisierte Fassung der arabischen Kursivschrift erst im 10. Jahrhundert vorlag.[232] Sie wurde unter den Abbasiden entwickelt. Damals wurden auch die Gesetze des Islam festgelegt. Das heißt, in den Koran und die anderen heiligen Schriften des Islam floß notwendigerweise Gedankengut ein, das Mohammed von seinen Nachfolgern im wahrsten Sinne des Wortes ›in den Mund gelegt‹ wurde. Die Offenheit der Auslegung ließ, laut dem Orientalisten und Paläontologie-Experten Gerd-Rüdiger Puin, der jahrhundertealte Koranfragmente untersucht hat, verschiedene Begriffsbestimmungen zu, die zum Beispiel für einen Begriff von »kämpft gegen die Ungläubigen« bis zu »tötet die Ungläubigen« reichen konnten. Über die Jahrhunderte, so Puin, setzten sich im Islam die schärferen Lesarten gegenüber den milderen durch.[233]

Es ist wahr, daß im Islam die Auslegung des Koran wiederholt auf Widerstände gestoßen ist und es wenig Anzeichen für eine Flexibilität der Exegese gibt, wie sie die jüdische Geschichte in der Diaspora begleitete. Als im 12. Jahrhundert, dem ›Goldenen Zeitalter‹ des Islam, das einer Blüte wissenschaftlichen Denkens entsprach, viel Gedankengut aus der griechischen Philosophie und Wissenschaft in den islamischen Raum einfloß und von diesem aufgesogen wurde, diskutierte der Gelehrte Ibn Sīnā (Avicenna), der im 11. Jahrhundert die Schriften der griechischen Philosophen ins Arabische übersetzte, die Möglichkeit, eine Exegese des Koran vorzunehmen, d. h. den Text dem Geist seiner Zeit anzupassen. Er wurde des Atheismus beschuldigt und exiliert.

Es fragt sich freilich, ob sich die hohe Wertschätzung der Oralität im Islam nicht heute als ein Vorteil im Transformationsprozeß erweisen könnte, die der Globalisierungsprozeß mit sich bringt: ein Prozeß, der die islamische Gesellschaft zum ersten Mal mit der Möglichkeit der Diaspora konfrontiert, ob nun durch die Emigration in andere Kulturräume oder durch den Import anderer kultureller Produkte und Techniken. Wenn es Juden gelang, in der Diaspora besonders flexibel mit den Anforderungen der Moderne umzugehen, so lag dies auch an einer langen Tradition der ›mündlichen Thora‹, die u. a. mit dem Verhältnis von Schrift und Oralität zusammenhing.

Ähnliches sagt der syrische Philosoph und Soziologe Sadik al-Azm, der durchaus säkular argumentiert, von der arabischen Sprache. Während im Zentrum westlicher Sprachen die Hauptwörter stehen, sei die arabische Sprache um das Verb gebaut; auch die Hauptwörter und Adjektive seien abgeleitete Verben. Das Arabische sei damit eine Sprache des Prozesses, der Innovation und des Wandels. Wie im Hebräischen gibt es nur einen Begriff für Wort und Akt, Sprechen und Handeln. Auch die Vieldeutigkeit und Ambiguität, die die Übersetzung arabischer Texte und Reden erschweren, seien Zeichen von Flexibilität, die die arabische Sprache besonders geeignet erscheinen lassen für die Moderne, für postmoderne ›Dekonstruktion‹ und eben jene Prozesse der Innovation, die die kulturelle Globalisierung von den modernen Gesellschaften fordert. Ironisch konstatiert er: »Am Anfang war das Wort! Aber die Frage ist: War es ein Hauptwort oder ein Verb?«[234] Die Charakteristika der arabischen Sprache, die al-Azm beschreibt, sind durchweg Charakteristika einer oralen Sprachkultur, und nicht durch Zufall beginnt die erste dem Propheten offenbarte Sure mit der Aufforderung *iqra*, was sowohl ›lies‹ als auch ›rezitiere‹ bedeutet,[235] also schriftliche *und* mündliche Kommunikation impliziert.

Eine ähnliche Flexibilität der Sprache galt übrigens auch für das Altgriechische, das im Vergleich mit dem statischen und im grammatikalischen Sinne hierarchischen Latein – das aus der Schriftlogik selbst erwuchs und heute die Basis unserer Wissenschaftssprache bildet – einen fließenden Charakter besaß, der von der ursprünglichen Verwurzelung der Sprache in der Oralität erzählt. So sind auf altgriechisch geschriebene Texte reich an Partizipialkonstruktionen, die sich grammatikalisch zwischen Verb und Substantiv ansiedeln und die beiden Kategorien verbinden. Auch drücken die Verben im Altgriechischen keine festgelegten Zeitformen aus; vielmehr bezeichnen sie verschiedene Arten der Bewegung und des Zeit*flusses*, wie sie auch für orale Sprachen charakteristisch sind.

Dieser Bedeutungsaspekt ist im Deutschen, das unter den indoeuropäischen Sprachen am stärksten vom Lateinischen geprägt wurde, nur sehr schwer wiederzugeben. »Während im Deutschen und Lateinischen der durch eine Verbalform ausgedrückte Sachverhalt (als Tat, Vorgang oder Zustand) zunächst einer Zeitstufe angehört, nämlich der Gegenwart, Vergangenheit oder Zukunft, tritt im Griechischen diese zeitliche Einordnung ganz zurück hinter der Unterscheidung der sog. Aspekte, die den Verbalinhalt ›betrachten‹ und kennzeichnen als etwas Andauerndes oder als etwas im Ergebnis vorliegendes oder als etwas lediglich (d. h. ohne Rücksicht auf Dauer oder Ergebnis) zum Vollzug Kommendes.«[236]

Für die ›Rückständigkeit‹ des islamischen Raums wird zumeist die späte Einführung der Druckerpresse für Texte in arabischer Sprache angeführt. Tatsächlich ließen die Osmanen erst im 18. Jahrhundert zu, daß arabische Texte gedruckt wurden. Zu diesem Zeitpunkt stand die europäische Kultur schon längst unter dem Einfluß der Gutenberg-Erfindung, und auch schon vorher hatte sich der Übergang von einer oralen Kultur zu einer Schriftgesellschaft vollzogen – zumindest in Westeuropa. In Rußland fanden noch Ende des 18. Jahrhunderts intensive Debatten über die Zulässigkeit der Druckerpresse statt. Dan Diner erklärt die Ablehnung der Druckerpresse für arabische Texte einerseits mit »einem Generalverdacht gegen das Schreiben« im Islam. »So wie es außer Gott keinen Gott geben kann, darf es neben dem Koran kein anderes Buch geben.«[237] Andererseits erklärt er sie aber auch mit der Macht der Geistlichen über die Lebenswelt. Das Sakrale sei »im Orient von einer undurchlässigeren Beschaffenheit […], die Einheit der Gläubigen mit Gott enger geschlossen, die Wirkung des Sakralen im Orient also absolut«.[238]

Diese Erklärung ist nicht überzeugend. Zum einen gab es im arabischen Raum lange vor den Schreibwerkstätten der christlichen Klöster eine reiche Kopistentradition, die sich nicht nur auf religiöse, sondern auch auf weltliche Texte erstreckte. Das Arabische war Wissenschafts- und Handelssprache und umspannte ein Weltreich, das von der Arabischen Halbinsel bis nach Indien reichte. Zum anderen entstand der Buchdruck zu einer Zeit, als die (zentral gelenkte) christliche Kirche des Westens über ein dichteres und genauer kontrolliertes Netzwerk verfügte, als es den Geistlichen des Orients je zur Verfügung stand. Der Buchdruck entwickelte sich trotz der vatikanischen Kommunikationshoheit, und er wurde zum wichtigsten ›Medium‹ der Reformation. Innerhalb von 14 Tagen erreichten Luthers 95 Thesen jeden Winkel Europas. Offenbar war es also nicht die Macht der islamischen Geistlichen, die den Buchdruck verhinderte, denn die war in der christlichen Gesellschaft viel deutlicher ausgeprägt.

Auch das Argument von der Absolutheit des Sakralen leuchtet nicht ein. Abgesehen davon, daß eine solche Aussage offenläßt, worauf dieser Absolutheitsanspruch beruht, läßt sich einwenden, daß auch in der christlichen Gesellschaft des ausgehenden Mittelalters alle Bereiche des Lebens vom Sakralen durchdrungen waren. Die katholische Kirche verlieh diesem Absolutheitsanspruch nach der Reformation noch Nachdruck: mit Gegenreformation und Inquisition, und paradoxerweise war deren wichtigstes Instrument ebenfalls die Gutenbergpresse. Nicht nur Luthers Bibelübersetzung, auch der »Hexenhammer«, nach dessen Anleitungen Häresien verfolgt wurden, verdankte seine rasche Verbreitung dem Buchdruck. Uns scheint, daß die verzögerte Einführung des Buchdrucks eher mit der hohen Wertschätzung der Oralität zusammenhing als mit den anderen von Diner angeführten Begründungen.

Es bietet sich jedoch an, die Frage umzudrehen und nicht nach dem ›Stillstand der Zeit‹ im Orient, sondern nach dem Grund zu fragen, warum der Westen – und die christliche Gesellschaft – eine so anders geartete Entwicklung durchlief. Woher kam die hohe Bewertung des Fortschritts, der linearen Zeit, und was waren die Bedingungen, die den christlichen Säkularisierungsprozeß einleiteten, auf den zu reagieren sich die jüdischen Gemeinden wie auch der Islam auf unterschiedliche Weise und zu unterschiedlichen Zeiten gezwungen sahen und sehen? Ist die Säkularisierung – d. h. die Ablösung sakraler durch weltliche Werte – eine Selbstverständlichkeit, und warum soll sie überhaupt als Norm gelten?

Mehr noch: Was ist eigentlich Säkularisierung? Handelt es sich nur um den Verzicht auf transzendente Werte – oder könnte nicht auch die Transzendenz in der christlichen Gesellschaft ›zur Welt gekommen‹ sein, wie implizit schon vorgegeben von der christlichen Theologie? Daß ein solcher Prozeß der Verweltlichung des Sakralen stattfand, haben wir am Beispiel der Symbolik des Kreuzes darzustellen versucht. Ebenso läßt es sich an den christologischen Elementen des Königtums darstellen, die Ernst Kantorowicz in seiner Studie »Die zwei Körper des Königs« beschrieben hat. Unbestreitbar ist auf jeden Fall, daß nicht der Orient, sondern eher die christliche Entwicklung die Ausnahme bildet – und das hängt eng mit dem Schriftsystem zusammen, auf dem es basiert.

In seinem Buch »Beyond the Written Word. Oral Aspects of Scripture in the History of Religion« schreibt William A. Graham: »Spielt es wirklich eine Rolle, daß unsere moderne westliche Erfahrung von Texten aus historischer Perspektive vielleicht nicht normativ (ja sogar abwegig) ist? Spielt es eine Rolle [...], daß wir unsere standardisierte Behandlung von Texten (als stille Speichersysteme visueller Daten) als Modell für das Verständnis von Texten in anderen Zeiten und Kulturen anwenden? Ich glaube, es spielt eine erhebliche Rolle für ein angemessenes Verständnis der Rolle der Schrift als bedeutendes Instrument der Religion. Ganz offenbar war in der Geschichte die orale/aurale Interaktion mit heiligen Texten die überwiegende Regel und nicht die Ausnahme.«[239]

Was unterschied also das *griechische Alphabet* von den beiden anderen Alphabeten? Die Tatsache, daß es die Sprache völlig erfaßte, hatte mehrere Folgen. Die eine bestand in einem hohen Grad an Abstraktion, dem sich die Entstehung von Wissenschaft und Logik sowie die Vorstellung verdankte, daß es nur *eine* (berechenbare, unwiderlegbare, der Entleiblichung verpflichtete) Form von Logik und wissenschaftlicher Wahrheit geben kann. Dieser Abstraktionsvorgang war die Voraussetzung für die Entstehung eines Konzepts von ›rationaler‹, ›neutraler‹ und ›logischer‹ Wissenschaft, die zu einem Charakteristikum vor allem des westlichen Denkens werden sollte. Dieses Konzept besagte Entkörperung: Nicht durch Zufall werden es später die ›toten Sprachen‹ – Altgriechisch und Latein – sein, aus denen sich die meisten wissenschaftlichen Begriffe ableiteten.

Nur über tote Sprache lassen sich konsensfähige – ›neutrale‹ – Begriffe bilden, die dem Zugriff des einzelnen und seiner Körperlichkeit/Subjektivität/Geschlechtlichkeit entzogen sind.

Anders als bei den Konsonantenalphabeten führte das griechische Alphabet auch nicht zu einer Komplementarität von Oralität und Schriftlichkeit; vielmehr entstand ein hierarchisches Verhältnis zwischen den beiden, das eine Überlegenheit des ›bleibenden‹ geschriebenen Gedankens gegenüber dem flüchtigen, an den Leib gebundenen, gesprochenen Worts implizierte. Damit einher ging eine Höherbewertung des Visuellen (der Schrift) gegenüber dem Gehör (der Oralität). Beide Hierarchien sollten für die Geschichte der christlichen Theologie, der westlichen Wissenschaft wie auch für die Geschlechterordnung prägend werden: In der Theologie zeigten sie sich u. a. in der Bejahung der Bilderverehrung, in der Wissenschaft an der Dominanz des Sehens, und in der Geschlechterordnung wurde die ›Weiblichkeit‹ zum ›Abbild‹ von Männlichkeit erklärt (vgl. S. 62).

Hinzu kam die Vorstellung von Weiblichkeit als ›dunklem Kontinent‹, den es zu ›ent-decken‹ und zu entschleiern gilt. Durch die hierarchische Überlegenheit der geschriebenen Sprache und die Abwertung der Oralität vollzog sich eine allmähliche Umgestaltung der gesprochenen Sprache nach den Gesetzen und der Logik des Geschriebenen. Die Geschichte der christlichen Gesellschaft läßt sich lesen als die Geschichte eines langen historischen Prozesses, in dessen Verlauf das gesprochene Wort allmählich nach den Gesetzen des geschriebenen geordnet und gestaltet wurde: ein Prozeß, der sich mit der Erfindung des Buchdrucks rasant beschleunigte und um 1800, parallel zum Beginn einer allgemeinen Alphabetisierung, eine Ununterscheidbarkeit von Mündlichkeit und Schriftlichkeit herbeiführte. Man sprach so, wie man schrieb, und man

schrieb so, wie man sprach. Die Mündlichkeit war in die geschriebene Sprache eingeflossen und von dieser ›assimiliert‹
worden. Dieser Anspruch auf ›Assimilation‹ – mit der auch
die Angleichung des Leiblichen an das Gesetz und an die
Rationalität der Schrift gemeint ist – entsprach einer tiefen
Verletzung und wurde zugleich zur Basis des westlichen
Fortschrittsgedankens, auf dessen Widersprüche und Konsequenzen für die Begegnung von Orient und Okzident
wir später zurückkommen.

Während der westliche Fortschrittsgedanke geprägt war
vom Gedanken einer Angleichung des Fremden an das
Eigene, gab es eine Reihe von historischen Beispielen, in
denen sich der Islam als fähig erwies, ein fremdes Regelwerk – insbesondere das jüdischer oder christlicher Gemeinschaften – neben sich zu dulden. Insofern ist es zumindest geschichtlich nicht haltbar, wenn der Westen heute
dem islamischen Osten ›Intoleranz‹ und mangelnde Fähigkeit, auf den anderen einzugehen, vorwirft. In der Kon-
stitution von Medina wurde die Koexistenz von Muslimen,
Juden und Christen ausdrücklich akzeptiert. Die anderen
Religionen des Buches galten als ›geschützte Religionen‹,
auch wenn die Gläubigen in manchen Gebieten für die Freiheit, ihre Religion zu praktizieren, eine Kopfsteuer zahlen
mußten. Spanien erlebte unter muslimischer Herrschaft
(756–1492) die berühmte ›convivencia‹: das (relativ) friedliche Nebeneinander der drei Religionen; und als die Juden
mit den Muslimen 1492 aus Spanien vertrieben wurden,
fanden viele Zuflucht in Nordafrika und im Osmanischen
Reich.

Sogar während der Kreuzzüge tolerierten Muslime
weiterhin die christliche Religionsfreiheit. Das galt auch für
das Osmanische Reich. Als der Islam Byzanz eroberte,
wurden die neuen muslimischen Herrscher von einigen
christlichen Sekten, die vom ›offiziellen‹ Christentum als
Ketzer verfolgt worden waren, willkommen geheißen. Das

neue Regime ließ ihnen mehr Freiraum zum Praktizieren ihres Glaubens und bürdete ihnen eine geringere Steuerlast auf, als die christlichen Herrscher es getan hatten.[240] Während das Christentum viele heidnische Traditionen aufgriff und umdeutete, sich gegenüber den anderen monotheistischen Religionen aber abweisend verhielt, übernahmen frühe islamische Reiche die Errungenschaften anderer Kulturen: aus Byzanz das Staatswesen, aus dem Hellenismus wissenschaftliche und medizinische Erkenntnisse, Kultur, Kunst, Architektur. Zu Beginn der Neuzeit sollte dieses Wissen, das unter der christlichen Kirche ausgelöscht worden war, wieder nach Europa zurückfließen und gegen Ende des Mittelalters eine Blüte der Antikerezeption bewirken. *Ex oriente lux.*

Der westliche Drang zur ›Vereinheitlichung‹ der Logik, die auf der Vereinheitlichung von Oralität und Schriftlichkeit basierte, bildete die Grundlage für seine symbolische Geschlechterordnung, die sich von der des Judentums und des Islam zutiefst unterscheidet. In allen drei Religionen repräsentiert die Männlichkeit das Prinzip der Schrift und die Weiblichkeit das Prinzip der Oralität. Je nach Schriftsystem nimmt dieses Verhältnis jedoch unterschiedliche Gestalt an. Die Segregation der Geschlechter, die in den Riten der jüdischen und der islamischen Religion zum Ausdruck kommt, ist ein Spiegelbild der Denkformen, die vom Konsonantenalphabet geschaffen wurden: Dem Nebeneinander von Schrift und gesprochener Sprache in diesen Schriftsystemen entspricht die rituelle Einübung der Differenz von Mann und Frau.

Die vom vollen griechischen Alphabet induzierte Überlagerung von Schrift und Sprache, die Gestaltung der Oralität nach den Gesetzen der Schrift, findet sich wieder im christlichen Ideal der Geschlechtersymbiose: Paulus' Aussage »So sollen auch die Männer ihre Frauen lieben wie ihren eigenen Leib. Wer seine Frau liebt, liebt sich selbst«[241]

ist ein Spiegelbild des engen Verhältnisses von Schrift und Oralität, wie sie das volle griechische Alphabet mit sich brachte. Ähnliches sagt Augustinus, wenn er Männlichkeit mit Geist und Weiblichkeit mit dem Fleisch identifiziert, das es durch den männlichen Geist zu domestizieren gelte: »Hassen wir aber nun wirklich das Fleisch, wenn wir wünschen, daß es uns gehorche? In der Regel weist ein jeder in seinem Hause seine Gattin zurecht und macht sie gefügig, falls sie widerspenstig ist, aber er verfolgt sie nicht als seine Feindin.«[242] Die theologisch begründeten Geschlechterordnungen stellen also auch ein Spiegelbild der Beziehung von Mündlichkeit und Schriftlichkeit in den einzelnen Schriftsystemen dar.

Die zwei Arten geistiger ›Väter‹

In ihren Memoiren beschreibt Leila Ahmed, die in Ägypten aufwuchs, heute in Harvard lehrt und ein differenziertes Werk über die Geschichte der islamischen Geschlechterordnung geschrieben hat, das wir in diesem Buch wiederholt zitieren, die enge Beziehung von Geschlechterordnung, Oralität und Religion in ihrer Kindheit. Im Haus ihrer Großmutter in Alexandria hatten die Frauen ihr eigenes Verständnis vom Islam, das sich von dem der Männer, des »offiziellen Islam«, unterschied, der in geschriebener Form tradiert werde. Durch die Frauen sei eine muslimische Erfahrung weitergegeben worden, die sich nicht in Regeln oder Verboten niederschlug, sondern »durch Berührungen, einen Blick, ein Wort«. Diese Art, »Einstellungen, moralische Vorstellungen, Glaubensgrundsätze und Wissen weiterzugeben – durch den Körper und Berührungen, durch lebendige, aus dem Moment heraus gesprochene Worte – [...], hat immer schon zur Bildung der nächsten Generation beigetragen. Anders als bei Texten über die richtige Lebensweise gibt es keine Aufzeichnungen, aber sie hinterläßt tiefere, vitalere Spuren. Glaubensinhalte, ethische Einstellungen werden so durch flüchtige Worte und Gesten in unser Leben, in unsere Körper, unser Selbst bis in unsere Körperzellen hineingeschrieben, so daß wir den Text leben.«[243]

Die ›Subkultur‹, die mit der oralen Vermittlung des Islam einhergehe – eine Subkultur, für die es keine ›geistliche Anleitung‹ gab –, habe in den verschiedenen Regionen die Aufnahme kultureller Eigenheiten ermöglicht. Dagegen sei der ›textuelle‹ und ›männliche‹ Islam von einer Minorität errichtet worden: »Der Islam, den sie in dieser schriftlichen Vererbungskette entwickelten, ähnelt der mittelalterlichen, lateinischen Schrifttradition des Christentums. Er ist ebenso obskur und von einer männlichen Sicht der Welt dominiert wie diese lateinischen Texte.«[244] Für die lebendige Tradition des Islam macht Ahmed das arabische Alphabet verantwortlich. »Ein Satz Konsonanten kann mehrere Bedeutungen haben und erwirbt erst dann seinen endgültigen, spezifischen und eindeutigen Sinn, wenn er vokalisiert wird (anders als in den europäischen Sprachen, wo die Bedeutung schon im Text festgelegt ist). Bevor ihnen nicht das Leben wortwörtlich eingehaucht wird, haben die arabischen und hebräischen Worte auf einem Blatt keine eigene Bedeutung.«[245] Dieser oral tradierte Islam, der von einer Wahrheit spricht, »die nur hier und jetzt und für diesen einen Körper gilt«,[246] befinde sich im Rückzug und werde allmählich von dem textuellen Islam verdrängt. Dieser habe wiederum den fundamentalistischen Islam hervorgebracht, »den eingeschränkten und schlecht ausgebildeten Nachkommen des textuellen Islam«.[247] Die Alphabetisierung habe so einerseits zur Ausbreitung des Islam, andererseits aber auch zur Auslöschung oraler und lebendiger Formen der Religion beigetragen.

Auch Martin Riesebrodt sieht im Fundamentalismus –

aller Prägungen – eine Form von Literalismus: »Das fundamentalistische Denken ist von einer Krisenerfahrung geprägt und sieht die Ursache für die Krise der Gesellschaft im Abfall von ewig gültigen, göttlich-geoffenbarten und schriftlich-wörtlich überlieferten Ordnungsprinzipien, die in einer idealen Gesellschaft schon verwirklicht waren: dem ›Goldenen Zeitalter‹ der christlichen, islamischen oder sonstigen Urgemeinde.«[248] Das ›Goldene Zeitalter‹ des Fundamentalismus entspricht also nicht einer Rückbesinnung auf die Blütezeit wissenschaftlichen und pluralistischen Denkens des Islam im 10. Jahrhundert, an das säkulare Autoren wie Hasan Hanafi gerne anschließen würden,[249] sondern einem idealisierten ›Urislam‹, der wiederum mit dem Text gleichgesetzt wird. Riesebrodt spricht in diesem Zusammenhang von einem »utopischen Regreß«,[250] der anders als andere Regressionen nicht in den Schoß einer ›Urmutter‹ oder der Oralität zurückführt, sondern in den einer angeblichen ›Urschrift‹, die nicht ausgelegt wird, sondern buchstabengetreu befolgt werden soll. Das entspricht an sich einer Anpassung an das westliche Denken mit seiner Schriftdominanz, und Ahmed macht auch darauf aufmerksam, daß die westliche Islamforschung einen nicht geringen Anteil an der Entwicklung dieses ›utopischen Regresses‹ hat. Sie trage zur Legitimierung und Autorisierung des textuellen Islam und zur Verdrängung oraler Traditionen bei, indem sich ihre Forschungen vornehmlich auf Schriften und offizielle Institutionen wie die Moschee beschränke.[251]

Vergleichbare Beobachtungen wie Ahmed für den Islam machte auch Haym Soloveitchik für jüdische Gemeinden in den USA und Israel. Er lehrt Jüdische Geschichte und Philosophie und untersuchte die Entstehung einer neuen jüdischen Orthodoxie, deren Beginn er um 1950 ansetzt. »Wenn ich die Veränderungen in der jüdischen religiösen Gemeinschaft in der letzten Generation mit einem Satz beschreiben sollte, so würde ich auf die neue und kontrollierende Funktion der Texte verweisen, die im religiösen Leben eingetreten ist«.[252] Soloveitchik führt diese Dominanz des Textes auf einen Akkulturationsprozeß zurück, der durch die Migration in die USA, die Anpassung an die Lebensformen der Moderne und eine »dramatische Zunahme von interkultureller Eheschließung« stattgefunden habe.[253] Mit ganz ähnlichen Bildern wie Leila Ahmed beschreibt er das jüdische Leben der Vormoderne, das nicht nur aus Text, sondern auch aus gelebter Tradition, unbewußten und von Generation zu Generation vermittelten Riten bestanden habe. Der Verlust dieser Gewohnheiten habe eine Leere hinterlassen, die von einer nachrückenden Generation junger Juden, vor allem Männern, durch ein Regelwerk ersetzt worden sei. »Aus der Lebensweise ist eine *regula* geworden, und das Verhalten, einst von Gewohnheit bestimmt, wird nun von der Bestimmung regiert.«[254] Diese Art der Regelung sei nur im Text zu finden. »Die Gewohnheit ist mächtig, aber ihr Einfluß ist informeller Art. Sie leitet sich von der Fähigkeit der Gewohnheit ab, die Implikationen des Buchwissens zu neutralisieren.«[255]

Auch Soloveitchik beobachtet also eine Zunahme der Textorientierung der nächsten Generation, die ihr ganzes Wissen für Beruf und Alltag aus Büchern erlernt habe und nun auch durch Bücher – Handbücher, Führer, die auf englisch oder in modernem Hebräisch geschrieben sind – Zugang zur Religion suche. Das stelle einen Bruch mit der oralen Tradition dar, die er vornehmlich im Jiddischen verortet. Seit dem späten Mittelalter war die jüdische Kultur Osteuropas zweisprachig: Sie benutzte eine ›gehobene‹ und eine ›niedere‹ Sprache. »Jiddisch wurde für den Alltag und die mündliche Lehre verwendet. Das Hebräische für das Gebet und alle gelehrten Schriften.«[256] Nun sei statt des Jiddischen das Englische zur ›Muttersprache‹ geworden.

Die moderne Gesellschaft, in der religiöse Juden leben, sei jedoch von »geschriebenen Regeln« beherrscht, und diese »Verlagerung der Autorität zum Text als einziger Quelle der Authentizität«[257] habe weitreichende Folgen für das religiöse Leben wie für den politischen Alltag und die Definition jüdischer Identität. Bildung sei zu einem wichtigen Gut geworden, aber die Bildung, die angestrebt werde, habe wenig mit dem traditionellen Lernen zu tun. »Darauf erpicht, jüdische Traditionen zu bewahren, gründen religiöse Juden heute ihr Bedürfnis nach Spiritualität nicht auf eine unerreichbaren Intimität mit Ihm, sondern auf eine Intimität mit Seinem Willen. [...] Nachdem sie der Berührung mit Seiner Gegenwart verlustig gegangen sind, suchen sie nun unter Seinem Joch Geborgenheit.«[258]

Diese beiden Beschreibungen machen ganz deutlich, daß der Fundamentalismus, ob jüdischer oder islamischer Art, nicht das Resultat von Unbelesenheit ist, sondern im Gegenteil einer Überbewertung der Schriftlichkeit gegenüber der Oralität entspringt. Das bedeutet einen tiefen Einschnitt und eine grundlegende Akkulturation für die beiden religiösen Traditionen, der der Fundamentalismus oder die Orthodoxie wiederum mit rigider Textgläubigkeit zu begegnen versuchen. Eine solche Überbewertung des Textes ist aber eigentlich ein Charakteristikum westlichen Denkens und impliziert insofern eine zusätzliche Akkulturation. Gewiß, die historische Situation der jüdischen und der islamischen Gemeinschaften könnte unterschiedlicher kaum sein. Im einen Fall eine Minorität in der Diaspora, die immer wieder gezwungen war, sich der umgebenden Kultur anzupassen, dabei aber auch eine große Fähigkeit entwickelte, das Eigene zu bewahren. Auf der anderen Seite eine religiöse Gemeinschaft, die in vielen Ländern majoritär ist und erst durch die Kolonisation und nun im Prozeß der Globalisierung einem Anpassungsdruck unterworfen wurde. Doch das Zeugnis von Soloveitchik zeigt deutlich, daß sich auch die neue jüdische Orthodoxie der Anpassung an die westliche Schrifttradition verdankt.

Was er allerdings nicht berücksichtigt, ist die Tatsache, daß diese Entwicklung nicht nur für den Zulauf zur Orthodoxie sorgte, sondern auch zur Modernisierung der jüdischen Theologie beitrug – gerade auf dem Gebiet der Geschlechterordnung. In dieser Hinsicht ist das Beispiel vom Verlust des Jiddischen, das nicht nur als orale Sprache des Ostjudentums, sondern auch als Frauensprache galt,[259] aufschlußreich. Als Rußland die allgemeine Alphabetisierung einführte und die Schulen auch für Juden geöffnet wurden, ergriffen vor allem jüdische Mädchen diese Möglichkeit und eigneten sich säkulares Wissen an. Vom Unterricht in den religiösen jüdischen Schulen ausgeschlossen – aber geprägt von der hohen Wertschätzung von Bildung in den jüdischen Familien –, wurden Jüdinnen so zu Vorreiterinnen des jüdischen Säkularisierungsprozesses.[260] Dasselbe sollte sich bei der Immigration in die USA wiederholen. Als sich nach 1950 eine erneute Hinwendung zur Religion vollzog, hatte dies bei vielen Frauen, anders als bei ihren von Soloveitchik beobachteten männlichen Altersgenossen, nicht eine Hinwendung zur Orthodoxie zur Folge. Sie wandten sich der jüdischen Religionswissenschaft zu und erkämpften die Zulassung von Frauen zur rabbinischen Ausbildung. Etwas Ähnliches scheint sich heute auch im Islam zu vollziehen. Nicht nur, daß iranische Musliminnen eine neue Exegese des Koran fordern, wie Fariba Adelkah in ihrem schon erwähnten Buch »Being Modern in Iran« beobachtet hat, darüber hinaus thematisieren Künstlerinnen wie Lalla Essaydi auch den Zusammenhang von Schriftlichkeit und Geschlechterordnung für das arabische Alphabet. In ihren Photo-Arbeiten – von denen sich eine auf dem Cover dieses Buchs befindet – stellt die gebürtige Marokkanerin die enge Beziehung zwischen den Buchstaben und dem Körper dar. Indem sie den weißen Schleier, der die Frau verhüllt, zum ›Papier‹ macht, auf das geschrieben wird, entwickelt sie ein Beziehungsgeflecht zwischen dem weiblichen Körper und dem Alphabet. Bei Lalla Essaydi breiten sich die Buchstaben über den weiblichen Körper aus. Aber der ›der Schreiber‹ ist eben nicht ein Mann, sondern eine Frau.

Im islamischen Fundamentalismus vollzieht sich die Anpassung an die Moderne auf andere Weise. Ab den 1990er Jahren, so schreibt Fouad Allam, taucht in einigen Ländern des Islam die neue Figur des militanten und islamistischen Intellektuellen auf. Er sei das Produkt von Alphabetisierungsprogrammen, »die einer ganzen Generation von Nachkommen oft analphabetischer Eltern den Zugang zum Wissen und zu religiösen Schriften eröffnet haben«.[261] Dieser Entwicklung eigne die Paradoxie, daß einerseits ein neuer Typus von Menschen und Verhaltensweisen konstruiert werde, »die mit der islamistischen Ideologie übereinstimmen«; daß andererseits zum Erreichen dieses Ziels aber die modernen, aus dem Westen übernommenen Kommunikationsmittel und Technologien eingesetzt werden. »Die Kassetten ersetzen die traditionelle Gestalt des Meisters und seine physische Gegenwart.«[262] Diese Entwicklung habe zur »Delegitimation des klassischen Gelehrten« geführt; zugleich lasse sie »die mündliche Überlieferung als Träger der neuen islamistischen Literatur wieder aufleben, die sich von dem über die Jahrhunderte tradierten schriftlichen kulturellen Erbe abhebt«.[263] Die hier beschriebene Paradoxie beinhaltet also eine Rückkehr zur Oralität mit den Mitteln westlicher Technik. Diese Hinwendung zur Mündlichkeit ist freilich anders als die von Leila Ahmed beschriebene körpernahe Oralität, die aus ›Berührungen, Blicken, flüchtigen Worten‹ besteht und von einer Wahrheit erzählt, »die nur hier und jetzt und für diesen einen Körper gilt«. Die neue Oralität, von der Allam spricht, verdankt sich westlicher Technik, dem Kassetten- oder Videorecorder. Sie ist westlicher Schriftlichkeit und dem westlichen ›Vater‹ geschuldet.

Allam vertritt die Ansicht, daß der Westen »zwar gegenwärtig, aber nicht verinnerlicht« sei.[264] Vieles spricht jedoch dafür, daß hier auch interne Konflikte ausgetragen werden: Es geht einerseits um ›internalisierte‹ Bilder, die in der ›Westitis‹ ihren Ausdruck finden, andererseits aber auch um Intellektuelle, die sich zwei unterschiedlichen ›Vätern‹ – oder Männlichkeitskonzepten – anzuvertrauen versuchen. Das setzt sie einer Zerreißprobe aus. Während im christlichen Fundamentalismus Religion und Technikgläubigkeit zusammenfallen – wir gehen im vierten Kapitel darauf ein –, haben es islamische Fundamentalisten mit der Konkurrenz zwischen zwei ›Vätern‹ oder zwei Schriftgesetzen zu tun. Wir sind diesen beiden ›Vätern‹, in der »Geistlichen Anleitung« der Attentäter des 11. September begegnet: auf der einen Seite der ›böse Vater‹ westlicher Schriftlichkeit und Rationalität, auf der anderen Seite der ›gute Vater‹ der religiösen Texte. Die Konfrontation zwischen diesen beiden ›Vätern‹ bildet die Grundlage des Konflikts von Männlichkeitsbildern und beherrscht heute im Prozeß der Globalisierung das Verhältnis von Orient und Okzident. Zugleich ist sie aber auch zu einem internen Konflikt des islamischen Fundamentalismus geworden.

Orient und Okzident gemeinsam ist die Tatsache, daß sie ihre ungelösten Probleme an den weiblichen Körper verweisen: Die Erregungen um das Kopftuch erzählen von der symbolischen Kastration, die der männliche Körper durch die Gleichsetzung von Männlichkeit mit der abstrakten ›Potenz‹ der Schrift erfahren hat. Der Konflikt der Geschlechterordnungen wird gerne als ein Konflikt um ›die Rolle der Frau‹ gesehen. In Wirklichkeit stoßen zwei Konzepte von Schriftlichkeit, Männlichkeit und zwei Wissensordnungen aufeinander.

KAPITEL III

Ex occidente looks:
Blickmacht und entblößter Frauenkörper

Bilderverbot, Bilderverehrung
und symbolische Geschlechterordnung

In allen drei Religionen steht die symbolische Geschlechterordnung in engem Zusammenhang mit der Frage des
Bildes. Das Verhältnis zum Bild stellt einen strukturellen
Unterschied zwischen den drei Religionen dar: in der jüdischen Religion wie im Islam das Bilderverbot und ein unsichtbarer Gott; in der christlichen Religion hingegen die
Bilderverehrung, die in engem Zusammenhang mit einem
Mensch gewordenen und mithin sichtbaren Gott zu denken
ist. Wie die symbolische Geschlechterordnung der jüdischen Religion repräsentiert auch das jüdische Bilderverbot
die unüberwindliche Differenz von Gott und Mensch; ganz
ähnlich im Islam, wo es ebenfalls auf die Unverletzbarkeit
der Grenze zwischen dem Schöpfer und seiner Schöpfung
deutet: »in theologischer Hinsicht ist die Verteidigung dieser Grenze der zentrale Glaubensartikel des Islam«.[265]
Das Prinzip der Segregation, das der Geschlechterordnung eingeschrieben ist, wiederholt sich also im Bilderverbot. Die christliche Bilderverehrung wird ihrerseits damit gerechtfertigt, daß Christus als Mensch gewordener
Gott einen Leib angenommen habe, mithin darstellbar ist –
und diese Darstellungsfreiheit wurde nicht nur auf Christus, sondern in vielen Fällen auch auf Gottvater selbst
übertragen, dem die europäische Kunst, mangels anderer
Modelle, Züge von Zeus, der alten griechischen obersten
Gottheit, verlieh.

Auch erkennt man im Christentum Parallelen zwischen der symbolischen Geschlechterordnung und dem Verhältnis zum Bild: Ist die Ikone ein Ebenbild Gottes, so wird die Frau zum Ebenbild des Mannes – im Sinne einer ›Kopie‹ oder Repräsentationsgestalt. Wenn Paulus seine Forderung nach einer Verschleierung der Frauen in der Kirche damit begründet, daß sich der Mann das Haupt nicht zu verhüllen brauche, »weil er Bild und Abglanz Gottes ist; die Frau dagegen Abglanz des Mannes«,[266] so verlagerte er damit den alttestamentarischen Diskurs über die ›Ebenbildlichkeit‹ des Menschen auf das Verhältnis der Geschlechter und führte zugleich eine Hierarchie der Ebenbildlichkeit ein. Das Männliche wurde zum ›Original‹ und das Weibliche zu dessen ›Kopie‹. Das unzertrennliche Verhältnis von ›Original‹ und ›Kopie‹ setzt die symbiotische Beziehung voraus, die das christliche Dogma der Unauflösbarkeit der Ehe festschreibt.

In der jüdischen Religion wird die ›Ebenbildlichkeit‹ des Menschen als ›geistige Durchdringung‹ mit dem Wort Gottes verstanden, und sie bezieht sich auf beide Geschlechter. Zwar gibt es auch hier eine Geschlechterhierarchie: Wenn der Mann eine Kippa trägt, so deshalb, weil er in direkter Beziehung zu Gott steht und in dieser Begegnung sein Haupt bedecken muß. Die Frau hingegen muß das Haar (durch einen Schal oder eine Perücke) bedecken, sobald sie verheiratet ist, also in Beziehung zu einem Mann steht. Aber diese Beziehung wird nicht in Kategorien von ›Original‹ und ›Kopie‹ gedacht wie bei Paulus. Der Grund für diesen Unterschied hängt damit zusammen, daß die Ebenbildlichkeit in der christlichen Religion visuell und transzendent verstanden wird: Die Vertiefung ins Bild und die ›Bildgemäßheit‹ des Menschen mit Gott ermögliche es dem Menschen, zur Gotteserkenntnis zu gelangen, »denn Gleiches wird nur von Gleichem erkannt, und Erkenntnis setzt eine gewisse Wesensverwandtschaft zwischen Subjekt und Objekt voraus«.[267] Soll das Bilderverbot der jüdischen

Religion den Menschen die unüberwindbare Differenz von Gott und Mensch vor Augen führen, so wird die Bilderverehrung im Christentum zum ›Beleg‹ für die Möglichkeit einer Vereinigung des Transzendenten mit dem Weltlichen. Entsprechend der Spiegelbildlichkeit von Bildverehrung und Geschlechterordnung bildete sich so in der Dogmatik der christlichen Kirche eine Lehre heraus, der ein ganz anderes Konzept von Ebenbildlichkeit zugrunde lag und die gerade im Gebot des Schleiers ihren Ausdruck fand.

Augustinus, der den Widerspruch zur alttestamentarischen Lehre erkannte, entwickelte die paulinische Lehre fort, indem er in der *Dreieinigkeitslehre* den Gedanken vertrat, die Frau sei nur dann ein Ebenbild Gottes, wenn Mann und Frau als *ein Wesen* in Erscheinung treten.[268] Da er aber auch der Aussage der Genesis gerecht werden wollte, entwickelte Augustinus außerdem die Lehre von der Zweigeteiltheit der Seele, die einen ›inneren Menschen‹ (*homo interior*) und einen ›äußeren Menschen‹ (*homo exterior*) umfasse. Der äußere Mensch sei für die irdischen Bedürfnisse zuständig und weiblich, der innere aber für die spirituellen Bedürfnisse und männlich. Da allen Menschen, egal welchen Geschlechts, beide Teile der Seele eigneten, die weibliche Seele mithin auch einen *homo interior* habe, sei auch die Frau ein ›Ebenbild‹ Gottes, allerdings nur dann, wenn ihr Körper in Übereinstimmung mit dem männlichen Teil der Seele handle. Wenn ihr Körper hingegen in Übereinstimmung mit dem weiblichen Teil der Seele handle, dann sei die Frau *nicht* ein Ebenbild Gottes.[269] Diese Vorstellung einer Ebenbildlichkeit der (als männlich definierten) geistigen Seele mit Gott und die davon abgeleitete Vorstellung einer schöpferischen Macht des Geistigen über das Leibliche bildeten die Grundlage der christlichen Geschlechterordnung, die einerseits die Geschlechts*unterschiede* festschrieb, andererseits aber das eine Geschlecht zum ›Abbild‹ des anderen erklärte.

Der christlich-theologische Diskurs über die Ebenbild-lichkeit der Geschlechter, die die Frau zum Abbild des Mannes – bzw. zur ›Kopie‹ des ›Originals‹ – machte, wurde bestimmend für eine symbolische Geschlechterordnung, die vom Sehen geprägt war und ins säkulare Denken hin-einwirkte. Sie verstärkte sich mit jeder neuen Sehtechnik, die das Abendland entwickelte. Ob Zentralperspektive oder Photographie und Film, jede dieser neuen visuellen Techniken führte zu einem Blickregime, das von einer ›männlichen‹ und einer ›weiblichen‹ Zuordnung bestimmt war. Die ursprünglich in der christlichen Theologie veran-kerte Vorstellung von geschlechtlicher ›Ebenbildlichkeit‹, die Weiblichkeit zum Abbild männlicher visueller Defini-tionsmacht erklärt, bildet den Schlüssel, um die prägende Rolle der Sehtechniken im Abendland zu begreifen. Sie er-klärt andererseits aber auch die rasant schnelle Entkleidung des weiblichen Körpers in den letzten hundert Jahren sowie die Erregung, die der verschleierte Körper der Muslimin auslöst. Ohne den Blick auf die Rolle der Frau im Westen läßt sich der westliche Blick auf die orientalische Frau nicht begreifen.

In einem im Jahr 2004 von der SPD-Fraktion im nord-rhein-westfälischen Landtag in Auftrag gegebenen Rechts-gutachten vertreten die Verfassungsrechtler Ulrich Battis und Peter Bultmann die Ansicht, das Kopftuch verstoße ge-gen den in der deutschen Verfassung garantierten Gleich-heitsgrundsatz: »Es steht massiv für die dem Mann nicht ebenbürtige Sonderstellung der Frau in der Gesellschaft.«[270] Nicht nur zeige »der freie Mensch dem anderen sein Ant-litz«, wie es zuvor das Minderheitenvotum des Bundesver-fassungsgericht formuliert hatte, sondern, so fügen Battis/ Bultmann hinzu, es habe auch zu gelten, daß »der freie Mensch dem anderen sein Haupthaar zeigt«.[271] Die Verur-teilung der Verschleierung der Frau beruht also auf der An-nahme, Entblößung sei mit Freiheit gleichzusetzen. Neben

der empörenden, weil angeblich verfassungswidrigen Un-
freiheit, die das Kopftuch für den westlichen Blick symbolisiert, wird ihm allerdings auch eine große Anziehungskraft unterstellt. Bereits der Anblick einer verschleierten
Muslimin genüge, um von der möglichen politischen und
religiösen Bedeutung dieses Symbols mit Beschlag belegt
zu werden. So befand das Verwaltungsgericht Baden-Württemberg im Falle der Lehramtsanwärterin und Kopftuchträgerin Fereshta Ludin, das Kopftuch sei »ein deutlich
sichtbares Symbol, dem der Betrachter sich nicht entziehen
kann«, weshalb die »möglicherweise bestehende Suggestiv-
kraft des Kopftuchs nicht lediglich gering zu bewerten
ist«.[272]

Diese Ansicht basiert auf der unausgesprochenen Behaup-
tung, der entblößte weibliche Körper sei eine bedeutungs-
freie Zone und übe keine Wirkung auf den Betrachter aus.
Ausgeblendet wird dabei die den Verkauf fördernde Zur-
schaustellung nackter Frauenhaut, auf die die Werbung setzt.
Vergessen scheint auch, daß die Sichtbarkeit des weiblichen
Körpers in der Öffentlichkeit Ausdruck einer symbolischen
Geschlechterordnung ist, die auf der hierarchischen Unter-
scheidung zwischen Sehen und Gesehenwerden beruht.
»Etwas vereinfacht könnte man sagen«, so der britische
Autor John Berger: »Männer *handeln* und Frauen *erscheinen*.
Männer betrachten Frauen. Frauen beobachten sich selbst
beim Betrachtetwerden. Dies bestimmt nicht nur die Be-
ziehungen zwischen Männern und Frauen, sondern auch die
Beziehungen der Frauen untereinander. Der Beobachter der
Frau in ihr selbst ist männlich. Auf diese Weise macht sie sich
selbst zum Objekt – vor allem zu einem Objekt des Sehens:
zu einem Spektakel.«[273]

Daß auch Frauen inzwischen gelernt haben, die Position
dieses männlichen Blicks einzunehmen und ihn auf den
Mann zu richten, ist sicherlich ein Ausdruck für die kulturelle Konstruiertheit – sprich ›Unnatürlichkeit‹ – dieses

Blicks, ändert jedoch nur wenig an der symbolischen Funktion, die das Spektakel des entblößten weiblichen Körpers in der Öffentlichkeit zu erfüllen hat. Fragt man nach den historischen Kontexten, die zur Entschleierung der westlichen Frau geführt haben, dann stellt man fest, daß ihre Blöße kaum etwas mit Natur und Freiheit zu tun hat, sondern das Ergebnis kultureller Zwänge und Disziplinierungen ist, die sich im Laufe der abendländischen Geschichte wie eine zweite Haut um den entkleideten Körper der Frau gelegt haben. Um es in einem Satz zusammenzufassen: Bevor der Westen der Frau erlaubte, sich zu entblößen, mußte sie lernen, ihre Blöße wie ein Kleid zu tragen. Daß wir heute diese Zwänge kaum noch wahrnehmen, heißt nicht, daß sie nicht existieren, es heißt lediglich, daß sie unsichtbar geworden sind. Auch die Autorin Heide Oestreich vermutet, daß der »Kampf gegen das so schön sichtbare Tuch so vehement ist, weil man die Unterdrückung der Frau so schwer zu fassen bekommt«.[274]

Zugleich erscheint die entblößte westliche Frau in der Gegenüberstellung mit der vermeintlich unterdrückten Kopftuchträgerin emanzipierter, als sie wirklich ist. Die Soziologin Birgit Rommelspacher macht darauf aufmerksam, daß Widersprüche und ungelöste Probleme des eigenen Emanzipationsprozesses – z. B. geschlechtssegregierter Arbeitsmarkt, Lohngefälle zwischen Männern und Frauen, häusliche Gewalt – durch die Fixierung auf die Muslimin verdeckt gehalten werden. »Je größer die Kluft zwischen Anspruch und Wirklichkeit, desto größer das Bedürfnis, über eine forcierte Emanzipationsrhetorik die eigene Fortschrittlichkeit unter Beweis zu stellen.«[275] Am Kopftuch der Muslimin und an der islamischen Geschlechterordnung werden demnach Probleme verhandelt, mit denen Frauen (und Männer) in den westlichen Gesellschaften konfrontiert sind. Es scheint uns deshalb sinnvoll, einige der Schauplätze aufzusuchen, an denen der Zusammenhang zwischen Entblößung und Disziplinierung des weiblichen Körpers sichtbar wird. Dabei wird auch deutlich, daß die nackte weibliche Haut durchaus eine politische Aussage transportiert.

Vorhang auf: Die ›Sexbombe‹

Am Valentine's Day (14. Februar) im Jahr 2001 ersteigerte der Brite Robert Earl im renommierten Auktionshaus Christie's einen vierzig Jahre alten elfenbeinfarbenen Bikini für sage und schreibe 41125 Pfund. Es handelte sich natürlich nicht um irgendeinen Bikini, sondern um jenes legendäre Modell, in dem die Schauspielerin Ursula Andress, mit Pistolengürtel und Muschelmesser bewaffnet, der Aphrodite gleich den Fluten des Meeres entstieg – sie tat dies in jenem ebenso legendären ersten James-Bond-Film mit dem Titel »Dr. No« aus dem Jahre 1962. Mehr als 60 000 Euro für zwei winzige Stückchen Stoff, die – so ein Werbeslogan – in einer Streichholzschachtel Platz finden und deren materieller Wert wohl kaum 60 Euro betragen dürfte. Ganz offensichtlich spiegelt der hohe Kaufpreis nicht den materiellen, sondern den *symbolischen* Wert dieser Textilie, und sicherlich dürfte dabei auch eine Rolle gespielt haben, was der Bikini damals *nicht* bedeckte: das Dekolleté, den Bauch samt Bauchnabel (!) und die Oberschenkel. Man kann den Bikini als Symbol für die Fetischisierung des nackten weiblichen Körpers ansehen, als Symbol für die Warenförmigkeit weiblicher Erotik und die Befriedigung des voyeuristischen Blicks am enthüllten Körper der Frau.

Damit ist jedoch die Symbolik des Bikinis noch längst nicht erschöpft. Tatsächlich ist der Bikini untrennbar mit einer politischen Botschaft verbunden, die uns so vertraut ist, daß wir sie nicht mehr ohne weiteres als solche erkennen. Um diese Bedeutung zu verstehen, muß man wissen, daß die Geschichte des Bikinis nicht erst 1962 mit dem ›Auftauchen‹ von Ursula Andress beginnt, sondern bereits kurz nach dem Ende des Zweiten Weltkriegs.[276] Am 6. Juli 1946, nur fünf Tage nachdem die US-amerikanische Armee die erste einer Reihe von Atombomben zu Testzwecken auf dem Bikini-Atoll gezündet hatte, stellte der französische Modemacher (und Autokonstrukteur) Louis Réard der zugleich entsetzten und begeisterten Weltöffentlichkeit in dem Pariser Schwimmbad »Molitor« den »kleinsten, zweiteiligen Badeanzug der Welt« vor, den er ganz bewußt nach dem Atombombentestgebiet Bikini benannt hatte.

Als das Revuegirl Micheline Bernardini sich den Photographen im Bikini präsentierte, war dieser sogar mit Ausschnitten aus der Tagespresse bedruckt, die über die Atombombenabwürfe berichteten.[277] Die Bilder des über dem Bikini-Atoll aufsteigenden Atompilzes gingen damals beinahe gleichzeitig mit den Bildern des ersten Bikini-Girls um die Welt – und daß zwischen beiden ein Zusammenhang bestand, leuchtete den politischen Journalisten des Pariser Büros der »New York Herald Tribune« unmittelbar ein. Der für das Thema Atomenergie zuständige Redakteur William Atwood schrieb: »Die erste Präsentation des Bikini-Badeanzuges verursachte heute eine Kettenreaktion unter der Menge der Sportbekleidungsexperten, die kurz nach der explosiven Show in die Molitor-Lagune eingedrungen waren.«[278] Die Bombe, die man über der Insel abwarf, »war nach dem legendären Film ›Gilda‹, in dem die berühmte Rita Hayworth die Hauptrolle spielte, benannt und mit einem Abbild der ›Leinwandgöttin‹ verziert«.[279]

Der mit dem Bikini mehr enthüllte als verhüllte Frauenkörper diente als verführerische Inkarnation einer Massenvernichtungswaffe von bis dahin ungekannter Zerstörungskraft. Die ›Sexbombe‹ im Bikini verkörperte die technologische Beherrschung der Naturkräfte sowie den

Der Siegeszug des Bikinis beginnt im Film:
Ursula Andress im ersten James-Bond-Film »Dr. No«.

Anspruch der USA und ihrer Verbündeten auf die Weltherrschaft. Im Gegensatz zur Atombombe, die aufgrund ihrer immensen Zerstörungskraft auch diejenigen bedroht, die sie besitzen, vermittelt die ›Sexbombe‹ dem Betrachter das beruhigende Gefühl, alles im Griff zu haben. Wie selbstverständlich diese dem ›kalten Krieg‹ verpflichtete Assoziation von entkleidetem weiblichen Körper und Kriegstechnologie damals war, belegen die Entwürfe des ebenfalls in Paris ansässigen Designers Jacques Heim, der zur gleichen Zeit wie Réard an einem nabelfreien, zweiteiligen Badeanzug arbeitete, den er ›L'Atome‹ nennen wollte. Réard brachte seinen Bikini – den er patentieren ließ – schneller auf den Markt; und so baden Frauen bis heute nicht im ›L'Atome‹, sondern im Bikini. Die Assoziation zur Atombombe ist dabei jedoch nicht verlorengegangen. James Bonds Widersacher Dr. No unterhält auf der Karibikinsel Crab Key, an deren Strand Ursula Andress im Bikini auftaucht, ein unterirdisches Atomforschungszentrum und arbeitet an der Herstellung von Nuklearwaffen, die ihm die Weltherrschaft ermöglichen sollen. Die Insel wird als unberührtes, menschenleeres Südseeparadies imaginiert und ähnelt auch darin dem Bikini-Atoll, das heute von Reiseveranstaltern als »Garten Eden« beworben wird.[280]

Der Bikini ist natürlich nicht das einzige Kleidungsstück, das den weiblichen Körper in einen erotisch besetzten Kriegsschauplatz verwandelt. Während des Zweiten Weltkriegs erfuhr die weibliche Brust in den USA und Westeuropa einen Erotisierungsschub, der sie in die Nähe von Kriegswaffen rückte. Filmstars wie Jane Russel, Jayne Mansfield, Anita Ekberg oder Gina Lollobrigida wurden wegen ihres »Atombusens« verehrt, Miederwarenhersteller boten Büstenhalter an, die den Brüsten das Aussehen von Gefechtsköpfen verliehen.[281]

Der so unscheinbare Bikini ist also offenbar eine symbolisch hoch besetzte Textilie, deren politische Bedeutung un-

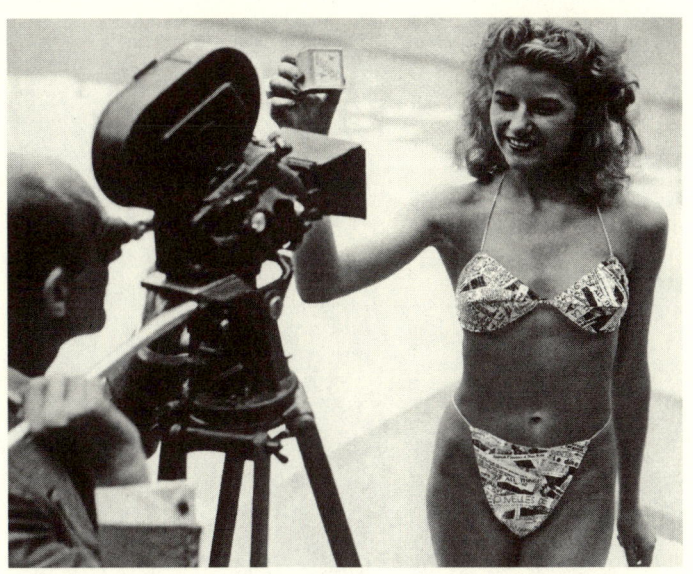

Micheline Bernardini präsentiert den ersten Bikini:
Die ›Sprengkraft‹ des entkleideten weiblichen Körpers muß sich
hinter der der Atombombe nicht verstecken.

verkennbar in ihrem Namen festgehalten ist. Dennoch hat
der Name auch bei Pazifisten keinen nennenswerten Protest ausgelöst, und heute ist die direkte Verbindung zwischen dem Bikini und den Atomtests auf der gleichnamigen Inselgruppe kaum noch in Erinnerung. Möglicherweise
deshalb nicht, weil der Bikini auch für etwas steht, was zum
Selbstverständnis der westlichen Kultur gehört: die öffentliche Entblößung des Frauenkörpers als Beleg für hoch
bewertete kulturelle Errungenschaften wie männliche
Rationalität und Naturbeherrschung. Die Assoziation des
entblößten Frauenkörpers mit einer ›Sexbombe‹ symbolisiert die Unterwerfung der ›weiblichen‹ Natur unter
›männliche‹ Vernunft und erotisiert diese Unterwerfung
zugleich. Der Erfolg des Bikinis beruht damit auf der
Gleichsetzung von weiblichem Körper und Natur. Diese
konnte – so schreibt die Historikerin Carolyn Merchant –

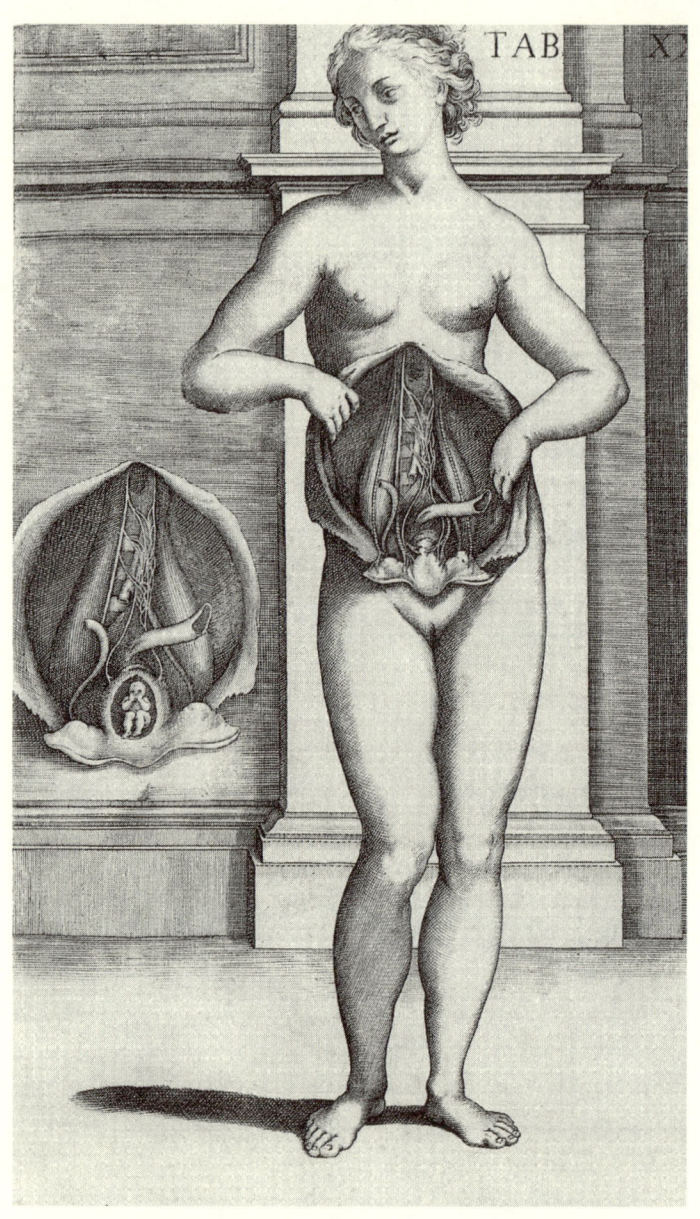

Die nackte Wahrheit zeigt sich dem wissenschaftlichen Blick.

zwei scheinbar widersprüchliche, sich in ihrer Dynamik jedoch ergänzende Formen annehmen. »Im Mittelpunkt der
organischen Theorie stand die Gleichsetzung der Natur,
zumal der Erde, mit einer Nahrung spendenden Mutter. Sie
war ein freundlich-wohltätiges weibliches Wesen, das in
einem planvoll geordneten Universum für die Bedürfnisse
der Menschheit sorgte. Aber noch ein anderes Bild der als
weiblich gedachten Natur war weit verbreitet: die wilde,
unbezähmbare Natur, die Gewalt und Aufruhr, Stürme und
Trockenzeiten und allgemeine Auflösung bringen konnte.
Beide Bilder wurden mit dem weiblichen Geschlecht identifiziert und waren Projektionen menschlicher Wahrnehmungen auf die Außenwelt. Die Metapher von der Erde als
Nahrung spendender Mutter sollte allmählich in dem Maße
verschwinden, wie es der wissenschaftlichen Revolution gelang, das Bild der Welt zu mechanisieren und zu rationalisieren. Die andere Metapher – Natur als Störung und
Gesetzlosigkeit – rief einen wichtigen modernen Gedanken
auf den Plan: den der Gewalt über die Natur. [...] Während
man das Bild von der Nahrung spendenden Erde als kulturelle Handlungshemmung ansehen kann, die die Formen
des gesellschaftlich und moralisch zulässigen menschlichen
Einwirkens auf die Erde einschränkt, wirkten die neuen
Metaphern der Beherrschung und Bemächtigung als kultureller Freibrief für den die Natur entblößenden Zugriff des
Menschen.«[282]

Merchant wählt die Metapher der Entblößung der Natur
hier nicht zufällig. Tatsächlich wird die wissenschaftliche
Erforschung der Geheimnisse der Natur seit der Renaissance als Entschleierung beschrieben. Verschleiert wird dabei die Gewalt dieses von außen an die ›Natur‹ herangetragenen Prozesses. Die Natur scheint sich gleichsam selbst
zu entblößen – dargestellt in der berühmten Plastik des
französischen Bildhauers Louis-Ernest Barrrias oder in den
Abbildungen der anatomischen Lehrbücher, in denen weib-

liche Figuren ihr Leibesinneres freiwilig für den Betrachter öffnen.

Noch heute verrät die Rede von der ›nackten Wahrheit‹ den Zusammenhang zwischen dem entblößten Körper und männlich-wissenschaftlicher Rationalität. Die ›nackte Wahrheit‹ verrät aber auch, daß das männliche Subjekt vom Objekt seiner Bemächtigung verführt werden will. Diese Verführung setzt neben der Nacktheit der Frau auch ihre ›Blindheit‹ voraus. »Ich hatte mich gefürchtet, das Modell vorzuführen«[283], gestand Micheline Bernardini später in einem Interview. »Denn es ist doch etwas ganz anderes, als auf der Bühne zu erscheinen. Im Molitor-Schwimmbad stand ich im Freien. Und alles, woran ich mich erinnern kann, waren Hunderte von Journalisten und Photographen mit ihren Blitzlichtern. Ich wußte nicht mehr, wo ich war.«[284] Während alle Augen auf ihre Blöße gerichtet sind, sieht Bernardini selbst nichts, weiß nicht einmal, wo sie sich befindet.

›Blind‹ ist auch das berühmte *Girl from Ipanema*, dessen Schönheit Antônio Carlos Jobim und Vinícius de Moraes in dem gleichnamigen Schlager besingen: »when she walks she's like a samba that swings so cool and sways so gently, […] when she passes she smiles but she doesn't see, she just doesn't see.« Das im Bossa-Nova-Takt gesetzte Lied entstand 1962 in Rio de Janeiro, nur wenige Monate nachdem Ursula Andress im Bikini den Südseefluten entstiegen war. »*The Girl from Ipanema*«, so Beate Berger, »das klang nach einem Leben im Bikini.«[285] Jobim und Moraes ließen sich von der damals 15jährigen Schülerin Helôísa Eneida Pinto inspirieren, die in Ipanema, einem Stadtteil von Rio de Janeiro, lebte und die sie nachmittags am Strand, wo sich beide Männer in einer Bar zu treffen pflegten, unbemerkt beobachteten. Kurz vor seinem Tod 1994 beschrieb Jobim die Reaktion der beiden Männer, wenn Helôísa Pinto vorüberging: »Wenn wir das Mädchen sahen, setzen wir sofort

»Hände weg!«:
Der entblößte Frauenkörper ist mit den Augen zu genießen.

unsere Gläser ab. Das war uns wichtig; aber es war eine ganz normale männliche Reaktion. Das ist doch überall auf der Welt das Gleiche [...] Ein Straßenarbeiter zum Beispiel hört sofort mit seiner Arbeit auf, sobald ein schönes Mädchen vorbeigeht; er schaut ihr nach, besser gesagt, er starrt ihr nach.«[286]

Abgesehen davon, daß nicht überall auf der Welt Männer den öffentlich entblößten weiblichen Körper erotisch finden – in islamischen Ländern, in denen Frauen verschleiert in der Öffentlichkeit auftreten, senken Männer oft erschrocken den Blick, wenn sie einer unverschleierten Touristin begegnen; oder sie betrachten sie als ›Freiwild‹, was mit Eros wenig zu tun hat –, abgesehen also von der nur begrenzten Gültigkeit dieser angeblich ›universalen Gesetzmäßigkeit‹, verschweigt Jobim, daß das Starren auf den nackten weiblichen Körper den gesenkten Blick der Frau impliziert. Die Betörung des Mannes funktioniert nur dann, wenn die Frau nicht zurückblickt. Als ›Gegenleistung‹ verpflichtet sich der Beobachter, auf die physische Berührung zu verzichten und seine Lüste zu befriedigen, indem er das Objekt der Begierde mit dem Auge abtastet.

Aufschlußreich ist in diesem Zusammenhang der Vergleich mit islamischen Gesellschaften. Dort ist die Macht des *verschleierten* weiblichen Blicks sprichwörtlich. Seine erotische Verführungskraft wird in Gedichten und Liedern besungen; er »gilt als die Waffe der schönen Frau schlechthin, als der perfide Pfeil der Kokotte und als Mordwaffe der Verführerin«.[287] Das Gegenstück zum aktiven weiblichen Blick ist dort das männliche Blickverbot. In Anwesenheit einer fremden Frau hat der Mann den Blick zu senken, um nicht von ihrem Blick getroffen und unter Umständen sexuell erregt zu werden, denn damit würde die durch die weibliche Verschleierung gewährleistete Neutralität bei der Begegnung der Geschlechter in der Öffentlichkeit ›kontaminiert‹.

Als *The Girl from Ipanema* 1964 von einer amerikani-schen Plattenfirma auf den Markt kam, verkaufte sich das Lied binnen Jahresfrist zwei Millionen Mal, heute gehört das Lied zu den Klassikern des *Cool Jazz*. Der Erfolg machte Helôísa Pinto berühmt, man wollte nicht nur von ihr hören, man wollte sie auch sehen. Sie erhielt Angebote vom »Playboy« und anderen ›Männermagazinen‹, arbeitete als Photomodell und eröffnete später in Rio de Janeiro eine Boutique, in der sie bis heute Bikinis verkauft.

Wie wenig der entblößte Körper der Frau mit Freiheit und ungezwungener Natur zu tun hat, wird daran deutlich, daß der Bikini seit seiner Erfindung für viele Jahrzehnte vornehmlich von Filmschauspielerinnen und Mannequins – mithin von Kunstgeschöpfen – getragen wurde, die sich in ihm photographieren ließen. »Vor allem dem Kino, spe-ziell der ›Sprengwirkung‹ der amerikanischen, italienischen und französischen Film-Sexbomben ist es zu verdanken, daß der Bikini in den sittenstrengen 50ern trotz seiner mo-ralischen und modischen Diskriminierung ein breites öf-fentliches Forum hatte.«[288] Bis weit in die 60er Jahre hinein begegnete man Bikini tragenden Frauen vor allem auf der Kinoleinwand oder in Mode- und Frauenzeitschriften so-wie in den gängigen Männermagazinen. »Stars und Star-lets«, so Beate Berger, »die sich im Bikini ablichten ließen, waren in den prüden 50ern ein Garant für große Kino-erfolge. Der kometenhafte Aufstieg von Brigitte Bardot beispielsweise ist ohne ihre spektakulären Filmauftritte im Bikini gar nicht vorstellbar. Von den frühen 50er Jahren an achtete ihr Entdecker, Ehemann und Regisseur Roger Vadim darauf, daß ihr kurvenreicher Körper in diversen Bikini-Auftritten ins rechte Licht gerückt wurde.«[289]

Im ›wirklichen‹ Leben hingegen trugen Frauen beim Baden in der Öffentlichkeit höchst selten einen Bikini, ob-wohl die Verkaufszahlen des Bikinis im selben Zeitraum kontinuierlich anstiegen. Nicht nur in katholischen Ländern wie Spanien und Italien war der Bikini »als unmoralisches Kleidungsstück an den öffentlichen Stränden strengstens verboten«.[290] Auch in deutschen Schwimmbädern untersagten die Behörden das Tragen des Zweiteilers. So forderte 1962 die CDU-Fraktion im Stadtrat der westfälischen Gemeinde Mettingen ein Bikini-Verbot für das städtische Schwimmbad, »weil der Bikini nach Ansicht der Antragsteller weder eine anständige noch sportgerechte Badekleidung darstellte«.[291] Und die Satzung des Schwimmbads der Stadt Passau verfügte noch 1968: »Das Tragen der sogenannten Bikini-Badeanzüge ist verboten.«[292] Der Zweiteiler wurde mithin entweder am privaten Swimmingpool getragen oder in der heimischen Badewanne.

Es sollte bis weit in die 60er Jahre dauern, bis der Anblick einer ›normalen‹ Frau im Bikini geduldet wurde – und zwar deshalb, weil die ›normale‹ Frau nun in zunehmendem Maße der von den ›göttlichen‹ Bikini-Stars eingeforderten Norm der Weiblichkeit zu entsprechen begann. Denn die Gründe, die dem Tragen des Bikinis in der Öffentlichkeit im Wege standen, lagen nicht nur (und nicht in erster Linie) in der rigiden öffentlichen Moral, sondern in der ›Natur‹ der Frau selbst. Der Bikini stand für ein Idealbild von Weiblichkeit, für eine Schönheitsnorm, dem die Körper der großen Mehrheit der Frauen nicht entsprachen. Der hoch sexualisierte Körper, den der Bikini feilbot, war ein künstlerisches Produkt, an dessen Vervollkommnung Film-, Werbe- und Modeindustrie arbeiteten und das als unvereinbar mit solch ›natürlichen‹ Vorgängen wie Mutterschaft und Alter angesehen wurde.

Unter dem Bikini durften weder Schwangerschaftsstreifen noch ›schlaffe‹ Brüste oder faltige Oberschenkel zum Vorschein kommen. Es ist deshalb kein Zufall, daß die ›zweite Geburt‹ des Bikinis Ende der 60er Jahre mit dem Siegeszug der Barbie-Puppe (1959), der Erfindung der Anti-Baby-Pille (1961), der sogenannten ›sexuellen Revolution‹

und der Frauenbewegung mit ihrer zentralen Forderung nach Legalisierung der Abtreibung zusammenfällt. Der Bikini, der von Feministinnen für die Überwindung einer repressiven Sexualmoral und einengender Geschlechterbilder in Anspruch genommen wurde, verkörperte selbst einen (freilich unsichtbaren) Zwang. »Das Tragen eines Bikinis wurde im Laufe der 60er Jahre zunehmend zur emanzipatorischen Gretchenfrage. Frauen, die Wert darauf legten, den Grad ihrer Fortschrittlichkeit auch nach außen hin zu dokumentieren, hatten gar keine andere Wahl, als sich zum Bikini zu bekennen. Mehr noch, der Grad der modernen, sprich linken Gesinnung war geradezu an der Bereitschaft zur ›unzüchtigen‹ öffentlichen Entblößung abzulesen. Kurz, wer für die Weltrevolution und gegen das Establishment war, zog sich aus; vorerst einmal allerdings nur bis auf den Bikini.«[293] Erst seit den 70er Jahren, als die Mehrzahl der Frauen das neue Körperideal und den damit einhergehenden Blick internalisiert hatte, als Bodybuilding- und Sonnenstudios keine Seltenheit mehr waren und als kosmetische Industrie sowie plastische Chirurgie die Anpassung des Körpers an die Weiblichkeitsnormen ermöglichten, hat sich der Bikini als alltagstaugliches Kleidungsstück durchgesetzt. »Nacktheit [verstanden als Entblößung] ist eine Form der Kleidung«, schreibt John Berger[294] und beschreibt damit die Künstlichkeit der so natürlich scheinenden Schönheit. Statt eines Schleiers trägt die westliche Frau einen ›naked veil‹[295], der im Gegensatz zum islamischen Schleier nicht den Körper der Frau, sondern sich selbst unsichtbar macht.

Das Urbild vollendeter weiblicher Nacktheit war die griechische Aphrodite, die seit der griechischen Antike unzählige Nachahmungen und Bearbeitungen in der bildenden Kunst fand; auch Ursula Andress' Bikini-Auftritt ist der Geburt der Aphrodite aus dem Schaum des Meeres geschuldet. Die berühmte »Knidische Aphrodite« des griechischen Bildhauers Praxiteles – so genannt, weil sie in der Stadt Knidos aufgestellt wurde – entstand um 350 v. Chr.[296] Sie gilt als die erste lebensgroße Skulptur eines nackten weiblichen Körpers und verdankt ihre Bedeutung innerhalb der Kunstgeschichte dem Umstand, daß sie – so die Kunsthistorikerin Nanette Salomon – »der erste lebensgroße weibliche Akt mit der Hand über der Pubes ist, eine Geste, die an einem gewißen Zeitpunkt in der Antike den [...] Namen ›*Pudica*‹ erhielt, als Bezeichnung für die schamhafte Pose«.[297] Diese Pose, zu der neben der Bedeckung der Scham auch das Zusammenkneifen der Oberschenkel, eine leicht gebeugte Haltung und der abgewandte Kopf gehören, wurde, so Salomon weiter, »in der westlichen Welt zu dem am häufigsten dargestellten künstlerischen Gegenstand«,[298] der sowohl die Naturwissenschaft als auch, wie das Beispiel des Bikinis belegt, Werbung und Mode inspirierte. Die *Pudica*-Geste, die von dem lateinischen Wort *Pudenda* (Genitalien, Scham) abgeleitet ist, impliziert, daß die weibliche Figur sich ihrer Nacktheit bewußt ist. Sie weiß, daß sie etwas, das mit ihrem Geschlecht zusammenhängt, zu verbergen hat; und sie weiß auch um ihre Verletzlichkeit.

Daß Scham eng mit Geschlechtlichkeit verbunden ist, geht aus der doppelten Bedeutung des Wortes hervor, das sowohl das Schamgefühl als auch die sichtbaren Geschlechtsorgane bezeichnet, und zwar nicht nur im Deutschen, sondern auch im Lateinischen (*pudor/pudes*) und im Griechischen (*aidós*). Die Scham gilt seit der Antike als

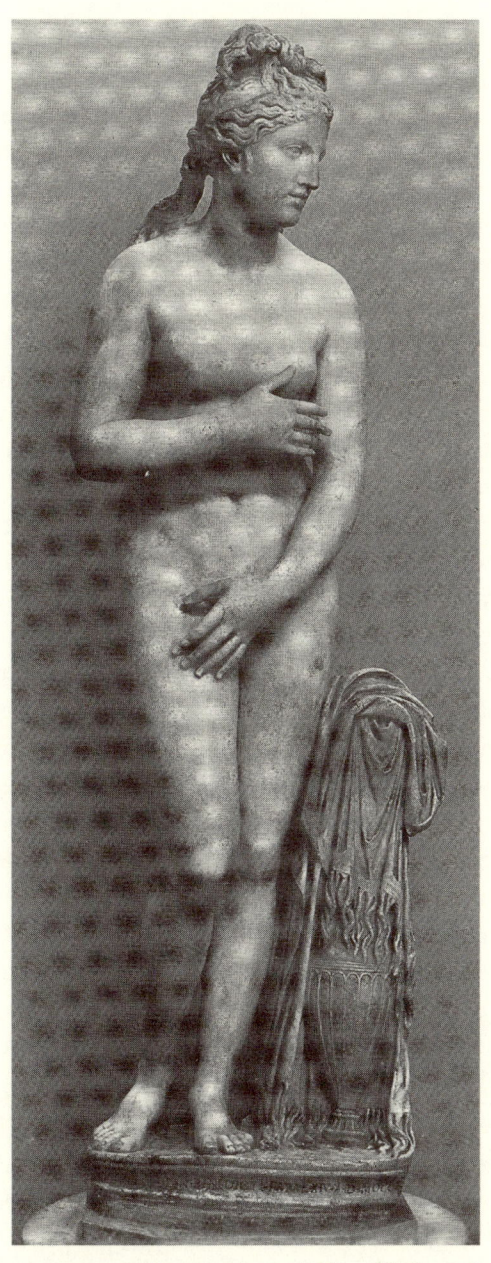

Unter Beobachtung: Aphrodite, das Urbild weiblicher Schamhaftig-keit, schützt ihre ›Blöße‹ vor dem unsichtbaren männlichen Blick.

eine weibliche Gefühlsregung, mithin als ein Zeichen für das Bewußtsein der ›mangelhaften‹ weiblichen Geschlechtlichkeit; ein Bewußtsein, das sich in Relation zu einem als ungeschlechtlich – und mithin vollständig – gedachten, Norm setzenden männlichen ›anderen‹ herstellt, der die weibliche Schamhaltung als erotischen Reiz wahrnimmt. Denn die verbergende Hand der *Pudica* zieht auch die Aufmerksamkeit auf die Scham und weckt die Neugierde, herauszufinden, was sie verbirgt. Mit anderen Worten, die *Pudica* ergibt nur Sinn in bezug auf einen Betrachter.

Davon erzählt auch der mythologische Kontext, aus dem die Knidische Aphrodite stammt und den ihre Darstellung auf einen bestimmten Moment verdichtet. Beim Verlassen des Bades wird die Göttin überrascht, und aus Angst, gesehen zu werden, bedeckt sie ihre Scham und wendet ihren Körper vom Betrachter ab. Der weibliche Akt, so Salomon, »etabliert die künstlerische Konvention einer fetischisierten weiblichen Nacktheit«,[299] die dem öffentlichen Blick schutzlos ausgesetzt ist. »Das Werk des Praxiteles«, so Salomon weiter, »stellt eine verletzte Göttin zur Schau, deren Identität vor allem dadurch bestimmt ist, daß sie nicht gesehen zu werden wünscht. Das Gesehenwerden ist hier unbestreitbar mit dem Verletztwerden verbunden. Das Werk versetzt uns nicht nur in die Position des beobachtenden männlichen Blicks, es macht den Betrachter zu einem Voyeur.«[300]

Allerdings steht die öffentliche Sichtbarkeit der nackten weiblichen Statuen im Kontrast zu der weitgehenden Unsichtbarkeit ›realer‹ (ehrbarer) Frauen im antiken Griechenland, die sich weitgehend hinter den Mauern ihrer Wohnhäuser aufhielten und in der Öffentlichkeit nur verschleiert zeigten. Ganz offensichtlich verkörperte der weibliche Akt nicht den realen weiblichen Körper, sondern eine ideale Vorstellung davon. Der Unterschied äußert sich auch in der Bedeutung der Blicke, die auf die entblößten

Skulpturen gerichtet werden. Diese Blicke sind hoch sexualisiert und beinhalten das Begehren, die Liebesgöttin aus Stein möge sich in eine ›echte‹ Frau aus Fleisch und Blut verwandeln, die dem männlichen Betrachter nicht nur visuell, sondern auch sexuell zur Verfügung steht. Bekannt sind jene bis in die Gegenwart überlieferten Geschichten, die von der fleischlichen Begegnung eines in Liebe zur Statue der Göttin entbrannten Mannes erzählen. »Eine dieser Erzählungen handelt von einem Seemann, der so sehr in die Knidia verliebt ist, daß er sich eine Nacht lang mit ihr in ihrem Schrein einschließen läßt und Spermaflecken als Zeichen seiner Lust auf ihr hinterläßt. Eine andere erzählt von dem Wächter des Schreins, daß er gegen zusätzliche Bezahlung die hintere Seite des Schreins öffne, so daß das Hinterteil der Venus bewundert werden könne.«[301]

An der Gleichsetzung der *Pudica* mit einer realen Frau hat sich die Kunstgeschichte beteiligt, indem sie die durch nichts bewiesene Legende fortschreibt, der Bildhauer Praxiteles habe in der Statue seine Geliebte Phryne verewigt. »Bereits in der Antike verwechselte man Aphrodite und Phryne bzw. setzte sie in eins; und von Praxiteles nahm man an, er habe mit beiden verkehrt.«[302] Nicht nur verliebt sich der männliche Schöpfer in sein Geschöpf, sondern im Bild der Frau liebt er sich selbst. Noch Micheline Bernardini bekam dieses auf die Frau als Abbild des Mannes gerichtete Begehren anläßlich der Präsentation des Bikinis zu spüren. »Nach dem Bikini-Tag erhielt ich unendlich viele Liebesbriefe. Ich habe nie zurückgeschrieben. Ich schickte immer nur ein Photo: Mich selbst im Bikini. Das war es doch, was die Herren wollten.«[303] Nicht zufällig posiert Bernardini auf diesem Photo als liegende *Pudica*.

Im Mittelalter wird die *Pudica*-Geste vor allem auf Adam und Eva angewandt, und erst in der Kunst der Renaissance taucht die *Pudica* als erotische Verkörperung einer rationalen Weltsicht wieder auf. Zu den bekanntesten Beispielen

Micheline Bernardini auf einer Fanpostkarte:
»Alles, was sie wollten, war mein Bild.«

zählt sicherlich Sandro Botticellis »Geburt der Venus« (ca.
1480), an der sich auch Ursula Andress orientiert hat. Mit
Hand und Haar bedeckt sie genau jene Körperregionen, die
heute vom Bikini verhüllt werden. Weil der penetrierende
Blick des Betrachters keine sichtbaren Spuren hinterläßt,
wird der weibliche Akt der Renaissance bis heute mit Freiheit und wissenschaftlichem Fortschritt identifiziert. Etwa
wenn der Molekularbiologe und Nobelpreisträger François
Jacob in seinem Buch »Die Maus, die Fliege und der
Mensch« schreibt: »Beim Besuch eines Museums nimmt
man in der Malerei eine Reihe sukzessiver Anstrengungen
wahr, die an die der Wissenschaft erinnern. [...] Es gibt geradezu einen Bruch zwischen einer Madonna von Cimabue,
die vor einer symbolischen Landschaft in ihren Schleiern
erstarrt ist, und einer Frau von Tizian, die frei und nackt auf
ihrem Bett liegt.«[304] Ohne Scham wird hier der Voyeurismus zum wissenschaftlichen Programm erhoben.

172

Der dem Blick schutzlos ausgesetzte, entblößte Frauenkörper steht für die ›Belohnung‹, die das beobachtende und
analysierende Subjekt für die Disziplinierung seiner körperlichen Lüste zu erwarten hat. Die visuelle Berührung erzeugt die Vorstellung einer Tat ohne Täter oder, andersherum, eines Täters ohne Tat. Die Berührung mit dem
Auge hinterläßt keinerlei sichtbare Spuren am begehrten
Körper der Frau, sooft der Betrachter/Voyeur sie auch mit
seinen Blicken abtastet. Aber kann man daraus den Schluß
ziehen, daß auch der Körper der ›realen‹ Frau von dieser
Berührung unangetastet bleibt? Ist sie in der Lage, sich den
voyeuristischen Blick und das Bild der Frau vom Leibe zu
halten?

Die Fabrikation des schönen Körpers

Auf den ersten Blick scheint der weibliche Akt in Kunst
und Wissenschaft keine Entsprechung im ›realen‹ Leben zu
haben. So schwand parallel zur Verbreitung der *Pudica* die
Sichtbarkeit der Frau in den städtischen Zentren der Kunst
der Renaissance – ein Umstand, der die Historikerin Joan
Kelly zu der Frage veranlaßte: »Did Women have a Renaissance?«[305] Ganz im Gegensatz zu Jacob Burckhardts ein-
flußreicher These, die Renaissance habe die Gleichberechtigung von Mann und Frau gefördert, hat die historische
Forschung inzwischen festgestellt, daß in den städtischen
Regionen Westeuropas Frauen in ihren Rechten (als Erbin
oder Eigentümerin von Besitz) beschnitten wurden und
sich ihr Aktionsradius zumeist auf den Bereich des Hauses
beschränkte.[306] Wenn die bürgerliche Frau in der Öffentlichkeit erschien, dann hatte sie sich gründlich zu verhüllen. Die Mode der Renaissance überhäufte den weiblichen
Körper – sofern der Ehemann es sich leisten konnte – mit
Stoffmengen und Edelsteinen, die die Frau in eine Ware
verwandelten und sie als Besitz ihres Ehemannes auswie-

sen, der dadurch seine soziale Stellung ausdrückte. »Tuch und die daraus gefertigte Kleidung«, so die Historikerin Diane Owen Hughes, »wurden bald zum herausragenden Merkmal des Status und der sozialen Mobilität.«[307] So wurden Bräute in der Regel von ihrem zukünftigen Ehemann eingekleidet, als »Beweis der Ehre, die sie von ihrem Mann erhielt«.[308] Auch die Mitgift, die die Braut in die Ehe einbrachte, bestand (besonders ausgeprägt in Spanien und Italien) zunehmend aus Kleidung und Schmuck: »Zwar durften nur wenige hoffen, mit der außergewöhnlichen Aussteuer an Gewändern in glitzernder Pracht – darunter ein mit 8 966 Perlen und 70 Unzen Silber besticktes Kleid konkurrieren zu können, die Ippolita Sforza in ihre Ehe mit Alfonso Aragon 1465 einbrachte. Doch auch Bürgersfrauen erschienen an der Türschwelle [des Hauses] ihres Ehemannes mit mehreren Kleidern, Ärmeln, Mänteln, zahlreichen Hüten und Schleiern, verschiedenen Paaren von Sandalen und Schuhen, einer Menge Schmuck, dazu Börsen und zahllosen kleineren Gegenständen.«[309] Zwar waren auch Männer für die Verführung der Mode anfällig, ihre Kleidung wurde jedoch in der Regel nicht als sichtbares Zeichen der Zugehörigkeit zu einer Ehefrau wahrgenommen, sondern als Ausdruck ihrer eigenen sozialen Potenz. Oftmals mußten die städtischen Obrigkeiten mit Luxusgesetzen einschreiten, weil die reiche und luxuriöse Kleidung der Frauen (und Männer) die festgelegten Standesgrenzen überschritt.

Diane Owen Hughes macht noch auf einen anderen Aspekt der Frauenmode der Renaissance aufmerksam. Die Kleidung symbolisierte die ökonomische und juristische Rechtlosigkeit der Frauen: »Wie die Schneiderscheren Tuch von einem Produktions- und Tauschartikel in Luxusgüter verwandelten, schnitten sie gewissermaßen auch die Ehefrauen ab von einem Reproduktionssystem, das auf Tausch beruhte. Sie wurden wie die Kleider, die sie trugen, zu statischen Luxussymbolen, die in ihrem gesellschaftlichen Wert aufgingen.«[310]

Im Gegensatz zu früheren Epochen verlangte die Mode der Renaissance nach einer derart intensiven Verarbeitung der Stoffe, die durchlöchert, aufgeschlitzt und unterfüttert wurden, so daß sie sich nicht mehr auftrennen und an nachfolgende Generationen vererben ließen. Die luxusorientierte Mode der Renaissance wurde als schädlich für die Regeneration der Gesellschaft angesehen, weil sie angeblich Unfruchtbarkeit förderte, das Austragen von Kindern verhinderte oder Frauen erlaubte, Schwangerschaften unter der Kleidung verborgen zu halten. Der Rat der Stadt Venedig beispielsweise verbot das Tragen hoher Korkschuhe – der sogenannten Chopinen –, »weil schwangere Frauen, die auf der Straße mit so hohen Holzschuhen gehen und nicht das Gleichgewicht halten können, gefallen sind und bei einem solchen Fall so großes Unglück hatten, daß sie ihre Kinder verloren und Fehlgeburten erlitten haben und zudem ihr eigenes Leben gefährdeten«.[311] Auch der höchst beliebte Reifrock engte nicht nur den Bewegungsspielraum der Trägerin erheblich ein, sondern ›verbog‹ nach Ansicht zeitgenössischer Ärzte das Becken und gefährdete dadurch angeblich das Austragen von Kindern.

Wichtig ist in diesem Zusammenhang nicht, ob die Mode die Frauen tatsächlich unfruchtbar machte oder ihre Mutterschaft verhinderte. Wichtig scheint vor allem, daß etwa zeitgleich zur Entstehung des Bildes eines idealen entblößten weiblichen Körpers, der nicht der Körper der Mutter ist, die Mode der ›wirklichen‹ Frau zu einem Aussehen – oder sollte man besser sagen: zu einem Ansehen – verhilft, das ebenfalls mit Mutterschaft unvereinbar scheint. Obwohl es also auf den ersten Blick wie ein Widerspruch erscheint, hat die sorgfältige und aufwendige Verhüllung des weiblichen Körpers in den wohlhabenden Schichten der frühneuzeitlichen Gesellschaft doch in der Entblößung der

Frau in Kunst und Wissenschaft ihre Entsprechung. In beiden Fällen erscheint die sichtbare Oberfläche des weiblichen Körpers als Kunstwerk.

Weil die ›wirkliche‹ Frau, anders als die weiblichen Akte, ihre als unstatthaft und mangelhaft empfundene Nacktheit nicht wie ein Kleid tragen konnte, legte sie mit der Kleidung eine zweite Haut an. Dafür spricht zum einen die Tatsache, daß die Mode hoch sexualisiert war und auf einen imaginierten darunterliegenden Körper verweisen wollte. Geschlitzte Oberstoffe gaben den Blick auf weißen Unterstoff von feinster Qualität frei und deuteten auf diese Weise die Keuschheit der Trägerin an. Durchsichtige Seidenschleier, die beim Gang aus dem Haus das Gesicht bedecken sollten, forderten zum Hinsehen auf. Die gegen Ende des 16. Jahrhunderts aufkommende Verwendung von Schminke tat ein übriges, die Gesichtshaut der Frau in eine Art Leinwand zu verwandeln. Zunächst stand dabei das Ideal der Künstlichkeit im Vordergrund. Durch die Schminke sollten ›Unregelmäßigkeiten‹ der Haut abgedeckt und ihr dadurch jede Assoziation zur Natur genommen werden. Der Schminkvorgang erinnert nicht zufällig an die Präparierung der Leinwand durch den Maler. »Es wurde eine gleichmäßig weiße Grundierung angestrebt, ähnlich einer neutralen Leinwand, die dann artifiziell durch Rouge und Schönheitspflästerchen ›verlebendigt‹ und ›reindividualisiert‹ wurde.«[312] Gegen Ende des 18. Jahrhunderts ändert sich das Schönheitsideal, und die Schminke wird nun zunehmend dazu eingesetzt, die Haut in eine ebenmäßige, quasi durchsichtige Fläche zu verwandeln, »deren Adern und Rötungen ›natürlich‹ durchschimmern«.[313]

Bezogen auf die Entblößung des weiblichen Körpers in der Kunst der Renaissance, läßt sich die gesteigerte Bedeutung, die Kleidung und Schminke zukam, als Versuch deuten, die mangelhafte ›natürliche‹ Ausstattung des weiblichen Körpers durch eine ›zweite‹ Haut zu ersetzen. Natürlich handelte es sich dabei nicht um ein bewußtes Vorgehen. Es ist jedoch unverkennbar, daß die stoffreiche Ausstattung der Ehefrauen ein kulturelles Muster erfüllte, das voll und ganz im Einklang mit der in den Bildern des entblößten weiblichen Körpers codierten Geschlechterordnung stand. Wie die Geschichte des Bikinis belegt, sollte es bis in die 60er Jahre des 20. Jahrhunderts dauern, daß die nackte Haut der ›realen‹ Frau dem Bild der Aphrodite entsprach. Das heißt nicht, daß sich die Anatomie des weiblichen Körpers im Laufe der letzten 300 Jahre entscheidend verändert hätte – obwohl es verblüffend ist, in welchem Maße heute der reale Körper dem Körper in Kino und Werbung zu entsprechen scheint. Der lange Zeitraum war vielmehr erforderlich, um den auf den entblößten weiblichen Körper gerichteten Blick zu verinnerlichen und auf diese Weise ein dem Bild des weiblichen Aktes angepaßtes Körperschema einzunehmen.

Eine zentrale Rolle in diesem Prozeß spielte die Verbreitung des Spiegels in Privathaushalten. »In dem Maße, in dem sich der Spiegel auch in den Bürgerhäusern ausbreitet und vergrößert, richtet sich der erste intime Blick der Frau auf den eigenen Körper, bevor er (bekleidet) an die Öffentlichkeit tritt«, schreibt Thomas Kleinspehn.[314] Diese Verinnerlichung des Blicks, die man auch als Antizipation einer kulturellen Vorstellung, wie echte Weiblichkeit auszusehen habe, beschreiben könnte, besagt, daß die Berührung durch den Blick, die am Körper des weiblichen Aktes unsichtbar bleibt – u. a. deswegen, weil der weibliche Akt von vornherein ein Produkt dieses Blickes ist –, die äußere Erscheinung des ›realen‹ weiblichen Körpers modelliert. Insofern hinterläßt der Blick durchaus sichtbare Spuren, ja, er soll sogar sichtbare Spuren hinterlassen, damit das Bild der Frau und der Körper der ›wirklichen‹ Frau zur Übereinstimmung gebracht werden können. Bezeichnenderweise erstreckte sich die ›weibliche‹ Selbstbespiegelung nicht auf die Scham. Dies sollte den Feministinnen vorbehalten bleiben, die in den 1970er Jahren zum Spiegel griffen, um ihre Vagina zu inspizieren – ein Blick, der seit der frühen Neuzeit legitimerweise nur Männern zugestanden hatte.

Die Wirkungsmacht des Blicks sollte sich im 19. Jahrhunderts mit der Erfindung der Photographie, einer medialen Technik der Spiegelung, noch verstärken und zur weiteren Internalisierung dieses Blicks beitragen. Der Photoapparat verlegte den Blick vom physischen Auge des Beobachters in die Technik des Objektivs, womit er die Herstellung des Bildes automatisierte und anonymisierte. Seit dem späten 19. Jahrhundert verlieh das photographische Bild dem weiblichen Akt und dem von ihm erzeugten voyeuristischen Blick eine Präsenz, die es immer schwieriger werden ließ, sich ihm zu entziehen. Als ›unverfälschter‹ Abdruck des Selbst trat das Photo gleichsam neben den Spiegel. Beide Medien ermöglichen es dem Subjekt, sich mit den Augen des ›anderen‹ zu sehen. Wie im zentralperspektivischen Bild ist in der Photographie der männlich codierte, berührende Blick enthalten, dem Frauen sich aufgrund ihrer symbolischen Position als Objekt des Blickes nur schwer entziehen können. Es ist deshalb kein Zufall, daß ausgerechnet der homosexuelle Schriftsteller Oscar Wilde in seinem Roman »Das Bildnis des Dorian Gray« der Phantasie Ausdruck verleiht, die Schönheit der Jugend festzuhalten, indem das Selbst und der Körper in ein unvergängliches Bild verwandelt werden, dem Bild jedoch den Prozeß des Alterns und des Verlusts der Schönheit zu übertragen. »Morgen für Morgen hatte er vor dem Bilde gesessen und seine Schönheit bewundert, oftmals war er darüber in Verzückung geraten. Sollte es sich jetzt mit jeder Laune, der er nachgab, verändern? [...] Nicht eine Blüte seiner Schönheit sollte welken. Wie die Götter Griechenlands wollte er immer stark, beweglich und fröhlich bleiben. Was konnte es ihm ausmachen, was dem gemalten Abbild auf der Leinwand widerfuhr! Er sollte vor dem Häßlichen bewahrt bleiben. Das war doch etwas Großes.«[315]

Nicht nur legte Wilde – ebenso wie die ›echte‹ Frau und sein Romanheld Dorian Gray – gesteigerten Wert auf Kleidung und seine äußere Erscheinung, als Homosexueller wurde Wilde auch als ›effeminiert‹ wahrgenommen. Kulturell gesprochen, befand er sich in der Position der Weiblichkeit. Am Ende des Romans versucht Dorian Gray sein Porträt, das ihn mittlerweile als alten, ›häßlichen‹ und sterblichen Mann zeigt, mit einem Messer zu ›ermorden‹, gerade so, als sollte das Bild dafür büßen, daß es die Menschen zwingt, sich ihm anzuverwandeln. Zuvor hatte er bereits den Maler Basil Hallward, der das Porträt gemalt hatte, umgebracht. »Einst hatte ihm Vergnügen gemacht zu beobachten, wie es [das Bild, d. Verf.] sich veränderte und alterte. In der letzten Zeit aber fand er daran kein Vergnügen mehr. [...] Er wollte es vernichten. Er sah sich um und erblickte das Messer, mit dem er Basil Hallward erstochen. [...] Es glänzte und gleißte. Wie es den Maler getötet hatte, so sollte es auch des Malers Werk und alles, was es bedeutete, töten. Es sollte auch die Vergangenheit töten, und wenn diese tot war, erst dann war er frei. Er ergriff das Messer und durchschnitt damit das Bild.«[316]

Auf solche ikonoklastischen Mittel konnten und können Frauen, die als Abbild männlicher Schöpfungskraft, als ›Reproduktion‹ des ›Originals‹ gedacht werden, nicht zurückgreifen. Da der Frauenkörper im westlichen Denken selbst zum ›Bild‹ geworden ist, können sich die ›weiblichen‹ Entzugsversuche nur auf die eigene Leiblichkeit beziehen. Genau das geschah: 1873 erschienen im Abstand von wenigen Monaten in London und Paris (den Wirkungsstätten von Talbot und Daguerre) die ersten großen Untersuchungen über eine Form der Nahrungsverweigerung, die fast nur bei Frauen zutage trat.[317] Die Nahrungsverweigerung der

Anorektikerin erscheint wie der Versuch, den weiblichen Körper seiner ›Objektivierung‹ oder Verwandlung in ein ›Bild‹ zu entziehen. Durch das Aushungern verweigert er sich dem verschlingenden Blick des sehenden Subjekts. Zugleich weigert sich der anorektische Körper aber auch, von diesem Blick ›erzeugt‹ zu werden, d. h. jene Weiblichkeit zu ›inkarnieren‹, die ihm das mechanische Auge zugewiesen hat. »Wenn andere sich ein Bild von mir machen«, so hat es eine anorektische Patientin ausgedrückt, »muß ich sterben [...] Ich muß dann nämlich dieses Bild sein, wenn ich es nicht mehr bin, bin ich für andere nicht mehr erreichbar.«[318] Die Nahrungsverweigerung dient so der Bewahrung einer Definitionsmacht über das Ich; sie wird zum Mittel, Subjekt des eigenen Körpers zu bleiben.[319] Diese Verweigerungsstrategie, die sich nicht nur auf die Blickmacht, sondern ganz generell auf die Definitionsmacht des westlichen ›öffentlichen‹ Auges über den weiblichen Körper bezieht, ist als Pendant zum Schleier zu sehen, der dem weiblichen Körper eine andere Möglichkeit bietet, das ›gefräßige Auge‹ auszuhungern.

Nicht nur die Geschlechterforschung hat auf die Definitionsmacht, die der Blick auf den entblößten weiblichen Körper ausübt, aufmerksam gemacht. Auch der des Feminismus eher unverdächtige amerikanische Bademodenhersteller »Cole of California« thematisierte die Schutzlosigkeit des entblößten weiblichen Körpers in einer Werbekampagne *gegen* den Bikini und *für* den einteiligen Badeanzug. 1962, also in demselben Jahr, in dem »Dr. No« in die Kinos kam, schaltete »Cole of California« eine zweiseitige Anzeige unter dem Titel: »Naked swimsuits are out. Cole's Californians are here.«[320] Der Slogan »naked swimsuits are out« wurde mit einem Schwarzweißphoto illustriert, das fünf aphroditengleiche, Bikini tragende Schönheiten am Strand zeigte. Die Posen der Frauen wiederholen all jene seit Antike und Renaissance wohlvertrauten *Pudica*-Gesten –

abgewandter Blick, gebeugte Körperhaltung, durch den Bikini verhüllte Scham –, so daß sie als perfekte Inkarnationen der Aphrodite gelten konnten. Dadurch jedoch, daß die Mannequins die *Pudica*-Haltung verdoppelten, machten sie sowohl auf ihre ganz und gar nicht natürliche Blöße als auch auf die Gewalt, die in dieser Entblößung liegt, aufmerksam. Zusätzlich zum gesenkten Blick hielten sie sich die Augen zu, die bereits durch den Bikini akzentuierte Scham und Brustpartie bedeckten sie mit der Hand, den entblößten Bauchnabel schützten sie mit einem Sonnenhut. Die Bikiniträgerin scheint verletzlich und bringt ihre Verletzlichkeit durch den Hinweis auf eben jene Gesten und Körperhaltungen zum Ausdruck, die in der westlichen Welt als der Inbegriff natürlicher weiblicher Schönheit gelten. Die Verdopplung der *Pudica* zeigt zum einen, wie sehr die Künstlichkeit, die dieses Bild weiblicher Schönheit impliziert, im Laufe der Geschichte als natürlich erschien, und sie führt zum anderen vor Augen, in welchem Maße die darin enthaltene Verletzlichkeit in Vergessenheit geraten bzw. zur Selbstverständlichkeit geworden ist. Ob allerdings der einteilige Badeanzug hier Abhilfe schafft, mag bezweifelt werden. Auf einem zweiten, nun farbigen Werbephoto präsentierten sich dieselben Mannequins im einteiligen Badeanzug als konsumierbare Ware.

Eine andere, zunächst ikonoklastisch anmutende Form, dem ›gefräßigen Auge‹ Widerstand zu leisten, hat der US-amerikanische Künstler John Sparagana vorgestellt. Er trennt jeweils ganze Seiten aus vielgelesenen und für die Qualität ihrer Modephotos bekannten Magazinen wie »Harper's Bazaar«, »Vogue« oder »Cosmopolitan« heraus, auf denen weibliche, meist mehr ent- als bekleidete Mannequins die neueste Mode bewerben. Diese Seiten reibt er so lange behutsam zwischen seinen Fingern, bis die üblicherweise unsichtbare Textur des Photopapiers erscheint und sich wie ein dünnes, durchsichtiges Tuch über die abgebildeten Frauen-

Das verschleierte Bild ...

körper legt, die dahinter zu verschwinden scheinen. Nach
der Behandlung der Bilder haben sich die Photomodelle
scheinbar hinter einen ›Schleier‹ zurückgezogen. Ihre Präsenz ist nur noch zu erahnen, wodurch die Photos fast ›privat‹ erscheinen. Auf einem ›Photo‹ – wenn man die behan-
delten Oberflächen noch so nennen will – schmiegt sich die
Textur des Papiers wie ein Kopftuch um das Haupt des
Photomodells und verleiht ihr dadurch eine gewisse Unberührbarkeit. Eine andere Arbeit läßt eine scheinbar nackte
Frau hinter einem ›Vorhang‹ verschwinden, der dem Betrachter den Zugang versperrt. Ein zweites Photomodell, das
dem Betrachter den Rücken zukehrt, scheint den Schleier
mit seiner Hand zurückzuziehen und ebenfalls in diesen ›geheimen‹ Raum eintreten zu wollen. Ein Harem? Wohl kaum.
Sparagana macht die Vereinnahmung des Tastsinns durch
den Sehsinn, auf der die Unsichtbarkeit des Voyeurs beruht,
rückgängig. So verwandeln sich die Bilder entblößter ›Sex-
bomben‹ in Darstellungen verschleierter Frauen oder ver-
borgener Räume, die sich dem Auge entziehen.

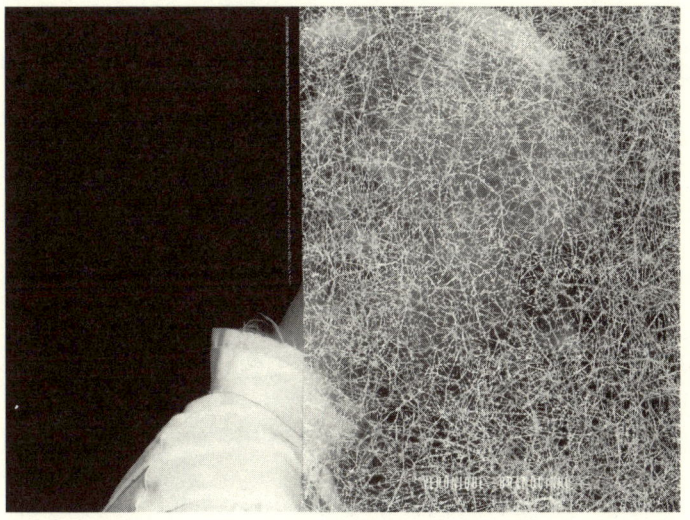

... entzieht sich dem gefräßigen Auge.

Fatigues nennt Sparagana diese abgeriebenen Photos, was man mit Ermüdung oder Ermattung, aber auch mit Dauertest übersetzen könnte. Haben sich die Modelle erschöpft hinter den Schleier zurückgezogen? Wurde der Blick durch die Behandlung seines Erzeugnisses ›erschöpft‹? Oder bezieht sich ›Fatigue‹ auf einen Ermüdungszustand der Kultur, in dem die Macht des Gesetzes geschwächt und die Kräfte des Unbewußten an die Oberfläche kommen? Die *Fatigues* selbst geben keine eindeutigen Antworten. Aber man kann mit Bestimmtheit sagen, daß Sparagana nicht so sehr auf die Zerstörung des Bildes abzielt – dazu geht er zu behutsam vor, legt er zu viel Wert darauf, das Papier nicht zu zerreißen –, sondern darauf, das Unbewußte der westlichen Blickmacht zum Vorschein zu bringen. Der ›Schleier‹, hinter dem die ›Schlafenden Schönheiten‹ verschwinden, bringt die Projektionsfläche zum Vorschein, auf der sich die Phantasien über die ›Geheimnisse‹ des Harems abzeichnen. Deutlicher kam man kaum zum Ausdruck bringen, daß das Phantasma des verschleierten

Orients dem Unbewußten des Okzidents entspringt. Weil der entblößte Frauenkörper das westliche Subjekt vor sich selbst – vor seiner eigenen Wißbegierde – schützt, führte die zunehmende Enthüllung der westlichen Frau nicht zu einer Änderung der Blickrichtung – zu dem Wunsch, mehr über sich selbst zu erfahren –, sondern zur Suche nach immer neuen Hüllen, die sich dem gefräßigen Auge zur Defloration anbieten. Eine solche Hülle ist der Schleier der muslimischen Frau.

Schleier und Hymen

Von den *Fatigues* geht eine verführerische Wirkung aus, die Sparagana in dem Motto »Sleeping Beauties«, mit dem er diese überschrieben hat, auch benennt. »Sleeping Beauty«, das erinnert an Dornröschen und Schneewittchen, an ohnmächtige Frauenkörper und männliche Eroberer. Vielleicht, so scheinen die *Fatigues* zu versprechen, verbirgt sich hinter dem Schleier ein unentdeckter Kontinent, eine Jungfrau, die noch ihrer Eroberung harrt. Vielleicht, so suggeriert die ›gestreßte‹ Oberfläche, sind die photographische Schicht und die Nacktheit der weiblichen Photomodelle in Wahrheit nicht so ›offensichtlich‹, wie sie scheinen. So gesehen, fördern die *Fatigues* eine kulturelle Phantasie zutage, deren Wirkungsmacht durch die Entblößung der Frau in den westlichen Gesellschaften verschleiert wird. Der ›Schleier‹, hinter den sich die Photomodelle zurückziehen, gleicht in seiner Fragilität und Fiktionalität dem Hymen, das im westlichen Imaginären seit vielen Jahrhunderten eine beherrschende Rolle spielt und in verschlüsselter Form auch im kolonialen Diskurs auftaucht. »So geht der Vergewaltigung der algerischen Frau im Traum eines Europäers immer das Zerreißen ihres Schleiers voraus. Man wohnt hier einer doppelten Deflorierung bei«, schreibt der Psychiater

Frantz Fanon 1966 über den Krieg der französischen Kolonialmacht gegen die algerische Unabhängigkeit.[321]

Während die entblößte Frau im Westen ihre ›Defloration‹ durch den Blick bereits hinter sich hat, verheißt der Schleier der Muslimin, daß die letzte Jungfrau noch nicht defloriert, das letzte Geheimnis noch nicht gelöst, der letzte Kontinent noch nicht erobert ist. Der als Hymen imaginierte Schleier verspricht mithin die Kontrolle eines phantasmatischen Körperteils, der als schlechthin unverfügbar gilt, der sich dem Blick und der Analyse entzieht und dessen Existenz man nur beweisen kann, indem man ihn befleckt oder zerstört.[322]

Weil sie sich dem direkten Zugriff entziehen, sind das Hymen und die von ihm bezeichnete Jungfräulichkeit im abendländischen Imaginären auf das engste mit dem Geheimen verbunden. In »Das andere Geschlecht« zählt Simone de Beauvoir die Metaphern des Geheimen auf, die mit der Jungfräulichkeit assoziiert werden: »Ein unberührter Leib besitzt die Frische geheimer Quellen, den morgendlichen Duft einer geschlossenen Blüte, den Schimmer der Perle, die der Sonnenstrahl noch nicht getroffen hat. Höhle, Tempel, Heiligtum, heimlicher Garten, alle solchen dunklen und verschlossenen Orte, die noch von keinem Bewußtsein erfaßt worden sind und gleichsam darauf warten, daß man ihnen eine Seele verleiht, üben eine gewaltige Anziehungskraft auf den Menschen aus; was er als einziger ergriffen und durchdrungen hat, scheint ihm seine eigene Schöpfung zu sein.«[323] Die Anziehungskraft der Jungfrau besteht darin, daß sie defloriert werden kann; oder, um es anders auszudrücken, das ›intakte‹ Hymen bestätigt die Definitionsmacht des männlichen Subjekts, das der Frau das ›Prädikat‹ Jungfräulichkeit nicht nur verleiht, sondern auch ›nimmt‹. »Außerdem«, so de Beauvoir weiter, »verfolgt ja jegliches Verlangen das Ziel, das ersehnte Objekt sich zu eigen zu machen und damit zu zerstören. Wenn der

Mann das Jungfernhäutchen durchbricht, besitzt er den weiblichen Körper in einer unmittelbareren Weise, als wenn er es intakt läßt; durch diese nicht rückgängig zu machende Operation kennzeichnet er ihn als einwandfrei als einen passiven Gegenstand, er bestätigt sich selbst seine Macht über ihn.«[324]

Mit der imaginären Gleichsetzung von Schleier und Hymen kontrolliert das westliche Subjekt nicht nur das, was sich entzieht – das Geheime, das Weibliche –, es schützt sich auch vor der Begegnung mit dem tatsächlich Geheimen – einem Geheimnis, das nicht immer schon der Definitionsmacht des Subjekts entspringt. In diesem Sinne stellt das Hymen sicher, daß das männliche Subjekt nicht selbst zum Objekt der Wißbegierde wird. So hat die Philosophin Françoise Meltzer die Bedeutung des Hymens in der abendländischen Kultur als »Schleier der Alterität«,[325] als Ausdruck eines »abgeneigten Blicks« (averted gaze) interpretiert, der den Tod, die Sterblichkeit und das Geheimnis als *Teil des eigenen Selbst* verleugne.[326] Das unberührte Hymen ist Metapher für den neuzeitlichen Wissensdrang, der auf einem Auge blind ist. Damit ist auch gesagt, daß es bei dem als Hymen imaginierten Schleier um mehr als ›nur‹ sexuelle Phantasien geht.

Im christlichen Kontext diente das Hymen – das erst im Laufe des 12. Jahrhunderts die uns heute geläufige Bedeutung eines Jungfernhäutchens angenommen hat – als ›Projektionsfläche‹ für christliche Erlösungsphantasien. So heißt es etwa in dem zu Beginn des 13. Jahrhunderts anonym erschienenen Traktat »The holy maidenhead«[327]: »Jungfräulichkeit ist ein Schatz, der, wenn einmal verloren, nie wieder zurückgewonnen werden kann. Jungfräulichkeit ist eine Blüte, die, wenn sie einmal gepflückt wurde, niemals mehr sprießt. [...] Jungfräulichkeit ist der Stern, der, wenn er einmal im Osten aufgegangen und im Westen untergegangen ist, niemals mehr aufsteigt. Jungfräulichkeit ist das höchste Geschenk des Himmels; legst du es einmal beiseite, wirst du niemals ein zweites bekommen, denn Jungfräulichkeit ist die Königin des Himmels und die Erlösung der Welt, wodurch wir gerettet werden. Sie ist eine Tugend, die über allen Tugenden steht, und wird von Christus am höchsten geschätzt; [...] ihr Verlust kann niemals wiedergutgemacht werden.«[328] Die Kontrolle dieses ›Häutchens‹ verschuf der Jungfrau nicht nur eine ›Eintrittskarte‹ zum Paradies, sondern versprach auch der ganzen Christenheit die Erlösung. In jedem Haus, so schrieb ein frühchristlicher Autor, solle eine Jungfrau wohnen, denn »das Heil des ganzen Hauses« beruhe auf ihrer Gegenwart.[329] In der Jungfräulichkeit steckte das Versprechen des Zugangs zum Göttlichen und zur Unsterblichkeit – eine Vorstellung, die noch bis in die Neuzeit zu dem (paradoxen) Aberglauben führte, daß der Beischlaf mit einer Jungfrau zur Heilung von bösen Krankheiten, vor allem der beschämenden Syphilis, führe.[330]

Weshalb aber sollte das Hymen ausgerechnet im Bezug zum muslimischen Schleier eine so zentrale Rolle spielen? Das Hymen trat zuerst im Mittelmeerraum als eine von Menschenhand gefertigte Oberfläche mit hoher symbolischer Bedeutung in Erscheinung – mithin als Produkt der Kultur –, bevor es sich im Laufe des Mittelalters in ›Natur‹ – in eine anatomische Oberfläche – verwandelte. Das, was man im Laufe des 12. Jahrhunderts als Jungfernhäutchen im Körper der Frau verortete, entstammte handgefertigten, kulturell höchst bedeutsamen Oberflächen wie Schleier, Bettlaken oder Glas, die im Altertum Jungfräulichkeit *symbolisierten* und mit deren Hilfe das Geheimnis als etwas Weibliches darstellbar wurde. Das hebräische Wort für Zeuge (*edes*) – derjenige, der etwas weiß, was andere nicht wissen – leitet sich vom Bettlaken der Hochzeitsnacht ab, das nach dem Vollzug der Ehe den anwesenden Familienangehörigen gezeigt wurde. Der im Judentum sowie in Griechenland, Rom und auch im Christentum übliche Brautschleier symbolisierte die Jungfräulichkeit der Braut; das Lüften des Schleiers durch den Bräutigam kam einer symbolischen Defloration gleich. Auch die Metaphern, mit denen die frühen Christen die Jungfräulichkeit beschrieben – etwa als »unbefleckter Spiegel einer Seele, die endlich das blendende Licht der strahlenden Reinheit Gottes aufgefangen hatte«[331] –, implizierten nicht notwendigerweise die Existenz eines Jungfernhäutchens im Körper der Frau. Ohnehin bezog sich Jungfräulichkeit in der Frühzeit des Christentums auf Frauen wie auf Männer.

Allerdings zeichnete sich im Christentum bereits sehr früh auch die Tendenz ab, das Symbol der weiblichen Jungfräulichkeit – den Schleier – als äußeres Zeichen einer inwendigen Hülle aufzufassen. So etwa Tertullian, der die Verschleierung der Jungfrauen u. a. mit ihrer »inneren Verhüllung« begründete.[332] Die arabische, im Islam verwendete Bezeichnung für die in der Hochzeitsnacht verletzte Jungfräulichkeit lautet *ḥiǧab* (Schleier), und wie im Judentum muß auch im Islam das Brautpaar den Beweis, daß dieser Schleier zerrissen wurde, den wartenden Verwandten in Form eines blutigen Lakens präsentieren. Mit der Eheschließung wird die durch den Schleier symbolisierte soziale Fremdheit zwischen Mann und Frau aufgehoben; der Ehemann dringt in die ›Geheimnisse‹ der Frau ein.

Ursprünglich war also Jungfräulichkeit kein biologischer, sondern ein sozialer Status, der im Falle der Frau die Männerlosigkeit der Jungfrau implizierte und mit je unterschiedlichen religiösen Funktionen einherging: darunter die Bewahrung des Heiligen oder – wie im Falle des Christentums – die Überwindung der Sexualität. Rituale zur Feststellung der Jungfräulichkeit – deren es in der Antike zahlreiche gab – testeten nicht die körperliche Unversehrtheit und beriefen sich nicht auf medizinisches oder anatomisches Wissen. Ihr Objekt war nicht der Körper der

Jungfrau, sondern ihre Vergangenheit. Zwar kannte die antike Medizin den Begriff des Hymens, doch verstand sie darunter nicht die heute geläufige Bedeutung eines Häutchen, das den sexuell ›unberührten‹ weiblichen Körper versiegelt. Vielmehr bezog sich ›Hymen‹ in den medizinischen Werken von Aristoteles bis Galen auf eine Membran, die bei allen Säugetieren, männlichen wie weiblichen, die lebenswichtigen Organe umhüllte. Galen glaubte, der Uterus werde durch die Schamlippen geschützt.[333] Die Defloration – ein Begriff, der auch im Griechischen existierte – stellte man sich als das Öffnen einer Wunde vor, nicht jedoch als das Zerreißen eines Häutchens.[334]

Wenn aber der frühen Medizin die Existenz des Hymens nicht bekannt war, dann sind all jene Bräuche, die mit dem Schleier und dem blutbefleckten Leinentuch der Hochzeitsnacht in Verbindung stehen, und all jene Metaphern, die Jungfräulichkeit als Spiegel, Schleier, Tuch oder als Glas beschreiben, nicht als Beleg für die Existenz eines Jungfernhäutchens zu interpretieren. Vielmehr ist es umgekehrt: Die Vorstellung, Jungfräulichkeit sei ein kultureller Zustand, dessen Symbol eine Membran ist, geht der Naturalisierung des Hymens als physischen Zeichens der Jungfräulichkeit voraus. Erst seit dem Hochmittelalter, vermittelt über die Rezeption arabischer Medizinschriften, erscheint das Hymen im christlichen Europa und im islamischen Raum als eine anatomische Gegebenheit des weiblichen Körpers. Parallel dazu vollzog sich eine Feminisierung der Jungfräulichkeit, die sich nun allein auf den weiblichen Körper bezog, da man am männlichen Körper keine physischen Zeichen der Unberührtheit zu erkennen vermochte, die ihm ›genommen‹ werden konnten.[335] Anders gesagt, das Symbol wurde in den Körper der Jungfrau eingepflanzt[336] – ohne eine Parallele im männlichen Körper zu haben.[337]

Die kulturellen Wurzeln des Hymens in solch fragilen Oberflächen wie Schleier, Spiegel und Glas machen nicht nur verständlich, warum diese phantasmatisch besetzte Membran in den westlichen Bildmedien auftaucht – die *Fatigues* legen davon Zeugnis ab –, sie legen auch offen, daß der Westen im Schleier der Muslimin seiner eigenen Vergangenheit begegnet. Notwendig geworden war die Projektion des Hymens auf den Schleier u. a. deshalb, weil sich die Geheimnisse der Natur – paradigmatisch als Geheimnis der Weiblichkeit gefaßt – mit dem zunehmenden wissenschaftlichen Fortschritt zu verflüchtigen drohten, und ein Symptom dieser zunehmenden Geheimnislosigkeit betraf das ›reale‹ Hymen selbst: So sahen sich die Mediziner und Anatome der Renaissance – des Zeitalters der ›Entdeckungen‹ – immer weniger in der Lage, die Existenz des Jungfernhäutchens zu beweisen.[338]

Der Vergleich mit dem Islam, in dem das Hymen seit dem 11. Jahrhundert ebenfalls als Zeichen der Jungfräulichkeit gilt (obgleich es der Koran nicht erwähnt), zeigt, daß die Naturalisierung des Hymens nicht zwangsläufig die Fetischisierung des weiblichen Körpers als Bild bedeuten muß. Wie erwähnt, ist das Hymen wortgeschichtlich mit dem Schleier (*ḥiǧab*) verbunden. Dies deutet darauf hin, daß die hohe Bedeutung der Jungfräulichkeit im Islam nicht die Idealisierung einer keuschen *Oberfläche* beinhaltet, sondern sich auf die *Trennung* der Geschlechter bezieht: »auf den verbotenen Raum«, wie Nilüfer Göle schreibt.[339] In Ritualen, die die Jungfräulichkeit einer Frau behüten sollen, wird der Schutz des ›verbotenen‹ Raums zelebriert. So ritzt man zum Beispiel eine Stelle im Oberschenkel mit einem Messer ein; wenn das Blut kommt, hat die Frau folgende Worte zu sprechen: »Der Mann ist nur ein weicher Faden, ich dagegen bin eine Mauer.«[340] Bei der Hochzeit wird dieser Schutz gelöst. Der Ritus beinhaltet unbestreitbar frauenfeindliche Elemente. Jungfräulich in die Ehe gehen zu müssen übt sozialen Druck auf unverheiratete Frauen aus. So unterziehen sich immer mehr Musliminnen Operationen zur Wiederherstellung des Hymens, die mit erheblichen gesundheitlichen Risiken und Nebenwirkungen verbunden sind.[341]

Im Islam ist das Hymen, ebenso wie der Schleier, ein Symbol dafür, daß das göttliche Geheimnis, das, was dem öffentlichen, profanen Bereich entzogen bleiben soll, nicht verletzt wurde. »Es handelt sich um den letzten, entscheidenden ›Vorhang‹ des Haremssystems. Die Verletzung des Unverletzlichen, die hier gefeiert wird, beweist mit der öffentlichen Zurschaustellung von Blut, daß die Schwelle des heiligsten/privatesten Raumes, den es im menschlichen Körper gibt, nicht schon zuvor unrechtmäßig überschritten wurde.«[342] Das heißt, in der Jungfräulichkeit der Braut, in der Unberührtheit ihres Hymens manifestiert sich die Unzugänglichkeit des Göttlichen.

Das Jungfräulichkeitsideal im Islam verdankt sich also einer anderen kulturellen Logik als im Christentum, wo die Jungfräulichkeit zu einem Mittel des *Zugangs* zum Göttlichen wurde. Deshalb ist der christlichen Gesellschaft der Schleier der Muslimin einerseits fremd; andererseits erinnert er die christliche Gesellschaft aber auch an die eigene – vergessene, verdrängte – Geschichte von der Erfindung des Hymens.

KAPITEL IV

Haremsphantasien:
Entdeckungslust und kulturelle Hegemonie

»Das europäische Subjekt braucht den Schleier, und es scheint unbedeutend, ob sich unter dem Schleier ›nichts‹ oder ›etwas‹ befindet«, schreibt Meyda Yeğenoğlu.[343] Dennoch ist es wichtig, die Vorstellungen darüber, was sich unter dem Schleier verbirgt, ebenso ernst zu nehmen wie die Art und Weise, in der uns das Verborgene zu sehen gegeben wird. In den Imaginationen über das Verborgene zeigen sich die unbewußten Motivationen der westlichen Entdeckungslust gegenüber dem ›Orient‹. Yeğenoğlu schreibt: »das Begehren, das den Schleier repräsentiert, wird niemals selbst repräsentiert«.[344] Das ist unbestreitbar. Doch die Bilder der ver- und entschleierten Frau belegen, daß es sich um ein Begehren handelt, das eng mit der Pornographie verwandt ist. Dies ist kaum verwunderlich, handelt es sich bei der Pornographie doch um den Versuch, die Geheimnisse der Lust und des Geschlechts zu enthüllen.

Üblicherweise wird Pornographie beschrieben als »deutliche Präsentation und Darstellung von Geschlechtsorganen und Geschlechtsakten mit dem Ziel, sexuelle Reaktionen hervorzurufen«.[345] Diese sehr allgemeine Definition zieht allerdings weder die unbewußten, kulturellen und historischen Bedeutungsebenen der Pornographie in Betracht, noch die Art und Weise, wie pornographische Texte und Filme vorgehen, um dieses Ziel zu erreichen. Weshalb konsumieren einige Gesellschaften Pornographie und andere nicht? Worin besteht die Anziehungskraft der Pornographie? Und welche kulturellen Bedürfnisse werden von pornographischen Texten und Bildern befriedigt? Um diese

Irak durchs Schlüsselloch: Journalismus als Voyeurismus.

Fragen zu beantworten, scheint es nützlicher, wie Drucilla
Cornell vorschlägt, Pornographie als eine Fiktion zu verstehen, die behauptet, Sex sei etwas, das man sehen und besitzen könne. In der Darstellung der Pornographie »kann
man eine tiefe gesellschaftliche Wahrheit erkennen – nicht
über die Sexualität, sondern über das Funktionieren von

Sexualität im männlichen Imaginären«.[346] Anstatt über die Realität erzählt Pornographie also etwas über die unbewußten Sexualitätsbilder und Wissensstrukturen einer Kultur, die an der Darstellung des Geschlechtsaktes sichtbar gemacht werden. Als extreme Form des Voyeurismus kommen in der Pornographie zudem Lüste zum Ausdruck, die sich in anderen, weniger anstößigen Genres undeutlicher zeigen oder gänzlich unsichtbar bleiben, was allerdings nicht bedeutet, daß sie dort keine Wirkung entfalten. Mit anderen Worten, pornographische Lüste und Erzählmuster finden sich auch in Texten und Bildern, die üblicherweise nicht als Pornographie etikettiert werden. Umgekehrt ist die Analyse pornographischer Erzeugnisse deshalb aufschlußreich, so die Literaturwissenschaftlerin Barbara Vinken, »weil sie das männliche Phantasma, was Sexualität ist und was Frauen für Männer bedeuten, lesbar macht«.[347] Gerade weil der Orient aus westlicher Perspektive hochgradig sexualisiert wurde, verspricht eine Analyse des pornographischen Blicks auch Auskünfte über das Begehren des Westens in bezug auf die Entschleierung der muslimischen Frau.

Submission

Im Gegensatz zu islamischen Gesellschaften, in denen die Pornoindustrie bis heute keine nennenswerte Rolle spielt, gehören in Europa und Amerika Produktion, Vertrieb und Konsum pornographischer Erzeugnisse zu den am stärksten wachsenden Geschäftszweigen. Seit einigen Jahren ist allerdings der illegale Verkauf pornographischer Texte und Bilder auch in islamischen Ländern zu beobachten. Die Pornos werden in der Regel von den ehemaligen Kolonialmächten geliefert, so daß man die Verbreitung der Pornographie durchaus als eine zeitgemäße Form kolonialer Entschleierungspolitik bezeichnen könnte. In der Türkei stammt der allergrößte Teil der Pornos aus Deutschland, was angesichts der Tatsache, daß in Deutschland beinahe 3,5 Millionen Muslime leben, die meisten von ihnen mit türkischem Hintergrund, wie eine nachgeholte Kolonisierung erscheint. Europa hatte es nicht vermocht, die Türkei bzw. das Osmanische Reich unter koloniale Herrschaft zu stellen (bis auf wenige Monate unmittelbar nach dem Ersten Weltkrieg, als alliierte Truppen das Land wegen seiner Unterstützung Deutschlands besetzt hielten). Nun findet die Anpassung an westliche Sitten nicht durch Waffengewalt, sondern durch Pornographie statt.

Nicht nur die glänzenden Umsätze der Pornobranche verbieten es, Pornographie als eine zwar beklagenswerte, aber marginale Erscheinung moderner westlicher Gesellschaften anzusehen. Ein Blick in die Geschichte lehrt, daß Pornographie seit der Renaissance eng mit wissenschaftlichem und philosophischem Wissensdrang, zunehmender Alphabetisierung sowie mit den jeweils neuesten Techniken und Medien der Erkenntnis – Zentralperspektive, Teleskop, Photographie, Film, digitale Medien – verbunden ist. »Die Pornographie der Renaissance zu definieren«, so die Historikerin Paula Findlen, heißt, »die Schnittpunkte von Sexualität, Politik und Gelehrsamkeit zu definieren – die konstitutiven Elemente der Kultur selbst«.[348] Es waren gebildete Männer und Künstler wie zum Beispiel der Zeichner Marcantonio Raimondi oder der Schriftsteller Pietro Aretino, die im 16. Jahrhundert in Italien pornographische Texte und Bilder anfertigten. Diese wurden zwar von der Kirche verboten, dank der neuen Technik der Druckerpresse aber dennoch massenhaft vertrieben, und sie dienen noch heute modernen pornographischen Filmen als Vorbild. Anregen ließen sich die Künstler dabei von der Liebesliteratur der Humanisten, die diese im Rückgriff auf antike Vorbilder wie Ovid wiederentdeckt hatten und zu perfektionieren suchten. »Die erotische und obszöne Literatur der Renaissance entwickelte eine komplexe Bildersprache, die wesentlich für die Entstehung der Pornographie war.«[349]

Aus dem historischen Rückblick noch wichtiger erscheint die wissenschaftliche Aufwertung des Sehens und die sie begleitende Sexualisierung des Blicks durch die Zentralperspektive. So schreibt die Filmwissenschaftlerin Gertrud Koch: »Die Verbreitung von Pornographie steht [...] in einem internen Zusammenhang mit bestimmten gesellschaftlichen Modernisierungsschüben und den sich parallel dazu entwickelnden Veränderungen im Wahrnehmungsapparat und den innerpsychischen Instanzen. Das Pornokino ist in gewißer Weise Symptom dieser Entwicklung und sein adäquater Ausdruck.«[350]

Seit der zweiten Hälfte des 19. Jahrhunderts erleben die westlichen Gesellschaften einen deutlichen Anstieg der Pornographie, den Gertrud Koch und Linda Williams mit der Entstehung des von Michel Foucault so genannten »Sexualitätsdispositivs« erklärt haben, welches die untrennbare Verbindung von Wahrheit, Wissen, Sexualität und Lust besagt. »Wissen von der Lust, Lust, die Lust zu wissen, Lust-Wissen«, schreibt Foucault. »Zwischen einem jedem von uns und unserem Sex hat das Abendland eine unaufhörliche Wahrheitsforderung gespannt: wir müssen ihm seine Wahrheit entreißen, weil sie ihm entgeht, er muß uns die unsere sagen.«[351] An die Sexualität wird ein »Wille zum Wissen« herangetragen, der die westliche Welt »im Laufe der Jahrhunderte dazu gebracht [hat], die Frage nach dem, was wir sind, an den Sex zu richten«[352] und dieser Erforschung den Charakter eines Geständnisses oder einer Beichte zu verleihen. Im Anschluß an Foucault hat Koch die Pornographie als Ausdruck dieses »Willens zum Wissen«[353] bezeichnet, als »Medium der Erkenntnisvermittlung«[354] und als »osmotische Nahtstelle, durch die die Macht ins Innere der Sexualität eindringt«.[355] Ziel der Pornographie sei es, das Unsichtbare (die sexuelle Lust der Frau, den weiblichen

Orgasmus) durch äußere Zeichen sichtbar zu machen, die Frau in einen Fetisch zu verwandeln, »damit die [Schau-] Lust die Kastrationsangst überwinden kann«.[356] Die Lust der Frau, so Koch weiter, »wird im wahrsten Sinne des Wortes markiert von äußeren Zeichen, sichtbar ist im pornographischen Film nur der Penis, und diesem wird die Last des Lustbeweises aufgebürdet«.[357]

Eben dies ist die Funktion des sogenannten *money shots*, einer Einstellung, bei der die Kamera den männlichen Darsteller zeigt, wie er nicht in der Frau, sondern auf ihr ejakuliert. Das Ejakulat symbolisiert nicht nur die männliche Potenz, sondern auch die Macht des Phallus, die unsichtbare Lust der Frau – ihre verborgene Wahrheit – zu bezeichnen. Linda Williams hat die Geschichte der Pornographie als Versuch beschrieben, immer bessere Techniken und Strategien zu entwickeln, um der Lust ihre ›Wahrheit‹ zu entlocken.[358] Es besteht eine Verbindung zwischen der pornographischen Lust an der Wahrheit des Sex und der westlichen Suche nach dem ›wahren‹ – dem sinnlichen und verführerischen – Orient, wie sie im 18. und 19. Jahrhundert Wissenschaftler, Maler, Schriftsteller und Reisende betrieben haben. Diese kolonialistische Dimension des Sexualitätsdispositivs hat auch Foucault gesehen, gleichwohl hat er sie nicht explizit angesprochen: »Wir haben [...] eine neue Lust erfunden, die Lust, an der Wahrheit der Lust, die Lust, sie zu wissen, sie auszukleiden, sie zu enthüllen, sich von ihrem Anblick faszinieren zu lassen, sie zu sagen, andere mit ihr zu fangen und zu fesseln, sie im Verborgenen aufzuspüren.«[359]

Angesichts der engen Verbindung von Wissen, Macht und Sex ist es kein Wunder, daß sich die Versuche, die ›nackte Wahrheit‹ unter dem Schleier der Muslimin zu erkunden, beinahe unwillkürlich pornographischer Elemente bedienten. Wie in der Pornographie wird im Blick des Okzidents auf den Orient die Suche nach Wahrheit mit dem

197

sexuellen Begehren nach dem weiblichen Körper verbunden, und wie in der Pornographie besteht das Ziel darin, etwas Unsichtbares in den sichtbaren Fetisch des weiblichen Körpers zu verwandeln. So wurde die türkischstämmige, in Deutschland aufgewachsene, vollkommen assimilierte – d. h. ›entschleierte‹ – Schauspielerin Sibel Kekilli, die die weibliche Hauptrolle in Fatih Akins 2004 mit dem Goldenen Bären der Berliner Filmfestspiele ausgezeichneten Film »Gegen die Wand« spielt, in einer Pressekampagne als Pornodarstellerin ›enthüllt‹. Für westliche Augen kommen bei der Entschleierung des Frauenkörpers entweder die Prostituierte oder der Pornostar zum Vorschein.

Besonders deutlich wird die pornographische Dimension der Entschleierung in dem Film »Submission«, geschrieben von der aus Somalia stammenden holländischen Parlamentsabgeordneten Ayaan Hirsi Ali und gedreht von dem holländischen Regisseur Theo van Gogh. Der Film hat auf seiten der Muslime in den Niederlanden teils heftigen, teils gewaltsamen Protest ausgelöst und zur Ermordung des Filmemachers geführt. Ayaan Hirsi Ali lebt seit der Ermordung van Goghs im Untergrund.

Wir wollen an dieser Stelle ausdrücklich betonen, daß wir den beiden Autoren nicht unterstellen wollen, absichtlich einen religiös inspirierten Pornofilm gedreht zu haben mit dem Ziel, den Islam zu erniedrigen. Hirsi Ali hat kürzlich in einem Interview des »New York Times Magazine« betont, daß es ihr mit dem Film darum gegangen sei, die mit dem Koran gerechtfertigte Unterdrückung der muslimischen Frau öffentlich zu machen und zu kritisieren. »Möglicherweise glauben Amerikaner, [der Körper der Frau] sei ein nackter Körper. Aber dieser Körper ist der Grund, weshalb in Saudi-Arabien der Hälfte der Nation das Autofahren verboten ist.«[360] Die filmische Inszenierung der feministischen Kritik am Koran und seiner sozialen Wirkungsmacht bedient sich jedoch eindeutig pornographischer Stilmittel und konterkariert damit die kritische Absicht.

Das, was »Submission« von anderen westlichen Bildern des Orients unterscheidet, ist die Deutlichkeit, mit der die Gewalt des Voyeurismus zum Ausdruck gebracht wird. Eher unbewußt als beabsichtigt, gewährt der Film Einblicke in das pornographische Imaginäre des Westens, das die Entschleierung der Muslimin fordert. Derart ungeschminkt wurde dies selten gezeigt. Das mag der Grund sein für die Gewalt, mit der Muslime ihrerseits auf diesen Film reagiert haben. So zu argumentieren heißt nicht, den Mord zu entschuldigen oder zu rechtfertigen, sondern zukünftig die gewaltige und unter Umständen Gewalt auslösende Wirkungsmacht symbolischer und unbewußter Ordnungen im Umgang mit dem Fremden ernst zu nehmen. Dies ist allerdings nur möglich, wenn der Westen versucht, sich darüber Klarheit zu verschaffen, welche Lüste und Ängste seine Einstellung gegenüber dem Fremden antreibt. Deshalb lohnt es sich, die pornographische Struktur von »Submission« etwas genauer in den Blick zu nehmen.

Der kurze, etwa zehnminütige Film beginnt mit einer – man muß wohl sagen, mit *der* – klassischen Peepshow-Szene: Das Kameraauge scheint durch ein Schlüsselloch, angedeutet durch eine Blende, die den Bildausschnitt begrenzt, in das Innere eines privaten islamischen (Gebets-) Raums zu blicken. In Nahaufnahme tastet die Kamera in der nächsten Einstellung eine in tiefem Schwarz verschleierte weibliche Gestalt ab, deren Umrisse aufgrund der Kameraposition einem Schlüsselloch ähneln. Dieses Schlüsselloch gibt den Blick allerdings (noch) nicht frei, sondern behindert ihn eher, denn das Bild wird zeitweise vollkommen von dem schwarzen Schleier ausgefüllt. Die Bildsprache läßt hier kaum einen Zweifel zu: Der Betrachter nähert sich dem blinden Fleck, dem sprichwörtlichen *dark continent*, den die Frau im Abendland für den männlichen

Blick darstellt. Der Blick zieht sich daraufhin wieder hinter das Schlüsselloch zurück: Die nackten Füße der Frau auf einem Teppich geraten in den Blick, im nächsten Moment breitet sie einen Gebetsteppich aus, hebt die Arme zum Gebet, schaut in die Höhe – dorthin, wo die Kamera sich inzwischen befindet –, ruft auf arabisch: »Allah, Du bist der Größte«, die Falten des Tschadors, dessen Vorderseite aus durchsichtigem Stoff gefertigt ist, öffnen sich – und zum Vorschein kommt der nackte Körper der Betenden (ihr Gesicht allerdings bleibt verhüllt). Entblößt steht sie vor dem göttlichen Auge, das (identisch mit dem Auge der Kamera) auf sie herabblickt. Begleitet wird die Szene von einer diffus arabisch, aber auch bedrohlich klingenden Melodie, die – ebenso wie die arabischen Schriftzeichen an der Wand – dem Zuschauer suggerieren, es handele sich bei der Szene, der er beiwohnt, um ein fremdes Land.

Wie wenig die Bilder in Wirklichkeit Einblick in den Islam geben und wie vertraut sie hingegen dem europäischen Blick sind, wird spätestens in den folgenden Einstellungen deutlich. Während die Frau auf arabisch betet, gibt die Kamera jegliche Distanz auf, ›zerreißt‹ das Schwarz, dringt scheinbar durch den durchsichtigen Stoff und tastet den nackten, mit Gebetsversen beschrifteten Oberkörper der Frau langsam ab: Brüste, Bauch, Scham, über dem Bauch gefaltete Hände, bis er schließlich über dem Bauchnabel zur Ruhe kommt. Das Gebet ist zu Ende. »Amen.«

Im Laufe dieser kurzen Sequenz hat sich der pornographische Blick in das göttliche Auge verwandelt. Die Frau blickt auf zu Allah, den sie gleichwohl nicht sehen kann; er blickt durch das Auge der (versteckten) Kamera zurück und sieht, sie ist nackt. Der Effekt, der damit erreicht wird, besteht in einer Entlastung des Zuschauers, denn nun ist Allah höchstpersönlich der Voyeur. Was erfahren wir in dieser Sequenz über den Islam? Sollen wir glauben, im Islam gehorche das Beten den Regeln der Peepshow? Sollen wir glauben, im Gebet biete sich die Muslimin Gott als sexuelle Gabe an? Zwar ist diese Vorstellung dem Christentum wohlvertraut, sie begegnet uns vor allem in der Mystik; mit dem Islam hat sie jedoch sehr wenig zu tun, und über die Bedeutung des Schleiers gibt sie nicht die geringste Auskunft. Dieser symbolisiert vielmehr das mit einem Tabu umgebene Heilige, die grundsätzliche Verborgenheit der göttlichen Offenbarung.

Bereits in den ersten 45 Sekunden wird deutlich, daß »Submission« die Kritik an der Rechtlosigkeit der Frau im Islam in Pornographie übersetzt. Dem Zuschauer wird ein Striptease zu sehen gegeben, bei dem nicht die Aufforderung, dieses Unrecht zu ändern, im Vordergrund steht, sondern die Befriedigung pornographischer Lüste. Durch diese Art der Darstellung wird die Muslimin im schwarzen Tschador zum Opfer der Kamera. Die pornographische Perspektive kommt auch in dem Kontrast von Bild und gesprochenem Text zum Ausdruck. Während die weibliche Figur, die vier verschiedene Frauenschicksale in sich vereint und so für ›die‹ Frau im Islam spricht, von grausamen Gewalterfahrungen erzählt – Auspeitschung wegen Ehebruchs, Zwangsheirat, geschlagen vom Ehemann, Vergewaltigung durch den Bruder des Vaters –, ist die Kamera an den Frauen in ihrer Funktion als erotisches Objekt des Blicks interessiert. Die pornographische Perspektive überlagert die verbal wiedergegebenen Mißhandlungen. Am Ende des kurzen Films kann man sich auch nach mehrmaligem Ansehen nur diffus an die Schicksale der Frauen erinnern. Ayaan Hirsi Ali hat die in »Submission« erzählten Gewaltakte auch als Text in ihrer Streitschrift »Ich klage an« veröffentlicht.[361] Auch dort wird, wie die Migrationsforscherin Yasemin Karakaşoğlu betont, »ein Bedürfnis des Gruselns bedient«.[362]

Dafür, daß es in »Submission« eher um die pornographische Wahrheit der Lust als um die Wahrheit der erzählten

Geschichten geht, spricht auch, daß es sich bei dem Raum, in dem sich die Erzählerin befindet, um einen imaginären Raum handelt, in dem Gegenwart und Vergangenheit verschmelzen. In einer Ecke des Raumes wird ein prächtiges Hochzeitskleid aufbewahrt, in einer anderen Ecke liegt eine halbnackte, schwer mißhandelte Frau, auf deren Körper nicht nur jene die Mißhandlungen rechtfertigenden Koranverse geschrieben sind, sondern sich auch all die physischen Verletzungen abzeichnen, von denen die Erzählerin berichtet: mit Blutergüssen übersäte Arme und Beine, ein von Fausthieben geschwollenes und blutverschmiertes Gesicht, ein Rücken, auf dem Peitschenhiebe blutige Striemen hinterlassen haben. Unbarmherzig tastet das Kameraauge den geschundenen Körper ab, der entweder reglos oder zitternd auf dem Boden liegt, dessen zerrissenes Hochzeitskleid Vergewaltigung, aber auch sexuelle Verfügbarkeit andeutet: etwa wenn das Bild den weiblichen Körper in einer *Pudica*-Pose mit halb entblößter Brust und abgewandtem Blick, scheinbar entspannt an einer Wand lehnend zeigt. Der für den Pornofilm typische Versuch, die unsichtbare Lust der Frau durch äußere Zeichen sichtbar zu machen, wird in »Submission« durch die Sichtbarmachung eines unsichtbaren, weil unter dem Schleier verborgenen Schmerzes ersetzt, der wiederum das Resultat sexueller Handlungen ist.

Auch die visuelle Zerstückelung des weiblichen Körpers – niemals sehen wir die verletzte Frau in Gänze –, die formal durch rasante Schnitte und abrupte, jazzartige Musik unterstützt wird, ist ein typisches Merkmal der Pornographie. Diese Zerstückelung gilt auch für die scheinbar unversehrte Erzählerin, deren makelloser Körper immer aufs neue von der Kamera abgetastet wird. Ihr Gesicht jedoch, das ihre Individualität kennzeichnet, verweigert die Kamera dem Betrachter. Dieser ist nicht nur ein Voyeur, sondern indem er sich mit dem göttlichen Auge identifiziert, scheint er auch für die physische Mißhandlung der Frau verantwortlich zu sein. Die Worte und Verse, die ›von oben‹, wo sich der Blick befindet, kommen, schlagen wie Peitschenhiebe auf den Körper der Frau ein und hinterlassen blutige Wunden. Diese auch hörbaren ›Ejakulationen‹ des göttlichen Auges sind das Äquivalent des pornographischen *money shots*. Sie bezeichnen den verborgenen Schmerz der Frau und verwandeln ihren Körper zugleich in ein Fetisch-Objekt. Die konkreten, mit Namen benannten Männer, von denen die Frauenstimme spricht, bleiben im Film unsichtbar. Zu viel Realität wäre damit in den imaginären Kosmos der pornographischen Szenerie eingesickert.

Der Film endet, als die Erzählerin berichtet, daß sie von ihrem Onkel, der sie mit Billigung des Vaters vergewaltigt hat, schwanger ist. Die Erotisierung der Mutterschaft ist bis heute eines der wenigen Tabus des Pornofilms. Es ist also gemäß der Logik der Pornographie nur folgerichtig, daß die Erzählung an dieser Stelle abbricht. »Und nun, da ich unter meinem Schleier um Rettung bete«, spricht die Erzählerin, »schweigst Du, Allah, so wie das Grab, nach dem ich mich sehne.« Die Kamera zieht sich hinter das Schlüsselloch zurück und schließt ihr Auge. Die Peepshow ist zu Ende.

Die ›nackte‹ Wahrheit.
Der Harem als pornographische Phantasie

Der Pornofilm ist gewiß nicht die einzige Quelle, aus der sich das imaginäre Szenario von »Submission« speist. Theo van Gogh und Ayaan Hirsi Ali greifen auf Bilder und assoziative Verknüpfungen zurück, die sich bereits im 19. Jahrhundert etablierten und seither immer wieder neu ›belebt‹ werden. Die »Submission« charakterisierende Mischung aus Sex, Wißbegierde und gewaltsamer Unterwerfung findet sich in ganz ähnlicher Form auf jenen Postkarten mit

algerischen Frauen, die die französischen Kolonialherren
ihren Lieben als ›Gruß aus der Fremde‹ nach Hause schickten – und die der algerisch-französische Philosoph Malek
Alloula in »The Colonial Harem« analysiert hat.363 Die in
Millionenauflagen hergestellten Postkarten stellen die damals gängigen Stereotypen algerischer Frauen aus der Sicht
der französischen Kolonialmacht dar – von Kopf bis Fuß
verschleierte Gestalten beim ›Ausgang‹, die ›Gefangene‹ im
Harem, die dekadente Odaliske in ihren Gemächern, die
Lesbierinnen. Bei den abgebildeten Frauen handelt es sich,
so weiß man heute, um Photomodelle, und alle Bilder wurden in Photostudios aufgenommen, die französische Photographen zwischen 1900 und 1930 in Algerien eingerichtet
hatten.

Die algerischen Frauen gehörten zu den meistphotogra-
phierten Frauen des Orients. Es gibt wahrscheinlich keine
andere Gesellschaft, vermutet Alloula, deren Frauen so häu-

*Die Kolonialmacht
läßt grüßen:
Postkarten aus dem
besetzten Algerien.*

fig ins Bild gebannt wurden – und dennoch erzählen diese Bilder nichts über das Leben dieser Frauen. So wie das Bild der Frau die reale Frau überlagert, ersetzt das Photostudio die Frauengemächer. Ganz wie in »Submission« handelte es sich bei dem Harem, den die Postkarten zeigen, um einen imaginären Raum, der nur für den Photographen existierte. »Die Perfektion und Glaubwürdigkeit dieser Illusion«, so Alloula, »stützt sich darauf, daß die abwesende ›andere‹ Frau, *per definitionem*, ungreifbar ist und sich nicht zur Wehr setzen kann.«[364] Alloula hat in den verschiedenen Motiven ein kulturelles Erzählmuster erkannt, das mit der Frustration des Photographen angesichts der verschleierten Frau beginnt und sich über die Deutung der Verschleierung als Gefangenschaft, das anschließende Eindringen des Photographen in dieses ›Gefängnis‹ bis zur letztendlichen Verwandlung der ›Gefangenen‹ in ein luxuriös ausgeschmücktes Fetischobjekt des männlichen Blicks erstreckt. Ebenso

205

wie »Submission« erzeugen die Postkarten den Eindruck, die muslimische Frau sei deshalb in der Öffentlichkeit unsichtbar, weil sie in ihrem Heim gefangengehalten werde. Halbnackte Frauen harren in lasziven Posen hinter den Gittern ihres Zuhauses aus. Die kunstvollen, hölzernen Ornamente der *Mashrabiyya*, die die Frauengemächer abtrennen und dem Außenstehenden den Einblick verwehren, ersetzt der Photograph durch metallene Gitterstäbe, die an Gefängniszellen erinnern. Diese haben den ›Vorteil‹, daß man sie nur von außen öffnen und schließen kann.

Die Wahrnehmung des Frauengemachs als Gefängnis beflügelt eine voyeuristische Phantasie, die die ›gefangene‹ Frau als sexuelles Objekt imaginiert, das nur darauf wartet, vom Voyeur befreit zu werden. Ein Motiv zeigt denn auch einen Mann, der an den Gitterstäben rüttelt, um zu einer Frau vorzudringen, die mit entblößtem Oberkörper und niedergeschlagenem Blick an der anderen Seite des Gitters lehnt. Alloula schreibt dazu: »Die Gefangenschaft der Frau ist das Gegenstück der sexuellen Frustration«,[365] die der Voyeur angesichts der Verschleierung der Frau erfährt. Aber der Photograph hat die Seite bereits gewechselt, denn das Photo ist aus dem Inneren des Frauengemachs aufgenommen. Dort erwarten ihn reichgeschmückte, barbusige Algerierinnen, die nur darauf zu warten scheinen, für seinen Blick zu posieren. Alloula interpretiert den im Photostudio inszenierten Seitenwechsel als imaginäre Überwindung der Trennung zwischen öffentlich und privat, zwischen männlichen und weiblichen Sphären, die für den Photographen vor allem die Entschleierung und die Mißachtung der sexuellen Unzugänglichkeit der Frau beinhaltet.[366] Die Gewalt, die der Photograph an der angeblich unter Verschluß gehaltenen Frau wahrnimmt, ist eine Projektion seiner Deflorationsphantasien. Ihre ›Gefangenschaft‹ spiegelt die symbolische Gewalt, die von der Definitionsmacht des Photographen ausgeht. Und schließlich illustrieren sowohl die Postkarten als auch der Film »Submission« jene von Foucault beschriebene Lust an der Wahrheit der Lust. Die Kamera spürt die Frau im Verborgenen auf, nimmt sie gefangen, fesselt sie, entkleidet sie und läßt sich von ihr faszinieren.[367]

Die kolonialen Postkarten waren billig und praktisch überall dort in Algerien zu haben, wo sich Franzosen niedergelassen hatten; sie wurden massenhaft ins ›Mutterland‹ geschickt und fungierten – wie Alloula formuliert – als »Dünger des kolonialen Blicks«.[368] Beschriftet in einer Sprache, die sie nicht lesen kann, dient das Bild des entblößten Körpers der Orientalin als Zeichenträger, der das Phantasma des Harems aufrechterhält. Die Banalität und Austauschbarkeit der handschriftlichen Nachrichten, die auf den Postkarten in der Regel übermittelt wurden, steht dem Phantasma nicht im Wege, sondern öffnet ihm Tür und Tor: »Den Babies geht es gut. Sie kommen gerade von einem Spaziergang am Strand zurück. Ich schreibe mehr in Kürze. Küsse an Alle, Martha.« Im Mutterland trafen die Postkarten, mit einer Briefmarke der französischen Nationalheldin Jeanne d'Arc versehen, ein. An diesem unscheinbaren Detail tritt ein weiteres koloniales Phantasma zutage: die Angst vor dem ›dunklen Kontinent‹, dem ›jungfräulichen Territorium‹ – eine Angst, die durch die Phantasie der ›Defloration‹ besiegt werden kann, wie das Schicksal der Jungfrau von Orléans exemplarisch zeigt.

Neben der Idealisierung der Jungfräulichkeit kennt die abendländische Kultur auch die Angst vor dem jungfräulichen Körper. Weil die Jungfrau von keinem Mann ›in Besitz genommen‹ worden war, ging von ihrem ›unaufgebrochenen‹ Körper eine bedrohliche Wirkung aus, und zwar immer dann, wenn die Jungfrau ihre potentielle Deflorierbarkeit ablehnte, sich mithin der Definitionsmacht des männlichen Subjekts entzog, indem sie etwa ihre Jungfräulichkeit dazu nutzte, um selbst die Position des unpenetrierbaren Subjekts zu beanspruchen. Beispielhaft läßt sich diese Bedrohung und ihre Eindämmung an der Geschichte der Jungfrau von Orléans studieren, einem Bauernmädchen, das in Männerkleidung die französische Monarchie gegen die Engländer verteidigte, 1431 von einem Inquisitions- gericht in Rouen wegen Ketzerei zum Tode verurteilt und auf dem Scheiterhaufen verbrannt wurde. Gegen Ende des 15. Jahrhunderts wurde sie rehabilitiert, und seit der Fran- zösischen Revolution wird sie als Nationalheldin verehrt.[369] Ausschlaggebend für ihre Verurteilung war die Hartnäckig- keit, mit der sie sowohl auf ihrer Jungfräulichkeit als auch auf dem Tragen von Männerkleidung beharrte. Johannas Jungfräulichkeit erregte deshalb Anstoß, weil die Bauern- tochter diese als von Gott verliehenen Zustand interpre- tierte, der ihr das Recht gab, ihre Familie zu verlassen, als Frau Männerkleidung anzulegen, Waffen zu tragen, ein Heer anzuführen und sich keiner anderen Autorität als je- nen göttlichen »Stimmen«, die sie als Auftraggeber ihrer Mission angab, verpflichtet zu fühlen.[370] »Vor der Befreiung von Orléans und seither fast täglich nannten sie mich, wenn sie zu mir sprachen, ›Johanna, Jungfrau, Magd Gottes‹«, gab sie vor dem Inquisitionsgericht zu Protokoll. Und: »Es ge- fiel Gott, durch eine einfache Jungfrau die Feinde des Kö- nigs zurückzuschlagen.«[371] »Gott hat mich gesandt, um dem König von Frankreich zu helfen.«[372] Bis zuletzt zog Jeanne d'Arc aus ihrer Jungfräulichkeit Stärke, Unabhän- gigkeit und das Recht auf eine eigene Stimme.[373] So ließ sie sich auch von der Inquisition nicht dazu zwingen, die Identität der göttlichen Stimmen, die nur sie allein hören konnte, preiszugeben: »Die Stimmen kommen von Gott. Ich sage Euch nicht alles, was ich weiß. Ich fürchte mehr, den Stimmen zu mißfallen mit meinem Reden als Euch mit meinem Schweigen.«[374] Symbolisch verteidigt (und sicht- bar gemacht) hat sie die von ihr beanspruchte Subjekt- position durch das Tragen von Männerkleidung, auf die sie auch unter Androhung von Strafe nicht verzichten mochte. Auf die Frage, wer sie zum Tragen der Männerkleidung bewegt habe und was sie sich davon verspreche, antwortete sie: »Es war mein Wille, kein Mensch hat es von mir verlangt.«[375] »Ich erwarte mir dafür Schutz und Stärkung.«[376]

Gemeinhin wird diese Bemerkung als Anspielung auf sexuelle Übergriffe und Vergewaltigung während ihres Soldatenlebens gedeutet. Die Männerkleidung habe verhindert, so die These, daß die Soldaten Johanna als Frau und damit als Sexualobjekt wahrnahmen. Unabhängig davon, ob die Kleidung tatsächlich sexuelle Übergriffe verhinderte, diente ihr die Männerkleidung in einem übertragenen Sinn als Schutzschild, mit dem sie ihre Subjektposition verteidigte. Johanna wollte beides sein: Jungfrau und Subjekt. Dies konnte nur gelingen, wenn sie sich in die Lage versetzte, den Blick von ihrer potentiellen Deflorierbarkeit – d. h. von ihrem Objektstatus – abzulenken. Indem sie die für ihr Geschlecht ›falsche‹ Kleidung anlegte, umgab sie sich mit einem solchen Blickschutz. Die Verbrennung auf dem Scheiterhaufen, die die Richter der Inquisition schließlich als Strafe über sie verhängten, sollte diesen von ihr bis zuletzt aufrechterhaltenen ›Schleier‹ durchdringen und die ›Defloration‹ der Jungfrau noch im Sterben vollziehen. Wie ein zeitgenössischer Chronist berichtet, wurde sie am Tag der Hinrichtung »an einen Pfahl des Gerüsts aus Gips gebunden, das man anzündete«.[377] Sobald die Flammen ihren Tod herbeigeführt hatten, ihr Körper jedoch noch nicht vollkommen verbrannt war, löschte man das Feuer, »damit das Volk keinen Zweifel mehr habe, und es sah sie ganz nackt mit allen Geheimnissen, die eine Frau haben kann und muß. Als man sie lange genug gesehen hatte, schob der Henker wieder ein großes Feuer unter ihren armen Leichnam, der bald in Asche fiel.«[378] Was die Betrachter zu sehen begehrten, war nicht so sehr, *ob* Johanna eine Frau war – daraus hatte sie nie ein Geheimnis gemacht –, sondern *daß* ihr jungfräulicher Körper penetriert werden konnte.[379] Die nachträgliche Defloration der Jungfrau schaffte die Voraussetzung dafür, sie 200 Jahre später zur Märtyrerin zu stilisieren und als Allegorie einer geschundenen, aber heldenmütigen französischen Nation in Anspruch zu nehmen: »In Johanna fühlte Frankreich sich als Frankreich«, schreibt Jules Michelet. Als Zeichen ihres Objektstatus hat die Jungfrau auf den unzähligen Darstellungen, die seit dem 16. Jahrhundert von ihr angefertigt wurden, sowohl den kurzen Haarschnitt als auch die Männerkleidung abgelegt. »Sie trägt Frauenkleider und langes, wallendes Haar – gegen jede empirische Evidenz.«[380] Ihr Bild auf der Postkarte (in Form der Briefmarke) vermittelte den Daheimgebliebenen das sichere Gefühl, die Gefahr der jungfräulichen Territorien, die die verschleierten algerischen Frauen im französischen Unbewußten verkörperten, sei mit der ›Defloration‹ der Algerierinnen gebannt.

Feministische Blicke auf die ›andere‹ Frau

Wir haben es bereits angesprochen, der Begriff ›Orientalismus‹ bedeutet nicht nur die Erzeugung und Tradierung bestimmter negativer oder positiver Stereotype über den Orient, er umfaßt auch den Diskurs des westlichen Subjekts, das sich im Orient ein Gegenüber schafft, durch das die eigene Autonomie und Definitionsmacht bestätigt wird. Meyda Yeğenoğlu schreibt: »Wenn wir zugeben, daß der Orientalismus seine Kraft weder aus der ›Verzerrung‹ der ›Realität‹ des Orients bezieht noch aus der Verbreitung ›vorurteilsbeladener‹ oder ›negativer‹ Bilder über andere Kulturen oder Völker, sondern von der Macht, das Objekt, worüber man spricht, allererst zu konstruieren, sowie von dem Anspruch, die Wahrheit über den anderen auszusagen und damit die Identität und Macht des Subjekts, welches über diesen anderen spricht, zu konstituieren, dann erscheint die Frage, ob die Bilder, die zu diesem Zweck erzeugt werden, positiv oder negativ sind, zweitrangig.«[381]

Weil Orientalismus sich nicht nur inhaltlich, sondern auch strukturell äußert, entfaltet das Begehren des Westens gegenüber dem Orient auch dort seine Wirkungsmacht, wo es scheinbar um die Zurückweisung ›falscher‹ orientalistischer Stereotype oder um die westlichen Gleichheitsidealen verpflichtete ›Befreiung‹ der orientalischen Frau geht. Meyda Yeğenoğlu hat nachdrücklich betont, daß das Begehren der westlichen Frau nach Entschleierung und ›Befreiung‹ der ›Orientalin‹ auch im Kontext der abendländischen Geschlechterordnung zu sehen sei. Das bedeutet, daß Frauen (und Feministinnen), die mit ihrer Ablehnung des Kopftuchs gegen die patriarchalen Strukturen des Islam und für die Durchsetzung allgemeiner Frauenrechte kämpfen, als Komplizinnen eines männlich geprägten Entschleierungsdiskurses agieren.[382] Die weiblichen Orientreisenden des 18. und 19. Jahrhunderts, die aufgrund ihres Geschlechts Zugang zum Inneren des Harems hatten, traten als Agentinnen des westlichen Mannes auf, dessen ›Mangel‹ an authentischen Einblicken sie durch ihr Zeugnis ›ausglichen‹. »Mit der Hilfe der westlichen Frau (sie ist der einzige Fremde, der den verbotenen Ort betreten darf) können die Geheimnisse des abgeschlossenen Innenraums und die ›Essenz‹ des in ihm aufbewahrten Orients entschleiert werden.«[383]

Die Ethnologin Marion Baumgart hat in ihrer Untersuchung »Wie Frauen Frauen sehen. Westliche Forscherinnen bei arabischen Frauen« festgestellt, daß das Bild der ›orientalischen Frau‹, das seit dem 19. Jahrhundert in diesen Studien und Berichten entworfen wurde, eng mit den Brüchen (und Kontinuitäten) der Weiblichkeitsbilder in den europäischen Herkunftsländern der Forscherinnen korrespondierte. »Zusammenfassend läßt sich sagen«, so

lautet ihr Resümee, »daß es einige Themenbereiche gibt –
Harem, Schleier, Polygamie und die Frage nach der gesellschaftlichen Stellung der arabischen Frauen –, die seit fast
hundert Jahren immer wieder das Interesse der westlichen
Forscherinnen auf sich ziehen. Deren Interpretation, wie
auch die Problematisierung anderer Themenkomplexe, ist
abhängig von den jeweilig aktuell geführten Diskussionen
um Weiblichkeit.«[384]

Die Aufklärung, auf die sich westliche Feministinnen
stets berufen, wenn es um das Kopftuch geht, hat zwar den
Vorrang der Vernunft vor dem Glauben und die Anerkennung des Individuums postuliert. Doch diese Ordnung basiert auf einem Geschlechterverhältnis, das den Mann als
Repräsentanten des universellen Subjekts ansieht, während
die Frau als Verkörperung der Abweichung, der Unver-
nunft und der Natur gilt. Indem nun die westliche Frau in
der Orientalin die kulturell ›andere‹ erblickt und sich dieser
›anderen‹ im Gestus der Überlegenheit zuwendet, wird es
auch ihr möglich, die Position des universellen Subjekts zu
besetzen. »Der Subtext, der dem Verlangen zugrunde liegt,
die muslimische Frau von den Grausamkeiten der islamischen Kultur zu befreien, besteht darin, ein bestimmtes
Selbstbild zu erzeugen. [...] Das Scheitern der abendländischen Frau, die das abgewertete Andere des Mannes darstellt, die Position des universellen Subjekts zu besetzen,
hat sie dazu motiviert, nach anderen Wegen zu suchen, die
ihr den Anspruch auf Universalität erlauben.«[385] Neben
der Befriedigung der Schaulust besteht für westliche
Frauen der zusätzliche Gewinn der Entschleierung und
Befreiung der orientalischen Frau darin, sich eine ›andere‹
zu schaffen, über die sie ebenjene Definitionsmacht ausüben können, die ihnen in ihrer eigenen Kultur nicht zugestanden wird. »Es ist deshalb nicht abwegig zu behaupten,
die Anerkennung der westlichen Frau als Subjekt war nur
außerhalb nationaler Grenzen, in der Begegnung mit einer

sexuell gleichen, jedoch kulturell verschiedenen Anderen möglich.«[386] Hierin besteht die Kontinuität zwischen den Frauen, die im 19. Jahrhundert den Harem für den westlichen Blick öffneten und den im Westen lebenden Feministinnen, die heute die Muslimin vom Kopftuch befreien wollen.

Ein frühes Beispiel einer Orientreisenden ist Lady Mary Wortley Montagu, die den türkischen Harem und die Verschleierung als Ausdruck der Freiheit der türkischen Frau lobte. In ihren Briefen, die im Jahre 1767 in Buchform publiziert wurden, wiederholt sie allerdings auch dieselben Klischees, die sie in den Berichten ihrer männlichen Zeitgenossen als unauthentisch kritisierte. Montagu war die Gattin des englischen Botschafters im Osmanischen Reich und lebte in den Jahren 1717 und 1718 am Hofe des Sultans in Istanbul. In einem Brief an die »Counteß von Mar. Adrianopel« vom 1. April 1717 kritisiert sie zunächst den falschen Eindruck, den männliche Autoren über den Harem und die Verschleierung verbreiten: »Da ich nun ihre Lebensweise etwas genauer kenne, muß ich entweder die grenzenlose Verschwiegenheit oder die außerordentliche Dummheit aller Schriftsteller bewundern, die uns von ihnen Nachrichten gegeben haben. Man ersieht leicht, daß die hiesigen Frauen tatsächlich mehr Freiheit haben als wir.«[387] Und zwar deshalb, so fährt Montagu fort, weil die Frauen unter dem Schleier nicht zu identifizieren seien: »Es ist selbst dem eifersüchtigsten Ehemann unmöglich, seine Frau zu erkennen, wenn er ihr begegnet. Und kein Mann wagt, eine Frau auf der Straße zu berühren oder ihr zu folgen. Diese fortwährende Maskerade gibt ihnen unbeschränkte Freiheit, ihren Einfällen ohne Gefahr der Entdeckung nachzugeben.«[388]

Die Tatsache, daß Montagu die Freiheit der türkischen Frau in erster Linie als sexuelle Freizügigkeit imaginierte, zeigt, daß es sich bei ihrem Lob der Verschleierung um eine weitere Variante des Klischees des sinnlichen Orients handelt – eines Klischees, das noch heute in dem (meist gut gemeinten) Hinweis fortwirkt, die verschleierte Muslimin trage unter ihrem Schleier Reizwäsche – weshalb man sich um ihre ›Weiblichkeit‹ keine Sorgen zu machen brauche. Dasselbe Wahrnehmungsmuster äußert sich auch in ihrer Beschreibung der Schönheit der Türkin sowie der unter dem Schleier getragenen Garderobe. »Ich habe in meinem Leben nicht so viel schönes Haar gesehen. An einer Dame zählte ich hundertzehn natürliche Locken. Hier ist überhaupt jede Form von Schönheit verbreiteter als bei uns. Es ist ungewöhnlich, ein junges Weib zu sehen, das nicht sehr hübsch wäre.«[389] Die Beschreibung eines einzigen Kostüms, das sie im Harem trägt, nimmt mehr als drei Seiten in Anspruch, wovon hier nur ein kurze Passage zitiert werden soll: »Meine Schuhe sind aus weißem Bocksleder, mit Gold besetzt. Darüber fällt ein Hemd von feiner, weißseidener Gaze, umsäumt von Stickerei. Das Hemd hat weite Ärmel, die bis zum Ellbogen reichen. Es ist am Halse mit einem Diamantknopf geschlossen.«[390]

In dieser Tradition schreibt noch die Feministin Vittoria Alliata, die in den 1960er und 70er Jahren die arabische Halbinsel bereiste und ihre Erfahrungen in dem Buch »Harem. Die Freiheit hinter dem Schleier« veröffentlichte. Der folgende Auszug ist Teil einer sehr viel längeren Passage: »In einer mondlosen Nacht wurde ich zu einem Fest eingeladen. Ein Fußboden aus Körpern, gehüllt in metalldurchwirkten Taft und Achatfiligrane, ein Wirbel aus Purpur und Amarant, aus Kadmiumgelb, Meergrün und Kobaltblau, aus Büscheln von Perlen und Basilikum, Diademen von Korallen und Brokaten. Verzückt leidenschaftlich ragten die Körper aus den Düften nach Zimt und Tuberosen, aus dem Funkeln des Goldes, aus dem Rauch riesiger Wasserpfeifen, wiegten sich beim ausgelassenen Gesang der *musayene*, fuhren hoch im Rhythmus der Trommeln, beb-

ten schaurig und ungestüm, schmachteten in einem sinnen-
betäubten Delirium, während die Gesichter aufflammten
wie heidnische Gottheiten.«[391]

Nicht immer verbirgt sich unter dem Schleier die Ha-
remsdame oder die Prostituierte. Schon im 19. Jahrhundert
vermutete die westliche Welt unter dem Schleier auch die
entrechtete, unterdrückte und mißhandelte Ehefrau, die
auf das Haus und den Harem beschränkt sei und wie in
einem goldenen Käfig lebe. Die Reiseberichte von Euro-
päerinnen aus dem 19. Jahrhundert, die Gelegenheit hatten,
einen Harem zu besuchen, ähneln den Argumenten heuti-
ger Feministinnen. »Du kannst Dir gar nicht vorstellen«
– so Ida von Hahn-Hahn 1844 an ihren Bruder –, »wie
schwierig es ist, mit Personen zu sprechen, welche die Welt
nur hinter vergitterten Fenstern und hinter den Vorhängen
ihrer Arraba betrachten [...], denn mehr noch als der Leib
wohnt hier der Geist im Käfig.«[392] 2004 heißt es im
»Spiegel«, der dem Kopftuchthema eine Titelgeschichte
widmet: »Unsichtbar leben viele Musliminnen hier zu
Lande wie in einem Käfig; einem Käfig, geschweißt aus Koran, Männerherrschaft, Familienclan, Gewalt und Ehre.«[393]

In ihrer Pauschalität und Einseitigkeit sind diese negati-
ven Beschreibungen ebensowenig ›wahr‹ wie diejenigen, die
die Sinnlichkeit des Orients verklären. Sie geben jedoch
Auskunft über das Unbehagen der westlichen Frau – und
damit sind auch orientalische Frauen gemeint, die das westliche Frauenbild angenommen haben – an ihrer eigenen
(entblößten) Weiblichkeit. Indem sie die fremde Frau als
passiv und ungebildet wahrnimmt, erscheint sie selbst, die
doch ebenfalls eine Frau und damit dem herrschenden Ge-
schlechterdiskurs zufolge ein ›Naturwesen‹ ist, als kulti-
viert. Und indem sie die fremde Frau als Opfer männlicher
Gewalt wahrnimmt, projiziert sie die ihr selbst zugefügte
symbolische Gewalt, die unsichtbar und unbeweisbar ist,
auf den Körper der verschleierten Muslimin, um sie dort zu

enthüllen. Nach dem Motto: Nur was verschleiert ist, kann entschleiert werden. Das bedeutet, ebenso wie der westliche Mann die symbolische Kastration auf den muslimischen Mann projiziert, delegiert auch die westliche Frau ihren ›Defekt‹ an die muslimische Frau. »Die Geringschätzung, mit der man das weibliche Geschlecht behandelt«, so berichtet Anna Forneris, die während ihres dreißigjährigen Orientaufenthaltes in der ersten Hälfte des 19. Jahrhunderts oft allein unterwegs war, »setzte es auch vielen Gefahren aus, indem so ziemlich der Grundsatz gilt: ›Mit einem Weibe kann man machen, was man will.‹«[394] Ida von Hahn-Hahn versucht in einem Brief an ihren Bruder die sprichwörtliche Schönheit der orientalischen Frau zu widerlegen: »Wie sie aussehen, wirst Du ganz neugierig wissen wollen; und da thut es mir wahrhaft leid sagen zu müssen, daß wir auch nicht eine Spur von Schönheit gefunden haben. Die Schwester des Pascha hat ein überaus gutes und wolwollendes Gesicht, aber es ist dermaßen fett und kugelrund, und die ganze Gestalt überhaupt von so frappanter Rundung, daß ich beständig an den Vollmond denken mußte.«[395] Auch Ida Pfeiffer, die etwa zur gleichen Zeit wie Hahn-Hahn Syrien und Palästina bereist, findet von Schönheit keine Spur: »Von ausgezeichneten Schönheiten, wenn man die hier sehr verehrte Beleibtheit nicht dafür hält, sah ich nicht viel, wohl aber eine Einäugige, eine in diesem Land nicht ungewöhnliche Erscheinung.«[396] Vor ihren Augen scheinen alle Frauen des Orients gleich: »Ich war in der Folge noch in mehreren, mitunter auch bedeutenderen Harems, allein ich fand überall dasselbe. Der Unterschied bestand höchstens darin, daß ich in manchem Harem schönere Frauen oder Sklavinnen fand, daß sie reicher gekleidet oder eingerichtet waren. Aber überall traf ich auf dieselbe Unwissenheit, Neugierde und Trägheit.«[397] Daß der Harem eine Einrichtung sei, in dem die Frau dem Mann zu dienen haben, daran läßt Anna Forneris' Beschreibung keinen Zweifel: »Nach dem Mittagsmahle hält der Hausherr öfter im Salon Siesta. Ist dieß sein Wunsch, so wird eine sammtne Matrazze und Polster herbeigebracht, worauf sich seine Herrlichkeit zur Ruhe begeben. Die Damen, sich alsdann in einen Gaze-Anzug werfend, der etwas mehr als engelhaft ist, umstellen oder umknieen die Liegerstätte. Die Eine krabbelt Ihre Hoheit an den Fußsohlen, die andere krazt am Haupte herum, die Eine macht sich am Schnurrbart etwas zu schaffen, die Andere weht mit einem künstlichen Fächer aus prächtigen Federn Kühlung zu, bis der so Bediente entschlummert, worauf sie sich lautlos verhalten, bis das Erwachen erfolgt. Hierher sollen europäische, mit ihren Männern unzufriedene Frauen kommen und sehen wie sklavisch das ›schöne Geschlecht‹ dem ›Herrn der Schöpfung‹ dienen muß.«[398]

In ihrer Einseitigkeit sind diese Beschreibungen nicht weniger stereotyp als das Klischee, der Harem sei eine Stätte sinnlicher Verführung. Marion Baumgart hat die Kritik ›frauenfeindlicher‹ Strukturen des Harems mit Diskussionen, die die Reisenden und Forscherinnen in ihrem Heimatland führten, erklärt. Auch Stefanie Ohnesorg kommt zu dem Schluß, daß die Reiseberichte von Frauen aus dem 19. Jahrhundert stark von ihrer eigenen Situation als Frau geprägt sind. Indem sie die fremde Frau als unterdrückt darstellten, behaupteten sie implizit die Überlegenheit ihrer eigenen Situation als Frau. Die Beschreibung der Orientalin wird somit zur Kontrastfolie, auf der sich die Weiblichkeitsbilder des Abendlandes positiv abheben. Überdies spricht die abendländische Frau in bezug auf die Orientalin aus einer Position der ›Objektivität‹, die ihr in ihrem Heimatland nur höchst selten zugestanden wird. Mit anderen Worten, indem sie hinter den Schleier blickt und dort die Macht des Patriarchats erkennt, versichert sich die abendländische Frau nicht nur ihrer kulturellen Überlegenheit gegenüber dem Orient, sie behauptet sich auch als Subjekt gegenüber dem abendländischen Mann. »Die orientreisende Frau«, so Ohnesorg, »zieht u. a. in die Fremde, um hier in einem Bereich, in dem sie glaubt, den europäischen Mann am stärksten treffen zu können, d. h. in dem Reich seiner Phantasien, aktiv Gegenentwürfe zu schaffen.«[399]

Betrachtet man diese Gegenentwürfe etwas genauer, dann stellt man freilich fest, daß es sich um die Verschiebung abendländischer Weiblichkeitsbilder auf die fremde Frau des Orients handelt. Die Bilder, mit denen die orientalische Frau beschrieben wird, beinhalten all das, was die abendländische Frau in ihrer Heimat als Zumutung empfindet, was sie also – so könnte man mit Julia Kristeva und Farideh Akashe-Böhme formulieren – zur Fremden in ihrer eigenen Kultur macht. Denn als das ›andere‹ Geschlecht symbolisiert die Frau in der abendländischen Tradition nicht nur das andere der Vernunft, sondern auch das andere der Kultur. Die angebliche Naturnähe der Frau weist ihr einen Ort zu, von dem das Subjekt sich unterscheiden muß; Naturnähe impliziert, Weiblichkeit sei ein Zustand gleichsam ›natürlicher‹ Entfremdung. »Denn wenn man das eigentliche Wesen des Menschen in seiner Vernunft begründet sieht, dann ist die Naturhaftigkeit nichts als ein Zustand, der überwunden werden muß. Definiert man das Wesen des Menschen als animal rationale, als vernünftiges Lebewesen, so wird die Rationalität zum Eigentlichen des Menschen, während die Animalität, also sein Natursein, etwas ist, von dem er sich abstoßen muß.«[400]

Es liegt also nahe, danach zu fragen, ob die Gegenentwürfe, die die westliche Frau im Blick auf die fremde Frau des Orients schafft, ein Symptom jener Fremdheitserfahrung darstellen, der sie selbst in ihrem Herkunftsland ausgesetzt ist. Der Fremde erscheint immer dann – so hat Kristeva geschrieben –, »wenn in mir das Bewußtsein meiner Differenz auftaucht«.[401] Die Vermutung liegt schon allein deshalb nahe, weil diese dem gängigen Stereotyp scheinbar gegenläufigen Beschreibungen nicht nur ebenso klischeehaft sind wie diejenigen, die sie außer Kraft zu setzen suchen, sondern auch weil in ihnen Metaphern dominieren, die den zu überwindenden ›Naturzustand‹ der Orientalin heraufbeschwören.

Der größte Kontrast zwischen der Sichtweise westlicher Frauen und der westlicher Männer besteht in der Ablehnung der orientalischen Frau, weil sie unzivilisiert und ungebildet sei. Viele Reisende und Forscherinnen heben die mangelnde Intellektualität der orientalischen Frau hervor. »Sie können weder lesen noch schreiben, von der Kenntnis einer fremden Sprache ist schon gar keine Rede«, heißt es bei Pfeiffer.[402] Zu einem ähnlichen Ergebnis kommt Lady Anne Blunt, die 1878 in Begleitung ihres Mannes von Beirut nach Bagdad reiste und anläßlich eines Haremsbesuchs schreibt: »Die Frauen sind ohne eigenen Gedanken, gutwillig, aber gänzlich uninteressant.«[403] Die ebenfalls aus England stammende Forscherin und Feministin Elizabeth Cooper geht in ihrer Untersuchung »The Harim and the Purdah« (publiziert 1915) der Frage nach, »ob die orientalische Frau mit Hilfe ihrer gerade beginnenden intellektuellen und sozialen Entwicklung in der Lage sein wird, sich von jenen traditionellen und inhärenten Einflüssen zu befreien, die tief in der östlichen Persönlichkeit verwoben sind«.[404] Dazu zählt sie, daß orientalische Frauen es gewohnt seien, »anhand ihrer Vorurteile, ihrer Gefühle zu urteilen, und ihre Intuition an Stelle des Verstandes benutzen. Die orientalische Frau ist eine Frau, die von Gefühlen beherrscht wird, von dem Herzen anstatt vom Intellekt.«[405]

Diese angebliche Vernunftferne der orientalischen Frau, als Folge ihrer ›Gefangenschaft‹ im Harem interpretiert, wurde mit Unzivilisiertheit gleichgesetzt, womit die orientalische Frau in die Nähe des Animalischen rückte. In »Moslem Women Enter a New World« (London 1936, deutsch 1939) stellte die Autorin Ruth Francis Woodsmall folgende Behauptung auf: »Eingemauert in die vier Wände des eigenen Hauses, nicht einmal im Stande, die nächste Nachbarin zu sehen oder auf die Straße zu blicken, führen sie ein Leben, das dem Wesen nach die Lähmung jeder Bewegung bedeutet und ein niedriges Niveau bloßen physischen Daseins darstellt.«[406] Ganz ähnlich klingt das noch heute im Wochenmagazin »Der Spiegel«, in dem die Erlebnisse, denen in Deutschland lebende türkischstämmige Mädchen in den Sommerferien in der Türkei ausgesetzt sind, als Existenz auf einem ›unzivilisierten‹ Niveau beschrieben werden: »Das Wort Ferien klingt für diese Mädchen nicht nach Freiheit. Es klingt nach dem Gemurmel der Alten in einem fremden Heimatdorf, nach Flüstern und dann, irgendwann, dem schnellen Keuchen eines Unbekannten an ihrem Ohr.«[407]

Im Harem scheint die westliche Frau dem Naturwesen Frau zu begegnen, auf das sie in ihrer eigenen Kultur festgelegt ist, von dem sie sich jedoch gegenüber der fremden Frau distanzieren kann. »Die persischen, so wie überhaupt die meisten Haremsweiber des Orients aller geistiger Bildung bar, sind unter sich äußerst ausgelassen, ihre Diskourse fast immer nur sinnlicher unzüchtiger Natur, und das, was man Scham bei uns nennt, kennen sie kaum dem Namen nach.« Zu diesem Urteil kommt Anna Forneris.[408] Indem sie die Orientalin als ›Natur pur‹ beschreibt, kann sie sich ihrer eigenen Kultiviertheit versichern. Und dies um so mehr, je größer die Kluft ist, die zwischen ihrer eigenen ›Kultiviertheit‹ und der ›tierischen‹ Natur der Orientalin liegt. Ida von Hahn-Hahn beispielsweise schreibt anläßlich eines Abends, den sie als Gast in einem Harem verbracht hat: »Neben mir saß die Schwester des Pascha. Sie aß Suppe, Creme und dgl. Mit einem Löffel von schwarzem Horn, und alles Andere mit ihren Fingern. Ein wahrhaft merkwürdiger Anblick! Diamanten im Haar und alle zehn Finger mit orangenfarbenen Nägeln und triefend von Fett und Sauce! Natürlich machten die übrigen Damen es nicht anders. Bei der großen Thätigkeit, in der sich ihre Hände befanden, konnte ich diese beobachten: es waren kleine fleischige Hände, mit kurzen, stumpfen, unterentwickelten Fingern, mit Fingern, die nie in andere Thätigkeit als in die unserer Gabeln kommen mogten; ich gestehe Dir, mir war, als ob sie durch eine Schwimmhaut verbunden wären.«[409] Noch unverblümter bringt sie ihre Ansichten über die animalische Natur der orientalischen Frau in einem Brief an ihre Mutter zum Ausdruck. »So eine Masse roher Weiber zu sehen, ist mir schrecklich«, schreibt sie dort. »Lieber sehe ich eine Heerde Kühe oder Schaafe. Der Harem erniedrigt das Weib zum Vieh! [...] Der Harem ist eine Wiese, die den Bedürfnissen des animalischen Lebens genügt. Basta.«[410]

Die rassistischen Bilder, die hier aufgerufen werden, und die der fremden Frau den Status des Menschen absprechen, lassen auf eine hohe emotionale Beteiligung und Unsicherheit über den eigenen Subjektstatus der scheinbar distanzierten Beobachterin schließen. Tatsächlich preist sie sich im gleichen Brief glücklich, nicht in die ›animalische‹ Kultur des Orients hineingeboren zu sein. »Ach welch eine Wonne, zu den Völkern germanischen Stammes zu gehören, bei denen bis in die grauste Vorzeit hinein das Weib den Platz des Mannes einnahm.«[411] Es ist hier nicht der Platz, über die soziale und kulturelle Position der Frau bei den ›Germanen‹ zu reflektieren. Offensichtlich ist jedoch, daß die Beschreibung der orientalischen Frau als animalisch, unvernünftig und stumpf dem Zweck dient, die eigene Position als das genaue Gegenteil erscheinen zu lassen.

Das ›feministische‹ koloniale Erbe wirkt bis heute fort. Nur kurze Zeit nach dem Sturz der Taliban gründete eine Gruppe amerikanischer und britischer Feministinnen in

Kabul eine *Beauty Academy*, deren Ziel es ist, die entschleierte Muslimin mit dem westlichen Schönheitsideal vertraut zu machen. Eigens aus den USA oder Großbritannien angereiste Schönheitsaktivistinnen bringen afghanischen Frauen bei, wie sie sich zu schminken und ihr Haar zu tragen haben. Die *Beauty Academy* wird von der Organisation »Schönheit ohne Grenzen« (*Beauty without borders*) getragen, hinter der amerikanische und europäische Kosmetikkonzerne stehen, die Afghanistan als neuen Absatzmarkt für ihre Produkte erobern wollen.[412] Wie der an »Ärzte ohne Grenzen« angelehnte Name suggeriert, möchte »Schönheit ohne Grenzen« nicht als kommerzielles Unternehmen, sondern als uneigennützige Hilfsorganisation wahrgenommen werden. Dazu gibt ihnen der Film »The Beauty Academy of Kabul« Gelegenheit, in dem die Gründung und das erste Semester der Schönheitsakademie ›dokumentiert‹ werden.[413] In Interviews bezeichnen sich die Gründerinnen der Schönheitsakademie als Entwicklungshelferinnen, die sich selbstlos in den Dienst der ›Befreiung‹ der afghanischen Frau stellen. Was die Schönheitsaktivistinnen den Zuschauern nicht verraten, ist, daß sie hauptberuflich als Beraterinnen in der Kosmetikindustrie tätig sind.

Nach erfolgreicher Beendigung des dreimonatigen Kurses erhalten die afghanischen ›Studentinnen‹ ein Zertifikat, das sie als Absolventinnen der *Beauty Academy* ausweist. Zwar haben die meisten Frauen, die diese Kurse besuchen, bereits unter den Taliban heimlich als Friseurinnen gearbeitet, wissen also, wie man Haare schneidet und Schminke aufträgt. Aber ihr Wissen zählt nur wenig, denn worauf es in der *Beauty Academy* ankommt, sind nicht so sehr technische Fertigkeiten wie die Fähigkeit, westliche Schönheitsnormen nachzuahmen und zu verinnerlichen. Deshalb bleibt der Unterricht nicht auf das Klassenzimmer beschränkt. Die Dozentinnen machen Hausbesuche und kontrollieren, ob auch die Privatsphäre der zukünftigen

*Die ›Beauty Academy of Kabul‹: Der Okzident exportiert
sein Schönheitsideal – zusammen mit seiner Kosmetikindustrie.*

Absolventin den Schönheitsnormen gerecht wird. Dahinter
steht ein Denkmuster, das wir bereits in den Berichten der
frühen Feministinnen angetroffen haben, die im 19. Jahrhundert den Orient bereisten: Die ›orientalische‹ Frau ist
häßlich, solange sie sich nicht für den westlichen Blick
›schön‹ macht. Aus westlicher Perspektive ist die Entschleierung nur der erste Schritt auf dem Weg zur ›Befreiung‹ der Muslimin. Vor allem muß sie lernen, die Maske
der Weiblichkeit zu tragen. Statt einer Burkha hat sie nun
– so Jennifer Fluri – einen ›naked veil‹ (nackten Schleier)
anzulegen.[414] Erst dann ist sie ›grenzenlos schön‹.

Man muß allerdings nicht in den Orient reisen, um die
muslimische Frau zu ›zivilisieren‹. Wie virulent die Abwehr
eigener Weiblichkeitszumutungen mittels ihrer Verschiebung auf die fremde Frau bis heute ist, zeigt sich ganz deut-

223

lich in den Auseinandersetzungen über das Kopftuch, die in Europa geführt werden. Wider besseres Wissen behaupten viele Kopftuchgegnerinnen, das Kopftuch sei mit Bildung, Eigenständigkeit und kritischem Bewußtsein nicht zu vereinen. Nach wie vor, so Yasemin Karakasoğlu, dominiert in Deutschland die Vorstellung, hinter dem Kopftuch stecke die primitive anatolische Bäuerin ohne Schulbildung bzw. die erwerbslose, rechtlose Hausfrau, die das Haus nicht verläßt.[415] Fragt man jedoch Migrantinnen, geben diese als Gründe für ihre Erwerbslosigkeit in erster Linie fehlende öffentliche Kinderbetreuung und erfolglose Arbeitssuche an (die vornehmlich mit den Vorbehalten der Arbeitgeber gegenüber ›Ausländerinnen‹ zu tun haben), nicht jedoch ein entsprechendes Verbot ihres Ehemannes. Dennoch führt die »Zunahme an Informationen zu türkischen Familien in Deutschland offenbar nicht zur Infragestellung von Stereotypen«.[416]

Die Resistenz gegenüber Aufklärung bzw. die Langlebigkeit stereotyper Wahrnehmungen entschlüsselt sich, wenn sie als Übertragung des Unbehagens an der eigenen Kultur auf die fremde Frau gelesen wird. Weil die fremde Frau für den westlichen Blick das Fremde im Selbst verkörpert, fällt die Vorstellung so schwer, unter dem Schleier befinde sich eine eigenständige Persönlichkeit. Und weil Kopftuch und Schleier für den westlichen Blick die deutlichsten Symbole der (eigenen) Fremdheit darstellen, scheint es so schwer vorstellbar, daß muslimische Frauen in diesen Kleidungsstücken einen anderen Symbolgehalt erkennen und sie darüber hinaus selbstbewußt für die symbolische Durchsetzung ihrer eigenen Ziele nutzen könnten. Darauf werden wir noch eingehen.

Es ist aber nicht nur die verzerrte Wahrnehmung des Islam, die für die Entmündigung der Muslimin verantwortlich ist, sondern auch ein verzerrtes Bild, das die Mehrheitskultur von sich selbst entwirft. Dies gilt insbesondere für die Gleichberechtigung von Mann und Frau, die in Deutschland zwar im Grundgesetz festgeschrieben, deren gesellschaftliche Umsetzung jedoch noch lange nicht verwirklicht ist. Der Gleichstellungsbericht der Europäischen Kommission von 2005 stellt eine geschlechtsspezifische Segregation des Arbeitsmarkts in allen europäischen Staaten fest, wobei Deutschland zu den Ländern gehört, in denen diese Segregation besonders ausgeprägt ist.[417] Noch heute verdienen Frauen im Schnitt 25 Prozent weniger als Männer, was u. a. darauf zurückzuführen ist, daß sie in schlechter bezahlten Teilzeitbeschäftigungsverhältnissen arbeiten. Nur ca. ein Drittel der Abgeordneten im Deutschen Bundestag sind Frauen, das gleiche gilt für Posten im Management von Unternehmen, und weniger als fünf Prozent schaffen es in die Führungsetagen der 50 wichtigsten europäischen Großkonzerne. Nach wie vor haben Frauen weniger als zehn Prozent der C4-Professuren an deutschen Hochschulen inne. Die Erwerbsquote von Frauen liegt in Deutschland bei nur 41 Prozent.

Dennoch geht aus diesen Zahlen hervor, daß sich die geschlechtspezifische Ungleichheit auf dem Arbeitsmarkt im Vergleich zu den 80er und 90er Jahren des 20. Jahrhunderts verbessert hat. Wie Birgit Rommelspacher bemerkt, verdanken sich diese Fortschritte der Tatsache, daß in zunehmendem Maße Migrantinnen die schlecht bezahlten und wenig abgesicherten Jobs – etwa in den öffentlichen oder privaten Reinigungsdiensten – übernehmen und deutschen Frauen ohne Migrationshintergund damit den (wenn auch bescheidenen) sozialen Aufstieg ermöglichen.[418] Angesichts dieser eher schmalen Erfolgsbilanz – die noch dazu auf einer weitgehend verschwiegenen ethnischen Hierarchie zwischen Frauen beruht – scheint die Rede von der unemanzipierten Kopftuchträgerin die Funktion zu erfüllen, die Emanzipation der westlichen Frau und die Erfolge der Frauenbewegung besser darzustellen, als sie tatsächlich sind. Darüber hinaus berührt die Verschleierung die in der Frauenbewegung nach wie vor umstrittene und ungeklärte Frage nach dem Verhältnis von Gleichheit und Differenz im Geschlechterverhältnis,[419] die wiederum die Grundlage für die Frage bildet, auf welchem Wege Gleichberechtigung und Geschlechterdemokratie zu erreichen sind.

Rommelspacher hat in diesem Zusammenhang daran erinnert, daß Geschlechtersegregation als eine Möglichkeit zur Umsetzung dieser Ziele in Betracht gezogen wird, ohne daß die Widersprüche thematisiert werden, die dies für den nach wie vor aufrechterhaltenen Gleichheitsgrundsatz bedeutet.[420] Seit Jahren hinterfragen namhafte feministische Wissenschaftlerinnen wie Ayla Neusel, Ulrike Teubner oder Angelika Wetterer mit guten Gründen den Nutzen der Koedukation in den Schulen und Hochschulen und setzen sich für die Einrichtung von Frauenstudiengängen und die Gründung von Frauenuniversitäten nach amerikanischem Vorbild ein. Mit der Internationalen Frauenuniversität (ifu) und dem ingenieurwissenschaftlichen Frauenstudiengang in Wilhelmshaven sind inzwischen zwei Vorhaben in die Praxis umgesetzt worden. Die Absonderung von Schülerinnen und Studentinnen wird als »paradoxe Intervention« angesehen, die »einen Beitrag leisten kann zur Aufhebung von Geschlechtergrenzziehungen«,[421] sofern sie »unter dem Vorzeichen der Gleichheit oder Gleichrangigkeit organisiert sei«.[422] Deshalb bedeute – so die Soziologin Ulrike Teubner – die »Befürwortung von Monoedukation keine Festschreibung von Geschlechterbildern im Sinne differenter Identitäts- und Lebenskonzepte, sondern eine Voraussetzung für die Wahl von Optionen«.[423]

Die Geschlechtertrennung könne allerdings nur dann erfolgreich sein, »wenn das Separierungskonzept jede normative Orientierung an einer wie auch immer formulierten Geschlechterdifferenz aufgibt und sich statt dessen inhaltlich und strukturell auf die Norm der Geschlechtergerechtigkeit bezieht«.[424] Die Absonderung der Frau erscheint deshalb legitim, weil sie dem Gleichheitsgrundsatz nicht widerspreche, sondern seiner besseren Verwirklichung diene. Wir wollen an dieser Stelle diesen Ansatz weder diskreditieren noch seine mögliche Effektivität bestreiten; wir wollen vielmehr auf das darin enthaltene Denkmuster hinweisen, das darauf abzielt, Differenz mit Gleichheit zu versöhnen, ja Differenz lediglich als Vorstufe der Gleichheit zu betrachten. Durch die Herstellung von Differenz soll Differenz überwunden werden. In einer solchen Logik muß die kopftuchtragende oder verschleierte Muslimin beinahe zwangsläufig provozieren, denn sie vertritt »eine Position, die ohne Umschweife die Verschiedenheit der Geschlechter betont«[425] – dies aber nicht als Hindernis für ein emanzipiertes Leben oder die Verwirklichung von Geschlechtergerechtigkeit sieht. Wenn Sozialwissenschaftlerinnen von der »Trennung der Geschlechter« in Schule und Hochschule erwarten, »herkömmlichen geschlechtlichen Codierungs- und Ordnungsvorstellungen die Wirkmächtigkeit zu entziehen«,[426] müßten sie dann nicht auch jede kopftuchtragende Lehrerin und Professorin in deutschen Bildungseinrichtungen willkommen heißen, statt ihnen ihre Kopfbedeckung zu verbieten?

Hinter der Ablehnung des Schleiers verbergen sich kulturelle Zumutungen, mit denen die entblößte Frau der westlichen Welt zu kämpfen hat, die sie aber, gerade weil sie entblößt ist, nicht mehr ›entschleiern‹ und die sie, weil ihre Quelle unsichtbar ist, nur sehr schwer abwehren kann. Die Delegation dieses immer noch meist weiblichen Unbehagens an die ›fremde‹ Frau scheint uns einer der Gründe dafür zu sein, daß so viele Feministinnen in Kopftuch und Schleier eindeutige Symbole islamischer Frauenverachtung zu erkennen glauben. An der fremden Frau, so könnte man sagen, wird die eigene ›Fremdheit‹ – die ›Abweichung von der männlichen Norm‹ – sichtbar gemacht. Farideh Akashe-

Böhme schreibt dazu: »Wenn Frauen sich heute in Auseinandersetzung mit dem Patriarchat selbst finden müssen,
so geht es weniger um eine vom Mann ausgeübte Herrschaft
qua Verfügungsgewalt als vielmehr um die Erfahrung der
Fremdheit in dieser dominanten öffentlichen Kultur.«[427]

Zugegeben, unsere Interpretation der Verschleierung als
Symptom für das eigene Fremde muß so lange spekulativ erscheinen, wie die westlichen Gesellschaften nicht über die
Möglichkeit reflektieren, die Wahrnehmung ›der orientalischen Frau‹ sei ein Ausdruck der eigenen Geschlechterordnung. Um es in den Worten der Psychoanalytikerin Julia
Kristeva auszudrücken: Wir sollten versuchen, »das Fremde
und den Fremden zu analysieren, indem wir uns analysieren«.[428] Ebendiese Erforschung des Eigenen versucht die
Erregung über das Kopftuch zu umgehen. Dabei wird sogar
in Kauf genommen, daß sich die Ablehnung des Kopftuchs
zuweilen auf bloße Vermutungen stützt, die einer Überprüfung kaum standhalten. So behauptet man einerseits, kaum
etwas über die Lebensweise von Migrantinnen aus muslimischen Ländern zu wissen – »Ein Blick hinter die Kulis-
sen bleibt Außenstehenden verwehrt«, schreibt »Der Spiegel« –, während man andererseits über »Schicksale von
Frauen« berichtet, die »unter dem Deckmantel eines religiös begründeten Patriarchats straflos gefangen gehalten,
geschlagen, vergewaltigt und zwangsverheiratet werden.
Frauen, für die die Menschenrechte scheinbar außer Kraft
gesetzt sind«.[429] Das Kopftuch, so behauptet Alice Schwarzer, sei »die Flagge der Scharia«.[430] Und die Sozialwissen-
schaftlerin Necla Kelek sieht im Kopftuch ein Symbol für
die »Apartheid gegenüber den Frauen«.[431]

Diese Vergleiche schaffen einen emotionalen Resonanz-
raum, der dazu dient, diffuse Ängste, die sich auf die westliche Kultur beziehen, zu Gehör zu bringen. Die Berliner
Rechtsanwältin Seyran Ates hält den Kopftuchbefürworte-
rinnen entgegen, den Zwang, der vom Kopftuch ausgehe,

zu verharmlosen. »Die Frauen, die unter frauenfeindlichen Attacken einer Religion zu leiden haben, haben nicht einmal eine Stunde am Tag die Gelegenheit, selbstbestimmt zu handeln und zu leben.«[432] Wir wollen hier gewiß nicht bestreiten, daß viele muslimische Frauen – ebenso wie nichtmuslimische – häuslicher Gewalt ausgesetzt sind. Und wir nehmen auch die Aggressionen und Bedrohungen, denen Seyran Ates als Verteidigerin scheidungswilliger Musliminnen ausgesetzt ist, sehr ernst. Aber die Behauptung, das Kopftuch sei sowohl ein Zeichen für diese Gewalt als auch dafür verantwortlich, hält keiner Überprüfung stand. Wir stellen vielmehr die Möglichkeit zur Diskussion, daß die physische Gewalt, der man die verschleierte Muslimin ausgesetzt glaubt, ein Ausdruck jener symbolischen Gewalt ist, der die entblößte Frau unterliegt – einer Form von Gewalt, die sie weder beweisen noch sichtbar machen kann, ohne als Lügnerin dazustehen. Weil sie so zur Selbsttäuschung verurteilt ist, erkennt und bekämpft sie diese Gewalt im Los der anderen Frau. »Die Kopftuch-Lüge« titelt Alice Schwarzer in »Emma«[433] und schließt damit jede differenziertere Betrachtung der ›Kopftuchfrage‹ aus. *Ex occidente facts?*

KAPITEL V

Orient und Okzident:
zwei Wissensordnungen

Wir haben im zweiten Kapitel darauf hingewiesen, daß in den drei Religionen des Buches das unterschiedliche Verhältnis von Schrift und Oralität unterschiedliche Formen des Denkens, der sozialen Kohäsion und der Geschlechterordnung schuf. Wir haben gezeigt, daß die Bedeutung, die der Oralität – mündlicher Überlieferung, mündlicher Kommunikation – beigemessen wird, zu Flexibilität und Anpassungsfähigkeit führt und daß sich die Unbeweglichkeit des Fundamentalismus oder der Orthodoxie einer Übermacht der Schriftlichkeit verdankt, die zugleich – in den Worten von Leila Ahmed – einer Übermacht ›männlicher‹ Prinzipien in der Religions- und Wissensordnung entspricht. Da wir aber auch festgestellt haben, daß die westliche Wissensordnung auf einer Übermacht des Geschriebenen über das Sprechen, der Blickmacht über den Körper basiert, muß man sich die Frage stellen: Woher kommt es dann, daß ausgerechnet der Okzident mit seiner Schriftdominanz einen solchen Fortschrittsimpetus entwickelt hat? Woraus speist sich die Erneuerungskraft, die Europa nach der Renaissance auf allen Gebieten der Wissenschaft und Technik gezeigt hat? Die Antwort auf diese Frage ist vielfältig. Zunächst gilt es zu erkennen, daß der Okzident nach der Renaissance seine ›Blüte‹ nur erleben konnte, weil ein kaum zu überschätzender Wissenstransfer aus dem Orient stattfand.

Der Islamwissenschaftler Montgomery Watt schreibt: »Überblickt man das arabische Experimentieren, Denken und Schreiben in seiner Gesamtheit, so erkennt man, daß sich europäische Naturwissenschaft und Philosophie ohne die Araber nicht so früh hätten entwickeln können, wie sie sich entwickelt haben. Die Araber waren nicht bloß Vermittler griechischen Denkens, sie waren echte Kulturträger. Sie erhielten die Disziplinen lebendig, zu denen sie Zugang gefunden hatten, und bereicherten sie um neue Fragestellungen. Als die Europäer um das Jahr 1100 begannen, sich ernsthaft für die Naturwissenschaft und Philosophie ihrer sarazenischen Feinde zu interessieren, standen diese Disziplinen in ihrem Zenit; und bevor die Europäer selbst Fortschritte in den Wissenschaften machen konnten, mußten sie von den Arabern alles lernen, was zu lernen war.«[434]

Es waren islamische Herrscher, die im Laufe des 7. und 8. Jahrhunderts in den von ihnen eroberten Gebieten um das Mittelmeer (Ägypten, Marokko, Tunesien, Spanien, Sizilien, Teile von Byzanz) sowie im Mittleren und Nahen Osten (Syrien, Mesopotamien, Persien, Indien) Schulen und Universitäten gründeten. Viele Jahrhunderte bevor die ersten christlichen Universitäten entstanden, widmete man sich im Orient der Bewahrung, Rezeption und Erweiterung griechischer, römischer, ägyptischer, syrischer und persischer Wissensschätze, die im nördlichen Europa unter der Herrschaft des Christentums weitgehend dem ›Vergessen‹ anheimgefallen waren. In der Kairoer Hochschule Al-Azhar wird seit mehr als tausend Jahren ohne Unterbrechung gelehrt und geforscht.[435] Weil die islamischen Eroberer Juden und Christen als religiöse ›Verwandte‹ betrachteten, die zwar Steuern und Abgaben zu entrichten hatten, jedoch nicht zum Islam konvertieren mußten und auch ihre eigene ethnische/religöse Gerichtsbarkeit ausüben konnten, arbeiteten in den Lehrinstituten jüdische, christliche und muslimische Wissenschaftler gemeinsam an der Übersetzung fremdsprachiger Texte ins Arabische. Die Schriften des Aristoteles waren bis zum 9. Jahrhundert vollständig ins Arabische übertragen und wurden immer wieder neu kommentiert. Gleiches gilt für die medizinischen Werke von Hippokrates und Galen. »Allmählich entstand ein selbständiges arabisches Schrifttum über Naturwissenschaft, Logik und Metaphysik, und gleichzeitig entwickelte sich ein technisches Fachvokabular.«[436] Dieses wiederum erlaubte die Überarbeitung und Kommentierung der Übersetzungen. Oft waren die philosophischen Kommentatoren auch Ärzte, die an der Weiterentwicklung medizinischen Wissens arbeiteten. So etwa der große Philosoph Avicenna (gest. 1037), dessen Kanon der Medizin im 12. Jahrhundert ins Lateinische übersetzt wurde und bis weit ins 17. Jahrhundert für die medizinische Ausbildung der Ärzte in Europa unentbehrlich war. Der in Córdoba geborene Averroës (1126–1198) verfaßte neben seinem berühmten Aristoteles-Kommentar, auf den sich Thomas von Aquin stützen sollte, auch eine einflußreiche medizinische Enzyklopädie. Der Aristotelismus bildete dabei nicht nur das Fundament der Philosophie, er diente auch als Grundlage aller Wissenschaften. Unter muslimischer Herrschaft traten religiöse Glaubensgrundsätze und die rationale wissenschaftliche Erklärung der Welt nicht in dem Maße in Widerspruch zueinander, wie dies im christlichen Europa bis zum Beginn der Neuzeit der Fall war. Die hier praktizierte Wissenschaft sah sich nicht dem Beweis von Glaubensinhalten verpflichtet. Vielmehr suchte man gemeinsam mit ›Andersgläubigen‹ nach rationalen Erklärungen für die beobachtbaren Phänomene der Umwelt. So entstand eine geographisch weitverzweigte, kultur- und religionsübergreifende Wissenskultur, deren gemeinsame Sprache das Arabische war.

In das christliche Europa gelangte dieses Wissen hauptsächlich über Spanien, das zwischen der Eroberung seiner südlichen Hälfte um das Jahr 715 bis zur Niederlage Granadas – des letzten islamischen Königtums auf spanischem Boden – im Jahre 1492 unter muslimischem Einfluß stand. Al-Andalus, in dem Juden, Christen und Moslems in der

Regel friedlich zusammen lebten und arbeiteten, profitierte von dem hohen Entwicklungsstand der arabisch-islamischen Wissenschaft. Städte wie Toledo, Sevilla, Córdoba und Granada waren Zentren der Gelehrsamkeit und der Kunst.

Es gab praktisch keinen Bereich der Gesellschaft, der nicht von der wissenschaftlichen Neugierde der Gelehrten profitierte. Da »die Philosophie eine Methode der Textkritik darstellte, die sich sowohl auf Theologie als auch auf Wissenschaft bezog, verließ die Wissenschaft die engen Grenzen akademischer Gelehrsamkeit. Über die Mathematik war sie mit der Welt des Handels verbunden, und über Astrologie und Medizin beeinflußte sie das alltägliche Leben.«[437] Im Handel wurde der Scheckverkehr eingeführt, man verbesserte den Schiffsbau, entwickelte das Astrolabium und den Kompaß. Aufgrund der ausgedehnten Reisetätigkeit arabischer Kaufleute erlebte die Kartographie einen neuen Aufschwung, und für die Landwirtschaft wurden neue Bewässerungstechniken entwickelt. Auch auf dem Gebiet der Optik und Augenheilkunde waren muslimische Gelehrte wegweisend. So widerlegte Alhazen (gest. 1039) bereits im 11. Jahrhundert Euklids Theorie, daß das Auge Sehstrahlen aussende. In seiner Schrift »Kitāb al manazir« (später übersetzt als »Opticae Thesaurus«) weist er nach, daß das Sehen durch die Aufnahme reflektierten Lichtes im Auge zustande kommt, eine Erkenntnis, die Johannes Kepler im 17. Jahrhundert als Grundlage für seine Theorie des Sehens dienen sollte. Es waren muslimische Ärzte, die eine Methode zur Entfernung des Grauen Stars erfanden. Mittels einer hohlen Nadel schabte man die Trübung von der Linse. Die Fortschritte in der Mathematik waren gewaltig: Die Araber verfeinerten den Gebrauch der indischen Dezimalnotation, die auch die Zahl Null kannte, und sie »entwickelten Methoden zur rechnerischen Bewältigung komplexer mathemati-

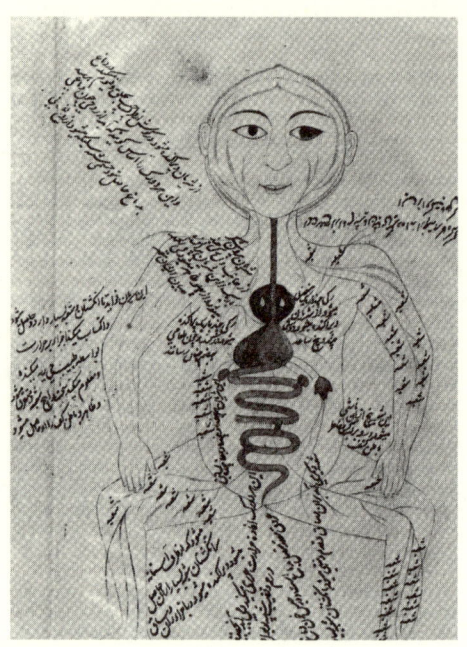

*Der Okzident ›ver-
gißt‹ die Quellen
seines Wissens:
Lange vor Harvey
hatten arabische
Gelehrte schon
den Blutkreislauf
entdeckt.*

scher Operationen, etwa der Ermittlung der Quadratwur-
zel einer Zahl«.[438]

Am vielleicht spektakulärsten manifestierten sich die
wissenschaftlichen Neuerungen auf dem Gebiet der Architektur und der Gartenbaukunst. In Al-Andalus entstanden
die Mezquita in Córdoba (784–987) und die Alhambra in
Granada (1248–1354), die zu den berühmtesten Bauwer-
ken ihrer Zeit zählten und von dem hohen Entwicklungsstand der arabischen Baukunst zeugen. Die in der Mezquita
bereits im 8. Jahrhundert erstmals verwendeten Rippen-
bögen finden sich später in den gotischen Kathedralen
im nördlichen Europa, etwa in Chartres (1145–1220), wieder.

Wie wichtig die ›Beweglichkeit‹ des Wissens für die arabisch-islamische Wissenskultur war, läßt sich an der Verwendung von Papier für die Herstellung von Büchern ablesen, die bereits im 9. Jahrhundert begann. Papier, das im

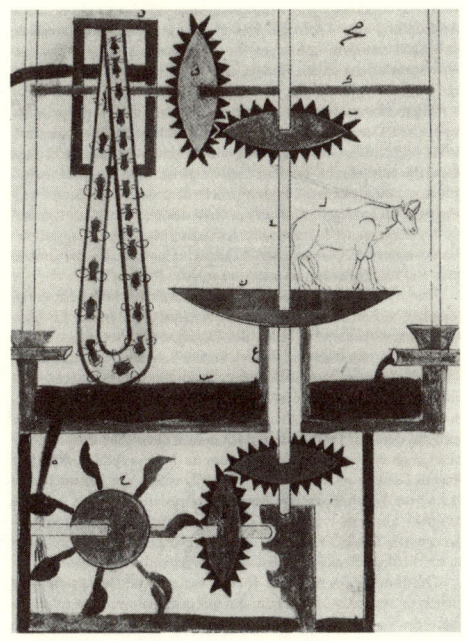

Der Orient als Zentrum technologischer Innovation: Eine hydraulische Pumpe aus dem arabischen Raum, ca. 9. Jahrhundert.

2. Jahrhundert in China erfunden wurde und sich rasch in der arabischen Welt ausbreitete, erlaubte es, Bücher billiger herzustellen sowie größere Stückzahlen anzufertigen, die dann im gesamten islamischen Reich Verbreitung fanden. »Etwa im Jahr 800 baute der Wesir des Harun as-Rasid, Yahya der Barmakide, die erste Papiermühle in Bagdad. Die Erzeugung von Papier breitete sich in Richtung Westen über Syrien und Nordafrika bis nach Spanien hin aus und wurde allgemein gebräuchlich. Als großes Kuriosum brachten noch französische Wallfahrer im 12. Jahrhundert Papierstückchen aus Compostella mit nach Hause, obgleich Roger II. von Sizilien [das unter muslimischer Herrschaft stand, d. Verf.] schon 1090 Papier für eines seiner Schriftstücke benutzt hatte. Von Spanien und Sizilien ging die Verwendung von Papier nach Westeuropa über, doch erst im 14. Jahrhundert wurden Papiermühlen in Deutschland und Italien gebaut.«[439]

In den großen Städten von Al-Andalus wurden Übersetzungen arabischsprachiger Werke ins Hebräische, Lateinische und Kastilische angefertigt. Um 1085, mit dem Beginn der christlichen Rückeroberung Südspaniens (der *Reconquista*), begann allmählich und zögerlich die Rezeption arabischer Schriften im nördlichen Europa, doch »bis zum Anfang des 12. Jahrhunderts hatte kein arabisches oder aus dem Griechischen (oder Syrischen) ins Arabische übersetztes Werk Europa erreicht, mit Ausnahme einiger sehr unzureichender Fragmente oder recht unzuverlässiger Kompilationen antiker Werke in lateinischer Sprache«.[440] Im Jahre 1250, als Toledo wieder unter christlicher Herrschaft stand, wurde dort eine Schule für die Übersetzung arabischer wissenschaftlicher Schriften ins Lateinische und Kastilische gegründet, an der hauptsächlich Christen und Juden gemeinsam arbeiteten.[441] Die Rezeption und Inkorporation des arabischen Wissens erstreckte sich über mehrere Generationen. In diesem Prozeß ging in der Regel der arabisch-islamische Ursprung des Wissens verloren. Nord-Europäer ›vergaßen‹, daß das Wissen, das sie in Übersetzungen erreichte, islamischen oder arabischen Ursprungs war. Später, nachdem sich das christliche Europa den unter islamischer Herrschaft erarbeiteten Wissensschatz einverleibt hatte, erklärte es den Orient als ›rückständig‹ und ›bildungsfeindlich‹. So heißt es in dem 1931 in Oxford publizierten Sammelband »The Legacy of Islam« in einem Kapitel über Astronomie und Mathematik: »Wir dürfen nicht erwarten, bei den Arabern demselben mächtigen Genie zu begegnen, derselben Begabung zur wissenschaftlichen Phantasie, demselben ›Enthusiasmus‹, derselben Originalität des Denkens wie bei den Griechen. Die Araber sind in erster Linie Schüler der Griechen, ihre Naturwissenschaft ist eine Fortsetzung der griechischen Naturwissenschaft.«[442]

Ein eindrucksvolles Beispiel für das europäische ›Vergessen‹ ist die Entdeckung des Blutkreislaufs. Diese wird gemeinhin dem Engländer William Harvey zugeschrieben, der sie 1628 in seinem Buch »An Anatomical Exercise on the Motion of the Heart and Blood in Animals« darlegte. Harveys Publikation vorausgegangen war die Darstellung des spanischen Arztes und Protestanten Miguel Serveto (Michael Servetus), der mehr als hundert Jahre vor dem Engländer die Zirkulation des Blutes beschrieb, allerdings nicht in einem medizinischen Lehrbuch, sondern in einer 1553 gedruckten theologischen Abhandlung mit dem Titel »Christianissimi Restitutio«, in der sich Serveto gegen die Dreieinigkeitslehre wandte. Als der wahre Entdecker des Blutkreislaufs muß jedoch der syrische/persische Arzt, Rechtsgelehrte und Theologe Ibn al-Nafis gelten. Durch Sektionen an menschlichen und tierischen Körpern hatte al-Nafis die Existenz des Lungenkreislaufs bewiesen und damit die bis dahin geltenden Theorien von Galen und Avicenna, die von getrennten Arterien- und Venenkreisläufen ausgingen, widerlegt.[443] Zwischen 1236 bis zu seinem Tode 1288 arbeitete er als Arzt am Al-Nassri-, später am weltberühmten Al-Mansouri-Hospital in Kairo und diente dem Sultan als Leibarzt. Die große Bibliothek von Ibn al-Nafis, der ohne Nachkommen starb, wurde dem Krankenhaus von Kairo, an dem er als Chefarzt tätig war, übertragen, seine Publikationen wurden vergessen und blieben ohne Einfluß auf die Medizin, obwohl der Italiener Andrea Alpago al-Nafis' Traktat über den Blutkreislauf 1547 ins Lateinische übersetzte.

Möglicherweise kannten Servetus und Harvey diese Übersetzung. Erst 1924 entdeckte der ägyptische Arzt Muhyo Al-Deen Altawi in der Staatsbibliothek zu Berlin eine Kopie von al-Nafis' Traktat über die Zirkulation des Bluts.[444] Bis heute hat der Fund allerdings nur wenig Auswirkung auf die Geschichtsschreibung. Nach wie vor gilt William Harvey als der Entdecker des Blutkreislaufs. Michael Servetus wurde in Genf am 14. August 1553 aufgrund einer Anklage als Ketzer verhaftet. Die protestantischen

Autoritäten, vor allem Calvin, verlangten von ihm die Widerrufung seiner These, die Dreieinigkeit entbehre jeglicher biblischer Grundlage. Servetus weigerte sich und wurde am 16. Oktober wegen Häresie und Blasphemie verurteilt. Am 24. Oktober wurde er vor den Toren Genfs verbrannt. Auch seine theologischen Schriften und mit ihnen seine Beschreibung des Lungenkreislaufs fielen dem Feuer zum Opfer. Sein Schicksal demonstriert, wie sehr noch im 16. Jahrhundert die Medizin unter der Deutungshoheit der Theologie stand. Erst mit William Harvey konnte man in Europa den Gedanken zulassen, daß das Blut im menschlichen Körper in einem geschlossenen Kreislauf zirkulierte und es seine Lebenskraft nicht dem Einhauchen eines göttlichen Spiritus (griech. pneuma), sondern der Lungenfunktion verdankt.

Die von kirchlicher Seite erfolgte Unterdrückung dieses Wissens in Europa darf nicht darüber hinwegtäuschen, daß ohne die avancierte Wissenschaftskultur des arabisch-islamischen Reiches, das zur Zeit seiner größten Ausdehnung vom 9. bis 12. Jahrhundert von der Arabischen Halbinsel über Damaskus, Bagdad, Toledo bis nach Samarkand reichte, die europäische ›Renaissance‹ mit ihren zahlreichen technischen, künstlerischen und wissenschaftlichen Neuerungen nicht stattgefunden hätte. »Wir Europäer«, so schreibt Montgomery Watt, sind »blind für die kulturelle Schuld, in der wir beim Islam stehen. Wir unterschätzen oder ignorieren Umfang und Bedeutung des islamischen Einflusses auf unser kulturelles Erbe. Im Interesse unserer guten Beziehungen zu Arabern und Muslimen müssen wir anerkennen, wieviel wir dem Islam verdanken. Unsere Dankesschuld überspielen oder bestreiten zu wollen wäre ein Zeichen von unangebrachtem Hochmut.«[445] Aus dieser Perspektive erscheint die Phantasie, Europa werde durch die Hinwendung zur griechischen Antike »wiedergeboren«, wie der Versuch, das islamisch-arabische Erbe aus dem Gedächtnis zu löschen.

Ein Blick in die Geschichte des Wissenstransfers zwischen Orient und Okzident, der sich zwischen dem 11. und 13. Jahrhundert im Zuge der *Reconquista* vollzog, zeigt aber nicht nur, wieviel das Abendland dem Morgenland verdankt, er zeigt auch, daß die Wissensordnungen in Morgenland und Abendland unterschiedlichen Logiken folgen. Mit großer Deutlichkeit läßt sich diese Differenz am Beispiel der Medizin und des Umgangs mit Krankheiten ablesen. Im Christentum hatten sich die Medizin und Krankenpflege seit der Frühzeit religiösen Dogmen unterzuordnen. Wie die Medizinhistorikerin Nancy Siraisi schreibt, vernachlässigten die frühen Christen das medizinische Wissen der Griechen, denn als Wissenschaft interessierten Medizin und Heilkunde nur in ihrem Bezug zur spirituellen Gesundung des Menschen.[446] Christliche Autoren verwandten deshalb nur wenig Sorgfalt auf die Tradierung der griechischen und römischen Quellen. Dem heiligen Ambrosius (340–397) etwa diente der römische Politiker und Rhetor Cicero als medizinische Autorität.[447]

Prinzipiell galt Krankheit als Folge der Vertreibung aus dem Paradies (etwa beim heiligen Augustinus) und wurde als Zeichen der Sünde angesehen.[448] Diese religiöse Verbindung von Krankheit und Strafe hatte zur Folge, daß der Arzt sich nicht in erster Linie um die Gesundung des kranken Körperteils oder Organs bemühte, sondern um dessen Schwächung – durch Fasten und Aderlaß – oder Ausmerzung. Die Therapie kam so eher einer Bestrafung als einer Heilung gleich. Eine Analogie, die der heilige Augustinus (354–430) ausdrücklich befürwortete: »Denn schon in seinem ersten Anbeginn bezeugt dies unser Leben, wenn man es überhaupt Leben nennen darf, welches so voll ist von schweren Übeln, daß das ganze Geschlecht der Sterblichen verdammt ist. [...] Was vollends den Körper anbelangt, gibt es so viele leidige Krankheiten, daß selbst die Bücher der Ärzte sie nicht fassen, und bei den meisten, ja fast allen sind die Hilfs- und Heilmittel selber ebenfalls peinvoll, so daß die Menschen von den verderblichen Plagen nur durch neue Plagen erlöst werden. [...] Aus diesen Höllen eines dermaßen unglückseligen Lebens erlöst uns nur die Gnade des Heilands Christus, unseres Gottes und Herrn.«[449]

Da die Heilung der Seele Vorrang vor der Behandlung des Körpers besaß, konnte der Christ seine Gottesfürchtigkeit im stillen Erleiden der Krankheit beweisen. Im übrigen bewiesen die sogenannten ›Heilwunder‹, die vorzugsweise an Reliquienschreinen stattfanden, die religiöse Dimension einer Krankheit sowie die Überlegenheit spiritueller Heilmethoden.[450] Die Regularien des Benediktinerordens (gegr. 525 in Monte Cassino) – bis zum 13. Jahrhundert der bedeutendste christliche Orden in Europa – sahen für kranke Mönche keine ärztlichen Konsultationen vor, obgleich sich der Orden der Bewahrung und Weitergabe antiken Wissens verpflichtet hatte. Der einflußreiche Zisterzienserabt Bernhard von Clairvaux (gest. 1153) – maßgeblich beteiligt am Zustandekommen des 2. Kreuzzuges (1147–1149) – riet Klosterbrüdern ausdrücklich von medizinischer Behandlung ab. Ein Mönch habe sich ganz der spirituellen Heilung zu widmen. In einem Brief an die Brüder des Klosters Saint Anastasio, das in einer Malariaregion lag, schrieb er: »Ich weiß genau, daß Ihr in einer für die Gesundheit schädlichen Gegend wohnt, und daß einige von Euch an zahlreichen Krankheiten leiden. Aber erinnert Euch an den, der gesagt hat: ›Gern will ich mich in meiner Schwachheit rühmen, damit die Kraft Christi in mir wohne‹ (2. Kor 12,9) und ›wenn ich schwach bin, dann bin ich stark‹. (2. Kor 12,10) Gewiß leide ich mit Euch und teile mit Euch den großen Schmerz über die Krankheit des Körpers, viel mehr aber ist die Krankheit der Seele zu fürchten; vor ihr muß man sich stärker in acht nehmen. Daher entspricht es keineswegs Eurem religiösen Leben, Heilmittel für den Körper zu suchen, und es dient auch nicht Eurem Heil. Freilich, von den billigen und für die Armen geziemenden Kräutern bisweilen etwas zu nehmen kann geduldet werden und pflegt auch gelegentlich zu geschehen; aber Arzneien zu kaufen, den Ärzten nachzulaufen und Heiltränke einzunehmen ist dem religiösen Leben abträglich und nicht vereinbar mit der Reinheit, insbesondere ist es weder der Ehre noch der Reinheit unseres Ordens angemessen.«[451] Nach der Lektüre dieser Schriften drängt sich der Eindruck auf, der christlichen Heilkunde habe der Tod nähergestanden als das Leben und die wahre Gesundheit stelle sich erst dann ein, wenn der sterbliche Körper besiegt ist.

Ganz anders der therapeutische Ansatz im arabischen Raum. Statt auf die ›Bestrafung‹ des kranken Körpers zu setzen, versuchte man, diesen soweit wie möglich zu erhalten. Dies zeigt sich u. a. in der großen Zurückhaltung, mit der man den Aderlaß als Therapie einsetzte.[452] Um 800 wurden in Syrien und Mesopotamien die ersten Hospitäler gegründet, in denen Kranke mit einer Vielzahl von Arzneien und Therapien gesundgepflegt wurden. Während also die christliche Medizin danach trachtete, das Kranke ›auszutreiben‹ – weil es als die Folge einer ›Besessenheit‹ des Körpers durch das Böse und die Sünde gedacht wurde –, strebten muslimische Ärzte danach, ein Leben mit der Krankheit zu ermöglichen. Die bedeutenden medizinischen Enzyklopädien und Lehrbücher arabisch-islamischer Mediziner wie Rhazes (gest. um 925), Haly Abbas (gest. 10. Jh.), Avicenna (gest. 1035), Albucasis (gest. 1009) und Averroës (gest. 1198) basierten denn auch weniger auf dogmatischen Überlegungen; sie waren empirisch ausgerichtet und orientierten sich an klinischer Beobachtung. Sie enthielten eine Vielzahl individueller Fallbeschreibungen und legten größten Wert auf die genaue Beobachtung des Krankheitsverlaufs und seiner Symptome, die praktizierenden Ärzten als Wegweiser für die Diagnose dienen konnten. Im lateinischen Westen dagegen war dieser empirische Ansatz zunächst weniger

ausgeprägt.[453] Mit der Rezeption der arabischen Medizin
dienten diese umfangreichen Kompendien ab dem Spätmittelalter als Vorlage zur Ausbildung einer medizinischen Praxis, die sich nicht mehr allein an abstrakten religiösen Glau-
bensregeln orientierte. Insbesondere Rhazes' »Al-Hawi«
(»Das Umfassende«) und Avicennas »Canon« wurden im
Westen bis weit ins 17. Jahrhundert rezipiert.

Die westliche Wissensordnung

Wieso konnte der Orient, dem der Westen auf dem Gebiet
der Wissenschaft und der Technologie so viel zu verdanken hatte, seit der Renaissance mit dem Westen nicht mehr
Schritt halten? Die gängigste Antwort darauf lautet, der
Orient habe sich den technischen Neuerungen der Mo-
derne – insbesondere dem Buchdruck und der mechanischen
Uhr – verweigert. Dagegen ließe sich zunächst einwenden,
daß sich der ›rückständige‹ Orient heute keineswegs der Verwendung neuester technischer Errungenschaften widersetzt:
Er hat sich die modernen Kommunikationstechniken –
Handy, Internet, Fernsehen – angeeignet, und gerade das
Netzwerk des Terrorismus wie auch die einflußreiche Stellung von Führergestalten wie Osama bin Laden oder Abu
Mussab al Sarkawi verdanken sich modernen Kommunikationstechniken. Zudem bieten technische Fortschritte, etwa
das Internet, Frauen ›subversive‹ Organisationsmöglich-
keiten innerhalb einer geschlechtersegregierten Gesellschaft
– etwa in Saudi-Arabien.[454] Die Hemmschwelle gegenüber
technischen Neuerungen scheint demnach nicht so hoch zu
sein, wie der Topos der ›orientalischen Rückständigkeit‹
unterstellt. Es muß also andere Gründe dafür geben, daß sich
Orient und Okzident so unterschiedlich entwickelten.

Als Grund für die angebliche ›Rückständigkeit‹ des
Orients wird oft die Religion – oder die ›Sakralität‹ – ange-

242

führt: Sie sei ein Hindernis für den Fortschritt und Grund
für die »Versiegelte Zeit«: So der Titel des schon zitierten
Buchs von Dan Diner zu diesem Thema. Gewiß, es stimmt,
daß sich der Orient sowohl der Technik als auch dem
Säkularisierungsprozeß weitgehend verschloß. Aber das
scheint weniger mit einem mangelnden Erfindungsgeist des
Orients als mit einer Leiblichkeit zu tun zu haben, wie sie
von oralen Traditionen vorgegeben wird (vlg. S. 31 ff.) Als
der Westen schon lange nach dem festen, von den Bedürfnissen des Körpers abstrahierenden Takt der mechanischen
Uhr lebte – und Leibniz folgerichtig das psychische und
das physische System mit zwei gleichlaufenden Uhren vergleichen konnte –, wurden im Orient Zeit und Entfernung
in Abhängigkeit vom menschlichen Körper bemessen. »Die
alte persische *farsaqh*, die im Griechischen als *parasang* erscheint, definierte die Entfernung, die ein Mann in einer
Stunde zu Fuß zurücklegen konnte, während das arabische
marhala (türkisch *konak*) der Entfernung entsprach, die ein
Reisender an einem Tag zurücklegte.«[455] Im arabischen
Raum wurde der Tag zwar in 24 Stunden aufgeteilt, aber die
Stunden richteten sich nach der Temporalzeit mit ihrer von
der Jahreszeit abhängigen Länge. Auch als im Osmanischen
Reich die mechanische Uhr eingeführt wurde, richtete sich
diese nach der Jahreszeit: Die Tagesrechnung begann mit
dem Sonnenuntergang, und das implizierte, daß die Uhr jeden Tag neu gestellt werden mußte.[456]

Das zweite Beispiel, das für die ›Zurückgebliebenheit‹
des islamischen Raums angeführt und verantwortlich gemacht wird, ist die Ablehnung der Druckerpresse, die im
Osmanischen Reich erst im 18. Jahrhundert für arabische
Texte zugelassen wurde. Im allgemeinen wird diese Ablehnung mit der ›Sakralität‹ der arabischen Sprache erklärt.
Aber wie wir im zweiten Kapitel darzustellen versuchten,
läßt sich dieses Verbot nicht nur mit dem Gedanken sakraler Transzendenz, sondern auch mit der Sakralität der ora-

len Überlieferung erklären. Weil sich der Islam zusammen mit der arabischen Sprache ausbreitete, so der tunesische Philosoph Mohamed Turki, beruht die arabische Kultur wesentlich »auf zwei Säulen: Sprache und Religion. Die Sprache ist sogar eins mit der Religion geworden und gilt als identitätsstiftend und als Referenzsystem der gesamten Kultur.«[457] Das Christentum breitete sich nicht mit einer Sprache, sondern mit einem Schriftsystem aus. Das ist sein ›Referenzsystem‹ – und dieses verweist nicht auf den Körper, wie das Sprechen es tut, sondern auf entkörperte Zeichen. Daß vielleicht der Oralität eine sakrale Bedeutung zukommen könnte, war und ist dem Westen ein fremder Gedanke.

Die Vorstellung, daß die ›Sakralität‹ – die Durchdringung aller Lebensbereiche mit dem Gedanken der Transzendenz – Grund für die unterschiedliche Entwicklung von Ost und West sein könnte, leuchtet auch aus einem anderen Grund nicht ein. Viele Innovationen der christlichen Gesellschaft verdankten sich keineswegs der Überwindung des sakralen Denkens, sondern gingen daraus hervor. Die Äquinoktialzeit – die Aufteilung der Stunden in unveränderliche Zeiteinheiten, die ganz neue Arbeitsbedingungen schuf und ohne die Erfindung der mechanischen Räderwerkuhr kaum durchzusetzen war – wurde zuerst in den Klöstern eingeführt.[458] Auch der Buchdruck entstand, weil es ein theologisches Bedürfnis nach dieser Technik gab: Gegen Ende des Mittelalters waren viele Klöster zu Vervielfältigungsanstalten für Handschriften geworden, und der Bedarf stieg ständig.

Daß Wissen und Glauben als Gegensätze betrachtet wurden, galt erst für die Zeit der Aufklärung. Und auch danach läßt sich noch die Erbschaft christlichen Denkens erkennen: Wir haben im Zusammenhang mit der Geschichte des Kreuzes darauf hingewiesen, daß wissenschaftliche Neuerungen wie die Genetik eng mit Denkweisen zusammenhängen, die aus der christlichen Theologie kommen (vgl. S. 46f.). Um so stärker gilt dieser Zusammenhang für Zeiten, in denen die christliche Theologie über das Wissen bestimmte. Für Descartes war der Zusammenhang von Glauben und Wissenschaft ganz selbstverständlich. Er verkündete: »Die Philosophie ist wie ein Baum. Die Wurzeln sind die Metaphysik, der Stamm ist die Physik, und die Zweige sind die anderen Wissenschaften.«[459] Damit zeichnete er das Bild einer Wissenschaft, die ihr Wissen als das *Ergebnis* des Transzendenten betrachtete. Eine solche vom ›Glauben‹ abgeleitete Vorstellung begleitete die gesamte christliche Gesellschaft seit der Scholastik, d. h. seit der Zeit, in der durch die koordinierten Kräfte von Staat und Kirche eine Gesellschaft entstanden war, die nach dem Gesetz der Schrift funktionierte.

Das Zusammenspiel von Glauben und Wissen tritt deutlich in einer Paradoxie zutage, die die christliche Wissensgeschichte begleitet hat: Kaum eine andere Religion der Welt hat Neuerungen auf dem Gebiet von Wissenschaft und Technik so beharrlich abgelehnt und zum Teil sogar verfolgt wie die christliche. Zugleich hat aber auch keine andere religiöse Kultur so viele technische und wissenschaftliche Neuerungen hervorgebracht wie die christlich-abendländische.[460] Der Widerspruch läßt sich nicht damit erklären, daß die Neuerer Häretiker gewesen seien. Zwar wurden sie gelegentlich, wie das Beispiel von Servetus zeigt, der Häresie beschuldigt. Aber ihr Wissen wurde bewahrt und tauchte oft schon wenige Generationen später als ›kanonisches‹ Wissen auf. Im westlichen Denken bildeten Transzendenz und Wissenschaft eben *keine* Gegensätze; vielmehr bereitete das religiöse Denken den Nährboden, auf dem sich der wissenschaftliche Fortschrittsdrang entwickeln konnte. Deshalb hatte Leibniz keine Schwierigkeiten, im Zahlensystem einen Gottesbeweis zu sehen, und verkünden heute nicht nur christlich-fundamentalistische Laien, daß sie an die Lehre vom ›intelligent design‹ glauben (laut der das Leben vor etwa viertausend Jahren geschaffen wurde), sondern auch 500 gut ausgebildete Naturwissenschaftler – 76 Chemiker, 63 Physiker, 24 Mediziner und ca. 100 Biologen – unterschrieben eine Petition, in der sie die Evolutionstheorie hinterfragen.[461] Die ihrer Kritik zugrunde liegende Annahme lautet: Das Leben sei so komplex, daß es sich nur als Schöpfung eines höheren Wesens erklären lasse.

Der Glaube der Evangelikalen an den ›Kreationismus‹ wird oft als Aberration abgetan. Aber diese wissenschaftliche Abirrung wurde von mehreren US-Bundesstaaten für die Schulen zugelassen; einige Bundesstaaten, wie Ohio, haben den Unterricht sogar mit entsprechendem Lehrmaterial versorgt. Sie sehen keinen Widerspruch zwischen dem christlichen Transzendenzgedanken und der postchristlichen Moderne. Der christlichen Religion eignet offenbar eine Dimension, die es ihr ermöglicht, Theologie und Wissenschaft eine gemeinsame Plattform zu geben. Das geschieht allerdings nicht durch die Offenheit gegenüber empirischer Beobachtung, sondern durch die Unterwerfung der Empirie unter das Gesetz der zunächst theologischen, dann säkularen Logik – ein Vorgang, der der Subordination und Gestaltung der ›Muttersprache‹ nach dem Gesetz der ›Vatersprache‹ entspricht. Es liegt also nicht am Transzendenz-Gedanken, wenn der Orient ein anderes Verhältnis zur Innovation entwickelte als der Okzident. Vielmehr scheint gerade die Abstraktion, die Überwindung der Körperlichkeit, die wir am griechischen Alphabet festmachten, Hauptmotor des westlichen Fortschrittsgedankens zu sein. Neben dem Schriftsystem spielten auch andere Charakteristika, die die christliche Religion von den beiden anderen Religionen des Buches unterscheiden, eine wichtige Rolle: einerseits die christliche Inkarnationslehre, in der der Gedanke einer Materialisierung des Abstrakten enthalten ist, und andererseits die Tatsache, daß das Christentum durch seinen Gott, der sich für die Menschheit opfert, ein Verhältnis von Gott und Mensch definierte, in dem der Mensch, der dieses Opfer nicht erwidern kann, in permanenter Schuld gegenüber Gott bleibt und ebendeshalb einen besonderen Drang entwickelt, aus dieser »selbstverschuldeten Unmündigkeit« (Kant) auszutreten.[462]

Betrachtet man die Unterschiede zwischen der ›westlichen‹ und der ›östlichen‹ Wissensordnung, so erkennt man, daß die westliche Innovation vom Gedanken der Berechenbarkeit gesteuert wird, die ihrerseits der Abstraktion geschuldet ist. Das verbindet den Gedanken der Transzendenz mit dem wissenschaftlichen Fortschritt. In seinem Buch »Gesellschaft als imaginäre Institution« spricht der Sozialwissenschaftler und Philosoph Cornelius Castoriadis von der europäischen Idee einer »Mathematisierbarkeit der Welt«. Der große Wissensschub der Neuzeit, so sagt er, stelle nicht eine *Errungenschaft* der Technik (etwa des Buchdrucks) dar, sondern andersherum: Sie gehe dieser voraus. Er beschreibt die technischen Errungenschaften als das Resultat einer spezifischen Strukturierung der Wissensordnung: »Die aufeinanderfolgenden Umwälzungen, die sich im ›rationalen Wissen‹ aller bekannten Gesellschaften finden lassen, setzen stets einen grundlegenden Wandel des gesamten imaginären Weltbildes (und der Vorstellungen vom Wesen und Ziel des Wissens selbst) voraus. Die letzte dieser Umwälzungen, die vor einigen Jahrhunderten im Abendland stattfand, hat jene eigentümliche imaginäre Vorstellung geschaffen, der zufolge alles Seiende ›rational‹ (und insbesondere mathematisierbar) ist, nach der der Raum des möglichen Wissens von Rechts wegen vollständig ausgeschöpft werden kann und wonach das Ziel des Wissens in der Beherrschung und Aneignung der Natur liegt.«[463]

Anders ausgedrückt: Der Buchdruck wurde erst erfunden, *nachdem* die europäische Gesellschaft nach dem Gesetz der Schrift zu leben begonnen hatte. Der Wandel des Weltbildes ging der technischen Erfindung voraus, ja machte diese erforderlich. Er schuf die Voraussetzungen für eine Gesellschaft, die nach dem Gesetz der Zahl und der Berechenbarkeit organisiert war. Obgleich der Orient über große mathematische Kenntnis verfügte, die das Abendland erst von dort übernahm, zeigt sich der Unterschied in den Wissensordnungen gerade am Umgang mit der Berechenbarkeit: Im Westen wird das Prinzip der Zahl oder der Berechenbarkeit dem Körper eingeschrieben; im Orient dagegen bestimmt der Körper über Rationalität und Berechenbarkeit, und das gilt auch für die Theologie. Ibn Rushd (Averroës), so schreibt Rémi Brague, vertrat die Ansicht, »daß die religiösen (›göttlichen‹) Gesetze nach ihrer Übereinstimmung mit den ›menschlichen Gesetzen‹ bewertet werden müssen, das heißt, nach den Regeln, die definieren, welche Ordnung der letzten Bestimmung des Menschen gemäß sei. […] Er dreht damit auf spektakuläre Weise die Perspektive um, nach der die menschlichen Gesetze sich im Gegenteil nach den göttlichen zu richten hätten.«[464]

Gewiß, der ›aufgeklärte‹ Averroës, der sich für eine Trennung von Wissenschaft und Religion stark machte,[465] war nicht repräsentativ für die spätere Entwicklung des Islam. Doch sein Gedanke, daß sich das Göttliche nach dem Menschen zu richten habe, nicht umgekehrt, spielt sogar beim Gründer der Muslimbrüder, Hasan al-Bannā, eine wichtige Rolle. Ivesa Lübben, die seine Schriften untersucht hat, konstatiert: »Das politische System, dessen Konturen al-Bannaa zeichnet, ist kein außerweltliches System. Al-Bannās Gott ist in die Welt getreten und denkt in der Logik dieser Welt. Die Welt wird nicht sakralisiert, sondern das Göttliche wird im Weltlichen existent: Was für die Menschen gut ist, was für die *umma* gut ist, ist auch für Gott gut.«[466] In der europäischen Gesellschaft hingegen wirkte der Gedanke einer Vorrangigkeit der Berechenbarkeit über den Körper auch in den Säkularisierungsprozeß hinein. Das wird besonders deutlich am Beispiel der Räderwerkuhr, die ab dem 13. Jahrhundert die westliche Zeitwahrnehmung zu dominieren begann.

Zwei Zeitwahrnehmungen

Das westliche Zeitdenken ist geprägt von der Vorstellung linearer, sich fortbewegender Zeit, die einerseits Erneuerung, andererseits aber auch Berechenbarkeit impliziert: Der Zufall und die Irrationalität, die Unberechenbarkeiten der Natur (und der Geschlechtlichkeit) erscheinen den ›Sicherheiten‹ einer berechenbaren ›Wirklichkeit‹ hoffnungslos unterlegen. Mit den Gesetzen von Solon Anfang des 6. Jahrhunderts v. Chr. – und das waren die ersten Gesetze, die das Prinzip des griechischen Alphabets auf die Gesellschaft zu übertragen suchten – rückte, laut Günter Dux, die Zeit »als causa in den Ursprung allen Geschehens ein«. Chronos wurde zur »zwingenden Kraft, die aus der trägen Materie alles Neue hervortreibt. Ebendeshalb gewinnt sie einen deutlich futuristischen Aspekt: Sie führt herauf, was hinkünftig sein wird. Darauf baute Solon.«[467] Der westlichen Zeit eignet also dieselbe gestaltende Kraft, die auch das griechische Alphabet charakterisiert: Verändert dieses die gesprochene Sprache und den sprechenden Körper, so wird die lineare Zeit – und später ihr Werkzeug, die mechanische Uhr – die Gesellschaft und den menschlichen Körper dem Prinzip der Zahl unterwerfen.

Bei aller Wechselhaftigkeit, die die Geschichte des westlichen Zeitdenkens durchlaufen hat, läßt sich rückblickend eine Konstante erkennen, die am besten mit dem Begriff der ›Gleichschaltung‹ zu umschreiben ist: Die abendländische Kultur unternahm – je nach Epoche auf unterschiedliche Weise – immer wieder gewaltige Versuche der Synchronschaltung von Menschen: Regionale Eigenheiten und

Die ›männliche Geburt der Zeit‹: Die Uhr als Medium der Gleich-schaltung und als Symbol der westlichen Idee von Fortschritt.

Sprachen wurden vereinheitlicht, unterschiedliche soziale Strukturen angeglichen, der Körper und die Psyche von Individuen begannen nach vergleichbaren Mustern zu leben und zu fühlen. David Landes hat das an der Uhr dargestellt, die zunächst ein Kloster, dann das Dorf beherrscht, später die einzelnen Wohnhäuser, bis sie sich schließlich, am Körper getragen, dem Zeitgefühl des einzelnen einschreibt. »Diese Möglichkeit eines weitverbreiteten privaten Gebrauchs wurde zur Basis für Zeitdisziplin, im Gegensatz zu Zeitgehorsam. Man kann, wie wir sehen werden, öffentliche Uhren benutzen, um Menschen für den einen oder anderen Zweck zusammenzurufen. Aber das ist keine Pünktlichkeit. Pünktlichkeit kommt von innen, nicht von außen. Die mechanische Uhr ermöglichte, wie man das auch immer beurteilen mag, eine Zivilisation, die sich der

Vergänglichkeit der Zeit bewußt und damit auch produktiv und performativ war.«[468]

So entsteht die Vorstellung einer einheitlichen, ›rationalen‹, nach ›Vernunftgesetzen‹ gestalteten Zeit, die die Natur und den Körper nach berechenbaren Mustern agieren läßt. Descartes verglich die Natur und den menschlichen Körper mit der Räderwerkuhr.[469] Leibniz sprach von »lebenden Körpern, [die] noch in ihren kleinsten Teilen, bis ins Unendliche, Maschinen« seien.[470] Er sagte von der Seele, daß sie »ein geistiger, noch weit bewunderungswürdigerer Automat« sei. Ihre Tätigkeit sei zwar nicht mechanisch, »aber sie enthält mitunter das Schöne der Mechanik«.[471] Vorstellungen wie diese, die sich gleichermaßen aus Theologie und Technik ableiteten, sollten dem westlichen Fortschrittsgedanken vorausgehen und ihn antreiben. Gewiß, es gab Unterschiede in der Art, wie Zeit gedacht wurde: Während für Newton die Zeit nicht durch die Materie und deren Bewegung oder Vergänglichkeit beeinflußt wird – die Zeit sei »absolut, wahr und mathematisch«, sagte er, sie fließe »vermöge ihrer Natur gleichförmig und ohne Beziehung auf irgendeinen äußeren Gegenstand«[472] –, argumentierte Leibniz, daß nur die Ordnung der Ereignisse selbst als real zu betrachten sei.[473] Auf den ersten Blick erscheinen die beiden Theorien unvereinbar, aber betrachtet man sie unter dem Aspekt der Synchronschaltung, so ist der Unterschied nicht mehr groß. Er läßt sich auf die knappe Formel bringen: Nach Newton *hat* das Universum eine Uhr, nach Leibniz *ist* es eine.

Diese Synchronschaltung von Menschen im westlichen Denken wurde als symbolische Kastration erlebt, und wie schon im Fall des Alphabets stellte diese einen Verlust *und* eine Ermächtigung dar. Mit der Neuzeit erlebte das westliche Subjekt einerseits Aufwertung: Die Zentralperspektive, die das Ich ins Zentrum der Betrachtung rückte, die Reformation, die den Menschen in ›direkte‹ Beziehung zu seinem Gott setzte, der Buchdruck, der einen allgemeinen Zugang zu Wissen ermöglichte, sind dafür Beispiele. Auf der anderen Seite verlor das Ich aber auch seine Bedeutung, weil es mit vielen Ichs gleichgeschaltet wurde, die nach derselben Zeituhr lebten. Die Entstehung der Pünktlichkeit, so sagt David Landes, »war Teil eines größeren Prozeßes der Depersonalisierung und Desindividuierung«.[474]

Diese erniedrigende Erfahrung wurde abgespalten: in der Dichotomie der Geschlechterrollen. Wir haben am Beispiel des Kreuzes-Paradoxes dargestellt, daß die doppelte Symbolik des Kreuzes – Tod, Leiden einerseits und Auferstehung andererseits – zum Beginn der Neuzeit eine Zweiteilung erfuhr. Der Tod am Kreuz wurde ›weiblich‹ konnotiert (die Wunden des Heilands als weiblich nährende Brust), während die Auferstehung und Überwindung des Todes in Form männlicher ›geistiger‹ Potenz und Selbstermächtigung dargestellt wurde (›Erektion und Resurrektion‹). Eine vergleichbare Spaltung wiederholte sich in der Wahrnehmung der Zeit, die einerseits Macht über die Natur, andererseits aber auch Depersonalisierung und »Desindividuierung« besagte. Eigentlich scheint die lineare, vom Räderwerk bestimmte Zeit jede geschlechtliche Zuordnung auszuschließen. Doch die Renaissance unterschied zwischen ›männlicher‹ und ›weiblicher‹ Zeit. 1602 veröffentlichte Francis Bacon eine Arbeit über den Fortschritt unter dem Titel »Die männliche Geburt der Zeit«.[475] Die fortschreitende Zeit wurde männlich, während die zyklische, sich wiederholende Zeit ›feminisiert‹ wurde.

Es ist dieser Topos, der später in der Beschreibung des Orients als ›stagnierend‹ und ›rückständig‹ auftaucht. Sie begleitete seine Feminisierung, und das am weiblichen Körper getragene Kopftuch, das als Symbol ›orientalischer Rückständigkeit‹ gewertet wird, diente als Beleg für die Richtigkeit dieser Zusammenführung. Als Reaktion auf dieses Bild entstand auch im Orient eine geschlechtliche

Spaltung der Zeit: Auf koreanischen Hochzeiten zum Beispiel trägt heute der Bräutigam zumeist westliche Kleidung und die Braut die traditionelle Tracht. Das heißt, die Tradition wurde an den weiblichen Körper verwiesen, der Fortschritt an den männlichen. Ähnliches gilt für viele orientalische Gesellschaften, die derzeit soziale Transformationsprozesse im Sinne von ›Modernisierung‹ durchlaufen – etwa Japan. Diese geschlechtlichen Zuordnungen erzählen von einer geteilten Zeitrechnung, in der die (alte) zyklische Zeit als weiblich und die ›moderne‹ lineare Zeit als männlich gedacht wird. Indem der Orientalismus aber den Orient mit Weiblichkeit gleichsetzt, erscheint der Orient insgesamt als der zyklischen, stagnierenden Zeit unterworfen, während sich der Westen als Repräsentant der fortschrittlichen, ›männlichen‹ Zeit begreift.

Die Sexualisierung des Orients als Funktion der beiden Wissensordnungen

Sexualisierung und Feminisierung des Orients dienen also nicht nur der Befriedigung erotischer Phantasien und nicht nur der Etablierung von Blickmacht. Sie haben auch eine Funktion für die Wissensordnung. In den meisten Büchern, die sich aktuell mit der ›Rückständigkeit‹ des Islam oder der islamischen ›Sakralisierung‹ der Wissensordnung beschäftigen, wird die Geschlechterordnung kaum erwähnt. In Dan Diners »Versiegelte Zeit« taucht der Aspekt an keiner einzigen Stelle auf – und dies, obgleich die Geschlechterordnung zu einem der prominentesten Schauplätze einer Kritik am Islam geworden ist. Warum wird diese Frage einfach übergangen? Wir meinen, daß der Topos von der ›Rückständigkeit‹ des Orients nicht nur zur Bestätigung westlicher Fortschrittlichkeit herangezogen wird, sondern auch, so paradox das klingen mag, zum Motor dieses Fortschritts wurde. Eine

Gesellschaft, deren Wissensordnung nach dem Prinzip der Berechenbarkeit – der »Mathematisierbarkeit der Welt« – organisiert ist, läuft Gefahr zu erstarren. Es bedarf der ›Desorientierung‹, damit ›der Fortschritt‹ nicht zum Stillstand kommt. Um diese Funktion der Desorientierung zu erfüllen, mußte der Orient ›sexualisiert‹ und ›feminisiert‹ werden. So wird er mit all jenen Faktoren der Unberechenbarkeit und Irrationalität ausgestattet, die der Sexualität ebenso wie der ›Weiblichkeit‹ eignen, deren Domestizierung immer schon eine der wichtigsten Triebkräfte des westlichen Fortschrittsgedankens darstellte. Im folgenden wollen wir deshalb auf die Sexualisierung des Orients zurückkommen – unter dem Blickwinkel ihrer Rolle für die Wissensordnung.

Michel Foucault hat auf die politische Dimension des Sexualdiskurses hingewiesen. Er widersprach der ›Repressionshypothese‹ (der Behauptung, daß das westliche Abendland der Sexualität repressiv gegenüberstehe) und zeigte, daß gerade das moderne westliche ›Bekenntnis‹ zum Geschlechtstrieb einen Herrschaftsdiskurs darstellt, durch den Macht über die Körper ausgeübt wird. »Die Gesellschaft, die sich im 18. Jahrhundert entwickelt – man mag sie bürgerlich, kapitalistisch oder industriell nennen –, hat dem Sex nicht eine fundamentale Erkenntnisverweigerung entgegengesetzt. Sie hat im Gegenteil einen ganzen Apparat in Gang gebracht, um wahre Diskurse über ihn zu produzieren. Sie hat nicht nur viel von ihm gesprochen und jeden gezwungen, von ihm zu sprechen, sondern ist angetreten, seine geregelte Wahrheit zu formulieren. Als verdächtige sie ihn eines kapitalen Geheimnisses. Als sei sie auf diese Wahrheitsproduktion angewiesen. Als sei es ihr wesentlich, daß der Sex nicht nur einer Ökonomie der Lust, sondern einem System des Wissens eingeschrieben ist.«[476]

Stellte die Sexualität schon für die Kirche das auserkorene Mittel dar, die Vorstellung einer »Mathematisierbarkeit der Welt« dem Körper einzuschreiben, so sollte mit der Neuzeit diese Aufgabe allmählich an die Wissenschaft übergehen, die das Werk der Theologie nicht etwa stillegte, sondern fortführte. Ein ähnlicher Einschreibungsprozeß fand durch den Orientalismus, den Said als »eine Form des radikalen Realismus« bezeichnete,[477] auch am ›orientalischen Körper‹ statt. In beiden Fällen – bei Sexualitätsdispositiv wie bei Orientalismus – handelte es sich allerdings um mehr als nur um eine Frage der Regulierung von Körpern. Der von Foucault beschriebene Machtdiskurs verfolgte Machtinteressen: Er suchte die Verfügungsgewalt über den sexuellen und den ›fremden‹ Körper. Aber er verfolgte auch das Ziel der eigenen Erneuerung: »Die Macht ergreift und umschlingt den sexuellen Körper. Das steigert gewiß die Wirksamkeiten und die Ausdehnung des kontrollierten Gebietes. Zugleich führt es aber zu einer Versinnlichung der Macht und zu einem Gewinn der Lust. Was einen Doppeleffekt auslöst: die Macht bezieht einen Anstoß aus ihrer eigenen Entfaltung, die überwachende Kontrolle wird von neuer Unruhe heimgesucht und vorangetrieben, die Intensität des Geständnisses weckt frische Wißbegierde beim Befrager, die aufgespürte Lust strömt zurück zu der sie umstellenden Macht.«[478] Die ›Sexualisierung‹ diente also nicht nur der Herrschaft über den anderen Körper, sondern auch der Aufladung der Batterien des Körpers der Macht. Um dieses Ziel zu erreichen, bedarf es der Gegenüberstellung von ›okzidentalischem‹ und ›orientalischem‹ Körper, und dies in Analogie zur Gegenüberstellung von Männlichkeit und Weiblichkeit.

Evelyn Baring, der englische Repräsentant in Ägypten von 1882 bis 1907 stellte in seinem zweibändigen Werk »Modern Egyptians« die Unterschiede zwischen Orient und Okzident dar, und seine Beschreibungen lassen sich wortwörtlich auf den zeitgleichen westlichen Wissenschaftsdiskurs über Männlichkeit und Weiblichkeit übertragen:

»Der Europäer folgt genau der Vernunft, seine Aussagen über Tatsachen lassen jede Ambiguität vermissen, er ist ein natürlicher Logiker, selbst wenn er dabei keine Logik studiert haben mag. Er ist von Natur aus skeptisch und verlangt einen Beweis, bevor er die Wahrheit einer Aussage akzeptiert, seine geübte Intelligenz arbeitet wie ein Teil eines Mechanismus. Der Geist eines Orientalen ähnelt auf der anderen Seite malerischen Straßen, er ist ohne jede Symmetrie. Seine Argumentation ist willkürlichste Beschreibung. Obwohl die alten Araber sich damals einen irgendwie höheren Grad der Wissenschaft der Dialektik angeeignet hatten, scheitern ihre Nachfahren einzigartig im Logischen.«[479] Der Orientale galt als »irrational, verdorben, schuldig, kindisch, ›anders‹«.[480] Das Bild des Europäers als »rational, tugendhaft, reif, ›normal‹« implizierte, daß er über ebenjenen abstrakten Körper verfügt, den die westliche Wissensordnung vom Wissenschaftler forderte. Denn die westliche Wissensordnung findet in einer seltsam paradoxen Idealgestalt ihren Ausdruck: dem ›objektiven Wissenschaftler‹, der einerseits geschlechtslos, andererseits aber auch männlich gedacht wird.[481]

Im Gegensatz dazu wurde der Orient nicht nur feminisiert, sondern auch mit sexueller Potenz versehen: Das einzige, »was dem Araber wirklich gelassen wird, nachdem alles gesagt und getan wurde«, sei »ein undifferenzierter Sexualtrieb«, schreibt Said.[482] Was ist ein undifferenzierter Sexualtrieb? Es ist eine ›niedere‹ Form der Potenz. Sie wird an den Orientalen verwiesen, während die ›höhere‹ geistige Potenz (die nur um den Preis der symbolischen Kastration zu haben ist) dem Okzidentalen vorbehalten bleibt. Die Sexualisierung des Orients diente also nicht nur dem Ziel, dem orientalischen Körper die westliche Vorstellung vom Orient einzuschreiben. Sie diente auch der Fabrikation des *westlichen* Körpers. Denn um das paradoxe Ideal eines asexuell-männlichen Wissenschaftlers herzustellen, mußte die westliche Wissensordnung nicht nur die sexuelle Potenz an den ›anderen‹ Körper verweisen, sie mußte diese auch zu einer Form von Impotenz erklären. Mit einem doppelten Effekt: Einerseits wird die am eigenen Leibe erfahrene symbolische Kastration so an einen anderen Körper delegiert; andererseits erscheint der eigene Körper aber auch mit höherer Potenz ausgestattet. Dieser Vorgang wird jedoch nie thematisiert. Es sei, so Said, ein »absolut unverletzbares Tabu« im orientalistischen Diskurs, »daß die Sexualität selbst niemals ernst genommen werden darf. Sie kann niemals explizit für die Abwesenheit von Leistung und ›realer‹ rationaler Aufnahmefähigkeit verantwortlich gemacht werden, die der Orientalist überall unter den Arabern ausmacht.«[483]

Warum dieses Schweigen über Sexualität, das in seltsamem Widerspruch zur Erotisierung des Orients steht? Der orientalistische Diskurs muß verschweigen, daß er eine ›Potenz‹ gegen die andere austauscht. Wir haben im zweiten Kapitel von der Gegenüberstellung von ›biologischer‹ und ›geistiger‹ Vaterschaft gesprochen. Hier geht es um die Gegenüberstellung von biologischer und geistiger Männlichkeit. Das darf jedoch nicht laut gesagt werden. Denn wenn erkennbar würde, daß sexuelle Potenz gegen geistige Potenz getauscht wurde, so würde auch der Preis der symbolischen Kastration offenbar, den der westliche Körper entrichten mußte, um zum ›rationalen, logischen‹ Körper zu werden, der »jede Ambiguität vermissen« läßt.

Die Potenz der westlichen Wissenschaft wird etabliert, indem der andere Körper – der weibliche wie der des Orientalen – zum ›Objekt des Wissens‹ erklärt wird. Das entspricht einer Logik, der wir auch schon im Zusammenhang mit westlicher Blickmacht begegnet sind. Im Rahmen der Wissensordnung geht es aber nicht um das Objekt des Blicks, sondern um das Objekt rationalen Wissens – wobei beide engverbunden sind. Der Vorgang läßt sich exemplarisch an Freuds Weiblichkeitstheorien darstellen, die zugleich auch den Vorteil haben, zu zeigen, daß bei dieser Gegenüberstellung eigentlich die Frage der symbolischen Kastration verhandelt wird. Weil der weibliche Körper, so Freud, das Objekt des Wissensdrangs sei, könne er nie zu dessen Subjekt werden: »Über das Rätsel der Weiblichkeit haben die Menschen zu allen Zeiten gegrübelt. [...] Auch Sie werden sich von diesem Grübeln nicht ausgeschlossen haben, insofern Sie Männer sind; von den Frauen unter Ihnen erwartet man es nicht, sie sind selbst das Rätsel.«[484]

Um Objekt des Wissensdrangs und ›Rätsel‹ zu bleiben, muß der weibliche Körper nicht nur verhüllt sein, die Frau muß ihre Geheimnisse auch verbergen *wollen*: Das Liebesleben des Weibes, so Freud, sei »zum Teil infolge der Kulturverkümmerung, zum anderen Teil durch die konventionelle Verschwiegenheit und Unaufrichtigkeit der Frauen in ein noch undurchdringliches Dunkel gehüllt«.[485] Was verbirgt sich hinter diesen weiblichen Verhüllungsstrategien? »Das Weib anerkennt die Tatsache seiner Kastration und damit auch die Überlegenheit des Mannes und seine eigene Minderwertigkeit, aber es sträubt sich gegen diesen unliebsamen Sachverhalt.«[486] Um seine ›Kastration‹ zu verbergen, entwickle das Weib immer wieder neue Verhüllungstechniken: »Der Scham, die als eine exquisit weibliche Eigenschaft gilt, aber weit mehr konventionell ist, als man denken sollte, schreiben wir die ursprüngliche Absicht zu, den Defekt des Genitals zu verdecken.« Deshalb hätten Frauen, die »zu den Techniken und Erfindungen der Kulturgeschichte wenig Beiträge geleistet haben«, vielleicht doch eine Technik erfunden: »die des Flechtens und Webens«. Die Natur selbst habe das Vorbild für diese Nachahmung gegeben, »indem sie mit der Geschlechtsreife die Genitalbehaarung wachsen ließ«.[487] Das Stück Stoff der Frau ist also nichts anderes als eine Weiterführung des genialen Einfalls der Natur, wie sich der ›Defekt der Kastration‹ verbergen läßt. Die Vorstellung verweist in geradezu paradigmatischer Weise auf den Schleier: auch er als Mittel, den Defekt der Kastration zu verhüllen, nun aber den des Orientalen.

Es lohnt sich, den Orientalismus unter der Perspektive der Sexualtheorien Freuds zum weiblichen Geschlecht zu lesen. Im Orientalismus finden sich alle dort beschriebenen Phantasien über ›das Weib‹ wieder: der verhüllte Körper, der einerseits das ›Rätsel‹, den ›dunklen Kontinent‹ repräsentiert, andererseits aber auch seine Rückständigkeit und Kastration zu verhüllen sucht. Freud macht ganz deutlich, daß mit dieser Kastration nicht nur ein »Defekt des Genitals« gemeint ist, sondern auch die geistige Kastration: Wo er geistiger Tätigkeit von Frauen begegnete, analysierte er diese als Aneignung ›männlicher‹ Eigenschaften und der männlichen Physiologie: »Der Wunsch, den ersehnten Penis endlich doch zu bekommen, kann noch seinen Beitrag zu den Motiven leisten, die das gereifte Weib in die Analyse drängen, und was sie verständigerweise von der Analyse erwarten kann, etwa die Fähigkeit, einen intellektuellen Beruf auszuüben, läßt sich oft als eine sublimierte Abwandlung dieses verdrängten Wunsches erkennen.«[488]

Daß Freud mit seinen Theorien über die weibliche Sexualität eine Verschiebung vornimmt, in der es um männliche Selbstbilder geht, hat Sander Gilman dargestellt: Freuds Theorien zur Weiblichkeit seien vor dem Hintergrund der antisemitischen Gleichsetzung von Judentum und Weiblichkeit um die Jahrhundertwende zu lesen: »Dank Freuds Bedürfnis, sich von der Unterstellung einer besonderen Natur des ›jüdischen Körpers‹ durch die Schaffung eines universellen ›männlichen‹ Körpers zu distanzieren, wurden Rassenkategorien in Geschlechterkategorien überführt. Die Macht dieses Konstrukts ist so groß, daß heute die Tatsache dahinter verschwindet, daß es sich um Reaktionsbildungen handelte und die Theorien von Männlichkeit und Weiblichkeit als Primärkategorien in Freuds System gehandelt werden.«[489] Im Orientalismus findet eine umgekehrte Verschiebung statt, aber auch hier werden ethnische/kulturelle Unterschiede und Sexualbilder übereinandergelegt, bis sie nicht mehr voneinander zu unterscheiden sind. So entstehen sichtbare Differenzen. Das »Mittel, die Beziehung zu beleben, war, überall die Tatsache zu betonen, daß der Orientale einer anderen, aber durchaus organisierten eigenen Welt angehörte; einer Welt mit nationalen, kulturellen und epistemologischen Grenzen und Prinzipien eigener Kohärenz«.[490] Dieser ›Orientale‹ sei ›gefangen‹ in einer eigenen Denkwelt.

Mit ähnlichen Bildern einer ›eigenen Denkwelt‹ wurde in derselben Zeit in Europa auch Weiblichkeit definiert: Man entdeckte die ›Logik‹ der Hysterie, und diese bestand in der Unberechenbarkeit. »Die Hysterie verhält sich bei ihren Paralysen und anderen Symptomen, als ob es die Anatomie nicht gäbe oder sie kein Wissen darüber besäße«, schrieb Freud.[491] Die Irrationalität des hysterischen Körpers und seine unberechenbaren Symptome wurden so wiederum zum Beleg für die Rationalität des wissenschaftlichen Beobachters.[492] In beiden Fällen ging es nicht um Erkenntnisse, die von einer neuen Beobachtung der Wirklichkeit abgeleitet wurden, sondern um schon lange bestehende Vorannahmen, die nur ihre Bestätigung, ja Realisierung einforderten. »Einfach zu sagen, daß der Orientalismus eine Rationalisierung einer kolonialen Regel wäre, heißt das Ausmaß zu ignorieren, bis zu welchem die koloniale Herrschaft eher im voraus als im nachhinein durch den Orientalismus gerechtfertigt war.«[493]

Obgleich Said die weitreichende Dimension einer Verweiblichung und Erotisierung des Orients durchaus erkennt, verfolgt er dieses Thema nicht weiter. »Warum der Orient immer noch nicht nur Fruchtbarkeit, sondern auch sexuelles Verbrechen (und Bedrohung) vorzustellen scheint, uner-

Der Kulturbeitrag der Frau: ›Weben und Flechten‹, um den Defekt der Kastration zu verschleiern.

müdliche Sinnlichkeit, unbegrenztes Verlangen, tiefe generative Energien, ist etwas, worüber man nur spekulieren darf: Es ist nicht der Gegenstand meiner jetzigen Analyse, obwohl die Häufigkeit dieser Erscheinung bemerkt werden muß.«[494] Gewiß, Said veröffentlichte seine Untersuchung zu einer Zeit, in der die geschlechtliche Dimension von historischen und kulturellen Wissenstheoremen noch wenig Berücksichtigung fand. Aber vielleicht schreckte er auch vor einer Dimension des Orientalismus zurück, in die er sich selbst, als *westlichen* Wissenschaftler, hätte einbeziehen müssen. Denn immerhin erkannte er, daß die Beschäftigung mit der Frage der Sexualbilder im Orientalismus nach »komplexen Antworten« verlange, die »manchmal selbst eine furchtbare Selbstentdeckung für den Orientalisten« zeitigen könne.[495]

Welche »furchtbare Selbstentdeckung« könnte sich hinter den Sexualbildern des Orientalismus, die in allen Diskursen – Literatur wie Malerei, Wissenschaft, Reiseberichten und politischen Aussagen – ihren Niederschlag fanden, verborgen haben? Welchen westlichen Defekt ›verhüllte‹ der Verweis auf den Defekt des Orientalen? Wir haben schon auf die Desexualisierung der westlichen Wissenschaft hingewiesen, die dazu führte, daß der Orient zu dem Ort wurde, »an dem man sexuelle Erfahrungen suchen konnte, die in Europa nicht erhältlich waren«.[496] Die Sexualerfahrungen, die man hier – imaginär oder real – suchte, waren »vielleicht freier und weniger schuldbeladen«.[497] Allerdings führte die Wiederholung dieser Phantasie zu einer Uniformierung. »Mit der Zeit war ›orientalischer Sex‹ eine solche standardisierte Bequemlichkeit wie jede andere, die in der Massenkultur erhältlich war, mit dem Ergebnis, daß er für Leser und Schriftsteller zu haben war, wann immer sie ihn wünschten: ohne notwendigerweise in den Orient reisen zu müssen.«[498]

Ein anderer ›westlicher Defekt‹ war die von David Landes beschriebene Erfahrung der ›Gleichschaltung‹ und »Desindividuierung«. Auch sie wurde an den Orient verwiesen. Dabei erwiesen sich Schleier und Harem – die beiden Symbole der ›anderen‹ Geschlechterordnung – als besonders beliebte Instrumente. In seinen vielgelesenen Beschreibungen des Orients schreibt Théophile Gautier 1853 über Konstantinopel: »Eine riesige weibliche Menge, unbekannt und anonym, bewegt sich in dieser geheimnisvollen Stadt, die sich in einen permanenten Opernball verwandelt, in dem die Dominos ihre Masken nicht lüften dürfen.«[499] Ähnlich der Harem mit seinen vielen Frauen: A. Grosrichard macht in seiner Kritik an Montesquieus »Persischen Briefen« darauf aufmerksam, daß es dem Autor nicht so sehr um ›die Frau‹ als vielmehr um ›die Frauen‹ geht: »eine vielfältige und undifferenzierte weibliche Sexualität«.[500] Die Phänomene Anonymität und ›Masse‹, die der Westen am eigenen Leibe erfuhr – Edgar Allan Poe hat sie meisterlich beschrieben –, wurden zu einem Charakteristikum von Weiblichkeit und

Orient erklärt. In seinem 1895 erschienenen Werk »Psychologie der Massen«, nicht das erste, wohl aber eines der wichtigsten Werke zu diesem Phänomen der Moderne, schrieb Gustave Le Bon: »Überall sind die Massen weibisch, die weibischsten aber sind die lateinischen Massen.«[501]

Mit diesem einen Satz etablierte er, daß das Phänomen Masse mit Weiblichkeit und mit dem Mittelmeerraum gleichzusetzen ist. Dementsprechend klingt Le Bons Beschreibung von der Irrationalität der Massen auch wie Lord Cromers Charakterisierung des Arabers: »Die Masse [wird] beinahe ausschließlich vom Unbewußten geleitet. Ihre Handlungen stehen viel öfter unter dem Einfluß des Rückenmarks als unter dem des Gehirns. Die vollzogenen Handlungen können ihrer Ausführung nach vollkommen sein, da sie aber nicht vom Gehirn ausgehen, so handelt der einzelne nach zufälligen Reizen.«[502] Auf diese Weise konnte der vom Westen im Zuge der Industrialisierung erfahrene Verlust von Autonomie als orientalischer Verlust beschrieben werden.

Paradoxerweise verbanden sich mit dem Orientalismus aber auch Phantasien einer Erlösung von den Zwängen, an denen der Westen infolge seiner Fortschrittsgläubigkeit und seiner an der »Mathematisierbarkeit der Welt« orientierten Wissensstruktur zu leiden hatte. Diese Erlösungsphantasien wurden zuerst vor allem von Künstlern und Schriftstellern formuliert.

Der Orient als Ort der ›Muttersprache‹

»Schon im 18. und 19. Jahrhundert fasziniert die Dialektik des Verschleierns und Entschleierns westliche Orient-Reisende, Künstler und Schriftsteller, die die ›Frau hinter dem Schleier‹ zur Verkörperung ihrer erotischen Imaginationen erkoren, während die Vertreter des Kolonialismus den Schleier als Symbol der Unterdrückung der Frau und der Rückständigkeit der islamischen Gesellschaft werteten«, schreibt die Politikwissenschaftlerin Renate Kreile.[503] Während Politiker und Wissenschaftler bestrebt waren, dem Orient den Schleier vom Gesicht zu reißen und seine ›Geheimnisse‹ zu lüften, suchten Schriftsteller und Künstler gerade das Geheimnis im Orient. Erklärte Freud das Weib zum ›Rätsel‹, so erklärten sie das Rätsel zum Weib. Nur was verstanden sie unter diesem ›Rätsel‹? Freud sah im ›dunklen Kontinent‹ eine Art von Inkarnation ›des Sexualtriebs‹ – oder des Phallus. Die Künstler hingegen sahen im Rätsel oder Geheimnis des Orients das Versprechen einer ungebrochenen, nicht entfremdeten Imagination. Die Moderne hatte begonnen, die Sexualität ihrer Geheimnisse zu berauben – die Entstehung von Psychoanalyse und Sexualwissenschaft war dafür ein Symptom. Sie hatte damit auch der Imagination einen Maulkorb verpaßt – ein Vorgang, der bei Künstlern und Schriftstellern eine geradezu verzweifelte Suche nach neuen Geheimnissen und ›Gefahren‹ heraufbeschwor. Die Faszination vieler europäischer Künstler für Krankheiten wie die Syphilis oder für alttestamentarische ›grausame Frauengestalten‹ war dafür nur ein Indiz. Da der ›wissenschaftliche‹ Orientalismus das Unberechenbare – Basis jeder Imagination – an einen feminisierten und sexualisierten Orient verwiesen hatte, konnte es nicht erstaunen, daß nun die Schriftsteller und Künstler den Blick gen Orient richteten, in der Hoffnung, dort auf eine Welt zu stoßen, in der die Imagination noch das Sagen hatte. »Die kulturelle, zeitliche und geografische Distanz wurde in Metaphern der Tiefe, des Geheimnisses und des sexuellen Versprechens ausgedrückt. Formulierungen wie ›the veils of an Eastern bride (die Schleier einer östlichen Braut) oder ›the inscrutable Orient‹ (der unerforschliche Orient) gingen in die Alltagssprache ein.«[504]

Bei dieser Suche nach dem ›Geheimnis‹ im Orient ging es

auch um die Sprache selbst: In Europa hatte sich im Laufe des 19. Jahrhunderts das entwickelt, was man eine ›Sprachkrise‹ nennen könnte. Sie sollte gegen Ende des Jahrhunderts einerseits zur Entstehung der Linguistik, andererseits aber auch zur Entstehung der Psychoanalyse führen. Wies erstere den Weg zu einer ›Mathematisierbarkeit des Sprechens‹, so zeigte letztere am Beispiel des hysterischen Symptoms, daß es eine Form von Sprache gibt, die vom Körper nicht zu trennen ist. Die Verrenkungen der Hysterika, ihre Lähmungserscheinungen und ihre Erblindungen, seien als eine Form von Sprache zu begreifen, deren Grammatik vom Unbewußten bestimmt ist und den Körper sprechen läßt. Diese Sprachkrise hing eng mit der Dominanz der Schrift über das Sprechen zusammen. Um 1800 hatte in Europa die allgemeine Alphabetisierung begonnen, die Rotationspresse und viele andere technische Neuerungen hatten dazu geführt, daß Sprechen und Schreiben ununterscheidbar geworden waren. ›Vatersprache‹ und ›Muttersprache‹ waren eine symbiotische Verbindung eingegangen (vgl. S. 118). Ebendieser Vorgang wurde als Lähmung der Imagination erfahren. Die Künstler und Schriftsteller waren die ersten, die die Anzeichen der Sprachkrise verspürten. Sie verliehen dem Gefühl Ausdruck, daß das Ich nicht spricht, sondern gesprochen wird. Rimbauds berühmtes Diktum sagt nichts anderes: »C'est faux de dire: je pense. On devrait dire: on me pense. Je est un autre.«[505] Ähnlich heißt es in Hofmannsthals »Chandos-Brief«: »Es zerfiel mir alles in Teile […], [und] die einzelnen Worte schwammen um mich […] Wirbel sind sie […], die sich unaufhaltsam drehen und durch die hindurch man ins Leere kommt.«[506] So sei ihm »die Fähigkeit abhanden gekommen, über irgendetwas zusammenhängend zu denken oder zu sprechen«.[507]

Der Orient dagegen erschien als ein Ort, in dem sich die Lebendigkeit einer Oralität erhalten hatte, die nicht in den Fesseln der Schrift lag. Tatsächlich gab es hier eine hohe

Valorisierung der gesprochenen Sprache und all jener Faktoren, die diese charakterisieren: Reim und Rhythmus, zyklische Zeit, Flüchtigkeit, Vieldeutigkeit, Lebendigkeit, Geborgenheit in der Gegenwart. (vgl. S. 129f.). Die Sprache des Orients schien noch jenen ›zirkulierenden Lebenssaft‹ zu enthalten, dessen der Dichter bedarf, während dem Okzident die ›Muttersprache‹ abhanden gekommen war. Hinter dem Orientalismus der Künstler und Schriftsteller verbarg sich also die Sehnsucht nach einer Oralität, die nicht unter dem Gesetz der ›Vatersprache‹ stand und die sich die Irrationalität, Unberechenbarkeit der gesprochenen Sprache bewahrt hatte. Aber sie waren nicht so sehr geleitet vom Gedanken einer Rückkehr zur ›Muttersprache‹, sondern erhofften sich vielmehr Impulse für die Erneuerung der eigenen Kultur. Schriftsteller und Künstler zogen aus, um im Orient neue Impulse für ihre literarische und künstlerische Imagination zu erhalten. Während einige den Orient bereisten, holten sich andere den Orient in ihre europäische Eremitenklause.

Bei Gustave Flaubert, den Said zu einem seiner Hauptzeugen für den literarischen Orientalismus macht, wird dieser Aspekt besonders deutlich. Said sieht, daß Flaubert »eine fast gleichmäßige Assoziation zwischen Orient und Sex gewebt« hat.[508] Aber er sieht darin nur erotische Phantasien, nicht ein Symptom für die Dichtkunst selbst. Dabei thematisiert Flaubert sehr deutlich die Sehnsucht nach der verlorenen ›Sprache des Körpers‹. Etwa im Dialog von Sphinx und Chimäre in »Der Versuchung des Heiligen Antonius« – einem Text, auf den Said nicht eingeht, obgleich Flaubert sein Anliegen in den mythischen Orient verlegt. Der Text macht ganz deutlich, daß Flaubert, für den Sexualität nur als literarische Erfahrung vorkam, mit der »Assoziation zwischen Sex und Orient« eigentlich die Sprache meinte. Um diesen Text angemessen zu lesen, muß man berücksichtigen, daß ›Sphinx‹ im Französischen männlich ist. Das heißt, in

Flauberts Dialog repräsentiert der Sphinx die ›Vatersprache‹, die Chimäre aber die ›Muttersprache‹ – und der ganze Dialog kreist um die Frage, wie die beiden wieder zueinander finden können. In der Auseinandersetzung zwischen (unbeweglichem Sphinx und (lauter, schneller, geflügelter) Chimäre werden einerseits Fragen der Macht und Ohnmacht thematisiert, andererseits bekennen sich beide aber auch zu ihrer Sehnsucht nach einer Vereinigung mit dem/der verlorenen Geliebten. Der Sphinx: »Ich wahre mein Geheimnis! Ich denke und rechne. [...] Mein Blick, den nichts abwenden kann, bleibt durch die Dinge hindurch auf einen unnahbaren Horizont gespannt.« Die Chimäre antwortet: »Ich galoppiere in den Gängen des Labyrinths, ich schwebe auf den Bergen, ich streife in den Fluten [...] Ich bin leicht und freudig! Ich enthülle den Menschen blendende Aussichten auf Paradiese in den Wolken und ferne Seligkeiten. Ich gieße ihnen Wahn in die Seelen [...] Ich suche nach neuen Düften, größeren Blumen, ungeahnten Genüssen.« Darauf erklärt der Sphinx: »O Phantasie, trage mich auf deinen Flügeln davon.« Die Chimäre umkreist ihn »wie eine läufige Hyäne«, das »Verlangen nach der Begattung verzehrt« sie. Doch der Sphinx kann sich nicht erheben, ihr nicht folgen. »Da ich zuviel nachgedacht habe, bleibt mir nichts mehr zu sagen.« Darauf antwortet die enttäuschte Chimäre: »Du lügst, heuchlerischer Sphinx! Warum rufst du mich immer und verleugnest mich dann.«[509] In dem 1884 erschienen Kultbuch der Décadence, »A Rebours« (»Gegen den Strich«) von Joris Karl Huysmans, läßt der Held der Erzählung diesen Dialog von einer Bauchrednerin sprechen: Plastischer läßt sich das okzidentale Verhältnis von Text und Oralität, in dem im 19. Jahrhundert Sprache und Schrift ununterscheidbar geworden sind, kaum wiedergeben.

Die Impulse, die man sich von der Oralität des Orients erhoffte, wurden als Rückkehr in den Mutterschoß imaginiert: Später sollte Heidegger von der ›Behausung‹ des

Menschen in der Sprache schreiben und damit nur einen anderen Ausdruck für diese rückwärtsgewandte Sehnsucht entwerfen. In den Texten des 19. Jahrhunderts war die ›Rückkehr zur Mutter‹ allgegenwärtig, nicht nur im Orientalismus, aber dort besonders. Sie taucht in Bachofens Mythos vom Goldenen Zeitalter des ›Matriarchats‹ auf. Hier ist die Beziehung zum Orientalismus evident. Weniger evident ist sie in der Psychoanalyse, wo die Rückkehr in den Mutterschoß als Grundlage einer erfüllten Sexualbeziehung beschrieben wurde: Die Ehe, so Freud, sei »nicht eher versichert, als bis es der Frau gelungen ist, ihren Mann auch zu ihrem Kind zu machen und die Mutter gegen ihn zu agieren«.[510] Ferenczi erklärte in seiner »Genitaltheorie«, der wesentliche Antrieb zum Koitus sei die Rückkehr in den Mutterleib.[511]

Angesichts der Sexualisierung des Orients erscheint es nicht zu weit hergeholt, eine Verwandtschaft zwischen diesen Sexualtheorien und dem Orientalismus zu sehen. Mutterschoß und Orient waren austauschbar. Beide wurden zum Ort einer ›verlorenen Heimat‹: ob diese nun geschlechtlich oder literarisch gedacht wurde. »Flaubert suchte in den Orten des Ursprungs der Religionen, Visionen und klassischen Antike eine ›Heimat‹.«[512] Er machte den Orient zu einem »Ort des *déjà vu*«.[513] Nerval »ortet in Ägypten besonders jenes mütterliche ›Zentrum, mysteriös und erreichbar zugleich‹, von dem sich alle Weisheit ableitet«.[514] Wie bei Bachofen war damit ein mythischer und sehnsuchtsvoll besetzter Ursprungsort gemeint: die ›Muttersprache‹ und eine dem Körper nicht entfremdete literarische Ausdrucksform. Rimbaud erfand »die Farbe der Vokale! *A* schwarz, *E* weiß, *I* rot, *O* blau, *U* grün.« Er bestimmte »Form und Bewegung jedes Konsonanten. Mit instinktiven Rhythmen schmeichelte ich mir, ein poetisches Wort zu erfinden, das allen Sinnen dereinst zugänglich sein wird.«[515] Rimbaud sollte an seiner Sehnsucht nach einer direkten – körpernahen – Sprache scheitern. Mit zwanzig Jahren kehrte er der Poesie den Rücken, verzweifelt über die Unfähigkeit der Dichtung, »das Leben zu ändern«: »Mein Wesen wurde gallenbitter. Im Stil einer Romanze nahm ich Abschied von der Welt.«[516] Er zog nach Abessinien und wurde Waffenhändler. Im Alter von 37 Jahren starb er in Marseille, der Körper zerstört von Alkohol, Drogenmißbrauch und Krankheit. Das Projekt einer Rückkehr zur ›Muttersprache‹, das der Orientalismus versprochen hatte, war fehlgeschlagen. Dagegen erfuhr der westliche Fortschrittsgedanken durch den Orientalismus neue Impulse.

Der Orient als Ort sozialer Erneuerung

Der Gedanke, den Orient zum ›Mutterschoß‹ zu erklären, spielte auch bei Historikern und den Protagonisten neuer sozialer Aufbrüche eine wichtige Rolle. Sie erhofften sich eine soziale und politische Erneuerung vom Orient. Den Gedanken hatte schon Michelet angelegt, als er 1830 in seiner »Universalgeschichte« den Orient als den »Schoß der Welt« bezeichnete.[517] Charles Fourier und die Saint-Simonisten griffen diese Vorstellung auf: Für sie wurde die ›Mutter Orient‹ zur Garantin einer *gesellschaftlichen Neugeburt*. Die auf den Orient projizierten Sehnsüchte nach dem ›Mutterschoß‹ lassen sich, wie Mary Harper schreibt, als »Mythos einer Wiedergeburt für das Frankreich des 19. Jahrhunderts« lesen.[518]

Eine solche Wiedergeburt war nach den Umwälzungen, die die Französische Revolution sowie die Napoleonischen Kriege und Reformen mit sich gebracht hatten, notwendig, und sie fand bezeichnenderweise in Gesellschaftstheorien ihren Ausdruck, die ›die Frau‹ ins Zentrum ihrer Heilsbotschaft stellten. Zu ihnen gehörten die Gesellschaftstheorien von Auguste Comte, der als ›Vater‹ der Soziologie gilt und in dessen Entwurf einer »Menschheitsreligion«[519] – einer »weiblichen Utopie«,[520] wie er schreibt – die Frau als »Jungfrau-Mutter«[521] zur »Repräsentantin des Großen Wesens«, zur »spontanen Priesterin der Menschheit« erklärt wird.[522] Zu den Akteuren der Erneuerungsbewegung gehörten auch die Saint-Simonisten, die unter ihrem selbsternannten ›Vater‹ Barthélemy P. Enfantin eine neue Gesellschaft gründen wollten. Kern ihrer auf den Prinzipien von Gleichheit, Gerechtigkeit und ›universeller Harmonie‹ beruhenden Gesellschaftsutopie bildete ›die Mutter‹. Die Saint-Simonisten unternahmen eine Expedition in den Orient, um dort den ›weiblichen Messias‹ zu finden, der das neue Goldene Zeitalter einläuten würde. Das Jahr 1833 wurde zum ›Jahr der Mutter‹ erklärt, und unter der Leitung von Emile Barrault brachen die Jünger Enfantins nach Ägypten auf: »Dies ist keine Reise in den Orient, sondern eine Reise zur Frau. […] Die Ritter der Kreuzzüge wollten das Grab Christi befreien. Wir, die Gilde der Frauen, suchen im Orient nicht ein Grab, sondern das Leben.«[523] Der Westen habe die Mission der Saint-Simonisten nicht verstanden. »Doch der Orient, so hoffte man, würde darauf hören und antworten. Denn in der ›orientalischen Frau‹ wohne die Quintessenz sowohl des Orients, Ort der göttlichen Offenbarung für Juden, Moslems und Christen, als auch ›der Frau‹, Verkörperung des Fleisches.«[524] Durch die Verbindung von Orient und Okzident sollten ›weibliche Sinnlichkeit‹ und ›männlicher Verstand‹ wieder zusammengeführt und fruchtbar gemacht werden. Das Mittelmeer wurde zum »Ehebett von Orient und Okzident«[525] ernannt. Aus ihm sollten westliche Technik und industrieller Fortschritt eine neue Belebung erfahren: In den Plänen für den Bau des Suez-Kanals finde die neue Fruchtbarkeit, so Enfantin, ihren deutlichsten Ausdruck.

An den Ideen des Saint-Simonismus, der entscheidend zur Entfaltung des modernen Bank- und Verkehrswesens beitrug, wird deutlich, daß der Orient nicht nur als Fluchtpunkt einer rückwärtsgewandten Utopie, sondern auch als Projektionsfläche einer gesellschaftlichen Wiedergeburt und einer Erneuerung von Wissenschaft und Technik imaginiert wurde. Der Orient diente also nicht nur als Utopie einer Rückkehr in die Vergangenheit, er wurde auch zum Impulsgeber für eine Produktivität, wie sie von der Industrialisierung und einem neuen Verständnis der ›Fruchtbarkeit‹ des Kapitals erwartet wurde. Die Kolonisatoren sprachen von der ›Modernisierung‹ des ›rückständigen‹ Orients – aber gemeint war auch die Erneuerung des Okzidents. »Die westliche Zivilisation, die sich heute mit der brodelnden und ungeregelten Zivilisation des Ostens verbindet, ist dazu bestimmt, diese zu befruchten und sich selbst zu befruchten. Aus dieser Mischung wird eine verjüngte Zivilisation hervorgehen, die weder orientalisch noch okzidentalisch, sondern allgemein menschlich ist.«[526] Folgerichtig erkor Fourier Konstantinopel zur Hauptstadt der neuen Zivilisation: Gott habe die Neuordnung der Welt nicht dem Zufall überlassen, »und das läßt sich daran erkennen, daß er auch schon den Ort für die Hauptstadt der universellen Einheit geschaffen hat. Schon jetzt ist jeder beeindruckt von den einmaligen und wunderbaren Vorkehrungen, die er zum Nutzen und zur Anmut von Konstantinopel getroffen hat. Jeder errät Gottes Absicht und sagt sich: ›Hier muß die Hauptstadt der Welt sein.‹«[527]

Der Orient als Motor
wissenschaftlicher Innovation

»Der Orient ist ein Objekt des Wissens und ein Objekt des *Begehrens* zugleich«, schreibt Meyda Yeğenoğlu.[528] Welche Rolle spielt das Begehren für die Neuordnung des westlichen Wissens? Daß sich Künstler und Schriftsteller vom

Orient eine Belebung der Imagination erhofften, daß soziale Bewegungen im Orient nach neuen Aufbrüchen suchten – das mag noch angehen. Aber die westliche Wissenschaft? Sie hatte sich als Gegensatz zur orientalischen Unberechenbarkeit etabliert. Wie sollte sie aus dessen ›Rückständigkeit‹ Impulse beziehen? Um die seltsame Projektion einer Erneuerung westlicher Wissenschaft aus dem ›rückständigen‹ Orient zu verstehen, muß man sich noch einmal vor Augen führen, in welcher Weise Weiblichkeitsbilder und die Phantasie von der Fruchtbarkeit des ›Mutterschoßes‹ in der Geschichte der westlichen Wissensordnung zum Tragen kamen. Die ›Wahrheiten‹, die den orientalischen Körper konstruierten und konstituierten, wurden als dessen ›Natur‹ ausgegeben: Umgekehrt wurde der ›orientalische Körper‹ auch zur Repräsentationsgestalt der ›Natur‹. Ähnlich war am weiblichen Körper über Jahrhunderte direkt und im übertragenen Sinne ›die Natur‹ erforscht worden. Auch hier paarten sich Strukturen des Begehrens – oder der Penetration – mit dem Erwerb von Wissen.

Als Beispiel sei Francis Bacon zitiert, Autor der Wissenschaftsutopie »Nova Atlantis« und des schon erwähnten Traktats »Die männliche Geburt der Zeit«. In einer Schrift von 1623 vergleicht er die ›Inquisition der Natur‹ mit der Hexenverfolgung. Nur so seien der Natur ihre ›Geheimnisse‹ zu entlocken. Der moderne Mensch solle »wahrhaftig nicht an dem Eintritt und dem Durchdringen in diese verschlossenen Plätze [zweifeln]«,[529] denn die Wahrheit lasse sich nur mit den Mitteln der Folter erkunden: »Denn wie man das Genie eines Mannes nicht wohl kennt oder schätzet, wenn man ihm keinen Reiz sich zu zeigen giebt (sic!), [...] eben so zeigt sich die durch die Kunst mechanischer Hilfsmittel gereizte und gefangene Natur offenbarer, als wenn man sie sich frey überlassen [sic!] bleibt.«[530] Der Wissenschaftler solle nicht glauben, daß das Verhör der

Natur etwas Unerlaubtes sei.[531] Niemand gesteht die Wahrheit unter Folter. Mit den ›Mitteln der Inquisition‹ lassen sich nur die Wahrheiten finden, die dem Körper *eingeschrieben* werden – etwa das Gesetz der Schrift, die »Mathematisierbarkeit der Welt«, das Räderwerk. Wie jede ›Inquisition‹ diente auch diese nicht der Ent-Hüllung der Wahrheit, sondern der Einschreibung des Nomos.

Bilder wie diese erfuhren im 19. Jahrhundert eine Übertragung auf den Orient. Zweihundert Jahre vor Michelets Vorstellung vom Orient als dem ›Schoß der Welt‹ hatte Bacon geschrieben: »Es gibt viel Grund für die Hoffnung, daß der Schoß der Natur noch ausgezeichnete Geheimnisse bewahrt, die keine Ähnlichkeit mit bekannten Dingen haben.« Deshalb gelte es, die Natur »zu versklaven«, zu »bezwingen« und durch die Technik selbst neu zu »formen«. Die »Forscher und Spione der Natur« sollten »ihre Pläne und Geheimnisse« an den Tag bringen.[532] Wenn sich also der Diskurs des Orientalismus so sehr auf Entschleierung, ›Defloration‹ und ›Versklavung‹ konzentrierte, so offenbarte sich in diesen Phantasien auch ein ›Zeugungswunsch‹, wie ihn Bacon formuliert hatte.

Die sexuell aufgeladenen Bilder, mit denen der Orient als »Sybille, die die Zukunft enthüllt«,[533] beschrieben wird und der Okzident als die Kraft erscheint, die die Zukunft realisiert, sind von bemerkenswerter Kongruenz mit den zeitgleichen Theorien über die männliche und die weibliche Biologie, die wiederum auf die Psychologie der Geschlechter übertragen wurde. »Wenn Sie männlich sagen, meinen Sie in der Regel ›aktiv‹, und wenn Sie weiblich sagen, ›passiv‹. Nun ist es richtig, daß eine solche Beziehung besteht. Die männliche Geschlechtszelle ist aktiv beweglich, sucht die weibliche auf, und diese, das Ei, ist unbeweglich und passiv erwartend.«[534] Die Vorstellung vom ›unbeweglichen‹, ›passiv wartenden‹ Orient diente einer ähnlichen Konstruktion: Die ›männliche Geschlechtszelle‹ entsprach dem

Okzident, das ›passiv wartende Ei‹ dem Orient. Auf das Werk des französischen Historikers Edgar Quinet »Le génie des religions« (1832) eingehend, schreibt Said: »Als ein wissenschaftliches Verhalten ist es das Bild eines gelehrten Bewohners des Westens, der den passiven, noch unentwickelten, weiblichen, selbst schweigenden und trägen Orient wie von einem besonders geeigneten vorteilhaften Punkt überblickt und danach darangeht, den Osten zu *artikulieren*, den Osten seine Geheimnisse unter der gelehrten Autorität eines Philologen vorzeigen zu lassen, dessen Macht sich von der Fähigkeit herleitet, geheime, esoterische Sprachen zu entschlüsseln.«[535]

Wie bei der – als Weib imaginierten – Natur ging es nicht darum, dem Orient seine ›Geheimnisse‹ zu entreißen; vielmehr wurden diese (unterstellten) Geheimnisse zum Motor westlicher Innovation. Phantasien über den Orient wurden grundlegend für die Entstehung neuer Wissensfelder und Disziplinen: Das kann man an der Soziologie erkennen, aber es galt z. B. auch für die Religionswissenschaft. Die vergleichende Religionsforschung, die sich im 19. Jahrhundert entwickelte, war, wie Ulrike Brunotte schreibt, »eben nicht allein ›Erbin der Aufklärung‹, sondern Produkt der europäischen Kolonialgeschichte und ihrer Orientalismen. Lange vor der Etablierung religionswissenschaftlicher Lehrstühle produzierte die *frontier comparative religion* entlang kolonialer Grenzen Wissen über Religion. Sie repräsentierte die koloniale Macht, wurde gleichwohl zugleich von Erschütterungen durch den religiösen und kulturellen Pluralismus dynamisiert, wie er in den kolonialen Begegnungen erfahrbar war.«[536]

Die ersten Grundlagentexte der Religionswissenschaft entstanden so in direktem Austausch mit dem Orientalismus – und dieser Ursprung ist bis heute nicht nur spürbar, er hat auch auf andere Wissensfelder eingewirkt und wurde prägend für bestimmte Blickweisen: etwa in der Politikwissenschaft, für die ›der Islam‹ zu einem wichtigen Forschungsfeld geworden ist, besonders nach dem 11. September. Stellte für die Fortschrittsgläubigen des 19. Jahrhunderts der Schleier sowohl ein Symbol ›orientalischer Rückständigkeit‹ als auch das Versprechen eines ›Geheimnisses‹ dar, das es zu lüften und ent-decken gelte, so scheint diese Vorstellung heute auf das ›rätselhafte‹ Netzwerk von Al Qaida und die ›unergründliche‹ Psyche des Selbstmordattentäters übergegangen zu sein. Beide tragen – durch ihre Existenz – erheblich dazu bei, den Glauben an die Notwendigkeit westlicher Logik und einer ›berechenbaren Welt‹ zu stärken. Das liegt einerseits an den Gefahren, die tatsächlich von ihnen ausgehen. Aber es liegt auch an den Phantasien, die die westliche Wissenschaft über diese Erscheinungen entwickelt hat.

Die Politikwissenschaftlerin Claudia Brunner hat einige der wissenschaftlichen und journalistischen Texte zu den Selbstmordattentätern untersucht und kommt zu dem Schluß: »Das Selbstmordattentat als etwas angeblich Irrationales, Chaotisches, Emotionales, Anarchisches verleitet zu Assoziationen, die sich in der kulturell konstruierten Dichotomie von männlich/weiblich auf der so genannten weiblichen Seite verorten lassen. […] Auf kommunikativer Ebene ist es somit ein leichtes, den Akt politischer Gewalt namens Selbstmordattentat als Neuauflage des *Ewig Weiblichen* zu instrumentalisieren, vor dem sich eine als rational und männlich gedachte Ordnung zu fürchten und das sie daher mit allen dieser Herangehensweise zu Gebote stehenden Mitteln zu bekämpfen hat. Und das weitgehend unabhängig von der Frage, ob ein Mann oder eine Frau zur Tat schreitet.«[537] Daß das Terrornetzwerk wie die Psyche von Selbstmordattentätern schwer zu durchschauen sind, bestreitet niemand. Anfechtbar ist jedoch die Sexualisierung dieses ›Rätsels‹, die an den alten Orientalismus und die frühe Religionswissenschaft erinnert. Damals wie heute ist der Grund für diese Sexualisierung in der Selbstrechtfertigung der westlichen Wissensordnung zu suchen, die sich mit solchen Bildern nicht nur als ›asexuell-wissenschaftlich‹ und ›männlich‹ ausweist, sondern auch politisch-militärische Handlungsanweisungen gibt.

Kreative Zerstörung

Der paradoxe Prozeß einer Erneuerung des Okzidents durch die Hinwendung zum ›rückständigen‹ Orient zeigt sich in vielen Bereichen der Wissenschaft. Er ist nur aus einer spezifischen Dynamik zu verstehen, die dem westlichen Fortschrittsgedanken eignet. Jan Assmann hat dargestellt, daß die abendländische Wissenschaft – im Gegensatz zu der anderer Kulturen – auf einer paradoxen Struktur beruht, die er mit dem Begriff des ›hypoleptischen Diskurses‹ (aus griech. *hypólepsis*: anknüpfend) umschrieben hat.[538] Aus diesem Diskurs entsteht das, was sich als ›fließender Kanon‹ bezeichnen ließe: Ein Text (oder eine Erkenntnis) schließt an einen vorangegangenen kanonischen Text an und ›aktualisiert‹ diesen. Der Kanon, ein festgelegter Text mit Instanzcharakter, erhebt an sich Anspruch auf Endgültigkeit und Universalität. Ein ›fließender Kanon‹ impliziert jedoch, daß jeder dieser (endgültigen und universellen) *canones* in Frage gestellt – ›dekonstruiert‹ – werden kann. Und er kann es nicht nur, er soll es auch: Der Akt der ›Zerstörung‹ ist die Voraussetzung dafür, daß ein neuer Kanon entstehen kann. Das heißt, der abendländische Fortschritt ist für seine Erneuerung auf das Prinzip der ›kreativen Zerstörung‹ angewiesen: ein Begriff, den der Wirtschaftstheoretiker J. A. Schumpeter 1932 geprägt hat, um darzustellen, daß jeder großen Innovation eine radikale Zerstörung vorausgeht. Was Schumpeter nicht so deutlich formulierte, ist die Tatsache, daß es sich bei diesem Vorgang um ein Phänomen westlichen Denkens handelt, das sich nicht nur auf die Ökonomie bezieht, sondern auch auf die Wissensordnung allgemein: Die Zerstörung von Prinzipien schafft die ›Ruinen‹, auf denen ein neuer Kanon errichtet werden kann. Aus diesem Prinzip bezieht das westliche Denken seine Erneuerungskraft, und dieses Prinzip macht verständlich, woher es kommt, daß im westlichen Denken eine Theorie zunächst zur Häresie und dann zum neuen Kanon erklärt werden kann.

Beim Prozeß der ›kreativen Zerstörung‹ spielt ›das Problem‹ oder Rätsel eine wichtige Rolle. Es bietet die Voraussetzung dafür, daß der festgelegte, stagnierende Kanon in Bewegung gerät und neu formuliert werden muß. Das ›Problem‹, so Assmann, schafft eine »Kultur des Widerspruchs« und beruht »auf einer verschärften Wahrnehmung von Widersprüchen«.[539] Auf die Frage der Wissensordnung übertragen, heißt dies, daß der Fortschrittsmotor einer immer wieder neuen ›Häresie‹ bedarf, um in Gang zu bleiben. Diese Notwendigkeit ist der Schlüssel, um die widersprüchliche Rolle zu verstehen, die dem weiblichen Körper – und in der Moderne dem Orient – vom Okzident zugewiesen wurde: Einerseits inkarnierte der weibliche Körper den Zustand der Homogenität, die Einheit und Ganzheit des Gemeinschaftskörpers: etwa als *Ecclesia*, als Nationalallegorie oder als ›weibliche Masse‹. Auf der anderen Seite repräsentiert er aber auch das andere, das Fremde, das Ausgeschlossene: eine Uhr, die ›nicht ganz richtig tickt‹.

Diese Funktion hat in der Moderne der Orient übernommen: Er repräsentiert einerseits die Oralität, die verlorene ›Behausung in der Sprache‹, den ›Mutterschoß‹ und die Heimat; andererseits ist er aber auch das Fremde und Nicht-Integrierbare. Die ›Desorientierung‹ wird für den Westen zum Mittel einer ständigen Erneurung des Kanons, seiner Überführung in einen ›fließenden Kanon‹. In dem Maße, in dem im Westen eine Entblößung des Sexualtriebs und die Entkleidung des Frauenkörpers voranschritt – dieses ›Frauenkörpers‹, der die Natur repräsentiert –, wuchs das Bedürfnis nach einem neuen ›Rätsel‹, das die Innovation sichern konnte. Für diese Rolle bot sich der Orient mit seinen verschleierten Frauen auf geradezu paradigmatische Weise an. Ebendeshalb entwickelte sich auch der Orientalismus in derselben Zeit, in der das große Entkleidungsprojekt des westlichen Frauenkörpers stattfand.

Wenn es im Kanon »um Ordnung, Reinheit und Harmonie, um den Ausschluß von Zufall und unkontrollierter Abweichung, von ›Schlendrian‹ und lavierender Anpassung ans Gegebene« geht,[540] so werden mit diesen ›Abweichungen‹ nicht nur die traditionellen Bilder vom weiblichen Körper und der ›Muttersprache‹, sondern auch die vom Orient benannt. Das bedeutet aber, daß die Bilder vom ›rückständigen‹ oder ›ungeordneten‹ Orient auch dazu dienen, den Impuls für die Erstellung einer neuen Norm zu geben. Dieser befriedigt einerseits die Bedürfnisse der westlichen Gesellschaft nach Innovation, etabliert andererseits aber auch immer erneut den Logos, das ›Gesetz des Vaters‹, den Kanon.

Die ›Mutter‹ im Zeitalter
ihrer technischen Reproduzierbarkeit:
Orient und Okzident

Der Prozeß einer ›kreativen Zerstörung‹ gilt nicht nur für die Wissensordnung, er liegt auch den technischen Innovationen zugrunde – diesen großen Erfindungen, auf die der Okzident zu Recht so stolz ist und die seine Basis für eine fortschreitende »Mathematisierbarkeit der Welt« bilden. So rational und technisch diese Erfindungen auch sein mögen, auch sie bedürfen der Bilder weiblicher oder orientalischer Irrationalität. Denn auch in der Technikgeschichte gehen Erneuerungsphantasien mit Phantasien vom ›Goldenen Zeitalter‹ und einer Rückkehr in den Mutterschoß einher.

Das zeigt besonders deutlich die Geschichte der Medien: Jede mediale Neuerung, die das Abendland entwickelt hat, führte nicht nur zu einer Neudefinition der Geschlechterrollen. Sie erzeugte auch einen Mutterschoß oder in der Sprache der modernen Kunst: ein *immersive environment*,[541] bei dem es sich um Werke und Installationen handelt, in die der Betrachter eintaucht und in denen er auf- und untergeht.

Das *immersive environment* ist keine Erfindung des Industriezeitalters. Schon die mittelalterliche Kathedrale – sowohl als Ort der Augen als auch des Gehörs und des Geruchsinns – entsprach einer ähnlichen Vorstellung. In dieser Funktion wurde die Kathedrale zu Beginn der Neuzeit von der Zentralperspektive abgelöst, die die Entstehung eines Raums implizierte, in der der Betrachter aufgehoben ist: ›aufgehoben‹ in jedem Sinne des Wortes. Erwin Panofsky hat die großen geistigen Umwälzungen beschrieben, die sich mit ihrer Entstehung verbanden: Auf der einen Seite vollbringe sie »die Gestaltung eines völlig rationalen, d. h. unendlichen, stetigen und homogenen Raums«, dessen Wahrnehmung jedoch auf der Voraussetzung beruht, »daß wir mit einem einzigen und unbewegten Auge sehen würden« und daß »der ebene Durchschnitt durch die Sehpyramide als adäquate Wiedergabe unseres Sehbildes gelten dürfte«. Beide Voraussetzungen implizierten »eine überaus kühne Abstraktion von der Wirklichkeit«. Denn der homogene Raum sei »niemals der gegebene, sondern der konstruktiv-erzeugte Raum«.[542]

Dieses *immersive environment*, in das sich der westliche Mensch mit seinen Augen und anderen Sinnen auf immer neue Weise zu versetzen lernte, wurde prägend für alle medialen Techniken, die nach der Zentralperspektive entwickelt wurden. Besonders deutlich zeigte sich der Vorgang beim Kino, bei dem sich der Betrachter in einem imaginären, technisch konstruierten Raum befindet, der ihm dank der Eindrücke, die er über Sehen und Hören empfängt, die Illusion vermittelt, in einem anderen Raum ›aufgehoben‹ zu sein. Die amerikanische Filmtheoretikerin E. Ann Kaplan bringt es auf die knappe Formel: »Das Kino stellt die nächste Analogie auf dem Gebiet des Symbolischen zur Rückkehr in den Mutterschoß dar; sie erlaubt dem Subjekt, die Lust der Wiedervereinigung mit dem mütterlichen Leib zu erfahren – einer Vereinigung, die nach der ödipalen Phase in Wirklichkeit nicht möglich ist.«[543]

Besteht der technische ›Kulturfortschritt‹ also darin, einen imaginären ›Mutterschoß‹ zu fabrizieren, der den Anschein und die Eigenschaften eines realen und physischen hat? Diese Interpretation legt die Geschichte westlicher Medientechniken in der Neuzeit nahe. So gesehen, erscheinen die widersprüchlichen Projektionen auf den Orient – einerseits die sehnsuchtsvolle Besetzung seiner ›Rückständigkeit‹, ›Mütterlichkeit‹ und ›Sinnlichkeit‹; andererseits der Wunsch, durch diese Weiblichkeit Modernisierung und Kulturfortschritt herbeizuführen – nicht mehr so paradox: Das Ziel des westlichen ›Kulturfortschritts‹ besteht offenbar darin, das verlorene Paradies wiederherzustellen – mit den Mitteln der modernen Technik, die ihrerseits der Phantasien über die ›Rückständigkeit‹ des Orients bedürfen.

Eine nicht unähnliche Kombination von rückwärtsgewandter Sehnsucht nach dem Mutterschoß und Glauben an die modernen Techniken charakterisiert auch den islamischen Fundamentalismus mit seinen modernen Kommunikationsmitteln und seinem ›utopischen Regreß‹ (vgl. S. 143). Mit den vielen Herausforderungen, die die Moderne an den Islam herantrug, so schreibt Sabine Damir-Geilsdorf, setzte eine Rückbesinnung auf den Frühislam (die Zeit des Propheten und der ersten Kalifen) ein, der vom politischen Islam als das ›Goldene Zeitalter‹ idealisiert wird. Auf die Frage, warum Muslime ›zurückgeblieben‹

seien, während sich andere vorwärtsbewegen, antworten Vertreter des politischen Islam »mit der These, daß der Islam der Frühzeit für Ruhm und Größe der Muslime gesorgt habe«[544] und es heute darum gehe, an diese Quellen zurückzukehren. Diese Quellen werden jedoch nicht mit der oralen Tradition der islamischen Frühzeit, sondern mit dem Text identifiziert.

Es handelt sich also um die ›Rückkehr‹ in ein normatives Denken, das von der Schrift bestimmt ist, die zur ›Muttersprache‹ erklärt wird. Deshalb plädieren islamische Fundamentalisten auch nicht dafür, das Rad der Geschichte zurückzudrehen und die Lebensumstände des 7. Jahrhunderts wiederherzustellen. Vielmehr handle es sich um eine ›rückwärtsgewandte Utopie‹ von sozialer Gerechtigkeit, um einen Zustand, in dem »ewige Werte verzeichnet sind, und der dadurch Handlungsanweisungen für die Gegenwart und Zukunft aufstellt«.[545] Diese Utopie diene auch als Mittel der Regimekritik, »indem es einen Gegensatz zur Realität herstellt, die als defizitär empfunden wird«.[546] Auch für den Westen waren Utopien Handlungsanweisungen und Instrumente der Kritik an gegenwärtigen Zuständen. Doch sie waren angesiedelt im ›Nirgendwo‹, und ihre Wirkungsmacht bestand gerade darin, daß sie als Modelle für eine *neue Zukunft* daherkamen: als etwas noch nie Erfahrenes. Mit der Realisierung der utopischen Modelle verschwanden die westlichen Utopien, oder sie verwandelten sich in negative Utopien.[547] Dieser Prozeß fand etwa zeitgleich mit dem Aufkommen des Orientalismus und der Hinwendung zu diesem phantasierten ›Mutterschoß‹ statt.

Die Utopie des politischen Islam hingegen bezieht sich auf einen angeblich gewesenen Idealzustand der Vergangenheit, von dem ebenfalls eine Erneuerung erwartet wird. Und dieser soll, wie es ein führendes Mitglied der Gruppe »Islamischer Dschihad« ausgedrückt hat, »mit den Institutionen, den Einrichtungen und dem Fortschritt der wissenschaftlichen Mittel im zwanzigsten Jahrhundert« erreicht werden.[548] Damit sind nicht nur die westlichen Techniken gemeint, sondern auch die »Rezeption westlicher beziehungsweise moderner soziopolitischer Ideen«.[549] Die Utopien des Westens basierten auf einem Denken, das sich der Schrift verdankte: Nicht durch Zufall entstand die erste Utopie, Platons »Staat«, in der Zeit, in der das griechische Alphabet den Sieg über die Oralität davongetragen hatte. Auch der ›utopische Regreß‹ des politischen Islam besteht in der Hinwendung zu einer Wahrheit, die im Text angesiedelt wird. So kann es nicht verwundern, daß ihm die Instrumente, die das Schriftdenken des Westens hervorgebracht hat, auch geeignet erscheinen, um zu den ›Quellen des Urtextes‹ zurückzukehren. Verkürzt gesagt: Der Okzident richtet auf den Orient seine Hoffnung auf eine Rückkehr in den ›Mutterschoß‹, und er setzt auf die Erneuerung moderner westlicher Techniken, um sein Ziel zu erreichen. Für die Erneuerung seiner Techniken bedarf er des ›rückständigen‹ Islam. Der islamistische Fundamentalismus dagegen erhofft sich Heilung aus einer Rückkehr zum ›Urtext‹ – und auch er will dieses Ziel mit den Mitteln moderner Techniken erreichen. »Das Paradies befindet sich zu Füßen der Mütter«, heißt es im Koran. Es geht offenbar – im Westen wie im Osten – um ein Paradies im Zeitalter seiner technischen Reproduzierbarkeit. *Ex occidente tricks.*

Kapitel VI

Der weibliche Körper
als ›portatives Mutterland‹

»Muslimische Kultur ist in Deutschland präsent, nicht so, daß sie einem auf Schritt und Tritt begegnen würde, aber doch immerhin so auffällig, daß man sie nicht mehr übersehen kann. Die Moscheebauten in deutschen Städten und verhüllt gekleidete, nicht zuletzt junge Frauen sind ihr äußerlich sichtbarster Ausdruck. Schon der Anblick dieser islamischen Kultur, die die meisten von uns aus den Märchen aus ›Tausendundeiner Nacht‹ als eine unwirkliche, ganz andere, jedenfalls weit entfernte Welt zu kennen glauben, hier im christlich-abendländisch geprägten Deutschland, also mitten unter uns, wirkt befremdlich: Eine Moschee in unserer Nachbarschaft erscheint bizarr, fast unwirklich, wie eine Stein gewordene fata morgana, und das berühmtberüchtigte Kopftuch, erst recht der Tschador, bleibt vielen von uns schleierhaft.«[550]

Mit blumigen Worten beginnt der 1999 erschienene Aufsatz des deutschen Juristen Christian Hillgruber, damals Inhaber des Lehrstuhls für Öffentliches Recht, Völkerrecht und Rechtsphilosophie an der Universität Erlangen. In seinem Aufsatz kommt der Autor zu dem Schluß, daß sich »der einem anderen Kulturkreis entstammende Islam [...] in unseren säkularen, freiheitlichen, demokratischen Verfassungsstaat nicht einfügen läßt«.[551] Das wiederum werfe die Frage auf, »ob nicht dem Verfassungsvorbehalt – wenn auch verdeckt – ein Kulturvorbehalt zugrunde liegt und letztlich eben doch nur das Christentum den Verfassungsstaat westlicher Prägung als Ergebnis einer jahrhundertelangen abendländischen Kulturentwicklung zu tragen vermag«.[552] Der Autor sagt also, nachdem er die exotische Andersheit des Islam phantasievoll ausgeschmückt hat, daß der säkulare Staat nicht nur ein christliches ›Produkt‹ ist, sondern das Christentum auch die einzige Religion darstellt, die den Verfassungsstaat hervorbringen konnte und dessen Grundlage bildet.

Eine solche Aussage geht weit über Annette Schavans Formulierungen vom »christlich geprägten Staat« oder Angela Merkels Hinweis auf die christliche »Leitkultur« in Deutschland hinaus. Mit seiner Aussage verleiht Hillgruber einem Gedanken Ausdruck, der sich implizit in allen Debatten über die religiösen Hintergründe der unterschiedlichen Gesellschaften und Geschlechterordnungen wiederfindet: Nur das Christentum biete die nötigen Voraussetzungen dafür, einen ›säkularen Verfassungsstaat‹ hervorzubringen. Zu Ende gedacht, impliziert diese Aussage, daß der christlichen Religion von Anfang an der Säkularisierungsimpetus innegewohnt haben muß und daß diese Religion mit dem Ziel antrat, ihre eigene transzendente Heilsbotschaft überflüssig zu machen. Christliche Theologen werden sich mit diesem Befund, durch den sich theologische Interventionen – etwa in der Kopftuchdebatte – erübrigen müßten, schwertun. Wir selbst haben in diesem Buch schon in verschiedenen Zusammenhängen darauf hingewiesen, daß sich viele Erscheinungen der Moderne tatsächlich als verweltlichte Formen christlichen Denkens lesen lassen. Doch heute im Zuge der Globalisierung, die nicht nur ein ökonomisches, sondern auch ein kulturelles Zusammenwachsen unterschiedlicher Traditionen beinhaltet, stellt sich die Frage nach dem Verhältnis von religiöser und politischer Gemeinschaft auf neue und zudem dringliche Weise.

Es gilt nicht mehr, die Unmöglichkeit politischer Vereinbarkeit zu konstatieren, wie Hillgruber es tut, sondern nach den Konditionen zu fragen, unter denen eine neue ›Weltgemeinschaft‹ entstehen kann, die statt eines *clash of civilizations* einen neuen *contrat social* beinhaltet. Um auf diese Frage zu antworten, bietet es sich an, das historisch gewachsene Verhältnis von Religion und Gesellschaft in den unterschiedlichen Kulturgebieten zu betrachten. Dabei ergibt sich eine ganze Reihe von Gemeinsamkeiten, gerade wenn man sie unter dem Blickwinkel der Geschlechterordnung untersucht. In allen Gesellschaften reflektieren die Bilder des Sozialkörpers Bilder vom individuellen Körper – und umgekehrt. So erstaunt es nicht, daß die unterschiedlichen Vorstellungen vom Sozialkörper auch geschlechtlich codiert sind.

Wir haben im zweiten Kapitel darauf hingewiesen, daß die Geschlechterordnung ein Spiegelbild der Heilsbotschaft ist, nach der eine religiöse Gemeinschaft lebt. Ebenso sind auch die Vorstellungen über ›den‹ Körper ein Spiegelbild der Imaginationen vom Sozialkörper einer Gemeinschaft. Deutlich läßt sich das an den Bildern vom Fremdkörper ablesen, auf die wir im Zusammenhang mit dem Konzept des ›Schläfers‹ und ›Schädlings‹ eingegangen sind und die auch in den Aussagen des Juristen Hillgruber auftauchen. Die Korrelation von Körper und Gemeinschaft schlägt sich aber auch auf ›positive‹ Weise nieder: etwa in den medizinischen Bildern vom ›gesunden‹ und ›normalen‹ Körper oder in den Vorstellungen einer ›natürlichen‹ Geschlechterordnung. Wir wollen im Folgenden auf das Verhältnis von physiologischem und sozialem Körper in der Geschichte der christlichen Gesellschaften eingehen, bevor wir uns den Konzepten des Kollektivkörpers in den beiden anderen ›Religionen des Buches‹ zuwenden.

Der Kollektivkörper

Der soziale Körper ist ein imaginärer Körper: ein *corpus fictum* oder *imaginatum*, wie die Theologen die Kirche und die Juristen den Staat nannten.[553] Durch die Analogie zum menschlichen Körper versucht sich der imaginäre soziale Körper den Anschein von Unteilbarkeit und Leibhaftigkeit zu verleihen. Der kollektive Körper bedient sich des individuellen Körpers als Spiegelbild – und da sich die Bilder des *corpus fictum* von einer Epoche bzw. einer Kultur zur anderen wandeln, verändern sich auch die dazugehörigen medizinischen, biologischen und juristischen Konzepte des organischen Körpers.[554] Eben weil der soziale Körper auf die Analogie zum individuellen menschlichen Körper angewiesen ist und aus ihm seinen Anspruch bezieht, die ›Wirklichkeit‹ darzustellen, ist ihm soviel an den Konzepten gelegen, die das medizinische Bild des menschlichen Körpers prägen. Das heißt, die Selbst-Konzepte des sozialen Körpers bestimmen über das ›Wissen‹ von ›dem Körper‹.

In der westlichen Kultur hingen die wandelbaren Bilder des *corpus fictum* immer eng mit den medialen Techniken ihrer Zeit zusammen. Diese bestimmten sowohl über die Form der kommunikativen Vernetzung einer Gemeinschaft als auch über das Wissen ihrer Epoche. Deutlich ist das nachzuvollziehen an den Bildern von der Funktionsweise des menschlichen Gehirns. Für die griechische Antike, deren Gesellschaft im Zeichen der Alphabetisierung stand, wurde das Gehirn als Produktionsstätte des *logos spermaticos* (des zeugenden Geistes) gedacht. Als mit Beginn des Industriezeitalters der elektrische Strom aufkam, wurde die Tätigkeit des Gehirns mit dem elektrischen Netz und Stromstößen verglichen; dieses Erklärungsmuster wurde abgelöst vom Bild des Telegraphennetzes, auf dieses folgte das Modell des Rechners, und heute beruft sich die moderne Hirnforschung gern auf die Analogie zum Internet.

Indem die Kommunikationskanäle und Übertragungsmechanismen, die Speicher- und Reproduktionssysteme über das kollektive Gedächtnis bestimmen und die Entscheidung darüber treffen, was als ›wissenswürdig‹ zu gelten hat, verwalten sie auch die Art, wie eine Gemeinschaft als Körper ›funktioniert‹. Es entsteht eine Wechselwirkung: Der ›fiktive‹ soziale Körper erfindet Techniken, die ihrerseits über die Beschaffenheit der Gemeinschaft sowie über das Wissen bestimmen. Dieses prägt wiederum das spezifische Bild des *corpus imaginatum*, das seinerseits die Vorstellungen vom menschlichen Körper beeinflußt.

Die Korrelation von Sozialkörper und geschlechtlichem Körper hat zur Folge, daß der geschlechtliche Körper in jeder Gesellschaft und in jeder Epoche neu ›entworfen‹ und dennoch zur ›unveränderbaren Biologie‹ erklärt wird. Ein Beispiel: Noch vor hundert Jahren argumentierten angesehene deutsche Wissenschaftler gegen die Zulassung von Frauen zu akademischer Ausbildung mit dem Argument, der weibliche Körper sei für die intellektuelle Arbeit nicht geschaffen.[555] Argumente wie diese hörte man nicht nur im Westen, sie waren auch in anderen Kulturkreisen verbreitet. Heute sind mehr als die Hälfte aller Studierenden *und* ein Gutteil der Lehrenden und Forschenden Frauen – im Westen wie auch in vielen islamischen Ländern, etwa dem Iran. Es geht also um eine ›biologische Wirklichkeit‹, die zu widerlegen es nur weniger Generationen bedurfte. Das zeigt deutlich, daß hier *kulturelle* Codierungen des Körpers am Werke waren. Diese prägen freilich das Verhalten der ›realen‹ Körper. Das ist einer der Gründe, weshalb die kulturellen Codierungen so schwer als solche zu entziffern sind und der ›objektive Beobachter‹ behaupten kann, er ›lese nur aus der Wirklichkeit ab‹.

Doch die Konstruktion wird erkennbar, sobald sich die sozialen Rollen verändern, wie das in den letzten hundert Jahren der Fall war: Frauen erhielten den Zugang zu höherer Bildung, sie wurden zugelassen zu akademischen Berufen, errangen das aktive und passive Wahlrecht. Diese und andere Neuerungen veränderten das Gesicht nicht nur der westlichen Welt, sondern auch vieler anderer Gesellschaften. Zwar sind immer noch Ungleichheiten zu beobachten – das

Lohngefälle ist nur ein Beispiel. Doch die Geschwindigkeit, mit der sich der Wandel vollzogen hat, ist mentalitätsgeschichtlich einmalig – und hat nebenbei offenbart, wie wenig es sich vorher um ›natürliche‹ oder biologische Gegebenheiten handelte. Diese Erkenntnis ist die eigentliche ›Errungenschaft‹ auf dem Gebiet der Gleichberechtigung.

Der Zusammenhang von *corpus imaginatum*, Sozialkörper und geschlechtlichem Körper läßt sich gut an einem konkreten Beispiel darstellen: der Vorstellung, daß das Haupt über den Leib regiert – einer Vorstellung, die lange Zeit das kirchliche wie staatliche Denken Europas bestimmt hat. Sie wurde zunächst von Paulus entwickelt, der so das Verhältnis von Christus und Glaubensgemeinschaft beschrieb: »Weil es ein einziges Brot gibt«, sagt er, »sind wir Vielen ein einziger Leib«.[556] Die einzelnen Gläubigen bezeichnet er als ›Glieder‹, die in Christus einen unteilbaren Körper bilden.[557] Christus sei das Haupt der Gemeinde und diese sein Leib.[558] Sein Bild griffen wiederum die Kronjuristen auf, um das Verhältnis von Souverän und Reich zu charakterisieren. Im Mittelalter und zu Beginn der Neuzeit, wurde »die theologische und kirchenrechtliche Doktrin, wonach die Kirche, wie die christliche Gesellschaft im allgemeinen, ein *corpus mysticum* mit Christus als Haupt ist, von den Juristen aus der theologischen Sphäre in jene des Staates übertragen [...], dessen Haupt der König ist«.[559] Dieses Bild des Gemeinschaftskörpers unterlag wiederum einer *sexuellen* Codierung: Christus galt als ›Bräutigam‹ der Glaubensgemeinschaft, und entsprechend wurde der Bischof bei seiner Ordination zum *sponsus* der Kirche: Der Ring, den er über seinen Finger streifte, besiegelte die Ehe.[560] Im Spätmittelalter wurde dieser Ritus auf das Verhältnis des Königs zu seinem Reich übertragen. Der König wurde bei seiner Krönung zum ›Gatten‹ des Reichs ernannt, zum *maritus rei publicae*.[561]

Diese Körpermetaphorik, die direkt aus der Geschlechterbeziehung übernommen ist, hatte einerseits den Effekt, ›natürlich‹ zu erscheinen, prägte andererseits aber auch die realen Geschlechterverhältnisse, d. h. die Rolle von Mann und Frau in der ehelichen Verbindung bis weit in die Moderne. An das Haupt-Leib-Modell für Ehe und Gemeinschaft schlossen noch die Pädagogen der Aufklärung wie Theodor Gottfried von Hippel an, der 1774 schrieb: »Der Mann soll über das Weib herrschen wie die Seele über den Leib.«[562] Auf der Vorstellung von der ›Männlichkeit‹ von Geist/Seele und der ›Weiblichkeit‹ des Leibes basierten auch die Aussagen der Wissenschaftler um 1900, die gegen die Zulassung von Frauen zur akademischen Ausbildung argumentierten. Aus dem, was als Metaphorik für den Gemeinschaftskörper begonnen hatte, war für sie ein Naturgesetz geworden. So schloß sich ein Kreis: Hatte die Analogie zum ›Paar‹ – die Verbindung von Mann und Weib – zunächst der ›Naturalisierung‹ des Sozialkörpers (Glaubensgemeinschaft oder Nation) gedient, so wirkte dieser wiederum auf die soziale Geschlechterordnung zurück, bis diese den Anschein einer natürlichen erhalten hatte.

Die Korrelation von metaphysischem oder sozialem Körper und individuellem Körper gilt für alle Kulturen, und in der Metaphorik der drei ›Religionen des Buches‹ ist sie von zentralem Stellenwert. Allerdings nimmt die Wechselbeziehung unterschiedliche Formen an – und dabei wird die Metaphorik des eigenen Kollektivkörpers oft mit der Natur verwechselt, während die Körpermetaphorik der anderen Gemeinschaft als ›unnatürlich‹ oder ›widernatürlich‹ gesehen wird. Die europäische Kopftuchdebatte ist dafür ein gutes Beispiel: Egal, ob ein Staat sich als ›säkular‹ (Frankreich) oder als ›christlich geprägt‹ (Deutschland) begreift, der Schleier ist zu *dem* Symbol geworden, durch das die ›Unnatürlichkeit‹ des anderen Kollektivkörpers bezeichnet wird. Seinen Ablehnungsbescheid an Fereshta Ludin begründete das Oberschulamt damit, daß das Kopftuch symbolisch für die Unterdrückung der Frau stehe und die Lehramtsbewerberin mithin gegen den Art. 3 des Grundgesetzes – die verfassungsrechtlich festgeschriebene Gleichberechtigung der Geschlechter – verstoße. Annette Schavan verstärkte das Argument, indem sie auf die schädliche Wirkung von Ludins Kopftuch auf die Frauen der eigenen Religionsgemeinschaft verwies, wo doch »offenkundig Mädchen in muslimischen Familien, in denen bislang kein Kopftuch getragen wurde, wieder zum Tragen des Kopftuchs gezwungen werden«.[563] Für eine solche Aussage ist Ludin ein schlechtes Beispiel, hatte sie sich doch – entgegen den Gepflogenheiten in der eigenen Familie – zum Tragen des Kopftuchs entschlossen. Für den Westen ist der Schleier zum Symbol für den ›Fremdkörper‹ und eine ›unnatürliche‹ Gesellschaft geworden. In vielen islamischen Ländern hingegen stellt er ein Symbol von Heimat und Geborgenheit in der *umma* dar.

In beiden Kulturgebieten haben diese allegorischen Zuweisungen an den weiblichen Körper einschneidende Konsequenzen für die Frauen, denn die Allegorisierung des Weiblichen als Symbol für die Gemeinschaft geht zumeist mit einer paradoxen Rolle für die Frau einher: Einerseits wird der weibliche Körper, als Repräsentationsgestalt der Gemeinschaft, einer Kontrolle unterworfen (die Vergewaltigungen von Frauen in Kriegssituationen stellen den Versuch dar, den anderen Kollektivkörper über eine Verletzung seiner Repräsentationsgestalt zu schädigen). Andererseits symbolisiert der weibliche Körper aber auch das Ausgeschlossene, das Nicht-Dazugehörige, die Anomalie (das Ungesetzliche). In der westlichen Gesellschaft, deren Gemeinschaftsallegorien allesamt weiblich waren – als *Ecclesia* repräsentiert der weibliche Körper die Gemeinschaft der Gläubigen, als *Marianne, Britannia* oder *Germania* die Nation –, spielte die Vorstellung von Weiblichkeit als Anomalie eine wichtige Rolle: Seine Funktion bestand in der Erstel-

lung des ›Problems‹, durch das sich Kanon und Nomos er-
neuern (vgl. S. 276f.). Im Islam dagegen steht die *Kontrolle*
des weiblichen Körpers im Mittelpunkt, nicht die Symbol-
funktion als ›Anomalie‹. Auch in Judentum und Islam stellt
der weibliche Körper eine Repräsentationsgestalt der religiösen und sozialen Gemeinschaft dar, aber das geschieht
auf eine ganz andere Weise als im Christentum mit seiner
Spaltung zwischen der abstrakten weiblichen Allegorie und
dem individuellen weiblichen Körper als ›Anomalie‹.

Der weibliche Körper als Repräsentant der Gemeinschaft

Das Wort *templum* bedeutet wortwörtlich: ›das, was aus
dem Raum herausgelöst ist‹. Das heißt, das Haus Gottes ist
der Ort, der nicht der Welt, sondern dem Transzendenten
zugeordnet ist. Dieser Vorstellung eines ›herausgelösten‹
Ortes setzen die drei ›Religionen des Buches‹ eine weltliche
Dimension gegenüber, die die Gemeinschaft der Gläubigen
in der Welt zusammenfügt. In allen drei Fällen spielt die
Analogie von sozialem Körper und organischem Körper
eine wichtige Rolle, und in allen drei Religionen wird der
weibliche Körper ins Blickfeld der Betrachtung gerückt –
auf unterschiedliche Weise.

In der *jüdischen Religion* ist die Orthopraxie von zentraler Bedeutung: »Wer nach diesen Gesetzen lebt, vergißt keinen Augenblick, wer er ist und wohin er gehört. Diese
Lebensform ist so schwierig, daß sie nur in der Form un-
aufhörlichen Lernens und Bewußthaltens realisiert werden
kann. Es handelt sich im Grunde um eine professionelle
Kunst, die sonst nur Spezialisten obliegt, die sich um nichts
anderes zu kümmern haben, nämlich um ein Repertoire
hochkomplexer priesterlicher Tabus und Reinheitsvorschriften. Diese werden jetzt zum Kernbestand einer all-

gemeinen Gesetzgebung. Damit wird das auch sonst, und gerade in Ägypten, beobachtete Prinzip der priesterlichen Absonderung auf das ›Volk‹ übertragen: ›denn du bist ein dem Herrn, deinem Gott, *geweihtes* Volk‹.«[564] Die Zeremonial- oder Ritualgesetze der jüdischen Religion erfuhren in der Diaspora eine verstärkte Bedeutung, gab es doch keinen Tempel und war die Hebräische Bibel selbst, wie Heinrich Heine es formuliert hat, zu einem ›portativen Vaterland‹ geworden. Statt des Tempels gab es eine Heilige Schrift und einen »extraterritorialen Gott«,[565] der diesen Text ›geschrieben‹ hatte. Dieser Gott erklärt wiederum das Volk zu seinem Tempel. Durch die Beachtung der über 600 Gesetze, die er erlassen hat – Gesetze, die sich fast alle auf die Leiblichkeit beziehen –, verschmelzen die Körper der Gläubigen zu einem einzigen Sozialkörper, auch dann, wenn sie nicht zusammen leben. Wenn Gott zum Volk Israel sagt: ›Ihr sollt heilig sein, denn ich bin heilig‹,[566] so macht er damit die Gemeinschaft zu seinem irdischen *templum*. Das impliziert keine Körperferne, wie sie das Christentum immer wieder als Ideal proklamiert hat, sondern eine Religion, die zugleich geistig und sinnlich erfahrbar ist: geistig wegen der Vielfalt der Regeln, die es zu ›lernen‹ und zu ›memorieren‹ gilt; sinnlich erfahrbar, weil sie sich auf die Gebiete der Nahrung, der Hygiene, der Sexualität etc. beziehen. Aus dem Volk des Buches wird so »the people of the body«.[567] In dem Schutz, den diese Gemeinschaft dem einzelnen bot, bestand wiederum die ›Motivation‹ für die Unterwerfung des einzelnen unter ein Regelwerk, das nicht notwendigerweise der ›Natur‹ des Menschen entsprach. »Die Heiligung einer bestimmten Tradition läuft immer auf die Heiligung einer bestimmten Gemeinschaft hinaus. Aus dem neutralen Orientierungsinstrument Kanon wird dann eine Überlebensstrategie kultureller Identität. Die Juden, die sich der Strenge ihres Gesetzes beugen, tun dies im Bewußtsein, ein ›heiliges Volk‹ zu sein.«[568]

Der weibliche Körper als symbolisches ›Gotteshaus‹.

Das Bild der Gemeinschaft als ›Leib Gottes‹ ähnelt zunächst der christlichen Vorstellung von der Glaubensgemeinschaft als Leib Christi. Der Unterschied zeigt sich
jedoch schon in der Exodus-Erzählung. Die Israeliten, so
sagt Gott, »sollen erkennen, daß ich der Herr, ihr Gott bin,
der sie aus Ägypten herausgeführt hat, um in ihrer Mitte zu

293

wohnen«.[569] Das bedeutet, so Alfred Marx, daß Gott sein Volk nicht aus Ägypten herausgeführt hat, »um seinem heimatlosen und unterdrückten Volk ein eigenes Land zu geben«, sondern »um in seiner Mitte zu wohnen«.[570] Das Novum gegenüber der vorexilischen Zeit bestehe darin, daß Gott nicht im Tempel, sondern »inmitten Israel« wohnt. »Diese Wohnung wird jetzt zum Ort schlechthin der Begegnung zwischen Gott und seinem Volk.«[571] Es gibt also eine Trennung zwischen Gott (dem Unleiblichen) und dem Sozialkörper, der zu Gottes Behausung wird. Im Christentum hingegen bildet der Mensch gewordene Gott selbst einen Teil dieses sozialen Leibes: Er ist das Haupt, die Kirche oder Glaubensgemeinschaft sein Leib.

Mit dem Beginn der Diaspora verstärkt sich in der jüdischen Religion das Band zwischen dem ›portativen Vaterland‹ der Heiligen Schrift und dem Sozialkörper, der nach den Gesetzen der Schrift lebt. Dieser Zusammenhang ist auch unter dem Aspekt der im zweiten Kapitel angesprochenen Schriftlichkeit zu lesen: Hatte das Alphabet zum Verlust der ›Behausung‹ in der Sprache geführt, so entstand mit diesem Alphabet zugleich ein Gott, der die Gemeinschaft in eine neue ›Behausung‹ verwandelt: im Zeichen der Schrift, seiner Form der Offenbarung. Diese enge Beziehung zwischen Behausung und Schrift offenbart sich in der Bibel selbst: Wir haben schon darauf hingewiesen, daß die Tatsache, daß diese mit einem Beta beginnt, mit der Feminisierung der Heiligen Schrift zusammenhängt. Das hebräische *bet* leitet sich von einem Piktogramm für Haus ab. In ihrer Untersuchung über die symbolischen und portativen Häuser der jüdischen Religion – die Sukkah (Laubhütte) und in Anlehnung daran: die Hochzeitsringe mit Haus, der Thorarollenschmuck, die Hochzeitsbaldachine und der Eruv (die Shabbat-Demarkation) etc. – geht Mimi Lipis auf diesen Zusammenhang ein. »Der zweite Buchstabe im semitischen Alphabet ist *bet* und bedeutet in semitischen

Sprachen Haus – hebräisch *bayit*. Der B-Laut wird oft mit weiblichen Dingen in Verbindung gebracht. [...] In der hebräischen Sprache bezeichnet das Wort *bayit/bet*, gekoppelt mit einem anderen Wort, oft eine Gemeinschaft, zum Beispiel *Bet Israel* – wortgetreu Haus Israel – bedeutet Volk Israel, oder *Bet Hillel* bezeichnet die Schüler von Hillel. Im biblischen Judentum wird die Gemeinschaft über die Zugehörigkeit zu einem Haus und die Ausführung von Ritualen definiert. Das ›Haus Abraham‹ schließt alle in ihm Wohnenden, Juden, Andersgläubige, Kinder und Sklaven, ein. Hier folgt die Gemeinschaftsdefinition einer patrilinearen Genealogie. Im rabbinischen Judentum [vom 2. bis ca. 6. Jahrhundert, d. h. nach der Zerstörung des Tempels und dem Beginn der Diaspora] wird die matrilineare Genealogie eingeführt, und die Hausmetapher ändert sich. Nun wird die Frau im doppelten Sinne als Haus bezeichnet. Zum einen stellt die Frau das Haus, das Zuhause, des Mannes dar. Zum anderen wird der weibliche Körper als Haus bezeichnet, die Anatomie mit der Architektur eines Hauses verglichen.«[572]

Israel als die ›Braut Gottes‹ wird also als Haus in Form eines weiblichen Körpers imaginiert. Das ist die metaphorische Ebene. Zugleich übernimmt der weibliche Körper aber auch die Rolle eines irdischen ›Hauses‹: In der Diaspora wird er zum Haus Gottes, zum Haus der Gemeinschaft und zum Haus von Ehe und Familie. Es handelt sich also um eine Allegorisierung des weiblichen Körpers, und zugleich bildet dieser einen integralen Teil der Gemeinschaft, er stellt nicht die ›Anomalie‹ oder das Ausgeschlossene dar. Freilich impliziert eine solche gemeinschaftsbildende Funktion auch Kontrolle über den weiblichen Körper – davon zeugen viele Erzählungen der Hebräischen Bibel. Doch in der Diaspora implizierte diese Kontrolle, anders als im Islam, nicht die Abgeschiedenheit der Frau und ihren Ausschluß aus dem öffentlichen Raum. In den jüdischen Gemeinschaften waren und sind Frauen sehr präsent in der Welt außerhalb des Hauses. Das gilt auch für orthodox lebende Gemeinschaften: Frauen sind als Geschäftsfrauen und in vielen anderen Bereichen des öffentlichen Lebens tätig. »Da die Gelehrsamkeit ein kulturelles Ideal von Männlichkeit war – wenn in Realität auch nur bei einer sehr kleinen Elite – und wegen der schwierigen wirtschaftlichen Bedingungen galt die ökonomische Tätigkeit von Frauen als angemessen und normal.«[573] Weil Jüdinnen es gewohnt waren, sich im öffentlichen Raum zu bewegen, fiel es vielen von ihnen auch nicht schwer, sich in den sozialen und politischen Bewegungen zu engagieren: in der Arbeiterbewegung, den Gewerkschaften, dem Kampf um Bildung oder für das Frauenwahlrecht, wo Jüdinnen überproportional vertreten waren.

Der *Sozialkörper des Islam* ist wieder anderer Art. Auch hier spielt die Orthopraxie eine wichtige Rolle. Wie in der jüdischen Religion, besteht eine enge Beziehung zwischen Glaubensbekenntnis, Ritual und Lebenspraxis (vgl. S. 122f.). Für den Sozialkörper ist aber auch die Tatsache von Bedeutung, daß der Islam von vornherein als Regelwerk für eine politische Gemeinschaft entstanden ist. »Im gesamten Verlauf der Geschichte hieß, ein Muslim zu sein, nicht nur, einer religiösen Gemeinschaft von gleichgesinnten Gläubigen anzugehören, sondern auch in einem islamischen Staat zu leben, in dem das islamische Recht galt (wenn schon nicht in der Praxis, so doch wenigstens in der Theorie).«[574] In der christlichen Gesellschaft kam ein solches Verhältnis von Religion und Staat erst allmählich zustande: Zwar verband sich schon im 4. Jahrhundert unter Konstantin und noch deutlicher unter Theodosius der Reichsgedanke mit dem Christentum, aber zu einer echten Verklammerung von Staat und Kirche kam es erst im 6. Jahrhundert unter Justinian. Im Mittelalter sollte die

Übertragung christologischer Paradigmen auf das Königtum zur Entstehung eines sakralen Königtums beitragen, das mit dem Beginn der Neuzeit allmählich in das Konzept einer sakralen Nation einmündete. Der »christlich geprägte Staat«, den die Kopftuchgegner heute als Grund für das von ihnen angestrebte Verbot anführen, bildete sich also erst allmählich und über Jahrhunderte heraus.

Im Islam dagegen war ein solches Zusammenspiel von politischem und religiösem Sozialkörper von Anbeginn angelegt. Vieles spricht dafür, daß der Islam sogar aus dem Bedürfnis heraus entstand, die arabische Kultur gegen den Einfluß der beiden schon bestehenden Religionen des Buches abzugrenzen: durch die Übernahme von Denkmustern aus der jüdischen und christlichen Schriftkultur. Das gilt insbesondere für die Abgrenzung gegen das Christentum, dessen Übergang zur Staatsreligion kurz vor der Entstehung des Islam lag. Es gilt aber auch für das Judentum, dessen rabbinische Auslegung der Thora um etwa diese Zeit abgeschlossen, somit auch die Anpassung an die Situation der Diaspora vollzogen war. So ist es vielleicht zu deuten, daß in Mohammeds erster Erleuchtung – er war vierzig Jahre alt – der Engel Gabriel dem Propheten mitteilt, er solle nicht nur rezitieren, sondern auch lesen,[575] gleichsam als Aufforderung, eine Schriftkultur zu schaffen, die weniger Gefahr lief, von den anderen beiden Schriftkulturen überlagert zu werden. Als Mohammed seiner Frau Khadija von der Vision erzählte, führte sie ihn zu ihrem Cousin Waraka, einem Christen, der sich in hebräischen Schriften auskannte. Dieser sagte ihm, daß Allah den Engel Gabriel auch zu Moses gesandt habe. So wurde die jüdisch-christliche Kultur »zu dem Rahmen, den Mohammed für seine Prophezeiungen wählte«.[576]

Die Übernahme der ›Machtinstrumente‹, d. h. der Schriftsysteme der anderen Religionen, bot der arabischen Kultur einerseits Schutz vor den anderen Kulturen und grenzte sie gegen diese ab; zugleich schuf sie aber auch jenen kulturellen Imperialismus, der auch den Hellenismus charakterisierte, als er sich in der Antike auszubreiten begann. Die hellenistische Idee von Kultur hatte sich, so Hans Jonas, zur Zeit Alexanders bis zu dem Punkt entwickelt, »wo es möglich wurde, zu sagen, man sei Hellene nicht durch Geburt, sondern durch Bildung, so daß auch ein als Barbar Geborener ein wahrer Hellene werden konnte«.[577] Durch Bildung und Sprache, durch den *logos* – laut Jonas »eine der größten Entdeckungen in der Geschichte des menschlichen Geistes«[578] – errang der Hellenismus eine ›kosmopolitische‹ Dimension und nahm das griechische Denken seine ›universalistische‹ Form an. Sofern der Osten »überhaupt nach literarischem Ausdruck strebte, [mußte er sich] in griechischer Sprache und Manier äußern«.[579]

Auch der Islam errang kosmopolitische und universalistische Form. Doch während im Hellenismus das Schriftsystem den Eroberungen *vorausging*, war die Schrift beim Islam das *Ergebnis* der Eroberung. Innerhalb von zehn Jahren nach Mohammeds Tod trugen arabische Eroberungen, die zugleich Bekehrungen waren, den Islam in städtische Gesellschaften mit ausgefeilten Schriftsystemen, lange gewachsenen Gesetzestraditionen und etablierten Sittenkodizes, und diese sollten wiederum auf den sich herausbildenden Gesetzes- und Sittenkodex des Islam zurückwirken. Die arabische Eroberung des heutigen Irak setzte einen doppelten Prozeß in Gang: einerseits die breite Arabisierung und Islamisierung der irakischen Bevölkerung und andererseits die Integration der Kultur, Sitten und Institutionen dieser kulturell und administrativ komplexen Region in den Islam.[580] Es fand eine Fusion und Assimilation statt, die auf die Gemeinschaftsbildung und Gesetzgebung einwirkte. »Die Tatsache, daß Hasan al-Basri (gest. 728), der eminente moslemische Mystiker, Sohn persischer Christen war, die von den Moslems gefangengenommen worden waren, und die Tatsache, daß Harun ibn Musa, ein Konvertit aus dem Judentum, der erste war, der die verschiedenen mündlich übertragenen Versionen des Koran verschriftlichte, verweisen auf die Wege, über die die Erbschaften anderer Traditionen in die islamische Zivilisation Einzug hielten, und belegen den diskreten Beitrag von Konvertiten und Nachkommen von Konvertiten zu den Ideen und Praktiken, die Teil des Islams bilden sollten.«[581]

Nach der Eroberung von Byzanz übernahmen die Araber dessen administrative Struktur auch für den arabischen Raum. Das führte, je nach Region, zunächst zu unterschiedlichen Formen von Gesetzgebung. So konnte eine Frau in Medina ihren eigenen Ehevertrag nicht aushandeln, während eine Frau in Kufa dazu berechtigt war.[582] Die Gesetze waren zunächst eine Frage der Auslegung. Die islamische Sekte der Kharijis z. B. begründete ihre Ablehnung von Konkubinen sowie der Verehelichung von neunjährigen Mädchen damit, daß Gott nur dem Propheten (der Konkubinen hatte und Aischa als Neunjährige geehelicht hatte) diese Privilegien zugestanden habe. Andere Muslime hingegen argumentierten, Mohammeds Leben sei Vorbild für alle Muslime.[583] Die zweite Ansicht wurde allmählich dominant. Über die Jahrhunderte entstand ein Textkörper, der im 10. Jahrhundert feste Form annahm und die Gestaltung des Gemeinschaftskörpers prägte. Es entstand allmählich eine ›islamische Doktrin‹, die das Produkt vielfältiger Einflüsse aus den eroberten Gebieten war und »im Lichte der vorherrschenden Normen« entwickelt wurde.[584] Je weiter sich die Doktrin herausbildete, desto weniger mußte sie begründet werden. Zunehmend verschwiegen die Geistlichen und Gesetzgeber, daß das Gesetz und der heilige Text eine Interpretation darstellten.[585] Die Auslegungen des Islam durch die Sufi und andere Strömungen zeigen freilich, daß auch andere Lesarten und Interpretationen der islamischen Texte möglich waren. Der entscheidende

Unterschied zwischen der dominanten und diesen anderen Lesarten wird besonders deutlich in der Definition der symbolischen Geschlechterordnung.[586]

Bei der islamischen Expansion war der religiöse Gedanke von vornherein auch ein politischer. In einer Sure des Koran heißt es, daß Gott die muslimische Gemeinschaft geschaffen hat, damit sie bezeuge, daß Gott der Wegweiser der Nationen ist.[587] Wie schon das Christentum wurde auch der Islam zum religiösen Wegweiser und Motor für die »Gründung einer Vielfalt muslimischer Staaten, darunter auch islamischer Großreiche«.[588] Die Verbindung von religiösem und politischem Kampf macht bis heute den Islam zu einer Religion, die für Freiheitskämpfe wie prädestiniert erscheint. Sie liefert die religiöse Begründung, deren das Streben nach Unabhängigkeit und die Bereitschaft, das eigene Leben für die Sache zu opfern, bedürfen.

Der tschetschenische Unabhängigkeitskampf ist dafür ein gutes Beispiel. Er begann als ein Unabhängigkeitskampf gegen die russische Fremdherrschaft, war aber erst erfolgreich, als sich die Tschetschenen unter dem Imam Schamil (1799–1871) einer islamisch-theokratischen Herrschaft unterwarfen – und dies, obgleich Schamil selbst kein Tschetschene war, sondern aus Dagestan stammte. Schamil gelang es in den 1840er Jahren, die Truppen des Zaren aus dem Kaukasus zu vertreiben und die kaukasischen Völker in einem islamischen Staatswesen zu vereinen. Die autokratische Struktur, die Schamil dem Staat verlieh, sowie die orthodoxe Scharia, die er vertrat, sollten allerdings später zum Abfall vieler Tschetschenen vom orthodoxen Islam beitragen und dazu führen, daß Rußland 1859 Tschetschenien erneut besetzte. Der bewaffnete tschetschenische Widerstand speist sich bis heute aus dieser Vermischung von politischem und religiösem Willen.

Obgleich die *umma*, die islamische Glaubensgemeinschaft, durch eine religiöse Bindung zusammengehalten wird, die ethnische oder nationale Zugehörigkeiten überschreiten soll – »die Primäridentität des Muslims ist demnach seine Eigenschaft als Muslim, nicht so sehr die Mitgliedschaft in einem Stamm, einer Volksgemeinschaft oder einem Geschlecht«[589] –, hat der Islam durch seine Ausbreitung in viele Kulturgebiete doch sehr verschiedene Auslegungen erfahren. Davon zeugen schon die ersten Spaltungen, die sich nach dem Tod des Propheten vollzogen und bei denen es um die Führung der Gemeinde ging. Hier zeigten sich die Schwierigkeiten der Überlagerung von politischer und religiöser Gemeinschaftsbildung. Die Sunniten vertraten die Ansicht, daß der am besten geeignete Mann die Führerrolle übernehmen und zum Kalifen der Gemeinschaft gewählt werden sollte, ohne selbst eine religiöse Funktion auszuüben: Laut Koran sei Mohammed der letzte der Propheten, und dem Kalifen solle allein die politische Führung anvertraut werden.[590] Die Schiiten hingegen forderten, daß sich der Führer der muslimischen Gemeinschaft in männlicher Erblinie vom Propheten ableiten und ihm auch als religiöses Oberhaupt nachfolgen sollte. Da der Prophet nur Töchter hatte – alle Söhne verstarben als Kinder – galt ihnen der Schwiegersohn Ali, Ehemann von Fatima und Cousin des Propheten, als der nächste Vertreter und erster in einer Kette von Nachfolgern. Als Imam sollte er politische *und* religiöse Führungsaufgaben übernehmen. »Die Schiiten halten ihren Imam für religiös inspiriert, frei von Sünden und sehen in ihm den Deuter von Gottes Willen, wie dieser sich im Gesetz des Islam äußert.«[591] Deshalb betrachten Schiiten die Aussagen, Taten und Schriften der Imame als amtliche religiöse Texte. Es gibt also schon im Ursprungsgebiet des Islam vollkommen unterschiedliche Vorstellungen davon, wie sich Staat und Religion zueinander verhalten bzw. die Gemeinschaft als Gemeinschaft konzipiert wird. Um wieviel mehr muß es sie unter Moslems aus unterschiedlichen Kulturgebieten geben. Alle Strömungen des Islam beziehen sich jedoch auf denselben heiligen Text und dieselbe religiöse Heilsbotschaft; und sie praktizieren weitgehend dieselben Riten.

Auch im Islam wird der weibliche Körper zu einer symbolischen ›Behausung‹. Der Islamwissenschaftler Ludwig Ammann hat gezeigt, wie eng der Begriff der *umma* mit dem der ›Mutter‹ verwandt ist – etymologisch wie inhaltlich: »In den semitischen Sprachen, und besonders im Arabischen, wird der Begriff Mutter mit ʿ*umm* wiedergegeben, ihr Produkt, das Volk, jedoch als ʿ*umma*. Im Arabischen wird der Begriff ʿ*amma* – führen mit ʿ*imâm* – »Führer« und ʿ*immat* – Lebensweise weitergeführt, was wahrscheinlich so zu erklären ist, daß die Mutter nach der Geburt das erste Lebewesen ist, dem die Neugeborenen folgen; sie imitieren die Mutter, um den Weg ins Leben zu erlernen. Diese Vorstellung liegt dem Begriff ʿ*umma* schon in vorislamischer Zeit zugrunde, so daß das erzogene Produkt von Fortpflanzung und Sozialisation kulturell als etwas gesehen wurde, das durch einen gemeinsamen Lebensstil definiert war.«[592]

Während sich im Judentum das ›Haus‹ auf Wanderung begibt und der weibliche Körper zum weltlichen Korrelat des ›portativen Vaterlandes‹ wird, ist mit dem ›Haus‹ im Islam ein bleibendes Domizil gemeint. Das schlägt sich bis heute in der Architektur der Städte nieder. Wohn- und Geschäftsviertel sind getrennt, die ›Offenheit‹ ist nach innen gerichtet, nach außen ist der Raum abgeschlossen. Doch auch der Islam kennt ein ›symbolisches Haus‹: den Schleier, wortwörtlich ›Vorhang‹. Die arabische Sprache macht keinen Unterschied zwischen Abtrennung und Verschleierung.[593] Stellt also der Koran das ›portative Vaterland‹ der islamischen Gemeinschaft in der Diaspora dar, so wurde der Schleier zu ihrem ›portativen Mutterland‹. Doch diese Bedeutung als *äußeres* Symbol des Kollektivkörpers erlangte das Kleidungsstück erst durch die Begegnung mit dem Westen – vor allem mit dem Kolonialismus im 19. Jahrhundert und dem Globalisierungsprozeß des 20. Jahrhunderts, der auch für viele Muslime eine Existenz in der Diaspora mit sich brachte. Bevor wir auf diese Entwicklungen eingehen, soll zunächst die Herausbildung des islamischen Kodex und seine Folgen für die Geschlechterordnung, insbesondere für den weiblichen Körper, beschrieben werden. Nur so kann man verstehen, welch tiefen Einschnitt die Begegnung mit dem postchristlichen Westen darstellt und warum der Schleier – und die Rolle, die dem weiblichen Körper zugewiesen wird – eine so prominente Rolle spielt: Beides ist zum Symbol einer virtuellen ›Heimat‹ des Islam geworden.

Die Folgen des religiösen Kodex
für die Geschlechterordnung im Islam

Obgleich der Islam von Anfang an als Regelwerk für eine religiöse und politische Gemeinschaft entstanden ist, enthalten weder Koran noch *Hadith* eine ausgefeilte politische Theorie.[594] Der Kodex entwickelte sich allmählich, und seine religiöse Begründung war oft nur dürftig oder wurde nachträglich geliefert. In vielen Fällen entsprach das Regelwerk der Übernahme von herrschenden Gesetzen in den eroberten Gebieten. In den byzantinischen und sassanidischen Reichen – den beiden Großmächten in der Ausbreitungszeit des Islam – waren die dominanten Religionen: Judaismus, Christentum und Zoroastrismus. In der Begegnung mit diesen Kulturen erfuhr der Islam – so Leila Ahmed, auf deren umfangreiche Untersuchungen wir uns in diesem Abschnitt stützen – eine Transformation, die »die arabische sozioreligiöse Vision und Geschlechterordnung auf eine Linie mit dem Rest des Nahen Ostens und den anderen Regionen des Mittelmeers brachte«.[595] Durch die

Verbindung mit der Kultur und den Institutionen der Sassaniden entstand im Irak eine muslimische Gesellschaft, »die eine Schlüsselrolle bei der Definition muslimischer Gesetze und Institutionen spielen sollte, darunter auch viele, die noch heute gelten«.[596] Die wichtigste Religion des persischen Raums war der monotheistische Zoroastrismus, der um ca. 600 v. Chr. entstanden und vor allem unter den Herrscherschichten verbreitet war. Unter den Sassaniden war er zur Staatsreligion geworden. Diese Religion verlangte die völlige Unterwerfung der Frau unter den Mann.[597]

In Byzanz war um 330 das Christentum zur dominanten Religion geworden. Viele Forscher führen die repressiven Sitten gegenüber Frauen in Byzanz auf ›orientalische Einflüsse‹ zurück. Tatsächlich hatten die Griechen und Byzantiner aber ihrerseits Sitten von den Persern übernommen – »dazu gehörte Alexanders Entscheidung, einen Harem, so groß wie den des von ihm besiegten persischen Königs, zu unterhalten. Aber auch die griechische Gesellschaft, direkte Vorläuferin von Byzanz, verfügte über ein gut entwickeltes System männlicher Herrschaft, das Frauen unterdrückte.«[598] In Byzanz wie in Griechenland war das Leben von Männern und Frauen einer Segregation unterworfen; es gab die Trennung zwischen der ›äußeren‹ männlichen Welt und der ›inneren‹ weiblichen Welt, die allmählich die symbolische Geschlechterordnung des Islam charakterisieren sollte.

Griechenland hatte einen nicht unerheblichen Einfluß auf diese Entwicklung, was schon daran zu erkennen ist, daß die in Ägypten lebenden Griechinnen größere Freiheiten genossen als die Griechinnen von Athen. Sie galten als rechtsfähig. Als die Griechen Ägypten eroberten, waren sie über die Freiheit der Ägypterinnen schockiert.[599] Mit der Verbreitung der griechischen und römischen Sitten verloren die Ägypterinnen die meisten dieser Rechte.[600] Dies geschah, lange bevor die Araber und der Islam Ägypten erobert hatten. Die Einschränkung der Frauenrechte vollzog sich unter dem Einfluß des Hellenismus. Mit Entwicklung seiner Dogmatik sollte der Islam diese Gesetze aufgreifen und seinerseits verstärken. Er führte damit eine Tradition fort, die von den sukzessiven Eroberern Ägyptens und des östlichen Mittelmeerraums immer wieder erneuert wurde.[601]

Unter Umar, der nach Mohammeds Schwiegervater Abu Bakr im Jahre 634 Kalif wurde, entstanden viele der Institutionen des Islam, die die weibliche Autonomie einschränkten. Umar erließ eine Reihe von neuen religiösen, zivilen und strafrechtlichen Bestimmungen, die die Bewegungsfreiheit von Frauen beschnitten und ihren ›Raum‹ auf das Haus einengten. Ehebruch wurde nun mit Steinigung bestraft.[602] Umar wollte die Frauen auch vom Gottesdienst ausschließen. Als er damit keinen Erfolg hatte, schuf er getrennte Bereiche in der Moschee. Es gab nun unterschiedliche Imame für die beiden Geschlechter, weibliche Imame gab es gar nicht mehr. Der Stammbaum galt nur noch in männlicher Linie, und die sexuellen Rechte am weiblichen Körper und an der Nachkommenschaft gingen an den Mann über.[603] Die Abschottung der Frauen – die vom Zoroastrismus übernommen worden war – wurde zur Norm. Unter der Herrschaft der Abbasiden, der Dynastie der Kalifen von Bagdad, die ab 750 bis zum Einfall der Mongolen im Jahre 1258 herrschten, setzte sich die für Frauen restriktive Auslegung des Islam durch. »Die politischen, religiösen und gesetzgebenden Autoritäten in der abbasidischen Zeit, deren Interpretationen seither über den Islam bestimmt haben, hörten nur die androzentrische Stimme des Islam; sie legten die Religion so aus, daß androzentrische Gesetze und androzentrische Gesichtspunkte für immer und für alle muslimischen Gesellschaften zu gelten hatten.«[604]

In der abbasidischen Ära waren die Lebensgewohnheiten der herrschenden Klassen so, daß auf impliziter oder auch expliziter Ebene »die Worte *Frau* und *Sklave* und *Objekt für den sexuellen Gebrauch* nahezu ununterscheidbar waren«.[605] In der Oberschicht waren Polygamie und Konkubinat die Regel. Väter mußten befürchten, daß ihre Frauen und Töchter versklavt wurden. Ein Vater schrieb nach dem Tod seiner Tochter an einen Freund: »Wir leben in einem Zeitalter […], wo der Vater, der seine Tochter mit dem Grab vermählt, den besten Bräutigam gefunden hat.«[606] Da zölibatäres Leben im Islam sehr selten gelebt wurde, gab es für Frauen kaum Möglichkeiten, sich dieser Geschlechterordnung zu entziehen. Einige Frauen suchten Zuflucht in der Konversion zum Christentum, wo ihnen die hohe Bewertung des Zölibats Möglichkeiten des Entzugs bot. Aber in Persien zum Beispiel wurden viele Frauen verfolgt, die sich auf das christliche Ideal der Jungfräulichkeit beriefen, um Kontrolle über ihr Leben zu gewinnen. Elaine Pagels hat darauf hingewiesen, daß das frühe Christentum auch deshalb eine solche Anziehungskraft auf Frauen ausübte, weil »zölibatäres Leben nicht etwa bloß Lohn im fernen Himmel, sondern mitunter Gewinn sogar schon hier auf Erden« bedeutete.[607] Sie wahrten so die Verfügungsgewalt über ihr Vermögen, konnten sich frei bewegen, als ›gottselige Pilgerinnen‹ durch die Welt reisen, »der Zugang zu Geistesbildung und Gelehrsamkeit stand ihnen offen; und sie konnten Institute stiften, deren Leitung sie übernahmen«.[608] Eine solche Form von Entzug blieb jedoch nur wenigen wohlhabenden Frauen vorbehalten, und einige von ihnen mußten dafür mit ihrem Leben zahlen.

Im Gegensatz zum Christentum vertrat die islamische Dogmatik dieser Zeit große Freiheit in Fragen des Schwangerschaftsabbruchs und der Kontrazeption. Diese liberalen Gesetze verdankten sich freilich der Tatsache, daß Väter für ihre Nachkommen aufzukommen hatten und daß der Mann eine Konkubine, die ihm ein Kind geboren hatte, nicht mehr verkaufen konnte; bei seinem Tod errang sie die Freiheit. Das Gesetz verpflichtete Frauen zu ›sexuellen

Diensten‹, aber nicht unbedingt zur Fortpflanzung. »Auf die reproduktiven Fähigkeiten der Frau wurde kein besonderer Wert gelegt – im Gegensatz zu oralen Kulturen, vergangenen oder zeitgenössischen, die diese hoch bewerten.«[609] Leila Ahmed schließt daraus, daß »orale Kulturen Fraueninteressen zum Ausdruck bringen, während Gesetzeskulturen [i. e. Schriftkulturen] die Interessen von Männern« vertreten.[610]

Der islamische Kodex, der durch die Begegnung mit den Kulturen des Orients entstand, wirkte zurück auf den Islam des arabischen Raums. Dort hatte sich schon ab dem 6. Jahrhundert ein Trend zur Patrilinearität herausgebildet – vor allem in Mekka, wo durch die Ausweitung des Handels die alte nomadische Kultur einen tiefen Wandel erfahren hatte. Die Infiltration von persischen und byzantinischen Einflüssen bedeutete eine wachsende Berührung mit der sozialen Geschlechterordnung in den benachbarten Regionen und deren allmähliche Übernahme.[611] Auch im arabischen Raum sah nun die Geschlechterordnung ein ›Eigentumsrecht‹ des Mannes am weiblichen Körper und an der Nachkommenschaft vor. Die Verbindung von Sexualität und Macht im Verhältnis von Männern und Frauen wurde neu formuliert, und diese Neuformulierung war die Folge einer »kollektiven Interpretation des heiligen Textes« durch die Gesellschaften, mit denen der Islam in Berührung kam.[612] Das Beispiel des Stammes der Kharija, die aus Koran und *Hadith* andere Ehegesetze ableiteten, zeigt, daß die Texte selbst auch andere Lesemöglichkeiten boten.[613]

Die neue Exegese führte dazu, daß auch die Geschichte des Islam neu geschrieben wurde. Auf diese Weise sollte die ›Ursprünglichkeit‹ der neuen Gesetze etabliert werden. In vorislamischer Zeit hatten die Frauen über eine beachtliche Autonomie verfügt, und es kam vor, daß eine Frau mehrere Männer hatte (vgl. S. 105). Nun jedoch hieß es, keine von Mohammeds Ahninnen – man rechnete über fünfhundert

Generationen zurück – habe je eine solche ›Hurerei‹ getrieben. Beispiele von Polygynie aus vorislamischer Zeit wurden dagegen kommentarlos zitiert.[614] Unmittelbar nach Mohammeds Tod hatte es einige Rebellionen gegen die neue islamische Ordnung gegeben, darunter auch einen Aufstand (Hadranaut), der von einer Frau angeführt worden war. Dieser Aufstand war blutig niedergeschlagen worden und erschien in den Geschichtsbücher als Teil der ›sündigen Vergangenheit‹ vorislamischer Zeit. Zwar bildet die Zeugenschaft von Aischa und anderen Frauen einen wichtigen Teil der islamischen Überlieferung, aber das schließt nicht aus, daß bei der Verschriftlichung des Koran die Aussagen anderer Frauen getilgt wurden. Angesichts des harten Vorgehens gegen die Aufständischen von Hadranaut, so Ahmed, »kann es wenig Zweifel geben, daß die Wärter des Islam weiblichen Widerstand genauso unerbittlich aus den Seiten der Geschichte entfernten, wie sie ihn aus dem Leben verbannten«.[615]

Die Durchsetzung des Monotheismus im arabischen Raum ging mit der Entstehung einer symbolischen Geschlechterordnung einher, die vom Prinzip der Patrilinearität bestimmt war und vorherrschend wurde im gesamten Nahen Osten. Wie auch im Westen repräsentierte der Vater zunehmend das Gesetz, die ›geistige Vaterschaft‹. Doch anders als im Okzident wurde seine Macht nicht als eine Macht der Abstraktion begriffen. Die beiden Konzepte von ›Vater‹ – der biologische und der geistige Vater – überlagerten sich. Das ist anders im politischen Islamismus der Gegenwart. Wir haben im 2. Kapitel darzustellen versucht, daß heute gerade der Konflikt zwischen den beiden ›Vätern‹ eine wichtige Rolle spielt. In gewisser Weise ist der Terrorismus als Anzeichen einer neuen Exegese des Islam zu lesen, wie sie – am anderen Extrem – auch von Musliminnen betrieben wird, die eine neue, geschlechtergerechte Auslegung des Islam fordern. Interessanterweise findet man sowohl beim politischen als auch beim feministischen Islamismus eine rückwärtsgewandte Utopie, deren Idealvorstellung sich auf den frühen Islam der Gemeinde von Medina unter der Führung des Propheten zwischen 622 und 632 bezieht.[616] Nur wird dieser von den beiden Strömungen sehr unterschiedlich ausgelegt.

Weibliche ›Emanzipation‹ im Kolonialismus

Als mit dem Kolonialismus die Wechselbeziehung von Orient und Okzident eine neue Dimension erfuhr, stand erneut der weibliche Körper im Zentrum der Begegnung von Ost und West. Im Westen hatte der Nationalismus, der sich zeitlich parallel zum Kolonialismus entwickelte, ganz eigene Formen von Sexualisierung des Gemeinschaftskörpers entwickelt – wir finden sie in Nationalallegorien wie auch in den antisemitischen Phantasien vom ›vergewaltigten arischen Volkskörper‹. Diese nationalen und biologistischen Bilder sollten sich auch auf den Kolonialismus auswirken. Leila Ahmed hat das anschaulich am Beispiel der britischen Kolonialpolitik in Ägypten dargestellt.

Ab 1805 wurde Ägypten von Muhammad Ali regiert, der in den 45 Jahren seiner Herrschaft große Anstrengungen zur Modernisierung Ägyptens unternahm. Sein Vorbild war der wirtschaftliche Aufschwung Europas zu Beginn der Industrialisierung. Dort hatte um 1800 das Projekt der allgemeinen Alphabetisierung begonnen, und so betrieb Muhammad Ali auch für Ägypten eine intensive Alphabetisierungs- und Bildungspolitik. Das war schon aus Gründen des Selbsterhalts wichtig, weil die in Ägypten tätigen christlichen Missionare die Bildung zu einem ihrer wichtigsten Aktionsfelder gemacht hatten: Durch Bildung sollte die Mission vorangetrieben und der Einfluß des Westens gestärkt werden. Zielgruppe der Missionare waren vor allem ärmere Schichten; hier wurde aggressiv für Bildung und Taufe rekrutiert. Die Aktionen der Missionare richteten sich vor allem auf die Mädchenbildung, mit deren Hilfe sich die traditionellen sozialen und religiösen Strukturen der einheimischen Bevölkerung am ehesten unterwandern ließen. Nach demselben Prinzip handelten christliche Missionen auch in anderen Teilen der Welt, etwa in Korea, wo amerikanische Missionare schon 1885 die Frauenuniversität EWHA gründeten, zu einer Zeit also, als den Frauen in Europa und den USA der Zugang zu akademischer Ausbildung verwehrt blieb – auch mit Unterstützung der Kirche. Die EWHA wurde mit dem Ziel gegründet, die koreanische Gesellschaft in eine westliche zu überführen – durch die Frauenbildung.

In Ägypten schickten zunächst vor allem Kopten, dann aber auch Muslime ihre Töchter auf christliche Missionsschulen. Doch schon bald begannen Juden und Muslime ihre eigenen Mädchenschulen zu gründen. Es fand insgesamt ein Bildungsaufschwung statt, von dem auch Kinder aus ärmeren Schichten profitierten: Sie brauchten kein Schulgeld zu zahlen, und die Lehrmittel wurden ihnen zur Verfügung gestellt. Der Bildungsboom schlug sich in einem Wandel der Auslegung islamischer Gesetze nieder: Es begann ein innerislamischer Kampf gegen Polygamie und Sklaverei. Frauen forderten eine andere, geschlechtergerechte Lesart des Islam. Zugleich drangen westliche Sitten ein: Frauen aus privilegierten Schichten legten den Schleier ab, wenn sie ihre Ehemänner nach Europa begleiteten.[617]

Dieser allmählichen Modernisierung und Verwestlichung setzte ausgerechnet die Besetzung Ägyptens durch die Briten ein jähes Ende. Zwar wurde moderne Technik importiert, es entstanden neue Bewässerungssysteme und andere technische Projekte, aber die Bildungsausgaben wurden gedrosselt. Hatten im Jahre 1881 noch 70 Prozent der Schüler an öffentlichen Schulen finanzielle Unterstützung für Lehre, Kleidung und Bücher erhalten, so zahlten zehn Jahre später 73 Prozent von ihnen alle Ausgaben selbst. Als der Gouverneur Evelyn Baring (Lord Cromer) darauf hingewiesen wurde, daß viele Absolventen von Grundschulen aus finanziellen Gründen keine höhere Schule besuchen konnten, erleichterte er nicht etwa den Zugang zu den weiterführenden Schulen, sondern erhöhte die Gebühren für die Grundschulen. Cromer sprach sich ausdrücklich gegen Bildungssubventionen aus, weil »Bildung gefährliche nationalistische Gefühle nähren« könne.[618] Gewiß, es entstand eine neue Schicht von technokratischen Verwaltern, die in westlichen oder am Westen orientierten ägyptischen Institutionen ausgebildet wurden. Doch diese »neuen modernen Männer mit ihren neuen Wissensformen verdrängten die traditionellen, religiös geschulten ›ulama‹ aus ihrer Funktion als Beamte, Diener des Staates, der Bildung und Bewahrer der gesellschaftlichen Werte«.[619] Das traditionelle Wissen wurde abgewertet, die alten Verwalter des Wissens den neuen unterstellt, die ägyptische Tradition durch britisches Knowhow entmündigt.

Besonders drastisch erwies sich das Verhalten der Kolonialbehörden gegenüber den Frauen. Einerseits erschwerten sie den Zugang von Mädchen zur Schulbildung, andererseits sagten sie aber auch der islamischen Geschlechterordnung den Kampf an. 1899 erschien ein Buch »Die Befreiung der Frau«, geschrieben von dem Ägypter Quasim Amin. Es wird manchmal als Beginn eines ›ägyptischen Feminismus‹ gewertet, entstand jedoch unter dem Einfluß der britischen Kolonialpolitik. Amins Buch löste in Ägypten breite Diskussionen aus, obgleich Frauenbildung in seinem ›feministischen‹ Programm nur wenig Raum einnahm. Die Grundschule für Mädchen, die Quasim Amin forderte, war schon längst eine Selbstverständlichkeit. Neu war jedoch seine nachdrückliche Forderung nach einer Entschleierung der muslimischen Frau. Nach dem Erscheinen des Buchs von

Amin fand in der arabischen Presse der »erste Krieg um den Schleier« statt.[620]

Die neuen Verwalter Ägyptens erklärten sich zu Vorkämpfern der ›Frauenbefreiung‹. Lord Cromer verkündete, »daß die Gründe, weshalb der Islam als soziales System völlig versagt hat, vielfältig« seien. Doch »der erste und wichtigste« Grund sei seine Behandlung der Frauen.[621] Während das Christentum den Respekt vor der Frau lehre und europäische Männer wegen der christlichen Lehren ihre Frauen, wie er sagte, »erheben«, werte der Islam sie ab. Diese Degradierung finde im Schleier und der Geschlechtersegregation ihren deutlichsten Ausdruck; an ihr zeige sich die »Minderwertigkeit des moslemischen Mannes«. Die Praxis der Verschleierung übe einen »verderblichen Einfluß auf die orientalische Gesellschaft aus«. Cromer forderte, daß alle Ägypter »davon überzeugt oder dazu gezwungen werden müssen, den wahren Geist der westlichen Zivilisation einzusaugen«.[622] Die Segregation und der Schleier seien »das fatale Hindernis«, durch das die Ägypter gehindert seien, »die Höhe des Denkens und Charakters zu erreichen, die mit dem westlichen Denken einhergehen«.[623] In Großbritannien war Cromer Mitbegründer und zeitweise Vorsitzender der »Männerliga gegen die Einführung des Frauenstimmenrechts«.[624] Daß es ihm mit seiner Entschleierungskampagne auch in Ägypten nicht um die ›Frauenrechte‹ ging, ist daran zu erkennen, daß er für Frauen den Zugang zu höherer Bildung erschwerte und die Ausbildung von Ärztinnen verhinderte. Unter den Briten wurde die Schule der *hakimas*, an der Frauen schon seit langem zu Ärztinnen ausgebildet wurden, auf die Tätigkeit von Hebammen beschränkt. Auf den Einwand, daß Frauen lieber von Frauen behandelt würden, bemerkte Cromer: »Mir ist bewußt, daß in Ausnahmefällen Frauen von Ärztinnen behandelt werden wollen, aber ich konstatiere, daß die Behandlung durch männliche Mediziner in der gesamten zivilisierten Welt die Regel ist.«[625]

Mit anderen Worten, so Ahmed, »das männliche viktorianische Establishment suchte nach Strategien, mit denen es im eigenen Land feministische Forderungen abwehren konnte: Die Ideen des Feminismus wurden lächerlich gemacht und die Vorstellung, daß Männer Frauen unterdrükken, verworfen. Doch im Dienst des Kolonialismus griff dieses Establishment die Sprache des Feminismus auf und richtete sie gegen ›andere Männer‹ und deren Kultur.«[626] In dieser Kombination von Kolonialdiskurs und Feminismus entstand eine neue Sprachregelung, die die Unterdrückung der Frau zu einem Phänomen anderer Kulturen erklärte. »Die Idee, daß andere Männer, oder Männer in kolonisierten Gesellschaften und Ländern jenseits der Grenzen des zivilisierten Westens, ihre Frauen unterdrücken, wurde aufgegriffen, um das Projekt der Unterwanderung oder Auslöschung kolonisierter Kulturen und Völker zu rechtfertigen.«[627] Mit anderen Worten: Es ist nicht der Westen, der seine Frauen in die Schranken weist, ein solches Verbrechen an der Frau begeht nur der orientalische Mann.

In den kolonialistischen Chor der ›Frauenbefreiung‹ stimmten auch die Missionare ein. Auf einer Missionarskonferenz in London von 1888 behauptete ein Sprecher, der Islam sei eine Religion, deren Ziel es sei, »die Frauen völlig auszulöschen«.[628] Der Schleier habe »die schrecklichsten und zutiefst verletzenden Auswirkungen auf die seelische, moralische und geistige Geschichte aller Mohammedanischen Rassen«.[629] Auch viele Frauen der christlichen Mission sahen sich berufen, die muslimischen Frauen von der »Ignoranz und Degradierung«, in der sie lebten, zu retten.[630] Die muslimische Ehe sei »nicht auf Liebe, sondern auf Sinnlichkeit« begründet; eine Muslimin werde »hinter ihrem Schleier lebendig begraben«. Sie sei, anders als die Frau eines christlichen Mannes, »Gefangene und Sklavin, nicht Lebensgefährtin und Gehilfin«.[631] In den Missionarsschulen wurden die Mädchen aufgefordert, sich den Eltern zu widersetzen und den Schleier abzulegen. Ein Missionar sagte ausdrücklich, daß die Frauen die Zielscheibe christlicher Tätigkeit sein müssen: So könne »eine Spur von Schießpulver« direkt »ins Herz des Islam« gelegt werden.[632]

Der koloniale Diskurs zur ›Emanzipation der Frau‹ wurde, je nachdem, auf welche Kultur er sich bezog, immer wieder neu zugeschnitten, den jeweiligen Gegebenheiten entsprechend. Im islamischen Raum konzentrierte er sich auf die Aussage, daß diese Religion unveränderbar repressiv gegenüber Frauen sei. Die Sitte des Schleiers und der Segregation der Geschlechter sei der Grund für die Rückständigkeit der islamischen Gesellschaft. Dabei wurde der ›Feminismus‹ zum Beleg für eine moralische Überlegenheit des europäisch-christlichen Denkens – ein Topos, den sich heute sogar der Vatikan aneignet, wenn er Christinnen vor der Eheschließung mit Muslimen warnt: Sie liefen Gefahr, ihrer Autonomie verlustig zu gehen. Ein solcher Mißbrauch des Kampfes um die Geschlechtergerechtigkeit veranlaßt Leila Ahmed zu der Bemerkung: »Die Anthropologie ist oft als Magd des Kolonialismus bezeichnet worden. Vielleicht wird man eines Tages auch sagen, daß die Ideen des Feminismus zu seinem zweiten Werkzeug wurden.«[633]

Der heuchlerische Kolonialdiskurs über die ›Befreiung‹ der ägyptischen Frau trug gewiß zur Anfeuerung des ägyptischen Freiheitskampfes bei. Paradoxerweise geschah dies jedoch durch die Übernahme westlicher Denkmuster: Es entstand ein ägyptischer Nationalismus, und die Allegorie dieses Gemeinschaftskörpers nahm, ganz nach westlichem Muster, weibliche Gestalt an. Wie paradox diese Entwicklung verlief, hat die Historikerin Beth Baron in ihrem Buch »Egypt as a Woman« mit vielen anschaulichen Beispielen beschrieben.[634] Die Idee, eine Frau zur Repräsentationsgestalt der ägyptischen Nation zu machen, sei, wie der Nationalismus selbst, aus Europa importiert worden und ging einher mit der zeitgleichen Entschleierung der ägyptischen Frau.

*Der weibliche
Körper als Allegorie
der Gemeinschaft:
Die ägyptische
Nation.*

Paradoxerweise wurde so die Entschleierung einerseits zu einem Symptom der Kolonialpolitik, andererseits aber auch zu einem »Symbol für die nationale Unabhängigkeit«.[635] Anders als die französische Marianne, mit ihrer entblößten Brust auf den Barrikaden der Französischen Revolution, »entblößte Ägypten nur das Gesicht und hielt sich auch sonst an die gewohnten Grenzen der Scham«.[636] In späteren Darstellungen wurde die weibliche Nationalallegorie auch verschleiert gezeigt; das ließ jedoch die Nation unpersönlich und abstrakt erscheinen. So gab es viele unterschiedliche Versuche, der weiblichen Nationalallegorie eine Gestalt zu verleihen: »jung und alt, gesund und geschunden, pharaonisch und islamisch«. Ihre Vielfalt war ein Indiz für die »Verwirrung, die über die Grundsätze des ägyptischen Nationalismus herrschte«.[637] Mal repräsentierten weibliche Nationalallegorien ägyptische Selbstbehauptung, ein anderes Mal wurden Verrat und Kollaboration mit der britischen

Besatzungsmacht als weibliche Verführbarkeit dargestellt. Erst mit der Unabhängigkeit bildete sich ein einheitliches Bild des nationalen Gemeinschaftskörpers heraus – und dieses hatte, ob verschleiert oder nicht, immer weibliche Gestalt. Frauen wurde so zu den »Müttern der Nation«[638] ernannt, und das sollte auch ihre soziale Rolle innerhalb der Gemeinschaft in einer ganz ähnlichen Weise prägen, wie es der westliche Nationalismus getan hatte: Sie wurden in soziale Berufe gedrängt. Andererseits nahmen Frauen aber auch aktiven Anteil an den Unabhängigkeitskämpfen von 1919. Kurz: Der Kolonialismus hatte sich der Frauen bemächtigen wollen; statt dessen bemächtigte sich der Nationalgedanke des weiblichen Körpers. Dies wiederum war eine Erbschaft Europas.

Der Schleier im Postkolonialismus

In Amins Buch über die »Befreiung der Frau« hatten die Gedanken des Kolonialismus ihren Niederschlag gefunden. Sein Konzept von ›Feminismus‹ bestand in der Forderung nach einer Grundschulausbildung für Mädchen und ihrer Erziehung zu ›ordentlichen Hausfrauen‹. Diese Vorstellungen paarten sich mit einer Befürwortung von Modernisierung und Technologie, die ihre Hörigkeit gegenüber dem Westen kaum verbergen konnte: »Können sich Ägypter vorstellen, daß die europäischen Männer, die eine solche Vollkommenheit des Intellekts und der Gefühle erreicht haben, daß sie die Dampfkraft und die Elektrizität erfunden haben [...], es nicht fertigbringen, ihre Frauen zu hüten und deren Reinheit zu bewahren? Ist es vorstellbar, daß dieses Volk nach so langer Zeit auf die Verschleierung verzichtet hätte, wenn es darin einen Vorteil gesehen hätte?«[639] In der durch Amins Buch losgetretenen Debatte kreiste die Diskussion über den Schleier um die Frage des

Kolonialismus. Auch die Kritiker des Buchs bemächtigten sich des Schleiers; und auch ihnen ging es weniger um die Frauenrechte als um die Bewahrung islamischer oder orientalischer Eigenart. In der Türkei hingegen sollte sich, wie wir noch sehen werden, der Nationalismus mit der *Ent*-schleierung der Frauen verbinden. Ägypten ist ein Beispiel für einen anderen Verlauf des antikolonialistischen Diskurses. In beiden Fällen hatte die Diskussion wenig mit den Frauenrechten zu tun.

Im ägyptischen Kampf gegen den Kolonialismus wurde der Schleier zu einer ›typisch arabischen Form des Widerstands‹ erklärt. Das hieß zunächst nur, daß sich die Opposition die Argumente aneignete, die vom kolonialen Diskurs vorgegeben worden waren. »Die Narration des Widerstands verkehrte die Begriffe der Kolonisatoren in ihr Gegenteil, akzeptierte sie damit aber auch. Paradoxerweise bestimmte damit von vornherein der westliche Diskurs über die neue Bedeutung des Schleiers und ließ ihn so zu einem Symbol des Widerstands werden.«[640] Einige Verteidiger des Schleiers zeigten mehr Offenheit für ›feministisches‹ Gedankengut, etwa in Fragen der Frauenbildung, andere forderten von der Frau, sie solle für das Wohlergehen ihres Mannes und ihrer Kinder dasein – »bei den einen mit, bei den anderen ohne den Schleier«.[641] Auch Frauen meldeten sich zu Wort, aber ihr Kampf um Frauenrechte wurde durch die Tatsache belastet, daß sich Repräsentanten des Kolonialismus und westlicher Denkweisen die ›Frauenrechte‹ auf die Fahnen geschrieben und jedes eigene Anliegen des Feminismus – etwa im Kampf um Frauenbildung – diskreditiert hatten. Der Schleier wurde so »getränkt mit verschiedenen Bedeutungen«.[642] Dazu gehörte auch die Tatsache, daß die Emanzipation der Frau in den arabischen Ländern geprägt war vom Stigma der Verwestlichung.[643]

Dennoch wurden Ende der 1920er Jahre die ersten Frauen zu den Universitäten Ägyptens zugelassen. Die ersten Absolventinnen verließen 1933 die Hochschulen. Ende der 1920er Jahre begannen sich auch die Moslem-Brüder zu organisieren – in einem antiwestlichen Geist. Sie lehnten das ›westliche‹ Modell für Frauen ab und behaupteten, »daß der Westen Frauen und weibliche Sexualität zur Erhöhung seiner Profite«[644] nutze – eine Kritik, die nicht ganz von der Hand zu weisen ist und auf die wir im letzten Kapitel im Zusammenhang mit der Frage der Ökonomie zurückkommen. Diesen Strömungen zum Trotz nahm der Anteil von Frauen an höheren Bildungseinrichtungen seit dem Zweiten Weltkrieg ständig zu. Kamen 1952 an den ägyptischen Universitäten noch 13,2 Männer auf eine Studentin, so lag die Rate 1976 bei 1,8 zu eins.[645] Der Anteil von Frauen am Bildungssystem stieg schneller als die Alphabetisierungsrate insgesamt. Diese Zunahme wurde begleitet von einer Ausbreitung des Schleiers: An den Universitäten von Großstädten wie Kairo und Alexandria zeigte sich das Phänomen zuerst. Das ist kein Zufall, sondern die direkte Folge der wachsenden Frauenbildung, wie Untersuchungen gezeigt haben. Viele Studentinnen, die das Kopftuch zu tragen begannen, kamen aus Familien, in denen die vorhergehende Generation über keine höhere Schulbildung verfügte; einige ihrer Eltern waren Analphabeten.

Die modernen verschleierten Studentinnen gehören zumeist der ersten Generation von Frauen mit höherer Bildung an, sie kommen aus einer »bildungsmäßig und beruflich aufstrebenden Schicht«, sind in ländlichen Gegenden aufgewachsen und nun »zum ersten Mal mit einem verwirrenden, anonymen und kosmopolitischen Stadtleben konfrontiert«.[646] An den Universitäten und in den öffentlichen Verkehrsmitteln gibt es nicht die traditionelle Segregation. So wird für diese Frauen – nicht nur in der Fremde, sondern auch innerhalb ihrer eigenen Kultur – der Schleier zu einem Mittel, sich zu schützen (d. h. die traditionellen

Werte der eigenen Familie zu bewahren), sich zugleich aber auch den neuen Gegebenheiten anzupassen: weiblicher Bildung und Berufstätigkeit. Durch diesen »pragmatischen Umgang mit einer schwierigen Situation« stellen die jungen Frauen »den Kontakt mit der neuen Welt her«, ohne den Bezug zur alten zu verlieren.[647]

Mit anderen Worten, der Schleier – in der nachkolonialen Zeit zunächst Symbol eines Kampfes gegen den Kolonialismus, der auf dem Territorium des Frauenkörpers ausgetragen wurde – wurde bei Frauen, die höhere Bildung anstrebten, zu einem psychischen Schutz, um mit der Moderne und den damit einhergehenden Transformationsprozessen umzugehen. Er war weniger ein Symbol als ein handfestes Kleidungsstück, das die weibliche Emanzipation – durch Bildung – ermöglichte. So wurde der Schleier auch zu einem ›portativen Mutterland‹ der Frauen selbst. Dieses Mutterland repräsentiert nicht Regression oder Rückständigkeit, sondern ermöglicht weibliche Selbstbestimmung. Unnötig zu sagen, daß sich die konfliktgeladene Begegnung mit der Moderne, mit der sich diese jungen Frauen in Kairo oder Alexandria konfrontiert sehen, noch verschärft, wenn sie in der westlichen Welt leben, etwa in der Bundesrepublik.

Für die Studentinnen in Ägypten gibt es heute auch ökonomische Gründe, den Schleier zu tragen: Er erspart die Anschaffung teurer modischer Kleidung. Studentinnen berichten, daß sie an öffentlichen Orten mit mehr Rücksicht behandelt werden. (Viele verschleierte Frauen im Westen machen die umgekehrte Erfahrung.) Doch der Hauptgrund, den Studentinnen im arabischen Raum für ihre Verschleierung angeben, ist ein anderer: Durch den Schleier sind Frauen nicht mehr auf das Haus beschränkt; sie erobern sich – allmählich – ihren Anteil an der ›Welt draußen‹ – eine Beobachtung, die auch schon Besucherinnen Konstantinopels im 19. Jahrhundert gemacht haben. »Durch das Anlegen islamischer Kleidung meißelten sich die Frauen einen legitimen Ort im öffentlichen Raum«, schrieb Fadwa El Guindi.[648] Es gibt in Ägypten – wie in Marokko oder Algerien – unbestreitbar eine feministische Bewegung, der Frauen angehören, die keinen Schleier tragen. Doch bei den verschleierten Studentinnen geht es um eine andere Form der Emanzipation: »ein Autonomiebestreben auf Grassroots-Ebene«.[649] Dabei spielen auch Klassenunterschiede eine wichtige Rolle. Die meisten dieser jungen Frauen gehören einer Schicht von ›Aufsteigern‹ an, die soziale Barrieren zu überwinden suchen, und das gelingt ihnen dank des Schleiers. Damit hat der Schleier eine paradoxe Geschichte durchlaufen. Wurde er zunächst – zumindest im arabischen Raum – als Zeichen eines höheren Standes, als Symbol einer Zugehörigkeit zur Oberschicht getragen, so signalisiert er heute Zugehörigkeit zu einer sozialen Unterschicht – die sich allerdings ›auf dem Weg nach oben‹ befindet.

Selbst da, wo der Schleier erzwungen wird, wie im Iran, hindert er Frauen nicht, Bildung zu erwerben und ihren Weg in akademische Berufe zu machen. Wir bestreiten nicht, daß unter islamischem Recht, der Scharia, Frauen Gewalt und Entrechtung erfahren. Aber mit dem Kopftuch, das als Symbol für diese Entrechtung herangezogen wird, hat das wenig zu tun. Die Burkha unter den Taliban in Afghanistan war tatsächlich ein Symbol für die gewalttätige Unterwerfung der Frau und ihre Entmündigung. Aber im heutigen Iran sind mehr als die Hälfte der Studierenden weiblich. Frauen eignen sich Bildung und Wissen an, und dies, gepaart mit der Tatsache, daß sie in vielen Berufen Fuß gefaßt haben, macht es schwer, sie von der Gestaltung des eigenen und des politischen Lebens auszuschließen. In manchen Ländern, wie das Beispiel Ägypten zeigt, kann der Schleier sogar zur Voraussetzung für den Erwerb von Bildung und für eine Besetzung des öffentlichen Raums durch Frauen werden.

In Ägypten, wo der Schleier für ein weibliches Autonomiebestreben steht, ermöglichte er »die Anpassung einer
neuen städtischen, neuerdings gebildeten Mittelklasse an
die Bedingungen der Moderne und einer sozialen Realität
ohne Geschlechtersegregation«.[650] Es handelt sich also um
ein Kleidungsstück, das »nicht auf Rückschritt, sondern auf
Übergang« basiert.[651] Weit davon entfernt, in der Welt der
Traditionen verhaftet zu sein, zeigen die Trägerinnen durch
dieses Kleidungsstück, daß sie entschlossen sind, »in die
Moderne einzutreten und sich dort voranzubewegen«.[652]
Daß der Westen, der sein eigenes Konzept von Modernität
hat, mit diesem Verständnis von Moderne, das einen eigenen, islamischen Weg impliziert, nicht viel anfangen kann,
ja diesen Weg bekämpft, überrascht nicht. Daß sich jedoch
der westliche Feminismus diesem Kampf angeschlossen
hat, ist von bemerkenswerter Kurzsichtigkeit. Der Kampf
westlicher Feministinnen gegen den Schleier impliziert,
daß »westliche Frauen sich zwar das Recht nehmen, ihr
kulturelles Erbe anzufechten und neu zu definieren, daß
muslimische Frauen jedoch ihr kulturelles Erbe ablegen
müssen«, um das Ziel einer geschlechtergerechten Gesellschaft zu erreichen.[653]
     Einer solchen Forderung liegt letztlich der kolonialisti-
sche Gedanke zugrunde, daß der Islam nicht ›anpassungs-
fähig‹ sei. Allen anderen Religionen räumen Feministinnen
die Möglichkeit dazu ein, und tatsächlich haben christliche
wie jüdische feministische Theologinnen und Wissenschaftlerinnen Erhebliches zur Relektüre ihrer heiligen
Schriften beigetragen. Doch gegenüber dem Islam lautet
die explizite oder implizite Botschaft: »Arabische Männer,
arabische Kultur und der Islam sind unheilbar rückständig,
und arabisch-islamische Gesellschaften haben es verdient,
dominiert oder unterwandert zu werden, wenn nicht noch
Schlimmeres mit ihnen geschehen soll.«[654] Die westliche
Gesellschaft, die sich selbst immer die Möglichkeit der

Innovation zugestanden hat – ihr Denken *beruht* auf dem Prinzip des ›fließenden Kanons‹ –, ist offenbar nicht willens, diese Erneuerungskraft auch anderen Kulturen zuzubilligen. Deshalb hat Elizabeth Fox-Genovese auch die Frage gestellt, ob ein Feminismus, der den Paradoxien der Moderne gegenüber unkritisch bleibt und unhinterfragt die Ideale des Individualismus übernimmt, nicht eines Tages damit rechnen muß, als die Bewegung betrachtet zu werden, »die die Drecksarbeit für den Kapitalismus getan hat, indem sie zur Erosion älterer Gemeinschaften und bürgerlicher Einrichtungen beitrug«.[655] *Ex occidente pax?*

Der ›Ehrenmord‹ – östlich und westlich

Im Februar 2005 wurde die 23jährige Hatun Sürücü zum Opfer eines ›Ehrenmordes‹, den ihre Familie damit rechtfertigte, daß sie »wie eine Deutsche gelebt« habe. Sie hatte sich von ihrem Mann, mit dem sie als 15jährige zwangsverheiratet worden war, getrennt; sie trug kein Kopftuch, machte eine Ausbildung zum Elektroinstallateur und ging mit anderen Männern aus. In den sechs Monaten zuvor waren allein in Berlin sieben Frauen einem ›Ehrenmord‹ zum Opfer gefallen. Für die Zeit zwischen 1994 und 2004 sind für Deutschland 40 Ehrenmorde und 19 Mordversuche dokumentiert. Nach Angaben des UN-Weltbevölkerungsberichts vom Jahr 2000 werden jährlich ca. fünftausend Mädchen und Frauen im Namen der ›Ehre‹ ermordet, am häufigsten in islamischen Ländern, aber auch in Europa, Südamerika oder Indien. Die Täter sind fast immer Männer. In vielen Ländern existieren Gesetze, nach denen Morde aus Gründen der Familienehre strafmildernd beurteilt werden. Auf Druck der EU hat die Türkei die Strafen für Ehrenmorde erhöht, aber viele Klauseln lassen in dem Gesetz noch immer die Möglichkeit mildernder Umstände offen, so etwa wenn die Frau ›provokantes Verhalten‹ gezeigt hat. Auch in Deutschland argumentieren Anwälte bei der Verteidigung häufig mit dem kulturellen oder religiösen Hintergrund des Täters – Argumente, die die Gerichte veranlassen, eine Anklage wegen Mord in Totschlag umzuwandeln.

In der Türkei werden die Ehrenmorde oft als Suizide getarnt, weshalb in manchen Gegenden wie dem kurdischen Südosten der Türkei sehr hohe weibliche Selbstmordraten registriert werden. Der Psychiater Aytekin Sir von der Dicle-Universität in Diyarbakir hat die Statistiken untersucht und stellte fest, daß die meisten Toten Analphabetinnen waren, also Frauen, die sich durch Mangel an Bildung in völliger Abhängigkeit von den Familien befanden. »Ich bestehe darauf«, sagt Sir, »die Mädchen müssen zur Schule gehen. Das ist der wichtigste Schutz.«[656] Die Familien würden es dann nicht wagen, solche Taten zu begehen. Der Staat solle auf dem Land Mädcheninternate bauen und die Schulpflicht überall durchsetzen. Bildung – oder die Bereitschaft zur Ausbildung – schützte Hatun Sürücü allerdings nicht. Die Familie warf ihr nicht ihre Ausbildung, sondern ihren ›westlichen Lebenswandel‹ vor. Allerdings hatte die Ausbildung ihr überhaupt erst den Mut gegeben, dieses Leben zu führen. Daß in der Türkei die Zahl der tödlichen Familienkonflikte in den letzten Jahren eher gestiegen ist, erklärt Sir mit den Kriegsereignissen der 1990er Jahre: »Viele Familien mußten während des kurdischen Krieges ihre Dörfer verlassen. Die Entwurzelten halten sich erst recht an den Traditionen fest.«[657] Eine solche Entwurzelung gilt auch für viele Familien, die es nach Deutschland oder in andere nicht-islamische Länder verschlägt. Auch hier verstärkt sich das Bedürfnis, an den ›Traditionen‹ festzuhalten.

Wie reagiert die westliche Gesellschaft auf solche Erscheinungen? Christine Schirrmacher, Islamwissenschaftlerin und wissenschaftliche Leiterin des Instituts für Islamfragen der Deutschen Evangelischen Allianz, schreibt nach dem Ehrenmord an Hatun Sürücü in der hauseigenen Internet-Nachrichtenagentur ›idea‹: Der ›Ehrenmord‹ »ist in erster Linie eine Anfrage an uns, weil er uns die Notwendigkeit vor Augen führt, in dieser Gesellschaft christliche Werte neu einzufordern und für alle verbindlich durchzusetzen«.[658] Sie betrachtet das Christentum also als Heilmittel für islamische Gewaltbereitschaft. Hier regen sich bei uns Zweifel. An sich hat der ›Ehrenmord‹ – ebenso wie die Zwangsverheiratung – nichts mit den Gesetzen des Islam zu tun; er ist eher eine Erbschaft aus vormonotheistischen Kulturen. Zugleich entspricht er aber jener ›ethnischen Strömung‹ in manchen islamischen Gesellschaften, von der Allam spricht. Das heißt, der ›Ehrenmord‹ fand in einigen islamischen Gegenden religiöse Unterstützung. Aber es gab ihn auch bis ins späte 20. Jahrhundert in christlichen Kulturräumen wie etwa in Griechenland, auf Korsika oder auf Kreta bzw. in Südamerika. Der ›Ehrenmord‹ wird oft im Zusammenhang mit der Geschlechterordnung des Islam diskutiert. Wir wollen ihn hier aus einem anderen Grund thematisieren: Unter dem Blickwinkel des weiblichen Körpers als Symbol der Gemeinschaft eignet sich dieses Thema, um den orientalistischen Blick auf den Westen zurückzulenken.

Wie die anderen monotheistischen Religionen trat auch der Islam an, das Stammesrecht durch ein Recht zu ersetzen, bei dem eine von allen anerkannte Obrigkeit, deren Autorität zumeist auf einem geschriebenen Kodex beruht, Recht spricht und individuelle Rache- und Rechtsformen wie die Blutrache verdrängt. Der Altertumswissenschaftler Bernhard Laum erklärt die kulturelle Logik der Blutrache folgendermaßen: »Die Blutrache ist ein integrierender Bestandteil der religiösen Pflicht gegenüber dem Toten. Der Ermordete will die Sühne, ohne die er nicht zur Ruhe kommt. Da er selbst die Rache nicht nehmen kann, so müssen die Überlebenden für die Befriedigung sorgen. Nicht Stammesehre oder andere ideelle Momente, sondern die Angst vor dem Toten ist das ursprüngliche Motiv der Blutrache. Das Erschlagen des Mörders ist also zunächst ein Totenopfer für den Ermordeten.«[659] Dank neuer Rechtsinstanzen wurde dieses ›Blutrecht‹ durch ein abstraktes Recht ersetzt, bei dem die Blutschuld, die das Mitglied einer Gemeinschaft auf sich geladen hatte, durch eine materielle Entschädigung der Familie gesühnt werden konnte.

Während in den Kulturen, in denen der Ehrenmord und die Blutrache als Regel anerkannt werden, Frauen und Kinder zumeist von der Blutrache ausgenommen bleiben – die Rache darf nur an einem erwachsenen männlichen Mitglied der Familie verübt werden, und sie darf nicht in geschützten Räumen wie dem Haus des Mannes oder dem Tempel stattfinden –, bleibt der ›Ehrenmord‹ mehrheitlich Frauen vorbehalten. Der Mann, so die dahinterstehende Logik, ist durch sein Schwert oder die Tat verantwortlich für das Wohlergehen der Gemeinschaft; daher ist er auch das ausersehene Opfer einer Blutrache. Die Frau hingegen symbolisiert mit ihrem Körper die eigene Gemeinschaft. Verletzt sie eine Regel, so ist die Gemeinschaft verletzt. Diese symbolische Funktion des weiblichen Körpers war einer der Gründe für die systematischen Vergewaltigungen von Frauen während des Jugoslawienkriegs: Durch die Verletzung, Entehrung und Penetration des weiblichen Körpers soll der Gemeinschaftskörper des Feindes getroffen werden, seine Geschlossenheit und Immunität verlieren. Auch die Nationalsozialisten hatten den – individuellen – weiblichen Körper zur Repräsentationsgestalt des ›germanischen Volkskörpers‹ gemacht; das war einer der Gründe für die massiven Vergewaltigungen von deutschen Frauen nach dem Zweiten Weltkrieg. Die ›Heilsbotschaft‹ der ›arischen Rasse‹ war eine Grundlage des Unheils, das am Kriegsende über viele Frauen hereinbrach.

Die Logik des ›Ehrenmordes‹ besagt, daß eine Frau, die ›Verrat‹ an der eigenen Gemeinschaft begangen hat, für diese eine Gefährdung darstellt und deshalb ausgestoßen werden muß. Sie muß mit ihrem Körper für das Vergehen einstehen. Erst durch dessen Auslöschung ist die Würde und Ehre des Stammes oder der Familie wiederhergestellt. Ehre und Würde sind Begriffe für die ›Vollkommenheit‹ und ›Unversehrtheit‹ des Gemeinschaftskörpers. Denn in stammesrechtlich organisierten Gesellschaften wird dieser Körper zum Garanten von Unsterblichkeit. Die Ewigkeit wird nicht transzendent, sondern weltlich gedacht: Sie ist bewahrt in diesem Sozialkörper, dem alle – auch die verstorbenen und die künftig geborenen Mitglieder der Gemeinschaft – angehören. Da nicht das Individuum, sondern der Stamm das Versprechen der Unsterblichkeit in sich trägt, muß auch jedes Mitglied der Gesellschaft bereit sein, für den Stamm sein Leben zu opfern: in der Rache für eine an der Gemeinschaft begangene Tat (der Mann) oder durch die Bewahrung der ›Ehre‹ (die Frau).

Dieser Topos einer Unterwerfung des eigenen Lebens unter das der Gemeinschaft findet sich allerdings auch in den westlichen Gesellschaften. Der europäische Nationalismus wurde getragen von der Idee eines Opfers auf dem ›Altar des Vaterlandes‹, und auch hier ging es darum, das eigene Leben für die ›Unsterblichkeit der Gemeinschaft‹ herzugeben. Der einzige Unterschied besteht darin, daß die Gemeinschaft anders definiert wird. Handelt es sich in den ›Stammesgesellschaften‹ um Blutsverwandtschaft, so sind die westlichen Nationen, wie Benedict Anderson anschaulich dargestellt hat, ›imaginäre Gemeinschaften‹, die – basierend auf Buchdruck und verbesserten Kommunikationstechniken – die Illusion einer ›natürlichen‹ Gemeinschaft schufen: Obgleich kein Leser die Tausende oder Millionen Menschen kennen kann, die täglich dieselbe Zeitung und dieselben Nachrichten aufnehmen wie er, empfindet er sich doch als mit ihnen verbunden: »Kann man sich ein anschaulicheres Bild für die säkularisierte, historisch gebundene und vorgestellte Gemeinschaft denken?«[660] Der Nationalismus, so Anderson, verdankte sich der ›Naturalisierung‹ von ›Einbildungen‹. Er basierte auf Kulturtechniken, deren Ergebnis, die Gemeinschaft, jedoch als ›ursprünglich‹ oder ›geboren‹ (wie das Wort ›Nation‹ schon sagt) verstanden werden sollte. Deshalb hat, »anders als andere Ismen [...], der Nationalismus nie große Denker hervorgebracht – keinen Hobbes, keinen Marx und keinen Weber«.[661] Denn der Nationalismus ist keine Theorie, sondern ein ›Gefühl‹. Es würde »die Angelegenheit leichter machen, wenn man Nationalismus nicht für eine Weltanschauung unter anderen hält, wie ›Liberalismus‹ oder ›Faschismus‹, sondern wie ›Verwandtschaft‹ oder ›Religion‹«.[662] Dieses Gefühl von Gemeinschaft habe es ermöglicht, daß in den letzten zweihundert Jahren Millionen von Menschen getötet haben oder »bereitwillig gestorben sind«.[663]

Nationen sind also abstrakte Gebilde, die jedoch bei ihren Mitgliedern eine Gefühlswelt hervorrufen, die der von Stammesgesellschaften nicht unähnlich ist. Nur werden die Verwandtschaftsverhältnisse durch ein Gefühl von Gemeinsamkeit ersetzt, das kulturell geprägt und durch mediale Techniken bestimmt ist. Das vermittelt den Menschen nicht das Gefühl, einem Netzwerk anzugehören, vielmehr empfinden sie sich als Teil eines Gemeinschaftskörpers. Zu der Entstehung dieses ›Körpers‹ trugen auch die Wissenschaften bei: Lexikographen, Grammatiker, Philologen und Literaten der Umgangssprache, die das orale Kulturgut der Nation neu entdeckten oder erfanden, wurden zu den Agenten nationaler Sinnstiftung. Durch sie wurde auch die historische Vergangenheit der Nationen neu geschrieben. Dem rückwärtsgewandten Blick auf die ›Nation‹ unterwarfen sich selbst die europäischen Dynastien, die viel älter waren als der Nationalgedanke und ihre

Legitimität nicht aus der Sprach- oder Territorialgemeinschaft, sondern aus der Genealogie des ›königlichen Bluts‹ bezogen. Auch sie standen im 19. Jahrhundert unter starkem Drang, sich zu ›nationalisieren‹, wollten sie ihre repräsentative Funktion bewahren. »Die Romanows entdeckten daß sie Großrussen, die Hannoveraner, daß sie Engländer, die Hohenzollern, daß sie Deutsche waren – und um einiges schwerer wurden ihre Vettern zu Rumänen, Griechen etc.«[664] Auch dies war ein Prozeß der Naturalisierung, durch den der ›erfundenen‹ Nationalgemeinschaft der Anschein einer ›Blutsgemeinschaft‹ verliehen wurde.

Wie erklärt es sich, daß solche ›Einbildungen‹ Macht über die Gefühle erlangen konnten und fähig waren, »so ungeheure Blutopfer« zu fordern? Die Antwort, so Anderson, liegt in ebenjenen »kulturellen Wurzeln des Nationalismus«.[665] Das heißt, der Nationalismus forderte Blutopfer, *weil* er auf keiner ›Natur‹ und keiner Logik von Blutsgemeinschaft beruhte. Der Unterschied zur Stammesgemeinschaft ist evident. In ihren Folgen sind die beiden Formen der Gemeinschaftsbildung jedoch nicht so unterschiedlich. Im Islam konkurrieren und ergänzen sich, wie wir gesehen haben, ethnische Identität und *umma*. Im europäischen Nationalismus hingegen, der die Erbschaft des Christentums angetreten hat, wurde die ›ethnische Identität‹ erfunden, um der religiösen und abstrakten Gemeinschaftsdefinition einen ›Leib‹ und emotionalen Gehalt zu verleihen. In beiden Fällen ist das Resultat ähnlich: Die Bindung wird auf das Individuum übertragen, und dieses leitet davon das Recht zu töten und die Pflicht zu sterben ab. Der Westen hat mit dem Nationalismus also vergleichbare ›Verwandtschaftsverhältnisse‹ geschaffen, wie sie am ›ethnischen‹ Islam kritisiert werden. Zugleich ging im Westen die Art, Verwandtschaftsverhältnisse zu leben, vom ›Clan‹ auf die Paarbeziehung über.

Das westliche Konzept von Gemeinschaft ging mit einer

spezifischen Vorstellung von Ehe einher, die im Ideal der ›Liebesehe‹ ihren Ausdruck fand. Dieses bildete sich um 1800, parallel zum Nationalismus, heraus und stellte eine säkulare Fortführung des christlichen Ideals von Symbiose und Einswerdung der Geschlechter bzw. der Sakralisierung der Ehe dar. Nur wurde das Ideal der ›Liebesehe‹ nicht theologisch, sondern psychologisch begründet: In beiden Fällen ging es um die ›Seele‹, doch wurde im einen Fall die Seele transzendent verstanden, während es sich im anderen Fall um ein Synonym für Psyche handelte. Beide, der Nationalismus wie das symbiotische Liebesideal, brachten eine spezifisch westliche Vorstellung von ›Ehre‹ hervor, die sich einerseits auf die unverletzliche Würde der Nation und andererseits auf die unverletzliche Würde der Ehe bezieht. Die beiden Ehrbegriffe wurden austauschbar: Tritt der Nationalgedanke zurück (wie etwa seit 1945), so erhöht sich der Anspruch an die Ehe – und umgekehrt. Wird die ›Ehre‹ in einem der beiden Bereiche gekränkt, so muß der Mann für ihre Wiederherstellung kämpfen: Bei einer Kränkung der Nation durch die Rache am Feind, bei einer Verletzung seiner Ehe durch das Duell. Meisterlich hat Fontane diesen individualisierten, von der Nation auf die Liebesbeziehung verlagerten Ehrbegriff in seinem Roman »Effi Briest« dargestellt. Das Duell stellte ein Relikt der Blutrache dar; es wurde gesetzlich verboten und wird auch gesellschaftlich nicht mehr sanktioniert. Das gilt jedoch nicht für die Entsprechung zum ›Ehrenmord‹, die sich in der westlichen Gesellschaft herausgebildet hat.

Widmeten die Zeitungen und Fernsehen dem ›Ehrenmord‹ an Hatun Sürücü wie auch dem Prozeß gegen ihre Brüder wochenlang ausführliche Berichte – und das geschah zu Recht –, so erregen Berichte über westliche Ehemänner, die ihre Ehefrauen töten oder mit in den Tod reißen, kaum Aufsehen.[666] ›Familientragödie‹ ist der Code, unter dem diese Art von Mord geführt wird, von dem

329

wöchentlich zu lesen ist. Meistens begnügt sich die Zeitung mit einem Vierzeiler. Manchmal fassen die Artikel gleich zwei oder drei Fälle zusammen, die sich in verschiedenen Teilen Deutschlands am selben Wochenende ereignet haben.[667] In der weit überwiegenden Zahl der Fälle sind die Getöteten Frauen, die sich kurz vorher von ihrem Partner getrennt hatten oder dabei waren, es zu tun – und für diesen ›Verrat‹ mit dem Leben zahlen. Warum rufen diese Berichte nicht genausoviel Erregung hervor wie die Berichte über ›Ehrenmorde‹? Warum wird der Mord an Frauen, die ihren eigenen Weg zu gehen versuchen, wie ein Phänomen behandelt, über das man mit Achselzucken oder einem Kopfschütteln hinweggeht? Gelegentlich wird sogar Mitleid für den Täter, der ›den Kopf verloren hat‹, geäußert. Nicht anders als bei einem ›Ehrenmord‹ in der Türkei entscheiden deutsche Gerichte in solchen Fällen gelegentlich auf Totschlag im Affekt – auch dann, wenn der Täter zum Treffen mit seinem Opfer eine geladene Schußwaffe mitbringt und seine Ex-Frau wie ihr Beschützer in »einem Kugelhagel ›aus Liebe‹« sterben.[668] In einigen amerikanischen Staaten war es noch bis in die 1970er Jahre gesetzlich erlaubt, eine Frau, die Ehebruch begangen hatte, zu töten.[669] Solche Gesetze wurden abgeschafft, aber wirken als ungeschriebenes Gesetz weiter: Im Sommer 2006 befragte das Meinungsforschungsinstitut Gallup US-Bürger nach ihrem Urteil zu verschiedenen sozialen und moralischen Fragen. Dabei kam heraus, daß 71 Prozent die Todesstrafe für moralisch akzeptabel halten, aber nur vier Prozent dasselbe über den Seitensprung in der Ehe sagten. 93 Prozent hielten ihn für moralisch falsch. Die Grundfrage des Instituts lautete: Ohne Rücksicht darauf, was nach Ihrer Meinung legal oder illegal sein sollte, beurteilen Sie bitte, was nach Ihrer persönlichen Auffassung moralisch akzeptabel ist, was moralisch falsch.[670] Ein solcher Konsens entsteht nur auf der Grundlage einer emotionalen ›Gleichschal-

»Es ist nicht gut, allein zu sein«:
Die Ehe als Institution westlicher ›Ehre‹.

tung‹, wie sie Anderson für das Gefühl des Nationalismus beschrieben hat, und wie dieser ist er auch realitätsmächtig: Laut einem Bericht der »New York Times« vom Februar 2000 zeigt eine Statistik des FBI, daß 32 Prozent der 3419 Frauen, die 1998 in den USA ermordet wurden, Opfer ihrer

Ehemänner, Ex-Männer, Geliebten oder Ex-Geliebten waren. Gestützt auf die Ergebnisse von Regionalstudien, gehen Experten davon aus, daß die tatsächliche Zahl höher liegt: bei 50 bis 70 Prozent aller Morde an Frauen. Zum Vergleich: Nur vier Prozent der 10 606 im Jahre 1998 ermordeten Männer wurden von aktuellen oder ehemaligen Intimpartnern getötet.[671]

Konflikte in Liebe und Partnerbeziehungen scheinen im Westen die häufigste Todesursache bei Frauen zu sein, die eines gewaltsamen Todes sterben. »Während in den letzten 20 Jahren die Tötungsdelikte insgesamt erheblich zurükkgingen«, so kommentiert die Autorin der »New York Times«, sei »ein ähnlicher Rückgang für die Ermordung von Frauen, vor allem weißen Frauen, nicht zu beobachten«.[672] Mit anderen Worten: War der Frauenkörper im Nationalismus eine Allegorie für die nationale Gemeinschaft, so scheint er heute zur Repräsentationsgestalt der ehelichen Gemeinschaft geworden zu sein. Die Parallele zu den ›Ehrenmorden‹ ist evident: Symbolisiert der weibliche Körper in den Gesellschaften, in denen ›Ehrenmorde‹ praktiziert werden, die ›unsterbliche Gemeinschaft‹, so ist er im Westen zur Symbolgestalt einer ›Unvergänglichkeit‹ der Ehe geworden. In beiden Fällen wird mit der Tötung der ›Verrat‹ an der Institution bestraft – nur daß sich die ›Institutionen‹ unterscheiden: Im ersten Fall handelt es sich um die ›Institution‹ des Stammes, im anderen um die ›Institution‹ der Liebesehe. Aus der ›Ehre‹, Sakralität und ›Unvergänglichkeit‹ dieser Institutionen leitet sich das Recht – oder gar die Verpflichtung – ab, die Frau zu töten. *Ex occidente lex?*

KAPITEL VII

Säkularisierung, Globalisierung und Geschlecht

Der Islam wird durch den christlichen Säkularisierungsprozeß vor eine ähnliche Situation gestellt wie die im christlichen Kulturraum lebenden jüdischen Gemeinden um 1800. Diese zwang der christliche Säkularisierungsprozeß zu einer Neudefinition. Während für Christen ›Säkularisierung‹ die ›Sakralisierung‹ nationaler Gemeinschaften oder die Verweltlichung religiöser Denkstrukturen implizierte, konnte für Juden ›Säkularisierung‹ nur die Abkehr von religiösen Bräuchen oder eine Neudefinition ihrer Religion beinhalten.[673] Durch die Verwandlung der christlichen Kirchengemeinschaft in einen Nationalstaat entstand für die jüdischen Gemeinschaften eine Situation, die in ihrer Reichweite nur mit dem Beginn der Diaspora zu vergleichen ist, und auf diese Situation reagierte die jüdische Gemeinschaft in drei unterschiedlichen Weisen. Erstens durch die Entstehung der Orthodoxie: Der Begriff der ›Orthodoxie‹ ergab überhaupt erst einen Sinn, als eine andere Form, Judentum zu leben, denkbar, wenn nicht gar notwendig geworden war.[674] Die zweite Reaktion auf den christlichen Säkularisierungsprozeß bestand im Verlassen der religiösen Gemeinschaft, woraus sich allmählich eine kulturelle Definition des Jüdischseins[675] bzw. das Aufkommen eines jüdischen Nationalismus ergab, der später in den Zionismus mündete. Die dritte Reaktionsform bestand in einer Neudefinition der jüdischen Religion als ›Glaubensreligion‹ – in Analogie zum christlichen Glauben –, wodurch die Religion zur ›Privatsache‹ erklärt werden konnte. Die ganze Entwicklung hatte für den Zusammenhalt der jüdischen Gemeinschaft schwerwiegende Folgen, und so kam es nach der Emanzipation zum ersten Mal in der Geschichte jüdischen Denkens nicht nur zu unterschiedlichen, miteinander konkurrierenden, sondern auch zu *unvereinbaren* Auslegungen der jüdischen Religion – gerade unter engagierten Juden.

Eine vergleichbare Dreiteilung durchlief auch die islamische Welt, als sie mit dem christlichen Säkularisierungsprozeß konfrontiert wurde – gleichgültig, ob sich diese Konfrontation, wie in Ägypten, aus der Konfrontation mit dem Kolonialismus oder, wie in der modernen Türkei, aus der Übernahme westlichen Denkens ergab. In Algerien wurde erst 1976 der Freitag zum staatlich vorgeschriebenen Feiertag – und zwar in Abgrenzung gegen den von der französischen Kolonialmacht eingeführten Sonntag. Es handelte sich um ein »Phänomen der Repersonalisierung der Gesellschaft, das heißt der Neubestimmung der Persönlichkeit, in diesem Fall der islamischen Persönlichkeit, im neuen Kontext des Nationalstaats.«[676] In diesem aufgezwungenen Säkularisierungsprozeß entstand eine orthodoxe Auslegung des Islam, die in den politischen Islamismus einmündete: »Der radikale Islam«, so schreibt Dan Diner, »ist sowohl ein Produkt der Moderne als auch ihr eingeschworener Feind.«[677]

Zugleich fand und findet eine neue Auslegung der Lehren des Islam statt. Parallel dazu vollzog sich auch eine Ablösung von der Religion, die zum Teil im Aufkommen eines neuen Nationalismus ihren Ausdruck fand. Wie im Fall der jüdischen Gemeinden des 19. Jahrhunderts erscheinen auch hier die verschiedenen Entwicklungen schwer vereinbar. Nilüfer Göle spricht davon, daß den modernen Islam zwei unterschiedliche Strömungen charakterisieren. Die eine bezeichnet sie als »kulturellen Islam«. Er wende sich gegen »eine Verarmung des Islam durch Politisierung« und richte sich »gegen die Profanisierung durch Säkularisierung«.[678]

334

In diesem Konzept werde der Religion der Vorrang vor dem Staat gegeben, in seinem Zentrum stehe das Individuum. Die andere Strömung stelle der »politische Islam« dar, der eine Ordnung der Gesellschaft nach islamischem Recht anstrebe. Der politische Islam sei eine Bewegung »von oben nach unten« – paradoxerweise nicht unähnlich der von Atatürk per Gesetz durchgeführten Säkularisierung der Gesellschaft – und habe nur den Staat im Auge. Der kulturelle Islam hingegen gehe »von der muslimischen Persönlichkeit und Identität« aus und kämpfe vor allem um »Unabhängigkeit im Geistigen«.[679]

Die Türkei durchlief einen völlig anderen Säkularisierungsprozeß als Ägypten. Dennoch zeigen sich in beiden Fällen ganz ähnliche Phänomene. Unterschiede wie Gemeinsamkeiten offenbaren sich auch hier besonders deutlich an der Geschlechterordnung und der Rolle, die der Frau zugewiesen wird. Wie in Ägypten trat auch in der Türkei ab Mitte der 1980er Jahre der Schleier erneut in Erscheinung, und wie in Ägypten breitete sich der Islamismus zunächst in den Städten aus, um dort in die Bereiche vorzudringen, »in denen die zentralen Werte und Symbole der Gesellschaft geschaffen werden«.[680] Wie in Ägypten wurden auch in der Türkei die Universitäten zu einem der wichtigsten Schauplätze dieser Entwicklung. Doch sowohl die Vorgeschichte als auch die Entwicklung konnte konträrer kaum sein. Anders als die Länder Nordafrikas und des Nahen Ostens hatte die Türkei nicht unter kolonialer Herrschaft gestanden.

Die Türkei: Vorgeschichte zur Entstehung des laizistischen Staates

Im Gegensatz zu anderen islamischen Ländern, so schreibt Bernard Lewis, verfügte das Osmanische Reich über eine Gesetzesinstanz, der sich Herrscher wie Geistliche zu fügen hatten. »Theoretisch waren auch die alten Kalifen dem Heiligen Gesetz unterworfen und konnten abgesetzt werden, wenn sie gegen die Regeln verstießen, aber das war eine leere Formel, solange es keine durchsetzungsfähige Autorität oder Verwaltung gab. Die Osmanen erkannten jedoch eine höchste religiöse Autorität an, die höchste Instanz des *Şeriat*, ausgestattet mit der Macht, den Sultan abzusetzen.«[681] Zugleich, so schreibt er weiter, sei es auffallend, wie sehr die ›nationale‹ oder ursprüngliche türkische Identität im Islam aufgegangen sei. Das habe den geistlichen Institutionen wiederum politische Macht verliehen. Aus theologischer Sicht habe der Islam keine organisierte religiöse Struktur – keine Ordination, kein Sakrament, keine priesterliche Vermittlung zwischen dem Gläubigen und Gott. Aber im soziologischen oder politischen Sinne treffe das nicht zu. »Der Ursprung der großen osmanischen religiösen Institutionen kann zweifellos bis ins Sultanat der Großen Seldschuken zurückgeführt werden, wo Schulen und Lehrer gebildet wurden, um der revolutionären Häresie zu begegnen. Nur im Osmanischen Reich kamen diese religiösen Institutionen zu einer vollen Reife und erfüllten ihre Funktion als Hüter des Glaubens und der Gesetze.«[682]

Die Religion im Osmanischen Reich beruhte also auf einem Staat mit durchorganisierter Verwaltung und einem tief verankerten, verschriftlichten Recht. Zu dessen Entstehung hatte der byzantinische Feudalismus beigetragen, dessen Gestaltung wiederum – bis zum Fall von Konstantinopel – unter westlichem Einfluß stand. Diese Struktur verlieh dem Islam in der Türkei eine politische Macht, schuf zugleich aber auch eine ›Prädisposition‹ für die Assimilation westlichen Denkens. Es kam eine »tiefere Nähe zwischen der Türkei und dem Westen« zustande, als sie für andere islamische Staaten galt. »Der auf Gesetz und Hierarchie basierende Osmanische Staat steht diesem [dem westlichen Denken] näher als die amorphe und wechselhafte Gesellschaft des klassischen Islam.«[683]

Auf der anderen Seite stieß das westliche Denken aber auch auf Ablehnung. Der frühe Islam – vor allem der des arabischen Raums – war offen für Einflüsse aus dem hellenistischen Raum sowie aus Persien, Indien, China. Viele griechische, syrische und persische Werke wurden übersetzt und flossen ein in die Verschriftlichung des Koran. Diese Assimilation fremder Einflüsse fand schon vor der Etablierung des Osmanischen Reichs ein Ende. Für die Muslime der Blütezeit des Islam war Europa »eine dunkle Welt der Barbarei und des Unglaubens, von der die sonnendurchflutete Welt des Islam nichts zu lernen und wenig zu befürchten hatte. Diese Ansicht, die schon gegen Ende des Mittelalters etwas überholt war, gaben die mittelalterlichen Muslime ihren osmanischen Erben weiter, und sie wurde bestärkt durch die vernichtenden Siege der osmanischen Waffen über ihre europäischen Gegner.«[684] In den eroberten Gebieten wurden Industrie und Handel den Nicht-Muslimen – Juden und Christen – überlassen. »Westliche oder einheimische Christen, Bankiers, Handelsleute und Handwerker unterlagen einer allgemeinen Verachtung, die die osmanischen Muslime immun gegen die Ideen und Erfindungen christlichen Ursprungs machten.«[685]

Überzeugt von der eigenen militärischen und religiösen Überlegenheit, reagierte das Osmanische Reich weder auf die Entstehung der Nationalstaaten im Europa des 16. Jahrhunderts noch auf die großen technologischen, wissenschaftlichen und kommerziellen Neuerungen, die zu dieser Zeit in Europa stattfanden. Eine dieser Neuerungen war der Buchdruck, der nicht nur zur Verbreitung von Wissen, sondern auch zur Zusammenschließung des europäischen Kontinents beitrug. Eine andere war die Räderwerkuhr, die die zeitliche ›Synchronschaltung‹ großer Gebiete ermöglichte (vgl. S. 249 ff.). Beiden Neuerungen verschloß sich das Osmanische Reich ausdrücklich. Man interessierte sich nur für die Neuerungen der westlichen Waffenkunst.[686] Als jüdische Flüchtlinge aus Spanien beim Sultan die Erlaubnis erbaten, in der Türkei Druckerpressen aufzustellen, wurde ihnen die Genehmigung unter der Bedingung erteilt, daß keine Bücher auf türkisch oder arabisch gedruckt werden. Indirekt implizierte dies, daß die türkische Sprache – obgleich nicht Ursprungssprache des Koran – als genauso heilig betrachtet wurde wie das Arabische. Diese Sonderstellung grenzte den Islam des türkischen Raums gegen den des arabischen Raums ab und schuf so möglicherweise eine Öffnung für den westlichen Säkularisierungsprozeß.

Die militärischen Niederlagen in Europa führten zu einer ersten Öffnung des Osmanischen Reichs gegenüber Gedankengut aus dem Westen. 1719 und 1721 schickte der Großwesir Botschafter nach Paris, um die dortigen Zivilisations- und Bildungsmöglichkeiten und deren Anwendungen auf die Türkei zu untersuchen. Eine der Empfehlungen bezog sich auf die Einführung der Druckerpresse. Nun wurde die Genehmigung erteilt, Bücher zu drucken, die keine religiösen Themen zum Inhalt hatten. Für den Koran und seine Auslegungen blieb das Verbot bestehen. Dennoch sollte es noch lange dauern, bevor diese technische Neuerung auch zur Aufnahme der europäischen Ideenwelt führte. Aus der Literatur und Musik wurde so gut wie nichts in die islamische Welt getragen. »Die großen westlichen Ideenentwicklungen blieben ohne das geringste Echo in den Ländern des Islam.«[687]

Das änderte sich nach der Französischen Revolution. Zum ersten Mal wurden Gedanken aus der christlichen Welt von muslimischen Führern und Denkern rezipiert und verbreitet. Das war nur möglich, weil es sich um säkulares Gedankengut handelte. »Die Französische Revolution war die erste große soziale Umwälzung, die ihren intellektuellen Ausdruck in völlig religionsfernen Begriffen fand.

Die Verführungskünste des Westens stoßen auf wenig Gegenliebe.

Für die Muslime übt die Säkularisierung keine besondere Anziehungskraft aus, doch in einer westlichen Bewegung, die nichtchristlich, ja antichristlich war und deren führende Exponenten ihre Ablehnung des Christentums unterstrichen, konnte die muslimische Welt hoffen, auf das schwer zu fassende Geheimnis der westlichen Macht zu stoßen, ohne die eigenen Glaubensinhalte und Traditionen zu kompromittieren.«[688] Mit seinem ›Glauben‹ an den Säkularisierungsgedanken übernahm das Osmanische Reich freilich auch das westliche – und damit ein vom Christentum geprägtes – Gedankengut.

Eines der wichtigsten Elemente des westlichen Säkularisierungsprozesses war das Aufkommen des Nationalgedankens, dessen Voraussetzung die allmähliche Verlagerung christologischen Gedankenguts auf die weltlichen Herrscher gewesen war. Eine solche Ablösung der religiösen Gemeinschaft durch die politische Gemeinschaft ergibt für den Islam keinen Sinn, weil der Islam von einer a priori bestehenden Übereinstimmung zwischen religiöser und politischer Gemeinschaft ausgeht. Wenn sich die Türkei dennoch offen für den Nationalgedanken zeigte, so deshalb, weil sie – außer einem westlich geprägten Staatsapparat – auch der westlichen Ideengeschichte aufgeschlossen gegenüberstand. Das aber implizierte eine Herauslösung aus der Gemeinschaft islamischer Staaten. In dem Maße, in dem der Nationalgedanke in der Türkei Fuß faßte, durchlief der islamische Staat einen Säkularisierungsprozeß – nicht nach westlichem Muster, was eine Verweltlichung des Religiösen beinhaltet hätte, sondern nach dem Prinzip einer Überwindung des Religiösen.

Die Symbolik des Frauenkörpers
im türkischen Säkularisierungsprozeß

Die Modernisierungsgeschichte der Türkei, so schreibt die türkische Soziologin Nilüfer Göle in ihrem Buch »Republik und Schleier«, lasse sich »als die Kampfgeschichte zwischen zwei Kulturmodellen oder zwei Strömungen deuten: der westlichen Bewegung und der islamistischen Bewegung«.[689] Der strittige Punkt für beide sei die »Bewertung der Frau«.[690] Beide stellten eine Reaktion auf das Eindringen westlichen Gedankenguts dar. Doch während die eine Bewegung aus dem Westen nur technische und administrative Neuerungen übernehmen wollte – die Zukunft sollte auf der Basis der Vergangenheit errichtet werden – forderte die andere eine Veränderung der Zivilisation durch die Ablösung von der Tradition. Dabei bedienten sich auch die Konservativen ›moderner‹, d. h. ›wissenschaftlicher‹, Argumente – wie etwa, daß die Segregation in der ›Natur‹ der Geschlechter angelegt sei. Es handle sich um »ein Naturgesetz, das von der Scharia nur legalisiert worden« sei.[691] Dasselbe gelte auch für die Polygamie, die sich in Übereinstimmung mit den ›Naturgesetzen‹ befinde. Die westlich Orientierten erklärten dagegen, daß eine Trennung zwischen kulturellem und wissenschaftlichem Wissen falsch und nicht möglich sei. Auch vertraten sie die Ansicht, daß »der Westen die materielle Zivilisation niemals hätte verwirklichen können, wenn er tatsächlich kulturell unterlegen sei«.[692]

Der türkische Nationalismus brachte in der Zeit von 1908 bis 1919 drei politische Richtungen hervor: die islamistische, eine westlich orientierte und die turanistische. Alle drei wollten auf unterschiedliche Weise das Osmanische Reich wiederbeleben. Alle drei hatten Reformabsichten, die deutlich am Westen orientiert waren, und alle drei hatten sehr explizite Haltungen in der Frauenfrage. Nur ihre Begründungen unterschieden sich. Die westlich orientierte Bewegung sah in dem aus dem Westen importierten Begriff der ›Zivilisation‹ eine Möglichkeit, jenseits der Religionen zu stehen, und das Produkt »neuer und universeller und humanistischer Werte«. Der Zivilisation liege der »Glaube an die Vernunft« zugrunde, der unvereinbar sei mit der Verschleierung der Frau, denn der Schleier vernichte die »Persönlichkeit der Frau«. Der Frau komme jedoch eine »eigene Ehre« zu.[693] Symptomatisch für diese Richtung war das Buch von Celal Nuri Ileri »Unsere Frauen«, wo es heißt: »Wenn wir die Türken zivilisieren wollen, müssen wir mit den Rechten der Frauen beginnen [...] Mit einer solchen Operation können wir nicht beim Heer oder der Flotte beginnen. In den Schulen anzufangen ist auch nicht das Richtige. Als erstes müssen wir unsere Frauen verändern, damit diese die Kinder und diese wiederum, wenn sie erwachsen sind, den Staat und die Nation verbessern. Wenn man ein Haus baut, beginnt man nicht mit dem Dach. Zuerst wird das Fundament gelegt. Und die Frau ist das wichtigste Fundament des menschlichen Gebäudes.«[694] Für diese Bewegung waren nicht die Erfindungen des Westens, sondern seine kulturellen und sozialen Strukturen wegweisend. »Die rationalistische westliche Zivilisation, die unabhängig vom Christentum definiert wurde, konnte in ihren Augen überall und zu jeder Zeit angewandt werden: Sie eröffne mit ihren freiheitlichen und rationalistischen Grundsätzen der ganzen Menschheit den Zugang zur Zivilisation.«[695] Das heißt, für die westlich orientierte Bewegung war der Nationalgedanke nicht von entscheidender Bedeutung – wie auch die Veränderung der Rolle der Frau weniger vom Gedanken einer Verbesserung weiblicher Schicksale als von der Modernisierung der Gesellschaft getragen war.

Nationaler ausgerichtet waren die Turanisten, die ihr Modell in vorislamischer Zeit suchten. Die turanistische Bewegung berief sich auf ein alttürkisches Kulturgut und wollte eine »Brücke zwischen der westlichen Zivilisation und den nationalen kulturellen Traditionen schlagen«.[696] Da der Islam auf einer nationenübergreifenden Gemeinschaft beruhte, suchten sie nach den Quellen einer nationalen Kultur in der vorislamischen Zeit. Richtet sich die rückwärtsgewandte Utopie des Islamismus auf die ersten Jahrzehnte des Islam, so wurde für die turanistische Bewegung die vorislamische Zeit zum ›Goldenen Zeitalter‹ des nationalen Gemeinschaftsgedankens. In diesem Goldenen Zeitalter, so ihre Behauptung, hatte die Frau den gleichen Status wie der Mann; man erklärte sogar, daß »das wesentlichste Charakteristikum der alten Türken der Feminismus« gewesen sei.[697] Das habe auch für den frühen Islam gegolten, doch sei jener degeneriert.[698] Die Idealisierung vormonotheistischer Gesellschaften weist viel Ähnlichkeit mit der europäischen ›Wiederentdeckung‹ des Matriarchats im 19. Jahrhundert auf, etwa in Bachofens Schriften zum ›Mutterrecht‹. Die Turanisten stellten jedoch die Verbindung zur Moderne her: Die »Ausbreitung der westlichen Kultur bedeute, daß die Frauen wie in der alt-türkischen Kultur gleichberechtigt werden«.[699] Da die türkische Nation bereits das Potential der Zivilisation »in ihrem unverdorbenen Ursprung« in sich getragen habe, werde eines Tages »die objektive Geschichtsforschung anerkennen müssen, daß Demokratie und Feminismus Schöpfungen der Türken sind«.[700]

Die turanistische Bewegung wurde zum Wegbereiter des Kemalismus, d. h. der Säkularisierung der Türkei unter Mustafa Kemal, später bekannt als Atatürk. Sie beinhaltete – mit der Abschaffung des Kalifats, der Verordnung westlicher Kleidung, dem Verbot des Schleiers, dem Aufbau der Koedukation von Mädchen und Jungen, der Abschaffung der Scharia, des islamischen Gesetzes, und etwas später der Einführung des schweizerischen Zivilrechts (1926) – nicht nur eine Staatsreform, sondern auch einen tiefgreifenden Wandel von Lebensgewohnheiten und Traditionen. Es fand eine Assimilation an den Westen und eine damit einhergehende Akkulturation statt, wie sie sonst Emigranten erleben – nur daß diese in einem islamischen Staat stattfanden und vom Staat verordnet wurden. Damit beinhaltete der Prozeß auch eine Abgrenzung gegen den Rest der islamischen Gemeinschaften, und das implizierte das Aufgeben der Polygamie, neue Maßeinheiten, eine neue Zeitrechnung sowie den Übergang vom arabischen zum lateinischen Alphabet. Kemal setzte der islamischen Renaissance, die sich in Ägypten als Gegenbewegung zum Kolonialismus bildete, die nationale Renaissance entgegen. Paradoxerweise rechtfertigte er seinen Nationalgedanken mit dem Argument, daß die westliche Kleidung, die er zu Regel erhob, universal und international sei.[701]

Durch diese Entwicklung vollzog sich in der Türkei ein Prozeß der sozialen Umschichtung: »Der kemalistische Nationalismus ermöglichte der unteren osmanischen Militär- und Beamtenschicht gegenüber dem osmanischen Kosmopolitismus und der höfischen Elite den sozialen Aufstieg. Diese neu entstandene Schicht stellt heute die bürokratische Mittelschicht. Der Befreiungskrieg kam Mustafa Kemal zur Hilfe. So sehr er auch gegen den Hof war, setzte er dennoch dessen Verwestlichungspolitik fort.«[702] Eine Folge dieser sozialen Umschichtung war die Veränderung der Familienstrukturen: Der Frau wurde eine Rolle zugewiesen, durch die sie – vergleichbar der Frau in Ägypten – in den Nationalgedanken einbezogen wurde. Der Ort der Frau sei an der Seite »des Volks«; sie galt als »Weggefährtin« des Mannes.[703] Das kemalistische Frauenideal war geprägt von einem Frauentypus, der sich zu dieser Zeit auch in vielen europäischen Ländern, vor allem den sozialistischen, fand. Frauen sollten – als Lehrerinnen oder Krankenschwestern – »ernste« und »charakterstarke« sowie »nützliche, fleißige Mitglieder der Gesellschaft« sein; sie sollten »den Männern eine ehrliche Kameradin, den Kindern und dem ganzen Land eine Mutter, eine Erzieherin« sein.[704]

Der Umgang mit der Frauenfrage, so Göle, ist geeignet »das eigentliche Wesen des Kemalismus zu verstehen«.[705] Es repräsentierte eine Revolution ›von oben‹, die unter anderem eine Umkehrung der Grundprinzipien der symbolischen Geschlechterordnung des Islam beinhaltete – nämlich die Aufhebung der Segregation. Die kemalistischen Reformen »zielten auf die Veränderung des gesellschaftlichen Systems ab, das auf der Isolierung der Frau beruhte. [...] Die Sichtbarwerdung der Frau wird zum Zeichen des Zivilisationswandels.«[706] Während in der westlichen Welt die Erlassung neuer Gesetze heute zumeist die Funktion hat, den gesellschaftlichen oder kulturellen Wandel widerzuspiegeln, hatte sie in der Türkei die Aufgabe, »den Prozeß der Modernisierung genau zu bestimmen und den Kulturwandel zu beschleunigen«. So kam in einer islamischen Gesellschaft, die auf der Geschlechtertrennung beruht, »plötzlich ein Zivilrecht in Anwendung, das nach dem Gleichheitsprinzip der westlichen Kultur geformt ist«.[707] Unausgesprochen setzte sich mit diesem Gleichheitsprinzip auch das Ideal einer symbolischen Geschlechterordnung durch, die orientiert war an dem christlichen Ideal einer Spiegelbildlichkeit der Geschlechter. Daß diese nicht viel mit Geschlechtergerechtigkeit zu tun hat, zeigt die Geschichte der christlichen Gesellschaft ebenso wie die der

Türkei. Obgleich die Türkinnen schon 1934 das aktive und passive Wahlrecht erhielten – die Französinnen mußten bis 1945 warten –, waren im türkischen Parlament nie mehr als vier bis fünf Prozent der Parlamentarier Frauen.

Die Tatsache, daß ab Mitte der 1980er Jahre in der Türkei, wie in Ägypten, unter jungen Frauen, vor allem Studentinnen, eine Verschleierungswelle einsetzte, hing mit dieser Vorgeschichte des türkischen Nationalismus und des Säkularisierungsprozesses zusammen. Sosehr sich die beiden Entwicklungn äußerlich ähneln mögen, das Phänomen selbst hat in der Türkei eine ganz andere Bedeutung als in Ägypten: Reagierten ägyptische Studentinnen mit dem Anlegen des Schleiers auf eine Konfrontation mit der Moderne, so stellte die Aktion der türkischen Studentinnen ein Bekenntnis zum Islam – und damit auch zu seiner übernationalen Perspektive – dar: ein Bekenntnis zu »sozialen Bindungen zwischen den Individuen, die einander zwar nicht kennen, sich jedoch nach intensiver schichtenübergreifender Bindung sehnen. Der Islamismus funktioniert als imaginierte Gemeinschaft, die durch den Bereich des Heiligen und in ihm zusammengeschweißt und gestärkt wird.«[708] Den Begriff der ›imaginierten Gemeinschaft‹ übernimmt Göle von Benedict Anderson, der, wie im letzten Kapitel beschrieben, die ›Nation‹ als eine auf Kulturtechniken beruhende Fiktion beschrieben hat. Damit wäre aber auch gesagt, daß der Schleier der türkischen Studentinnen eine Art von Kulturtechnik darstellt und eine ähnliche Funktion hat wie der Buchdruck für die Entstehung und Synchronschaltung nationaler Gemeinschaften: Er soll eine Kohäsion des Denkens und Fühlens bewirken. Wir kommen im nächsten Abschnitt auf diesen Aspekt zurück.

Den Türkinnen, denen 1983 wegen ihrer Verschleierung der Besuch der Universität verwehrt wurde, bot der Schleier auch eine soziale Abgrenzungsmöglichkeit: »Gebildete Frauen, die ursprünglich aus den unteren und mittleren

Gesellschaftsschichten stammen, behaupten, den ›wahren‹ Islam zu kennen, und setzen sich so von den traditionellen, ungebildeten Frauen ab.«[709] Das heißt, der Schleier, der in der Frühzeit des Islam nicht auf geschlechtliche Segregation, sondern auf soziale Unterscheidung verwies, nahm hier erneut die Bedeutung eines Statussymbols an. Allerdings ging es den Studentinnen auch um die Absetzung gegen ein anderes – westliches – Verständnis von Körperlichkeit. In Anlehnung an Michel Foucault schreibt Nilüfer Göle: »Beim modernen Menschen befreit sich der Körper zusehends vom Zugriff natürlicher und transzendenter Deutungen und tritt in den Strudel der Säkularisierung ein; er dringt zu jenem Bereich durch, in dem die menschliche Vernunft ihre Willenskraft aufbietet, um den menschlichen Körper durch Wissenschaft und Aufklärung zu bezwingen und zu beherrschen.«[710] Betrachtet der Westen also die Frau und den Körper des muslimischen Gläubigen als eingekerkert im Gefängnis des Islam, so erscheint aus diesem Blickwinkel der westliche Körper als ein Sklave der Aufklärung, die mit ihrer Wissenschaft, Technik und öffentlichen Blickmacht vom Körper eine Entblößung fordert. Die Betrachtungsweisen sind konträr, und dennoch ähneln sich die Interpretationsmuster.

Während die verschleierten türkischen Studentinnen am Westen »die Einebnung der Unterschiede zwischen den Geschlechtern (Austauschbarkeit der Rollen und Perspektiven) und der Altersgruppen (ewige Jugend)« kritisieren, bewahrt für sie der Islam die Unterschiede zwischen den Geschlechtern und Generationen.[711] Diese Blickweise geht mit dem Anspruch auf Bildung und Mündigkeit einher. Auch die europäische Frauenbewegung des 19. Jahrhunderts hatte den Kampf um Bildung mit dem Argument ›weiblicher Eigenart‹ geführt. Durch das Kopftuch wollen die türkischen Studentinnen sowohl ihre weibliche als auch ihre islamische ›Eigenart‹ betonen. »Der fundamentalistische Wandel im Islam – sei es auf religiöser oder politischer Ebene – ermöglicht ihm paradoxerweise auch die Hinwendung zur Moderne.«[712] Allerdings befinden sich junge Türkinnen heute in der Situation, daß sie sich an Universitäten in den USA oder England einschreiben müssen, um ihr islamisches Kopftuch tragen zu können; sie setzen sich also damit verstärkt westlicher Kultur und westlichen Denkweisen aus.

Wie Ahmed für Ägypten konstatiert auch Göle für die Türkei, daß das Tragen des Schleiers im islamischen Raum inzwischen zur »Sichtbarkeit der modernen Muslimin, die offen, kämpferisch und gebildet ist«, beiträgt. Es vollziehe sich damit eine Bedeutungsverschiebung des Schleiers, der in den Augen des Westens »die traditionell unterwürfige, häusliche Rolle der Muslimin« symbolisiert.[713] Mit anderen Worten: Die modernen Islamistinnen nutzen die Freiheiten, die der Kemalismus Frauen verschaffte, um dessen Prinzipien zu unterhöhlen. Je mehr sie am öffentlichen Leben teilnehmen und an den traditionellen Riten festhalten, desto mehr unterwandern sie den säkularen Staat. Durch ihren »Anspruch auf islamisches Wissen« üben diese Frauen aber auch eine gesellschaftliche Macht aus. Mit ihrem Auftreten nehmen sie »dieses neue symbolische Kapital« in Besitz und zeugen vom »Aufkommen eines neuen muslimischen intellektuellen Frauentyps«.[714]

Die Paradoxien des Schleiers im islamischen Raum zeigen sich auch am Verhältnis zum politischen Islamismus. Es wird einerseits kritisiert, daß die Iranische Revolution, indem sie »die islamische Glaubenswelt in die Politik einschleuste«, die Frau »zur Fahne des sich politisierenden Islam« gemacht habe.[715] Andererseits wird aber auch konstatiert, daß der Islam, »je mehr er sich politisiert, die Frau in den Vordergrund« rückt. Die schwarze Verschleierung symbolisiert die Aufwertung islamischer Traditionen gegenüber der Modernisierung, doch sie ist zugleich »Symbol

347

für die aktive Teilnahme der Frauen an politischen Demon-
strationen«.[716] In der Türkei wird der Schleier nicht als ein
Mittel begriffen, mit den Desorientierungen der Moderne
umzugehen, sondern als ein Mittel, eine neue Exegese des
Islam aus der Sicht von Frauen durchzusetzen. So schreibt
die Autorin einer 1991 durchgeführten Untersuchung unter verschleierten Studentinnen: »Diese junge Generation,
die den Koran sorgfältig studiert hat und einen ganz anderen Zugang zu den koranischen Begriffen besitzt, die von
einer islamischen Soziologie und einem islamischen Ge-
schichtsverständnis sprechen kann, die darauf besteht,
Religion und Politik nicht getrennt voneinander zu sehen,
ist der Generation ihrer Eltern, für die die Religion aus
Andachtsübungen und einem reinen Gewissen besteht,
höchst fremd.«[717] So bringe der Islam, »der die Frauen aus
dem öffentlichen Raum drängt und ins Privatleben ein-
schließt«, es dennoch fertig, »zum Ideal dieser wissenshun-
grigen Frauen zu werden«.[718] Ein solches Paradox läßt sich
nicht dadurch lösen, daß den Frauen, die unter dem als
Symbol des Islam betrachteten Kopftuch Bildung suchen,
Naivität und Ahnungslosigkeit unterstellt wird. Es läßt
sich nur damit erklären, daß der Islam auch für Frauen andere Formen der ›Selbstverwirklichung‹ ermöglicht, als der
Westen ihm unterstellt.

Die Widersprüche zwischen den ägyptischen und den
türkischen Erfahrungen mit Säkularisierung und Moderne
– Paradoxien, die sowohl die Gemeinschaften als auch die
Frauen in diesen Gemeinschaften betreffen – gelten auch
für viele im Westen lebende Musliminnen. In der Einleitung
zu seinem Buch »Der Islam in einer globalen Welt« beschreibt Fouad Allam eine kleine Szene aus einem im Fernsehen ausgestrahlten Dokumentarfilm: Mutter und Tochter sitzen zusammen beim Frühstück in einem Vorort von
Paris. Die Mutter ist in Algerien aufgewachsen, sie arbeitet
in Paris als Reinigungskraft und hat unter großen Opfern

ihrer Tochter ermöglicht, die höhere Schule zu besuchen, eine akademische Ausbildung zu erlangen und zu promovieren: im Fach Philosophie. Die Mutter trägt kein Kopftuch, wohl aber die Tochter. »Während des Frühstücks fragt die Mutter ihre Tochter, mit halb liebevollem, halb unmutigem Blick, in dialektischem Arabisch [Gegensatz zu Hocharabisch]: ›Warum trägst du den *hidschab* (Kopftuch)?‹ Naima antwortet: ›Weil es geschrieben steht. Und weil Gott mich liebt und uns liebt.‹ Zohra erwidert: ›Aber meine Tochter, wenn du Gott liebst, brauchst du dies nicht mit dem *hidschab* kundzutun, liebe ihn in deinem Herzen.‹«[719]

In dieser Szene offenbaren sich mehrere Aspekte, die alle den gängigen Denkmustern des Westens über ›die Frau im Islam‹ widersprechen. Es geht zunächst um die Tochter, die gerade auf dem Gebiet der Philosophie mit westlichem Denken in intensive Berührung gekommen ist – und die sich in ihrer Argumentation auf das Prinzip des *geschriebenen* Wortes beruft – und dennoch am Kopftuch festhält. Der zweite Widerspruch ist die Argumentation der Mutter, die über den Glauben nach säkularem westlichen Muster spricht: Indem sie sagt, man müsse ›Gott im Herzen tragen‹, macht sie die Religion zu einer Privatangelegenheit. Genau das ist die Argumentation des aufgeklärten säkularen Diskurses der europäischen Gesellschaft. Dies war nie die Argumentation des Islam, und dennoch könnte sie – dank einer intensivierten Beziehung zwischen Islam und säkularer westlicher Welt – zu einer der Formen werden, den Islam zu denken. Das offenbart sich besonders deutlich im Prozeß der Globalisierung, der Muslime auf eine ganz neue Weise mit der westlichen Kultur in Verbindung gebracht hat und andere Anforderungen an sie stellt.

349

Der Globalisierungsprozeß hat die islamische Gesellschaft mit einer Paradoxie konfrontiert: Der Islamismus, der aus der Verbindung von Rückbesinnung auf einen – wie auch immer idealisierten – ›Urislam‹ und Bekenntnis zu den (technologischen und soziotheoretischen) Errungenschaften der Moderne besteht, entstand zunächst als antikolonialistische Bewegung und brachte deshalb auch, wie fast alle antikolonialistischen Bewegungen, verschiedene Nationalismen hervor: den ägyptischen, den algerischen, den türkischen etc. Das Ideal der Nation ist aber eigentlich nicht vereinbar mit dem Gedanken der *umma*, der der Gedanke einer übernationalen Glaubensgemeinschaft zugrunde liegt. Islamistenführer wie Hasan al-Banna, Gründer der ägyptischen Moslembrüderschaft, sah dieses Problem und grenzte sich deshalb auch gegen andere nationalistische Bewegungen seines Landes ab. »Der Unterschied zwischen uns und ihnen«, so schreibt er, bestehe darin, »daß wir die Grenzen der *wataniya* [Patriotismus] durch die Glaubenslehre bestimmt sehen, sie aber durch geographische Grenzen. Überall, wo es Muslime gibt, die bekennen: ›Es gibt keinen Gott außer dem einen Gott, und Muhammed ist sein Prophet‹, ist unsere Heimat.«[720] Unter Hinweis auf den deutschen und italienischen Faschismus warnte er sogar ausdrücklich vor den Auswirkungen eines Nationalismus, der die eigene Nation über andere stelle.[721] Das bedeutet aber, daß, anders, als oft behauptet, der Gedanke der Globalisierung einem sich universalistisch verstehenden Islam nicht fremder ist als dem (ebenfalls in globalen Kategorien denkenden) Christentum und der jüdischen Gemeinde in der Diaspora. In allen drei Religionen hat sich ein Zusammengehörigkeitsgefühl entwickelt, das die Grenzen des Nationalstaats überschreitet. In der katholischen Kirche ist es ausgerichtet auf den Vatikan. Die protestantischen Kirchen hingegen bewegen sich allgemein in nationalen Grenzen. Das gilt auch für viele islamische Bewegungen, die sich mit dem Nationalgedanken verschränkt haben. Doch für einen Gutteil des Islam und erst recht für die jüdische Gemeinschaft in der Diaspora ist das entstanden, was man eine ›virtuelle‹ Gemeinschaft nennen könnte: eine Gemeinschaft, die traditionell über Riten und heute oft auch über das Netzwerk moderner Kommunikationsmittel verbunden ist.

Diese modernen virtuellen Gemeinschaften haben ihren Vorläufer in der *textual community* der jüdischen Religion, die – ebenso wie der Islam – das Internet für sich entdeckt hat, um isolierte Mitglieder der Gemeinschaft miteinander zu vernetzen. Der amerikanische Germanist Jeffrey M. Peck, der sich mit der neuen jüdischen Identität in Deutschland seit 1989 beschäftigt, schreibt: »Für ein diasporisches Volk, das wie die archetypischen Juden über die Welt verstreut ist, kann die Informationstechnologie zu einem Mittel werden, Beziehungen zu bestätigen oder aufzubrechen.« Das gelte für die wachsende und sich durch die Immigration verändernde jüdische Gemeinde in Deutschland wie für das Verhältnis zu Israel und dessen privilegierten Status als *homeland for all Jewish people*. Das Internet versteht Peck als ein »Symbol für das gesamte diasporische Leben von Juden heute«.[722] Der Medienwissenschaftler Mark Poster spricht in seinem Buch »What's the Matter with the Internet« ausdrücklich von einer »virtuellen Ethnizität«.[723] Er kommentiert das Photo eines orthodoxen Juden an der Klagemauer, der sein Mobiltelefon an die Mauer hält, damit ein entfernter Freund mit ihm beten kann. Poster führt auch den Begriff des »Cyber-Jew« ein, bei dem sich altes ›Stammesdenken‹ mit neuen Medien verbindet:[724] »Weit davon entfernt, die Ethnizität aufzulösen«, so Poster, »ermöglicht das Internet allen Juden, sich miteinander zu verbinden, egal, an welcher Stelle des Planeten sie sich befinden.«[725]

Das Handy an der Klagemauer:
Die Religionsgemeinschaften im Zeitalter virtueller Präsenz.

Auch der (christliche) Westen wurde durch mediale Techniken zu einer ›Weltgemeinschaft‹, die sich nicht religiös artikuliert. Die sichtbarsten Erscheinungen dieser säkularen Weltgemeinschaft sind multinationale Firmen, ein auf dem Globus frei zirkulierendes Kapital sowie die dazu notwendige Technologie. Jede dieser virtuellen Gemeinschaften führt zum »Schwinden einer staatlichen Logik« und definiert sich über einen transnationalen Raum, »in dem sich die alten Grenzen zugunsten eines neuen geographischen Ansatzes auflösen«.[726] Fouad Allam sieht in diesen Phänomenen eine spezifische Entwicklung des Islam; sie läßt sich aber auch bei den anderen ›Weltgemeinschaften‹ finden, nur daß jede diese modernen Definitionen des Gemeinschaftskörpers unterschiedlich strukturiert ist. Das hängt wiederum mit ihrer jeweiligen Geschichte zusammen.

Historisch gesehen, so schreibt Fouad Allam, sei »der Islam in einer stark segmentierten Gesellschaft entstanden, in der die Gruppe und nicht das Individuum bestimmend ist«.[727] In der vorislamischen Zeit waren die Gesellschaften der Arabischen Halbinsel nach Verwandtschaftsbeziehungen und Genealogien in einem ›Stammessystem‹ gegliedert. »Der Islam stellte dieser Strukturierung der Gesellschaft von Anfang an Werte der Solidarität und Gleichheit im Namen des Glaubens statt des Blutes gegenüber.«[728] Doch daneben erhielt sich auch die alte Form der Gemeinschaftsbildung. »In der ganzen Geschichte der islamischen Zivilisation stehen zwei Konzepte einander gegenüber: die Brüderlichkeit des Blutes (*asaybiya*) und die Brüderlichkeit des Glaubens (*umma*).«[729] Dort, wo die ethnische Strukturierung die Oberhand gewinnt, etwa in Afghanistan, »verhindert diese Kraft den Übergang von der Gemeinschaft zur Gesellschaft«.[730] Der Autor bezieht sich damit auf die von Tönnies getroffene Unterscheidung zwischen Gemeinschaft und Gesellschaft, wo die Gemeinschaft auf eine Gruppenidentität, die Gesellschaft aber auf eine individuelle Identität verweist.[731] Der aus Südindien stammende islamische Gelehrte Abu al-Maududi (1903–1979) stellte sich deshalb auch gegen die Trennung von Indien und Pakistan. Denn für ihn stand die Gründung eines territorial begrenzten islamischen Staates »im Gegensatz zur Theorie einer übernationalen islamischen Gemeinschaft, der *umma*, da er ein Hindernis für die Verwirklichung des islamischen Projektes auf weltweiter Ebene darstellt«.[732]

Auf der anderen Seite, so Allam, stützte der »Holismus des religiösen Diskurses« aber auch die ethnischen Vorstellungen von Gemeinschaft. Die religiöse Identität gab der Stammesidentität »einen Rahmen historischer Legitimität«.[733] Das heißt, trotz ihrer Gegensätzlichkeit sind die beiden Formen islamischer Gemeinschaftsbildung komplementär, weshalb die Modernisierungen der islamischen

Gesellschaften nur wenig Einfluß auf »die Unterschei-
dungen nach Stamm oder Sippe« gehabt haben. Vielmehr
»haben diese sich an die Bedingungen der Moderne angepaßt und wurden entsprechend den Erfordernissen der
Umwandlung der Gesellschaft wirksam«.[734] Ein moderner
muslimischer Staat impliziert deshalb auch nicht »die Aufwertung des Individuums, sondern er bringt es mit sich, daß
eine kommunitäre Logik in eine Logik einmündet, die vor-
individuell genannt werden könnte«.[735] Ebendiese Grup-
penlogik, so Allam, dank deren die Logik des Staates auf ein
Minimum reduziert werde, erleichtert die Anpassung islamischer Gesellschaften »an das Nomadentum der Globa-
lisierungsära«[736] – gerade weil durch die Globalisierung die
nationalstaatliche Struktur aus den Angeln gehoben wird.
Wie im Fall der jüdischen Diaspora gehören Computer und
Internet zu den ›Werkzeugen‹ dieser neuen virtuellen
umma: Die »islamischen Internetseiten in der Welt der Immigration artikulieren eine neue Identität, die keine Ur-
sprünge hat, aber in gewisser Weise zur Psychologie des
Islam paßt«.[737]

Der Islamismus ist also durchaus globalisierungsfähig,
versteht sich aber zugleich als eine antiglobalistische Bewegung.[738] Diese Entwicklung verlangt ihrerseits nach
einer neuen Exegese des Islam. Allam spricht vom *homo
islamicus*, der für diese Exegese Modellcharakter habe.[739]
Das ist ein sehr abstraktes Konzept, das auf den ersten
Blick dem westlichen Modell des ›autonomen Subjekts‹
ähnelt. Beim *homo islamicus* geht es jedoch, anders als beim
›autonomen Subjekt‹, um ein Individuum, das sich ganz
dem Gedanken der *Gemeinschaft* unterordnet. Freilich handelt es sich dabei um eine abstrakte Gemeinschaft, vor allem für die in der Diaspora lebenden Muslime. Durch die
Globalisierung formuliert sich eine neue muslimische Identität »in der Akkulturation«,[740] und diese habe vier verschiedene Typen von islamischer Identität hervorgebracht:

erstens einen »neofundamentalistischen Kommunitarismus«, der auf dem Gegensatz von erlaubt und nicht erlaubt beruht; zweitens einen »neoethnischen Kommunitarismus«, der nicht auf der Orthopraxie, sondern auf der muslimischen Abstammung basiert; drittens eine »laizistische Sicht des Islam« und seine Verinnerlichung auf individueller Ebene; diese habe »soziologische Muslime« hervorgebracht; und viertens gebe es eine »private und individuelle Wahrnehmung und Ausübung von Religiosität«.[741] Diese Vielfalt ist wenig formalisiert und erschwert deshalb für die westlichen Staaten einen angemessenen Umgang mit den muslimischen Gemeinden, was zu der Frage führt, ob es Aufgabe des Staates sein kann, die einheitliche ›Kirche‹ zu schaffen, die der Islam nicht kennt.[742] Hinzu kommt, daß sich mit dieser Pluralität auch die Möglichkeit einer besonders guten Anpassung des Islam an die Bedingungen der Moderne ergibt. Wenn sich unter den vielen Reformansätzen, die es im Islam der letzten hundert Jahre gegeben hat, keine durchsetzen konnte, so erscheint doch heute der Globalisierungsprozeß gute Voraussetzungen zu bieten: Aus den Kreisen der Immigration erwartet Allam Anstöße, die den Islam nötigen, »seinen Ikonenzustand hinter sich zu lassen« und einen Richtungswandel vorzunehmen. »Was in den islamischen Ländern nicht ausformuliert worden ist, wird im Islam der Immigration von unten, von der Gesellschaft, produziert.«[743] Ebendiese Innovationsschübe aus ›der Immigration von unten‹ haben auch zu einer neuen Lesart der Geschlechterordnung des Islam geführt – und ein Gutteil dieser feministischen Exegese des Islam findet in Köpfen statt, die von einem Tuch verhüllt sind.

Der Globalisierungsprozeß, der für Muslime – wie für
Juden und Christen – eine neue Definition des Gemeinschaftskörpers beinhaltet, hat Frauen nicht weniger getroffen als Männer. Als jüdische Gemeinden im Verlauf des
19. Jahrhunderts mit den Neuerungen der säkularen Gesellschaft – etwa dem allgemeinen Zugang zu Bildung – und
der Emigration in die Neue Welt konfrontiert wurden,
hinterließ dies die tiefsten Spuren im Leben der Frauen der
Gemeinschaft (vgl. S. 146). Der Zugang von Frauen zur
Bildung war nicht der einzige Grund für die Entstehung
des Reformjudentums, doch es war ein wichtiger – und er
sollte nicht nur dazu führen, daß Frauen zur rabbinischen
Ausbildung zugelassen wurden, sondern auch eine neue
Auslegung der religiösen Gebote einleiten. Warum sollte
sich ein solcher Prozeß nicht auch für eine neue Exegese
des Islam vollziehen? Gewiß, der Anpassungsdruck auf die
in der Diaspora lebenden jüdischen Gemeinden war größer
als der auf den Islam, der in vielen Ländern die Mehrheits-
religion darstellt. Doch ist heute schon deutlich spürbar,
daß der Globalisierungsprozeß auch im Islam für eine neue
Exegese sorgt, die oft von Ländern ausgeht, in denen sich
Muslime in der Minderheit befinden. Die Frage der Geschlechterordnung ist eines der wichtigsten Symptome
dieser neuen Exegese.

»Wohin erziehen wir unsere Kinder, wenn wir die Auffassung vertreten, daß sie nicht in der Lage sind, mit dem
unterschiedlichen (auch religiös bedingten) Äußeren ver-
schiedener Menschen (das ihrer LehrerInnen eingeschlossen) umzugehen?«, fragt die in Berlin ansässige AG »Muslimische Frau in der Gesellschaft«.[744] Die Frage wurde
anläßlich der Klage der Lehrerin Fereshta Ludin aufgewor-
fen, aber sie lenkt den Blick auf ein viel grundsätzlicheres
Problem, dem sich jede Einwanderungsgesellschaft stellen

muß: Wie verhält sich die Mehrheitskultur gegenüber der Sichtbarkeit des Fremden? In Deutschland und in einigen anderen europäischen Ländern sind muslimische Frauen in der westlichen Diaspora[745] – je nachdem, ob sie Kopftuch oder Schleier tragen oder nicht – mit zwei unterschiedlichen kulturellen Zumutungen konfrontiert. Entscheiden sie sich für den Schleier, werden sie beinahe automatisch der Gruppe der ›unterdrückten‹ Musliminnen zugeordnet; entscheiden sie sich gegen den Schleier, werden sie als Individuum, das einer anderen Kultur entstammt, unsichtbar. Damit ist ihnen die Möglichkeit genommen, ihre kulturelle Differenz gegenüber der Mehrheitsgesellschaft zum Ausdruck zu bringen.

Dieses Dilemma entspringt den Ansprüchen der Mehrheitskultur, die von den Fremden verlangt, ihre Fremdheit – d. h. ihre kulturellen Wurzeln – zu verbergen. Verglichen mit anderen europäischen Staaten, ist diese Erwartung in Deutschland besonders ausgeprägt, was u. a. damit zusammenhängt, daß eine Mehrheit in Deutschland nach wie vor an der Fiktion einer homogenen Nation festhält.[746] Suggestive Begriffe wie ›Parallelgesellschaft‹ – der eine Gleichrangigkeit der Mehrheits- und der Minderheitsgesellschaft andeutet – und ›Leitkultur‹ belegen, daß man in Deutschland unter Integration vor allem Assimilation versteht. Der Politikwissenschaftler Emmanuel Richter schreibt: »In völlig unkritischer Selbstgewißheit wird eine Homogenität kultureller Merkmale veranschlagt, die angeblich inhaltsfeste Integrationsnormen liefern und klare Vorgaben für eine erfolgreiche Assimilation bereithalten.«[747] Dabei scheint es keine Rolle zu spielen, daß diese ›Leitkultur‹, außer in der Imagination von vielen Deutschen, gar nicht existiert. »Das Ziel der Gastgeber scheint die Identitätsverleugnung der Zuwanderer zu sein und der Zwang zu einem derart tiefen Eintauchen in die ›Kultur‹ des Einwanderungslandes, daß man bis zur eigenen Unkenntlichkeit in der fremden Lebensform versinkt.«[748]

Die Sichtbarwerdung der Frau als Zeichen des Zivilisationswandels.

Stellt die Integration des Fremden die Norm dar, so ist es
nicht verwunderlich, daß das Kopftuch der fremden Frau
im Auge des westlichen Betrachters soviel Anstoß erregt,
denn nicht nur kennzeichnet es die Migrantin als Fremde,
es signalisiert auch, daß ihre Trägerin nicht bereit ist, auf
die Sichtbarkeit ihrer kulturellen Differenz zu verzichten.
Während die deutsche Mehrheitskultur von der Muslimin
verlangt, sich auszuziehen, um als ›Fremdkörper‹ unsichtbar zu werden, legt diese das Kopftuch an, um etwas von
ihrer ›Fremdheit‹ zu bewahren. Immer wieder geben muslimische Frauen als einen der Gründe für das Tragen des
Kopftuchs an, daß sie sich ohne das Tuch schutzlos fühlen.
»Es ist wie ein Dach auf einem Haus. Ohne Dach würde
ich mich nicht wohl fühlen«, sagt die Referendarin Hanife
Yilmaz, die mit Kopftuch an einer Schule in Gelsenkirchen
unterrichtet.[749] Dieses Gefühl von Schutzlosigkeit entsteht

einerseits durch das Gefühl, dem voyeuristischen Blick ausgeliefert zu sein; und es beschreibt zum anderen die symbolische Gewalt, die von der Forderung nach Assimilation ausgeht.

Auf die paradoxe Forderung nach sichtbarer Unsichtbarkeit antworten muslimische Frauen mit einem anderen Paradox, wie Nilüfer Göle feststellt: »So ist das Verschleiern eine unverhüllte Demonstration des Andersseins, obwohl das Kopftuch als solches eine Verhüllung, eine Art Maske ist.«[750] Damit verleihen Migrantinnen auch einer ›Gegenidentität‹ Ausdruck. Mit dem Schleier signalisieren sie, daß sie nicht bereit sind, ihre Zugehörigkeit zum Islam zu verbergen. Göle interpretiert das Kopftuch bei jungen Frauen als »freiwillige Übernahme eines stigmatisierten Symbols« und sieht darin sowohl einen Ausdruck differenter Identität als auch eine Quelle »kollektiver Selbstermächtigung«, die sich gegen die Zumutungen der Mehrheitsgesellschaft richtet. »Das Kopftuch, in modernen Kontexten als Symbol der Rückständigkeit, Ignoranz und Unterwürfigkeit muslimischer Frauen angesehen, geht sozusagen in die Offensive, um wieder zu werden, was es im Frühstadium des Islam wahrscheinlich war: ein Symbol der Würde und des herausgehobenen Sozialprestiges urbaner muslimischer Frauen.«[751]

Der Westen sieht im Kopftuch nur die traditionellen Geschlechterrollen des Islam, aber in vielen Fällen trifft das nicht zu. Vielmehr handelt es sich um eine Neuaneignung, was viele junge Frauen in der Türkei, die sich als intellektuelle Avantgarde verstehen, dadurch zum Ausdruck bringen, daß sie nicht das traditionell getragene Kopftuch wählen, sondern den sogenannten *türban*, der kunstvoll um Kopf und Hals gebunden wird. Damit erfüllen sie zwar einerseits die Forderungen der Islamisten nach der Rückkehr zum ›Goldenen Zeitalter‹ des Islam; andererseits bringen sie damit aber auch ihre kritische Haltung gegenüber dem ›utopischen Regreß‹ des Islamismus und unkritisch tradierten religiösen Bräuchen, deren genaue Bedeutung kaum jemand kennt oder hinterfragt, zum Ausdruck. »Indem sie sich die radikalen und politischen Auslegungen des Islam aneignen, setzen sie sich von ihrer nächsten Umgebung ab, was zu Streit führen kann. Bei jeder Gelegenheit grenzen sie sich von ihren eigenen Familien und dem traditionsverhafteten Volk ab. [...] Denn die jungen, sich islamisch kleidenden Frauen wollen nicht die ländliche Kultur passiv übernehmen, sondern versuchen, die Möglichkeiten und Errungenschaften der Moderne aktiv und ambitioniert für sich in Anspruch zu nehmen.«[752] Ähnliches gilt auch für muslimische Frauen, die in der westlichen Welt leben, nur werden hier solche Forderungen ganz anders wahrgenommen.

Zu den Errungenschaften der ›neuen Muslimin‹ gehört die Hochschätzung von Individualität und Authentizität. Was sich in einem islamischen Land als eine erfolgreiche Strategie erweisen kann, erzielt jedoch in der Diaspora eine gegenteilige Wirkung: Die häufig von muslimischen Migrantinnen formulierte Aussage, »das Kopftuch hilft uns, zu vermeiden, daß wir auf unser äußeres Erscheinungsbild reduziert werden«, beschreibt das Dilemma. Denn gerade indem die Muslimin durch die Verhüllung ihr Haar oder ihren Körper dem voyeuristischen und vereinheitlichenden Blick entzieht, ist sie für diesen Blick nichts weiter als reine Äußerlichkeit. »Diese Frauen probieren etwas Neues«, schreibt Heide Oestreich, »das mit keiner fundamentalistischen Bewegung in einem islamischen Land zu vergleichen ist: Sie wollen als praktizierende Muslimin selbstbestimmt in einer Diaspora-Situation leben. Doch das einzige Rollenmodell, das ihnen hierzulande dafür bisher zur Verfügung steht, ist das der unterdrückten Muslimin.«[753] Um zu erfahren, was Musliminnen in der europäischen Diaspora dazu bewegt, das Kopftuch anzulegen, ist der Blick auf islamistische Länder wie Iran, Saudi-Arabien oder Afghanistan wenig ergiebig. Aber genau dies geschieht meist in der gegenwärtigen Diskussion über die ›Rolle der Frau im Islam‹. Statt dessen würde es sich anbieten, die ›verhüllten Interessen‹ muslimischer Frauen in Europa ernst zu nehmen. »Wichtig ist«, so die AG »Muslimische Frau in der Gesellschaft«, »daß in der Diskussion über muslimische Frauen und den Islam an vielen Stellen differenziert werden muß, will man sich wirklich ernsthaft auseinandersetzen«.[754] Dies ist natürlich ungleich schwieriger als die Gleichsetzung mit fiktionalen Konstruktionen wie ›dem‹ Islam, heißt es doch, auch die eigene Kultur einer kritischen Überprüfung zu unterziehen.

In der Zeitschrift »Schlangenbrut« beschreibt die in Deutschland lebende Migrantin Fatima Az-Zahra Sagir das Dilemma mit folgenden Worten: »Muslimische Frauen begegnen vielen Hürden: Einerseits die patriarchal dominierte Tradition, anderseits der Anspruch der Gesellschaft, so ganz anderen Normen zu gehorchen. Auch hier gab es ein Tabuthema: Religion? Wie rückständig! Was konnte ich tun? Die tradierte Frauenrolle einnehmen, bohrende Fragen verdrängen? Mit Familie und Tradition gänzlich brechen, um anerkannt, angepaßt und ›in‹ zu sein? Der Gedanke an diese Optionen machte mich nicht glücklich. Ich wollte Muslimin sein, aber nicht so, wie unsere Vätergeneration es forderte, ich wollte Teil dieser Gesellschaft sein, aber nicht so, wie die Gesellschaft aggressiv und fordernd mein Leben reglementieren wollte.«[755] Sigrid Nökel, die Interviews mit jungen, sich religiös definierenden Frauen der zweiten Immigrantengeneration im Alter von 18 bis 28 Jahren geführt hat, zeigt, daß die Frauen islamische Traditionen mit modernen, emanzipatorischen Lebensentwürfen verbinden wollen. Entscheidend ist dabei die Zurückweisung der an sie herangetragenen »Assimilationszumutungen«[756] sowie die selbstbewußte Betonung ihrer Individualität, die sich aus verschiedenen kulturellen Traditionen zusammensetzt. Sie sind »gewissermaßen auf der Flucht vor kollektiven Zuordnungen wie *den* Muslimen, *den* Migranten, *den* Türken«.[757]

Inzwischen greifen auch in Deutschland junge Frauen aus türkischen Einwandererfamilien auf den *türban* zurück.[758] Bereits der Name, der persische und französische Einflüsse vereint, verrät, daß es dabei sowohl um die Beibehaltung als auch die Abgrenzung von Traditionen der Eltern- oder Großelterngeneration geht. »Die bewußte Entscheidung für den ›türban‹ drückt einen Prozeß von Selbstbestimmung bei den muslimischen Migrantinnen aus, die damit ›zunehmend [...] das Recht auf Anerkennung ihrer differenten Definition von Wirklichkeit und Weiblichkeit ausdrücken‹ wollen. Als solche bedeutet es eine Absage an das Konzept der Integration durch Assimilation, d. h. auch an die äußere Anpassung an die Mehrheitsgesellschaft.«[759]

Eine andere Variante, verschiedenen kulturellen Facetten der Identität Ausdruck zu verleihen, ist die Kombination scheinbar nicht zusammenpassender Kleidungsstücke oder der ›Verstoß‹ gegen Kleiderregeln, etwa ein nach islamischen Regeln perfekt sitzendes Kopftuch mit einem bauchfreien T-Shirt zu kombinieren. Durch eine solche ›Performanz‹ versuchen die jungen Frauen, Distanz zu den Zuschreibungen sowohl der Mehrheitsgesellschaft als auch ihres familiären Hintergrunds zu wahren. Das zeigt das folgende Beispiel aus der Studie von Sigrid Nökel: »Die 19jährige Selma T. trägt in der Schule lange, aber bewußt modische und jugendliche Kleider und Röcke. Bei einem Familiennachmittag aus Anlaß eines Kinderfestes in der örtlichen Moschee des Diyanet hingegen war sie eine der wenigen, die Hosen trugen und damit im augenfälligen Kontrast zu den konservativ-unauffällig gekleideten Frauen der älteren Generation und den in Röcken und Kleidern für das Ereignis aufgeputzten Mädchen stand.«[760]

Man erkennt, wie eng die Sichtbarmachung weiblicher Individualität mit Fremdheit verbunden ist: Indem sie sich als Fremde darstellt, wird die Muslimin als Einzelwesen – und nicht als Kollektivsingular ›Frau‹ – wahrnehmbar. Hier liegt auch einer der Gründe, weshalb sich die Kopftuchträgerinnen mit ihrem Anliegen in einer »komplizierten Zwischenposition«[761] befinden. Zwar ermöglicht ihnen, wie Yasemin Karakaşoğlu feststellt, »die betonte Zugehörigkeit zum Islam, in einem gemeinsamen Erlebnisbereich mit den Eltern zu verbleiben, und die selbständige Aneignung von Wissensinhalten und Riten vermittelt ihnen den Status von Experten/Expertinnen, mit dem sie gegenüber der Elterngeneration eine Art ›sanfte Emanzipation‹ durchsetzen können, ohne in offene Konfrontation zu geraten«.[762] Doch wird andererseits ihr Streben nach Individualität von einer größeren Öffentlichkeit nicht wahrgenommen. Ein Grund: Die muslimischen Organisationen, in denen Frauen Gleichberechtigung und die Veränderung patriarchaler Strukturen einfordern, werden nach außen hin von Männern repräsentiert, so daß der Eindruck entsteht, sie ordneten sich männlichen ›Fürsprechern‹ unter.[763] Bei genauerer Betrachtung wird jedoch erkennbar, daß kopftuchtragende Frauen sogar innerhalb der als fundamentalistisch geltenden türkischen Organisation »Milli Görüs« durchaus in der Lage sind, sich Gehör zu verschaffen und ihre Anliegen nach mehr Geschlechterdemokratie vorzutragen.

Der Ethnologe, Migrationsforscher und Türkeispezialist Werner Schiffauer, der seit Jahren mit türkischen Immigranten im Gespräch ist, beschreibt folgende Szene: »Im Frühjahr 2002 war ich zu einer internen Veranstaltung der Leitungsgremien der islamischen Gemeinschaft Milli Görüs nach Nassogne eingeladen. Eines der Themen war die Stellung der Frau zwischen Tradition und Offenbarung. [...] Die Referentinnen – alle drei mit Kopftuch und langem Mantel bekleidet – begaben sich nacheinander nach vorne und hielten Vorträge, die mit großem Nachdruck feministische Positionen vertraten. Sie begannen massiv, gegen Gewalt in der Ehe, gegen arrangierte Heiraten, für das Engagement von Frauen in der Öffentlichkeit Stellung zu beziehen und – um dies zu ermöglichen – für die Beteiligung der Männer an der Hausarbeit zu plädieren. Dabei wurde immer wieder Bezug auf die Offenbarung, auf den authentischen Islam der Frühzeit, genommen und von ihm her die Tradition kritisiert. [...] Während der Vorträge kam Unruhe unter den Männern auf, wie sie häufig anzutreffen ist, wenn Männer mit feministischen Positionen konfrontiert sind. Auch aus den Kommentaren danach wurde deutlich, daß sie sich in Frage gestellt, wenn nicht sogar angegriffen fühlten.«[764]

Das Auftreten muslimischer Frauen in der Öffentlichkeit wird von der Mehrheitsgesellschaft üblicherweise vor dem Hintergrund männlicher Interpretationen des Islam gedeutet. Auf diese Weise werden Frauen, die mit dem Kopftuch Individualität und Authentizität auszudrücken versuchen, an den männlich geprägten Diskurs des Islam gebunden, von dem sie sich eigentlich abgrenzen wollen. Das heißt, sie werden durch eben jene entmündigt, die vorgeben, für ihre ›Emanzipation‹ einzutreten. Statt *mit* ihnen wird *über* sie gesprochen. Und statt in ihrer ganz spezifischen Situation als Migrantinnen kommen sie als kollektive Repräsentationsfiguren ›des Islam‹ oder ›des Orients‹ in den Blick. Zu dieser Entindividualisierung gehört auch die Tendenz der Print- und TV-Medien, Berichte über den Islam, insbesondere Berichte über islamistische Gewalttaten, mit Bildern verschleierter Musliminnen zu illustrieren, die zum einen die Gesichtslosigkeit und Austauschbarkeit der Frau im Islam suggerieren und zum anderen nahelegen, Gewalt und Terrorismus seien unmittelbar mit der Verschleierung der Frau verbunden. Wir sind weiter oben auf den Zusammenhang von ›Schläfer‹ und Schleier eingegangen. Seit dem Beginn des Irak-Kriegs vergeht kaum ein Tag, an dem als seriös geltende deutsche Tageszeitungen ihre Leser und Leserinnen nicht mit einem Bild einer tief schwarz verschleierten Frau über die Lage im Irak (oder in Afghanistan) ›aufklären‹. »Häufig muß die Situation der Musliminnen für die Beurteilung des Islam insgesamt herhalten, etwa wenn das Thema allein durch das Zeigen einer Kopftuchträgerin repräsentiert wird. Das Bild erfüllt die Funktion eines Verdichtungssymbols.«[765] Verdichtet – d. h. zum Kollektivsymbol erhoben – wird hierbei nicht nur eine komplizierte Sachlage, sondern auch die ›befremdliche‹ Individualität der muslimischen Frau. »Geht es hier nicht um Deutschland und eine deutsche Muslimin?« fragt Fereshta Ludin in einem Interview in der »taz« und wehrt sich dagegen, als Galionsfigur *des* Islam vereinnahmt zu werden. »Ich bin nicht Afghanistan, ich bin nicht Saudi-Arabien. Das wird in mich hineinprojiziert.«[766] Es scheint fast, als sei es die Individualität der Muslimin selbst, die Verstörungen verursacht. Dabei macht das Bild vom Schleier als symbolischem ›Dach über dem Kopf‹ deutlich, daß der Schleier nicht nur ein Symbol des ›portativen Mutterlandes‹ der *umma*, sondern auch der individuellen Frau ist.

KAPITEL VIII

Ex oriente Dax:
Geld, Gold und Geschlecht

In seiner bereits zitierten Schrift »Aspekte der algerischen Revolution« beschreibt Frantz Fanon die Entschleierung der algerischen Frau durch die französischen Kolonialmächte. Er bedient sich eines seltsamen Bildes, um den Erfolg dieser Bemühungen darzustellen: »Hier und da kommt es vor, daß man eine Frau ›rettet‹, die symbolisch entschleiert wurde. Diese Versuchsfrauen, mit nacktem Gesicht und freiem Körper, zirkulieren nun als harte Währung durch die europäische Gesellschaft von Algerien.«[767] Das von Fanon herangezogene Bild von den entschleierten Frauen als ›harter Währung‹ des Westens taucht in anderer Form auch unter den islamischen Fundamentalisten auf. Schon die ägyptische Moslembruderschaft etablierte einen Zusammenhang zwischen Kapitalismus und Entkleidung des westlichen Frauenkörpers, der heute als Kritik am Westen wiederholt wird: Der Westen mißbrauche Frauen und weibliche Sexualität, um den Profit zu maximieren; die Werbung beute die Frau im Dienste des Kapitalismus aus.[768]

Man mag in solcher Kritik das sehen, was sie ist: die Umkehrung von Gayatri Spivaks Satz von den »weißen Männern, die farbige Frauen vor den farbigen Männern retten«,[769] nur daß es hier um arabische Männer geht, ›die westliche Frauen vor den westlichen Männern retten‹. Zugleich ist aber nicht von der Hand zu weisen, daß Menschenhandel und Prostitution für den Westen zu einem ökonomischen Faktor geworden sind, von dem der frankokanadische Soziologe Richard Poulin schreibt: »Die Sexindustrien werden heute als der ›Sektor‹ mit der höchsten Expansionsrate eingeschätzt.«[770] Gewiß, es handelt sich um einen ›Sektor‹ mit einem hohen illegalen Anteil, aber er ist so groß, daß er nicht als Bagatelle abgetan werden kann, sondern in ihm vielmehr eine Struktur des Kapitalismus oder der Geldwirtschaft vermutet werden muß. Um diese Frage geht es in diesem Kapitel: um den Zusammenhang zwischen Ökonomie und Geschlechterordnung.

Daß das Geld im Zusammenhang mit dem Dialog von Orient und Okzident eine wichtige Rolle spielt, erscheint wie eine Banalität. Unbestreitbar verfügen mehrere Länder des islamischen Raums – vor allem die arabischen – über große Reichtümer und Geldreserven, die sie in erster Linie den Ölvorkommen, also Rohstoffen, zu verdanken haben. Der Westen hingegen verfügt über eine ökonomische Macht, die er weniger seinen Rohstoffen als wissenschaftlichen und technischen Erfindungen, der Industrialisierung und der Ausbeutung von Ländern der Dritten Welt zu verdanken hat. So bietet es sich an, hinter dem ›Konflikt‹ zwischen Orient und Okzident nicht nur einen Machtkampf zwischen zwei Wirtschaftsmächten zu sehen, sondern auch einen Konflikt zwischen zwei unterschiedlichen Formen, Wirtschaftsmacht zu konzipieren. Wenn es sich aber um Unterschiede in der Definition von ökonomischer ›Potenz‹ handelt, so schließt sich daran die Frage an, ob diese Unterschiede auch in der symbolischen Geschlechterordnung ihren Ausdruck finden. Wir möchten abschließend versuchen, der Rolle der Ökonomie im Verhältnis von Orient und Okzident nachzugehen bzw. den Zusammenhang von Geld und symbolischer Geschlechterordnung zu untersuchen.

Mit seinem breit rezipierten Buch »Islam und Kapitalismus« hat der französische Soziologe und Orientalist Maxime Rodinson schon vor zwei Jahrzehnten nachzuweisen versucht, daß, entgegen einer weitverbreiteten Meinung, Islam und Kapitalismus einander keineswegs ausschließen.[771] Für Rodinson, der sich selbst als Marxisten versteht, läßt sich die Wirtschaftsordnung der islamischen Länder nicht aus den religiösen Strukturen heraus begreifen; nur die Sozial- und Wirtschaftsgeschichte sei zur Interpretation der islamischen Gesellschaft und Ökonomie geeignet. Seine Begründungen sind: Erstens habe es die orientalische Herrschaftsform nicht zur Entwicklung einer staatsfreien gesellschaftlichen Sphäre kommen lassen, die ihrerseits die Grundlage einer ›Zivilgesellschaft‹ bilde; zweitens habe die Exegese des Koran viele Möglichkeiten geboten, seine Vorschriften den aktuellen, auch ökonomischen Notwendigkeiten anzupassen. Der Islam, so argumentiert Rodinson, entstand in der Gesellschaft von Mekka, das »bereits ein Zentrum kapitalistischen Handels« war.[772] Die wirtschaftliche Tätigkeit, das Streben nach Gewinn, der Handel und die Produktion für den Markt, werde durch die Überlieferung wie durch den Koran begünstigt.[773] Auch das Recht auf Eigentum widerspricht nicht dem Koran. Der Prophet verpachtete Land, sogar gegen Zinsen.[774] »Auf ökonomischem Gebiet besteht für den Koran die Gerechtigkeit darin, einen speziellen Typ unmäßigen Gewinns, den *ribā*, zu verbieten.«[775] *Ribā*, ein Begriff, der zunächst Zins bei Geld- oder Lebensmittelanleihen bedeutet, ist das Hauptargument derer, die eine Unvereinbarkeit zwischen Islam und Kapitalismus sehen. Tatsächlich aber, so zeigt Rodinson, hat es durchaus Zinsen – sogar Wucherzinsen – gegeben, die durch ökonomische Tricks mit dem Koran vereinbar gemacht wurden. Islamische Rechtsgelehrte erfanden immer wieder Mittel und Wege, die Verbote, die das Zinsgeschäft untersagten, zu umgehen. Ein Beispiel: »Ich verkaufe das Buch auf meinem Tisch an X für 120 Franken, die innerhalb eines Jahres zu zahlen sind, aber ich kaufe es sogleich für 100 sofort zu zahlende Franken von besagtem X zurück. So kann ich mein Buch behalten, gebe ihm 100 Franken und bekomme in einem Jahr 120 Franken. Ich habe also nicht Geld gegen Zinsen verliehen, sondern einfach verkauft und gekauft. Der Kniff scheint plump. Er war dennoch so verbreitet, daß dieser Vertragstyp mit seinem arabischen Namen von den westlichen Europäern im Mittelalter entliehen wurde.«[776] Solche Schliche hießen *hiyal* und wurden – wie in westlichen Ratgebern zur Umgehung von Steuern – in Spezialbüchern veröffentlicht. Aus der Umgehung des Zinsverbots entstanden einige Formen von Wucher, die oft drückender waren als ein durch Banken regulierter Zinsverleih. Um den Wucher zu bremsen, wurden 1887 in das osmanische Recht Gesetze eingeführt, denen zufolge die Zinsen neun Prozent nicht übersteigen dürfen und die Zinssumme unter der Hauptsumme des Kredits bleiben muß: Damit wurde der Grundstein für einen Übergang von der Praxis des *hiyal* zur Kreditpraxis gelegt, die »geregelt ist und wo Institutionen mit moderner Technik, die Banken also, die erklärte Aufgabe haben, dieses Kreditwesen zu praktizieren«.[777]

Rodinson führt weitere Gründe für die Unhaltbarkeit der These einer Unvereinbarkeit von Islam und Kapitalismus an. Erstens verfügte der islamische Staat des Mittelalters über eine ebenso lückenlose Verwaltung wie die europäischen Staaten.[778] Zweitens sind auch andere Gebiete, in denen der Islam keinen Einfluß hatte – China oder Japan zum Beispiel – nicht den kapitalistischen Weg gegangen.[779] Drittens sei der Koran eine ›rationale‹ Religion, die nach rationalen Beweisen verlange und rational argumentiere. Als Beispiel für diese Rationalität führt Rodinson die koranische Polemik gegen das christliche Trinitätsdogma und die göttliche Herkunft Christi an. »Wie könnte Allah ein Kind haben? Der Allmächtige, der die ganze Welt an- und erfüllt, sollte er einen Nebengott nötig haben? Jesus war Messias, Prophet von einem höheren Range, seine Mutter war eine Heilige, große Wunder sind zu beider Gunsten oder durch ihr Eingreifen bewirkt worden. Aber sie nahmen Nahrung zu sich (5:79/75). Das zeigt hinreichend, daß sie den menschlichen Bedingungen, der Entstehung und dem Verfall unterworfen waren und daß Allah sie folglich sterben lassen konnte (15:19/17).«[780]

Gegen die Argumente Rodinsons ist zunächst nur einzuwenden, daß Kulturgebiete wie Japan und China inzwischen durchaus den Weg des Kapitalismus beschritten haben oder beschreiten – und dies als Folge einer Übernahme westlicher Wirtschaftsgesetze. Vor allem aber ließe sich an Rodinson die Gegenfrage richten: Ist es nicht so, daß *nur* der Westen den Weg des Kapitalismus eingeschlagen bzw. diesen als erster beschritten hat? Und weiter: Könnte es nicht sein, daß es sich hier um zwei *unterschiedliche* Formen von ›Rationalität‹ handelt? Im Fall des Islam geht es um eine ›Rationalität‹, die in der sinnlich wahrnehmbaren Welt ihre Beweise sucht und aus dieser ihre Logik ableitet (so in der Argumentation zur christlichen Trinitätslehre). Im Fall des christlichen und dem sich daraus ableitenden westlichen Denkens scheint es sich hingegen um einen Begriff von Rationalität zu handeln, der sich gerade in der Unsichtbarkeit und utopischen »Mathematisierbarkeit der Welt« ansiedelt, bei der geistige Erfindungen (oder rationale Konstrukte) auf die sichtbare Wirklichkeit übertragen und ihr eingeschrieben werden. Wir haben das im 5. Kapitel am Beispiel der beiden Wissensordnungen darzustellen versucht. Der Orientalist Charles C. Torrey untersuchte das Vokabular und die merkantile Sprache des Koran und kam zu dem Schluß: »Allah ist der ideale Kaufmann. Er schließt das ganze Universum in seine Kontozüge ein. [...] Wer ein gutes oder schlechtes Werk vollbringt (wer das Gute oder das Böse ›gewinnt‹), erhält dafür eine Bezahlung, selbst in diesem Leben. [...] Jede Seele wird als Kaution für die Schulden zurückbehalten, die sie gemacht hat. Am Tag der Auferstehung rechnet Allah zum letzten Mal mit den Menschen ab. [...] Jedem zahlt man genau seinen Betrag, niemand wird geprellt. Es ist schwierig, sich eine noch mathematischere theologische Summa vorzustellen.«[781]

Auch die christliche Scholastik versuchte, Göttlichkeit und Vernunft miteinander zu vereinbaren. Aber die »Summa« eines Thomas von Aquin handelt nicht von der Welt des Sichtbaren, sondern von einem transzendenten *Ordo*, der von Dreieinigkeit und der Menschwerdung Gottes bestimmt ist: einer göttlichen Ordnung, die für das Gottesreich etwa die Fortpflanzung vorsah, nur daß diese ›himmlischer‹ (oder abstrakter) Art sein sollte, ohne Begierde. Offenbar handelt es sich um zwei unterschiedliche Arten von Vernunft. Rodinsons Argumentation, daß Islam und Kapitalismus einander nicht ausschließen, begründet er damit, daß Kapitalismus und Religion nichts miteinander zu tun haben. Die Frage könnte aber auch lauten: Ist nicht der Geist des Kapitalismus aus dem Christentum hervorgegangen? Aus einem religiösen Denken, dessen Ursprung in der griechischen Antike zu verorten ist? Mit anderen Worten: Was es vielleicht zu untersuchen gilt, ist nicht so sehr der Zusammenhang von Religion und Ökonomie *im Islam*, sondern der Zusammenhang von Ökonomie und Religion *in Griechenland*, im Christentum und schließlich in der daraus entstandenen westlichen Kultur. Wir haben dargestellt, daß die entscheidende Erbschaft Griechenlands an das Christentum das griechische Alphabet war. Keine zweihundert Jahre nach der Einführung des Alphabets wurden in Griechenland die ersten Münzen der Welt geprägt und eine nominalistische Währung eingeführt. Sie war die Konsequenz eines neuen abstrakten Zeichensystems, das einerseits die Abstraktion und andererseits die ›Inkarnation‹ einforderte.

Wenn die ›Rationalität‹ des Westens eine andere ist als die des Orients – in Griechenland eine mathematische *theoria*, die sich der Materie einschreibt; im Orient eine Wissensaneignung, bei der die sichtbare Materie erkenntnisleitend ist –, dann verweist schon diese Tatsache auf eine unterschiedliche Art, Ökonomie, d. h. das Verhältnis von Ware und Symbol, zu denken. Der Orient kann, schlecht oder recht, mit dem westlichen Kapitalismus umgehen, hier hat Rodinson recht. Aber kann der Westen mit einem Vernunftbegriff umgehen, der sich nicht auf die Utopie oder die schöpferische Potenz der Zeichen bezieht? Rodinson muß geahnt haben, daß sich die Frage nach dem Zusammenhang von Kapitalismus und Islam nicht nur mit dem Fokus auf den Islam, sondern auch mit dem auf das westliche religiöse Denken beantworten läßt. Denn er wettert, ganz Marxist, gegen alle, die von der Macht der Zeichen überzeugt sind: »Nebenbei, und um auf modische Thesen zu antworten, sei bemerkt, daß die Welt der Symbole und Bedeutungen höchstens eine sekundäre, relativ wenig autonome Rolle spielt, zumindest unter dem Gesichtspunkt der globalen Evolution.«[782] Begreift man jedoch das Geld als ein Zeichensystem mit Wirkungsmacht – und Rodinson denkt offenbar nicht in diesen Kategorien –, so gewinnt die Frage von der Macht der Zeichen eine Dimension, die uns jenseits einer ›sekundären Rolle‹ des Symbols führt. Selbst Rodinson muß zugeben, daß der Kapitalismus eine Macht über die Psyche ausübt, die sich nur mit der religiösen Denkens vergleichen läßt. Um so mehr erstaunt es, daß er diese Macht in wenigen Individuen verorten will. »Der kapitalistische Geist ist eine Tatsache. Er hat sicherlich viele verschiedene Züge, aber bei den Kaufleuten von Genua oder Venedig im Mittelalter, bei den Reedern und Bankiers von

Amsterdam in der Renaissance, bei der Pionieren der industriellen Revolution im England des 18. Jahrhunderts, bei den Finanzmagnaten der imperialistischen Ära und bei den amerikanischen business men von heute findet man das gleiche fieberhafte Streben nach Gewinn, den gleichen nahezu asketischen Eifer in diesem Streben und andere gemeinsame Merkmale, die sich mehr oder weniger daraus ableiten. Sie waren und sind vom gleichen Dämon besessen.« Dieser »kleinen Kernzelle von Individuen« sei es zu verdanken, daß der Geist des Kapitalismus »zu einem gegebenen Zeitpunkt in Europa und Amerika die ganze Gesellschaft erobern konnte«.[783]

Der Kapitalismus ist in der Tat »nicht aus dem Nichts hervorgegangen«.[784] Er verdankte sich dem Geld. Doch dieses Geld stellt ein Zeichensystem dar, das der Phantasie einer *creatio ex nihilo* entspricht und diese befördert hat. Die Grundlage dieses Glaubens entstand in Griechenland: im Tempel. Will man die Unterschiede zwischen der ›orientalischen‹ und der ›okzidentalischen‹ Ökonomie verstehen, so muß man bis auf den Beginn der Geldwirtschaft zurückgehen.

Geschichte des Geldes

Ab dem 19. Jahrhundert begannen nicht nur Ökonomen, sondern auch Philosophen, Schriftsteller und Sozialwissenschaftler sich intensiv mit dem Geld zu beschäftigen. Marx und Engels gaben den Anstoß, und sie sprachen von der ungewöhnlichen Fähigkeit des Geldes, Begierden auszulösen: Die »Quantität des Geldes wird immer mehr seine einzige mächtige Eigenschaft«, schreibt Marx 1844, »die Maßlosigkeit und Unmäßigkeit wird sein wahres Maß«.[785] 1891 veröffentlichte Emile Zola seinen Roman »Das Geld«. Darin erzählt er vom kometenhaften Aufstieg und dem ebenso kometenhaften Konkurs einer neuen Bank: *La Banque*

Universelle. Gegründet auf nicht bezahlte Einlagen, aber getragen von Hoffnungen und einem bedingungslosen Glauben, erreichen die Notierungen der *Banque Universelle* immer höhere, zuletzt schwindelerregende Preise. Zola macht ganz deutlich, daß die Gefühle der Menschen in ihrem Geldrausch hoch sexuell aufgeladen sind und sich nur mit Begriffen aus dem Geschlechtsleben umschreiben lassen. »Die Familie, die ich mir vorgenommen habe zu studieren«, so schreibt er, »ist durch ein Überschäumen der Begierden gekennzeichnet.«[786] Die Begierden, von denen er erzählt, werden vom Geld bestimmt, aber bezahlt werden sie in sexueller Währung. 1900 veröffentlicht Georg Simmel seine »Philosophie des Geldes«, in dem er sich über die Abstraktheit des Geldes und die Materialisierungsmacht dieser Abstraktion Gedanken macht. Im Geld habe die Fähigkeit, »das Körperhafte zum Gefäß des Geistigen zu machen«, ihre höchsten Triumphe gefeiert.[787] Rund zwanzig Jahre nach Simmel veröffentlicht der Altertumswissenschaftler Bernhard Laum ein Buch unter dem Titel »Heiliges Geld«, in dem er die Ursprungsgeschichte des Geldes aus dem Tempeldienst rekonstruiert.[788] Woher dieses plötzliche Interesse der Sozial- und Geisteswissenschaften am Geld?

Im Verlauf des 19. Jahrhunderts hatten Aktie und Papiergeld begonnen, massiv in den Handel einzugreifen. Durch sie nahm das Geld einen reinen Symbolcharakter an, und dieser Vorgang löste nicht nur Begierden, sondern auch Ängste aus. In »Masse und Macht« hat Elias Canetti den Schrecken beschrieben, den die Inflationen der 1920er Jahre bewirkten. »Nicht nur gerät durch die Inflation alles äußerlich ins Schwanken, nichts ist sicher, nichts bleibt eine Stunde am selben Fleck – durch die Inflation wird er selber, der Mann, *geringer*. Er selbst oder was er immer war, ist nichts, die Million, die er sich immer gewünscht hat, ist nichts. *Jeder* hat sie. Aber jeder ist nichts. Der Prozeß der

Schatzbildung hat sich in sein Gegenteil verkehrt. Alles Verläßliche des Geldes ist wie weggeblasen.«[789] Der Zusammenhang von Geld und Selbstwert, den Canetti anspricht, erzählt von der engen Beziehung zwischen dem Menschen und seinen Tauschmitteln, und er ist wichtig, um zu verstehen, wie heute die Geldwirtschaft in den Dialog von Okzident und Orient eingreift. Die Zeichenhaftigkeit des Geldes hat sich seit den 1920er Jahren noch verstärkt und schließlich zur Ablösung von der Goldparität, zu frei flottierenden Währungen und zuletzt zur Entstehung des elektronischen Geldes geführt.

Bernhard Laums Buch »Heiliges Geld« ist grundlegend, um den Zusammenhang zwischen okzidentaler Religion und der Entstehung der nominalistischen Geldwirtschaft zu erkennen. Die ältesten Münzen stammen von ca. 650 v. Chr.; sie treten zuerst im Bereich des östlichen Mittelmeerbeckens auf. Es gab zwar prämonetäre Formen: Edelmetalle, deren Reinheit und Gewicht durch ein Siegel des Herrschers beglaubigt wurden. Aber das war etwas anderes als das nominalistische Geld, die Münzen. Auch das in vielen Gesellschaften verbreitete Muschelgeld (und andere Formen von ›Währungen‹, wie das Salz) unterscheidet sich von diesem Geld, das auf der reinen Zahl, einem aufgeprägten Zeichen, beruhte. Mitte des 7. Jahrhunderts v. Chr.: Das ist die Zeit der Homerischen Epen, sagt Laum.[790] Es ist damit auch die Zeit, in der Griechenland von der Oralität in die Schriftlichkeit übergeht. Diesen Aspekt berücksichtigt Laum leider nicht. Dennoch ist seine genaue Darstellung von der Entstehung des Geldes aufschlußreich.

Das Geld, so Laum, wurde geschaffen als ein Wertmesser, der das klassische Objekt der Wertbemessung, in Homerischer Zeit das Rind, ersetzte. Daß das Rind zu einem Wertmesser wurde, hing mit seiner Rolle für das sakrale Opfer für die Gemeinschaft zusammen: Wurden Kleintiere wie Hühner, gelegentlich auch Schafe, von einzelnen Bürgern oder Familien den Göttern dargebracht, so blieb das Rind als Opfertier dem Staat vorbehalten. »Das Rind ist Erscheinungsform, Inkarnation der Gottheit; der kretische Zeus wird in einem Stier, die argivische Hera in einer Kuh vorgestellt. Das Tier, in dem die Gottheit gegenwärtig ist, wird als Opfer dargebracht und von der Gemeinschaft der Opfernden verzehrt.«[791] Das Staatswohl verlangte, daß die den Staat schützenden Gottheiten durch Zuteilung der ihnen zukommenden Gaben zufriedengestellt wurden. »Nomos, womit später ganz allgemein das staatliche Gesetz bezeichnet wird, bedeutet ursprünglich die ›Verteilungsordnung‹. Im sakralen Nomos liegen die Anfänge der staatlichen Währung.«[792]

Von der sakralen Rolle des Stiers erzählen viele Mythen der Antike – ob Griechenland, mykenische Kultur oder Mithras-Mysterien. Wir sind Stierkult und Stieropfer im Zusammenhang mit dem *Alpha* begegnet und haben von dem Wandel gesprochen, der dieses Schriftzeichen von einer sexuellen Fruchtbarkeitssymbolik in eine Symbolik für ›geistige Fruchtbarkeit‹ überführte (vgl. S. 118). Beim Geld vollzog sich eine ähnliche Transformation: Aus dem geopferten Rind wurde allmählich ein *Symbol* für das Opfer. »Man hat längst gesehen«, so schreibt Laum, »daß aus theologischen Spekulationen das begriffliche Denken, die Wissenschaft, entstanden ist; hier wird offenbar, wie im Kult auch das wirtschaftliche Denken entsteht.«[793]

Auch der deutsche Begriff ›Geld‹ stammt aus dem Opferkult; er wurde zuerst und ursprünglich in der sakralen Sphäre angewandt. ›Gelten‹ heißt soviel wie zurückzahlen, zahlen, kosten, wert sein, vergelten, entschädigen, aber auch zerschneiden. Also ist Geld »die der Gottheit zu entrichtende Abgabe«.[794] Vom Begriff des ›Geldes‹ leitet sich die ›Gilde‹ oder Zunft ab, die zunächst ›Opfergemeinschaft‹ bedeutete.[795] Dem Opfer lag der Gedanke des Tausches, des *do ut des* zugrunde: ›ich gebe, damit du gibst‹.

Wie im Islam ging es um eine ›Handelsbeziehung‹ zwischen der Gottheit und den Menschen. Aber der Handel der griechischen Antike war anderer Art: Er beinhaltete nicht eine Buchführung fürs Jenseits, sondern für das Hier und Jetzt. »Man kann nicht daran zweifeln, daß der Gedanke der Menschen, die den Göttern Opfer darbrachten, ursprünglich eine Berechnung war und daß die Gabe als ein Tauschhandel konzipiert wurde. Die Götter, geschaffen als das Ebenbild des Menschen, werden bestimmt von ihren Interessen: sie geben dem, der ihnen gibt, und wenn man von ihnen etwas empfangen hat, so muß man, als gerechte Gegenleistung, ihnen den Preis dafür zahlen.«[796] Ein solches Tauschgeschäft war nur in einem religiösen Umfeld denkbar, in dem die Gottheit anthropomorph gedacht wurde. Das galt für Griechenland und später auch für das Christentum mit seinem Mensch gewordenen Gott.

In der griechischen Opfergemeinschaft wurde jedem, der sich um die Gemeinschaft verdient gemacht hatte, ein Teil des Opfermahls zugewiesen. Bei Ausgrabungen fand man in den Inventaren der Tempel viele Opferspieße; die Mahlzeiten wurden also im Tempel zubereitet. Das Wort *obolos* heißt ursprünglich Opferspieß und verweist auf den Anteil des Fleisches, der jedem zukam.[797] »In diesen öffentlichen Mahlzeiten liegt der Keim der öffentlichen Finanzwirtschaft, sie stellen die primitivste Form des öffentlichen Haushaltes dar.«[798] Dem Herrscher oblag die Ausrichtung der staatlichen Opferriten, und die Teilnahme an der Mahlzeit stellte »die Entlohnung dar für Dienste, die dem Staat geleistet werden, und alle Verpflichtungen, die der Staat sonst hat, werden durch die Zuziehung zur königlichen Tafel entgolten«.[799] Natürlich gab es für die Staatsdiener auch andere Naturalbezüge, aber das höchste symbolische Entgelt und die soziale Auszeichnung bestanden in einem Anteil am Opfermahl. Er wurde nicht nur Priestern, sondern auch Behörden und Kollegien, Familien wie Einzelpersonen zugeteilt: »Der Opferanteil war ein Symbol des Bürgerrechts.«[800] So eignete dem Opfermahl bald auch ein Aspekt, der sich auf die politische Gemeinschaft bezog. Das Opfergut wurde zu einem rechtsgültigen ›Zahlungsmittel‹, das nicht nur im Geschäft mit der Gottheit, sondern auch im Geschäft zwischen Staat und Bürgern eine Rolle spielte.[801]

Allmählich wurde das Tieropfer durch Tiernachbildungen ersetzt. »Diese Substitution ist für uns von großer Bedeutung, weil hier an die Stelle von realen, wertvollen Gütern imaginäre, wertlose Dinge treten, die aber als Tauschbzw. Zahlungsmittel im Verkehr zwischen Göttern und Menschen die gleiche Geltung wie jene haben. Der Übergang vom Realopfer zum Symbol scheint also für die Entstehung des ›chartalen‹ Geldes von Wichtigkeit zu sein.«[802] Das Symbol, das das reale Tieropfer ersetzte, konnte entweder ein Opferkuchen in Tiergestalt oder ein Tierbild aus Ton, Kupfer oder Bronze sein; manchmal war es auch nur ein dünnes, innen hohles Blech. Solche Tierbilder wurden an vielen Altarplätzen gefunden, und unter den dargestellten Tieren überwog das Rind. »Also ist innerhalb des sakralen Tauschaktes an die Stelle des realen Tauschmittels das symbolische getreten, und darin liegt die hohe Bedeutung dieser rohen Figuren.«[803]

Den Wandel der Opfergaben – vom Realen zum Symbol – begleitete ein Abstraktionsprozeß der Gottheit selbst. Entstand mit der Hebräischen Bibel allmählich ein Gott, der sich der sinnlichen Wahrnehmung entzog, so verzeichnete auch der Tempeldienst Griechenlands immer deutlicher eine Gottheit, die »ein rein geistiges Wesen geworden [war], das kein Wohlgefallen mehr an materiellen Gaben« hatte.[804] Der griechische Wandel der Gottheit nahm die Entstehungsgeschichte der zweiten monotheistischen Religion voraus. Er hing mit dem spezifischen Schriftsystem Griechenlands zusammen, das – wie im zweiten Kapitel dargestellt – eine ganz andere Denkweise hervorbrachte als das semitische Alphabet. Das griechische Alphabet war ein Zeichensystem, das einerseits die völlige Abstraktion von der Materie, andererseits aber auch die Materialisierung des Abstrakten einforderte. Beide Vorgänge finden sich in der Entwicklungsgeschichte des Geldes wieder. Eine wichtige Rolle spielte dabei auch die Idee, »daß das Abbild als etwas Bleibendes gewissermaßen eine Verewigung des oft vergänglichen Originalgeschenkes sein, die flüchtige Erscheinung, an der Gott Wohlgefallen gefunden, zu seiner dauernden Ehrung festgehalten werden solle«.[805] Wenn die Opfergaben zunehmend bildhaften, symbolischen Charakter annahmen, so deshalb, weil die Griechen nach der Entstehung des Alphabets in abstrakten Kategorien zu denken begonnen hatten. Sonst hätte das reale Tieropfer, das ›realen‹ Göttern dargebracht wurde, nicht durch ein Symbol ersetzt werden können.

Auch im Totenkult setzte sich ein abstraktes Denken durch. »Rinder, ursprünglich den Toten in natura dargebracht, wurden schließlich durch Nachbildungen in Kuchen ersetzt.«[806] Ein neuer Ewigkeitsgedanke nahm Form an, der schließlich dazu führte, daß auch der Kuchen – selber ein vergängliches Symbol – durch ein Bild ersetzt wurde. Im Verlauf dieses Prozesses wurden die Darstellungen immer einfacher: Oft erschien das Original in der Nachbildung nur noch in angedeuteter Form, »die Darstellung eines Teiles mußte genügen, um das Ganze zu vertreten. Das beste Beispiel ist die Ersetzung des Viehs durch den Kopf.«[807] Hatte sich der Buchstabe Alpha aus einer bildlichen Darstellung des Stierkopfs in eine abstrahierte, als Piktogramm kaum mehr erkennbare ›Kurzform‹ verwandelt, so nahm auch das Opfersymbol, aus dem sich später das Geld entwickelte, eine rudimentäre Form an. Daß in beiden Fällen der Stier/das Rind zur Symbolgestalt des Vorgangs wurde, zeigt deutlich, wie eng die Geschichte des

Geldes und die Geschichte des Alphabets miteinander verknüpft sind.

Dem Geld war der Abstraktionscharakter, den es später mit Papiergeld und elektronisch notiertem Geld entwickelte, von Anfang an inhärent. »Die wichtigste Eigenschaft der Symbole besteht für uns darin, daß sie nur einen Funktionswert, keinen realen Wert repräsentieren. Ihr Wert liegt nicht in ihrem materialen Gehalt, sondern nur in der Funktion, die sie im Verkehr zwischen Gott und Mensch erfüllen«, schreibt Laum.[808] Für die Moderne konstatiert Georg Simmel: »Man macht sich im allgemeinen selten klar, mit wie unglaublich wenig Substanz das Geld seine Dienste leistet.«[809] In ebendieser Substanzlosigkeit, so sagt er, sei auch die Seelenverwandtschaft von Geld und Geist zu suchen. »Dadurch, daß man es von allen Gütern am meisten dem Anderen unsichtbar und wie nicht vorhanden machen kann, nähert es sich dem geistigen Besitz.«[810] Auf dieser ›Geistigkeit‹ des Geldes basiert seine Macht. Sie ist mit der eines Gottes zu vergleichen, der die Materie *ex nihilo* bzw. ›aus dem Wort‹ zu erschaffen vermag. Wir haben im Zusammenhang mit dem Alphabet dargestellt, daß Griechenland keine ›Heilige Schrift‹ wie die Hebräische Bibel kannte und daß das Alphabet selbst als die heilige Schrift des griechischen Denkens zu begreifen ist. Ein ähnlicher Vergleich bietet sich auch für das Geld an: Es handelt sich um ein Zeichensystem, das seine schöpferische Macht über die Materie aus der Nähe zum ›reinen Geist‹ bezieht. »Wie der, der das Geld hat, dem überlegen ist, der die Ware hat, so besitzt der intellektuelle Mensch als solcher eine gewisse Macht gegenüber dem, der mehr im Gefühle und Impulse lebt.«[811] Simmel begreift das Geld als die Voraussetzung für einen Abstraktionsvorgang, der den Intellekt in ein Dominanzverhältnis zum Leiblichen rückt. Dieses Dominanzverhältnis hängt eng mit dem religiösen Denken zusammen und wirkte auf die symbolische Geschlechterordnung ein.

Im 8. und 7. Jahrhundert v. Chr. vollzog sich eine »Entmaterialisierung des Götterkultes«.[812] Der Aufstieg von der Materie zur Vergeistigung blieb nun nicht mehr auf die Opfergaben beschränkt: Das Geld trat ins profane Tauschgeschäft von Mensch zu Mensch ein. Für die Figuren, die man massenweise in den Tempeln fand, gaben die Tempelbesucher den Priestern Naturalgüter. Die Priester behielten von den Naturalien nur so viel, wie sie brauchten, »der Rest wurde für den Erwerb eines Anathems benutzt; so war das vergängliche Gut in ein wertbeständiges verwandelt«.[813] (Ein Anathem ist ein Weihgeschenk, das durch die Weihe dem menschlichen Gebrauch entzogen wurde.) Die Priesterschaft bildete so »das erste Handelskollegium«. Oder in den Worten von Ernst Curtius, der schon 1869 zu diesem Thema vor der Preußischen Akademie der Wissenschaften vortrug: »Die Götter waren die ersten Kapitalisten in Griechenland, ihre Tempel die ersten Geldinstitute.«[814] Zunächst beruhte die »Kaufkraft der Idole« noch auf materiellen Werten: Naturalien oder Edelmetallen. Doch allmählich entwickelte sich ein Tauschgeschäft, bei dem der Gläubige immer weniger in materiellen und immer mehr in symbolischen Werten zahlte. Der Wert des Anathems, mit dem er und die Priester handelten, beruhte auf der »Funktion, die das Bild im Verkehr des Menschen mit der Gottheit erfüllte«.[815] Der Wert der Bilder leitet sich also von der sakralen Bedeutung ab, die ihnen zugewiesen wurde.

Die bekannteste griechische Münzeinheit hieß *obolos*; es handelt sich um eine direkte Ableitung von jenem ursprünglichen Bratenspieß, dessen Wert nicht im Material, sondern in der Gebrauchsfähigkeit bei der Teilnahme am Tempelopfer beruhte. Ihre Form entsprach dem runden Opferkuchen: Die »metallene Nachbildung, die den originalen Kuchen ersetzte, erhielt den gleichen Namen«.[816] Auch hierin präfiguriert die Entstehungsgeschichte des Geldes das Christentum: Jochen Hörisch hat auf das Wechselverhältnis und die Ähnlichkeit der Gestalt von Münze und Hostie im Christentum hingewiesen.[817] Diese Ähnlichkeit ist schon in der ersten Münze angelegt. Die Münze war geeignet für den profanen Handel, weil sie, anders als das verderbliche Fleisch und anders als der Opferkuchen, beständig und umlauffähig war. Sie konnte von Hand zu Hand wandern, ohne ihren Wert einzubüßen. Ihr Wert wurde dadurch bestimmt, daß sie ein symbolisch hoch aufgeladenes Stück Opferfleisch repräsentierte. Der frühe *obolos* war als »eine primitive Form von ›notalem Geld mit Deckung‹« zu verstehen,[818] das seine ›Glaubwürdigkeit‹ aus dem sakralen Ursprung bezog. *Oboloi* sind »funktionelles Geld gewesen, dessen Kredit im weltlichen Verkehr in seiner sakralen Geltung begründet war«.[819]

Der sakrale Ursprung des Geldes erhielt sich sowohl im Wort (auch bei den Römern leitete sich die Bezeichnung für die gängigsten Münzeinheiten vom »Bratenfleisch« ab[820]) als auch in den Symbolen, die den Münzen aufgeprägt wurden. Die Symbole bestanden oft aus einem Doppelbeil oder einem Stierkopf. In Sparta war es die eiserne Sichel: das Messer, mit dem das Opfertier geschlachtet wurde. Allmählich ersetzte das Prägen der Münze das Schlachten des Opfertiers, aber die Symbolik erhielt sich bis heute – ob im Symbol des Stiers an der Börse oder in den Strichen, die die Dollarnote ($), das Englische Pfund (£) oder den Euro ( ) kennzeichnen. Laut Alfred Kallir sind diese Striche Relikte der Stierhörner, auf die einst das Alpha wie die Münzen verwiesen.[821] Mit ihrer Ausbreitung vom Tempel in den profanen Raum vollzog sich, so Laum, für die Münze eine Entwicklung, die parallel zur Ausbreitung des Rechts verlief, d. h. sie entwickelte »sich aus religiöser Bindung allmählich zu einem rein weltlichen Instrument«.[822]

Schon in Rom war der sakrale Ursprung des Geldes deutlich zurückgedrängt. Dort war die Münze eine staatliche Schöpfung. Konnte man die Tempel Griechenlands noch als »die ersten Bankinstitute« bezeichnen,[823] so trat in Rom der Staat an diese Stelle. Diese Verlagerung von Tempel zu Staat begann allerdings schon in Griechenland, deutlich nachzuvollziehen an den Münzprägungen selbst. Der Münzstempel war ursprünglich identisch mit dem Siegel, das Zeichen des Eigentums der Gemeinschaft bzw. einer Gottheit war. »Um sich zu versichern, daß man die gleiche Menge und Güte des ausgeliehenen Metalls zurückerhielt, mit anderen Worten, um den Besitz des Gottes sicherzustellen, drückte man das Bild des Gottes auf.«[824] Diese Eigenschaften des Siegels gingen auf die Münze über, die mit dem Abbild einer Gottheit versehen wurde. Das Prägebild auf der Münze war »ein heiliges Symbol, und darin liegt ursprünglich der Kredit begründet, den die Münze genießt«.[825] Auf diesem Zusammenhang basiert noch heute die enge – nicht nur sprachliche – Verwandtschaft vom *Credo* in der Kirche und dem Kredit im Bankwesen. Der Stempel erklärte die Münze zum Eigentum des Gottes: »Von hier aus begreift man, daß Fälschen von Münzen ein sakrales Verbrechen ist und in allen griechischen Staaten mit dem Tode bestraft wird.«[826]

Auf den Münzen ist die allmähliche Anthropomorphisierung der Gottheiten zu erkennen, die sich parallel zur Verlagerung der Macht vom Tempel auf den Staat vollzog. Erschienen auf den Münzen zunächst noch »Stiere mit menschlichen Gesichtern und andere Zwischenbildungen«, so wurde das Symbol der Gottheit »schließlich abgelöst durch die Darstellung des Gottes in Menschengestalt«.[827] In Rom trat an die Stelle der anthropomorphen Gottheit das Herrscherbild. Nicht die Gottheit, sondern der Kaiser verlieh der Münze ihre ›Glaubwürdigkeit‹. Wenn Gottheiten auf den römischen Münzen dargestellt wurden, so nur mit dem Ziel, die Unterscheidung zwischen einzelnen Münzen von unterschiedlichem Wert zu erleichtern: Jede

Münze erhielt einen bestimmten Götterkopf. »Der Römer benutzt religiöse Bilder zu praktischen Zwecken; das wäre in Griechenland unmöglich.«[828]

Bei der Verlagerung des ›Bankwesens‹ vom Tempel zum Staat bzw. der Ablösung des Abbilds der Gottheit durch das des Kaisers auf der Münzprägung vollzieht sich zugleich eine Sakralisierung des Herrschers. »Der Herrscher erscheint auf den Münzen als Gottheit, der sakrale Charakter der Münze wird durch sein Bild nicht geändert. Nur aus dem Herrscherkult heraus begreift man das Erscheinen des Herrschers auf den Münzen. Die Anknüpfung an die vorhergehende Stufe ist unmittelbar gegeben; die Herrscher erscheinen nämlich in der Maske von Göttern.«[829] Die Sakralisierung des Königtums, die durch die Verknüpfung von Gottheit und Herrscher hergestellt wurde, sollte sich in den christologischen Elementen wiederholen, durch die auch später das Königtum legitimiert wurde.[830] Die Gewohnheit, die Münze mit der Abbildung des Herrschers zu versehen, hielt sich bis in die Moderne, auch nachdem »das Königsbild auf der Vorderseite längst die Maske der Gottheit abgelegt hat und Porträt geworden« war.[831] Das Abbild des Staatsoberhauptes auf der Münze verleiht weiterhin vielen Währungen ihre ›Kreditwürdigkeit‹.

Betrachtet man die Entstehungsgeschichte des Geldes, die die Voraussetzung für die Entstehung des Kapitalismus bildete, so wird sehr schnell deutlich, daß es einen grundlegenden Unterschied zwischen der Ökonomie der westlichen Welt und der des Orients gibt. Der Ursprung westlicher Ökonomie aus dem religiösen Denken impliziert mehr als nur eine spezifische Art, den Tauschhandel zu organisieren, und er hat notwendigerweise auch Einfluß auf die sozialen Strukturen und Denkweisen der Menschen ausgeübt. Dasselbe muß dann aber auch für die Ökonomie des Orients gelten.

Der Tempel als Ort des Tauschgeschäftes und der Kreditwürdigkeit erhielt sich bis weit in die christliche Zeit, als
kirchliche Feiertage zum Anlaß für Märkte wurden. Aus
der kirchlichen ›Messe‹ erwuchs allmählich die marktwirt-
schaftliche Bedeutung des Begriffs, und auch hier spielt der
Opferkult eine wichtige Rolle. Noch im Mittelalter sollten
der Reliquienkult und die Verehrung der Stätten von Mär-
tyrern zu einem der Hauptfaktoren für das Emporkommen
neuer Handelsknotenpunkte wie Basel, Straßburg, Köln,
Aachen, Nürnberg werden.[832] Eine solche Zusammenführung von Gottesdienst und Markt galt auch für den Orient.
»Mekka ist nur wegen der Kaaba zu einem Handelsmittel-
punkt für einen großen Teil der mohammedanischen Welt
geworden«, schreibt Laum.[833] Doch wird in der Kaaba nicht
eine alte Opferstätte, sondern der ›Gründungsstein‹ des
Islam verehrt. Hinzu kommt, daß Mekka schon lange vor
der Entstehung des Islam ein wichtiger Handelsort des
Orients war und der Islam, in dessen Lehren Einflüsse von
Judentum und Christentum deutlich zu erkennen sind,
gerade dort entstanden ist, *weil* Mekka ein wichtiger Handelsort war, also einen Umschlagplatz für ›importiertes‹
Denken darstellte. Rodinson selbst schreibt, daß nichts Er-
staunliches daran sei, »daß unser mekkanischer Kaufmann,
wenig gelehrt, aber abgestoßen durch die intellektuelle
Grobheit seiner Umgebung, geblendet durch das Prestige
der Schriften, die aus der Welt der Zivilisierten und Gelehrten kamen, keinen Widerspruch in dieser allgemeinen Botschaft der Kultur sah und sie seinen Landsleuten als die einzige vernünftige und rationale Alternative zu ihrer Arroganz
vorschlug«.[834] Zu den ›Botschaften‹, die »unser mekkanischer Kaufmann«, übernahm, gehörte neben dem Monotheismus das Alphabet, das zur Verschriftlichung der islamischen Heilsbotschaft und zur Entstehung eines eigenen

Gesetzeskodex führte. Das Geld selbst hatte schon vorher den Raum erreicht, doch ohne die kulturellen Hintergründe seines sakralen Ursprungs. Dem islamischen Raum und seinem ökonomischen Denken blieb der Zusammenhang zwischen Opferkult und Nominalismus, zwischen *Credo* und Kredit fremd. Dieser Unterschied sollte für Ökonomie und Gesellschaft von großer Bedeutung sein und u. a. dazu führen, daß in den Handelsbeziehungen neben Wertmessern wie Salz und Zucker vor allem die Edelmetalle dominierten.

Das heißt nicht, daß die orientalische Ökonomie nicht den Ersatz von Edelmetall durch ein Zeichensystem kannte. Schon im ersten Jahrhundert n. Chr. hatten persische Kaufleute Kreditbriefe, sogenannte Sakks, ausgegeben: Das waren die Vorläufer der späteren Wechsel, und sie entstanden aus demselben Grund, aus dem der Wechsel im 12. Jahrhundert im arabischen Raum in Gebrauch war und in Norditalien – mit der Ausweitung des europäischen Handels – eingeführt wurde: Man vermied so die gefährlichen Geld- und Goldtransporte. Doch im Orient wurden solche Zeichensysteme nur als Ersatz für den »echten« Wertmesser, die Edelmetalle, betrachtet, während sie im christlichen Europa diese allmählich verdrängten. Vor allem aber: Das Geld im arabischen Raum – und natürlich war dies bei der Bedeutung, die dem Handel zukam, weit verbreitet – galt als ein pragmatisches Zeichensystem, es konnotierte nicht seine Herkunft aus dem Opfer. Die ›Sakralisierung‹ des Geldes, durch das dieses ›beglaubigt‹ wurde, folgte einer kulturellen Logik des griechischen Raums. Im arabischen Raum beruhte die Beglaubigung auf Gold und Rohstoffen, nicht auf dem Opfergedanken.

Die griechische Geldlogik beruhte einerseits auf der Bedeutung, die dem Schriftsytem beigemessen wurde, andererseits aber auch auf der Tatsache, daß den Griechen andere Beglaubigungssysteme schlicht abgingen. Die Edelmetalle Griechenlands, aus denen die ersten Münzen entstanden, kamen alle aus dem Orient. Dort hatten Edelmetalle die Naturalien abgelöst. Eine solche Rohmetallwährung ist für Griechenland nicht nachzuweisen. Zwar gab es in Griechenland Edelmetalle, aber die Vorkommen waren schon von den Phöniziern ausgebeutet worden.[835] Die ›Glaubwürdigkeit‹, die die Griechen ihrem *obolos* verliehen, mußte also aus einer anderen Quelle bezogen werden – und das war das sakrale Opfer. »Man muß sich diesen Hergang klarmachen, um die große Kluft zu begreifen, die sich zwischen Orient und Griechenland auftut. Dort Berechnung des Gewichtes und Beachtung der Qualität [d. h. des Edelmetalls, das mit einem Siegel versehen wird], hier der Drang zur Formgebung, der die Frage nach der Materie zunächst ganz zurückdrängt. Wer diesen Trieb zu künstlerischer Gestaltung, der in den Griechen lebte, begriffen hat, der wird erst verstehen, warum gerade in Griechenland das Edelmetall die ›morphische‹ Gestalt der Münze empfangen mußte.«[836] Laum führt die Bedeutung, die der Signifikant Münze in Griechenland erhielt, auf die Lust der Griechen an der Formgestaltung zurück. Er übersieht jedoch, daß das Geld vor allem der Logik des griechischen Alphabets entsprach; es implizierte ein symbolisches Denken, das auf einer Macht der Zeichen über die Materie beruhte. »Nicht die Materie, sondern die Form ist beim Symbol das Entscheidende«, so schreibt Laum.[837] Aber um eine solche Form zu schaffen, mußte zunächst ein auf Symbolen beruhender Tauschhandel denkbar geworden sein. Beim – begrenzt verfügbaren – Edelmetall überwiegt der materielle Gehalt, während das Symbol beliebig reproduzierbar ist und seiner Ausbreitung keine Grenzen gesetzt sind. Ebendeshalb bedarf das nominalistische Geld einer ›Deckung‹, die aus dem sakralen Zusammenhang genommen ist.

Im Orient hielt sich das Edelmetall als Wertmaßstab bis weit in die Neuzeit. Noch im 14. Jahrhundert schrieb Ibn

Haldūn: »Gott hat die beiden Mineralien, das Gold und Silber, geschaffen, damit sie als Wertmaßstab für jegliche Anhäufung von Reichtümern dienen. Für die meisten Menschen dieser Welt bedeuten sie den Maßstab für die Güter, die sie besitzen oder erwerben. Verschafft man sich unter bestimmten Umständen andere Arten von Gütern, so nur zu dem Zweck, (in der Endrechnung) diese kostbaren Metalle (in größerer Menge) zu erhalten, indem man von den Fluktuationen der Marktkurse profitiert, von denen sie selbst unberührt bleiben. Sie sind die Grundlage für jeden Gewinn, jeden Erwerb und jegliches Vermögen.«[838] Eine solche Ökonomie ist nicht minder rational als die Geldwirtschaft, da hat Rodinson recht. Aber es ist eine *andere* Art der Rationalität, und die beiden unterschiedlichen Formen von ökonomischer Rationalität waren nicht immer miteinander vereinbar: Als Spanien im 15. Jahrhundert aus Südamerika Gold zu importieren begann, wurde die begrenzte Verfügbarkeit, die den Wert des Edelmetalls ausmachte, plötzlich in Frage gestellt. Das brachte das Osmanische Reich in ökonomische Schwierigkeiten.[839] Mit dem Verlust der begrenzten Verfügbarkeit hatte das Gold seine Kreditwürdigkeit verloren.

Es lag nicht an der Staatsstruktur, daß der Orient einen anderen ökonomischen Wertmaßstab entwickelte. Schon in der Antike bildete sich in Babylon ein zentralisierter Staat heraus, in dem die Sippenverbände aufgelöst waren. In diesem Staat fand ein intensiver Warenhandel statt. Getauscht wurden vor allem Getreide und Silber. Für das Abwiegen, die Gewichtsvergleiche, die Metallprüfungen wurden präzise Systeme und Normen entwickelt. »Die Bezeichnungen für das Metallprüfen stammen alle aus dem semitischen Sprachschatz.«[840] Die Edelmetalle, die staatlich geprüft und mit einem staatlichen Stempel versehen wurden, bildeten in Babylonien ein »amorphes Zahlungsmittel«.[841] Eine staatliche nominalistische Währung kannte der alte Orient nicht.

Die Wirtschaft ging ihre eigenen Wege, ohne sich um den Staat zu kümmern.

Allerdings wurde auch der orientalischen ›Währung‹ der Edelmetalle ein sakraler Charakter zugewiesen. Die Festlegung ihrer Werte verlief nach kultischem Muster, wie beim Geld. »Gold war das Symbol der Sonne, Silber des Mondes, Kupfer Symbol der Venus. Von der großen Rolle, die die Edelmetalle in der Religion spielten, leitet sich die Wertschätzung her, die sie auch im weltlichen Verkehr haben. Das beweist bindend, wie ich glaube, eine andere Tatsache. Das Wechselverhältnis zwischen Gold und Silber betrug während der ganzen Antike und noch weit in Mittelalter und Neuzeit hinein 1:13⅓. Wir Modernen würden, um dies Verhältnis zu erklären, ohne Bedenken von Angebot und Nachfrage reden, damit aber völlig in die Irre gehen. Das Wertverhältnis stammt vielmehr, wie Lehmann-Haupt zuerst bewiesen hat, aus dem Verhältnis der Umlaufszeiten der betreffenden Gestirne zueinander; nur aus diesem Grunde steht Gold : Silber wie 1:13½.«[842] Die Norm für das Wertverhältnis wurde also gewissermaßen vom Himmel geholt, weil die babylonischen Priester »die Funktionen des Astronomen, des Astrologen, der obersten Eichungsbehörde, des Finanzministeriums, des Banquiers, des Kaufmanns, des Notars usw. in sich vereinigten«.[843] Der entscheidende Unterschied zwischen dem griechischen und dem babylonischen Wertesystem bestand also weder in der Sakralität des Wertmessers noch in der Staatsstruktur, sondern darin, daß im einen Fall ein materielles Gut über die Währungseinheiten bestimmte: die Edelmetalle, die mit symbolischer Bedeutung versehen wurden. Im anderen Fall war es das Symbol selbst, dem die Macht zugewiesen wurde, über die Materie zu bestimmen. Beide Wertmesser haben ihre eigene Rationalität und Fragilität. Die Fragilität des Goldes besteht in seiner begrenzten Verfügbarkeit, die – sobald ein Überangebot an Edelmetallen besteht – das Gefüge ins Wanken bringt. Die Fragilität des Symbols ergibt sich daraus, daß der Wertmesser auf einem ›leeren Signifikanten‹ beruht, dem manchmal, wie in der Inflation, die Glaubwürdigkeit abhanden kommt.

Was hat nun die Geschichte des Geldes mit der Geschlechterordnung zu tun? Auf diese Frage wollen wir im folgenden Abschnitt eingehen und müssen dazu noch einmal auf die Geschichte des Geldes aus dem Opferkult zurückkommen.

Körper und Zeichen

Elias Canetti hat beschrieben, wie eng der Glaube an den Wert des Geldes und der Glaube an das Selbst miteinander verknüpft sind: Sobald das Symbol Geld seine reine Zeichenhaftigkeit zur Schau stellt, nämlich in der Inflation, wird die Fragilität dieses Glaubenssystems offenbar. »Der Mensch, der ihr [der Mark] früher vertraut hat, kann nicht umhin, ihre Erniedrigung als seine eigene zu empfinden. Zu lange hat er sich mit ihr gleichgesetzt, das Vertrauen in sie war wie das Vertrauen in sich selbst.«[844] Dieser Zusammenhang von Selbst- und Geldwert ist in der Entstehungsgeschichte des Geldes begründet. Denn in der Antike war das Edelmetall auch Wertmesser für den Wert eines Menschenlebens. Kriegsgefangene, denen die Versklavung drohte, konnten sich durch eine ihrem Eigengewicht entsprechende Metallmenge freikaufen.[845] Auch der Brautkauf stammt aus diesem Zusammenhang. Er wird heute oft im Zusammenhang mit der ›Zwangsehe‹ von Türkinnen thematisiert. An sich steht hinter dem Heiratsgeld der Gedanke der Exogamie: Die Gabe des Bräutigams soll den Inzesttrieb überwinden helfen.[846] (Das hat allerdings sehr oft zur paradoxen Folge, daß eine Heirat zwischen Cousin und Cousine arrangiert wird, damit das Geld, Landbesitz oder Vermögen dennoch in der Familie bleiben: Es bewirkt also eine, wenn auch abgemilderte, Form des Inzestes.) Das ›Tauschgeschäft‹ von Geld und Mensch zeigte sich auch beim ›Wergeld‹, das an die Stelle der Blutrache trat. Wergeld bedeutet wörtlich ›Mannsgeld‹. An sich muß der Mörder getötet werden, um Land und Gemeinde von der Befleckung durch diese Tat zu erlösen. »Die Vollziehung der Todesstrafe ist ein Menschenopfer.«[847]

Das Menschenopfer wurde manchmal durch ein Tieropfer ersetzt. »Wer eines gewaltsamen Todes gestorben war […], dem wird ein Stier dargebracht, und dieser Stier ist offenbar zunächst nichts anderes als der Stellvertreter der Feinde, die den Held erschlagen haben, deren man aber nicht habhaft werden kann.«[848] Unter Solon wurde das Stieropfer verboten. Das geschah, wie Laum meint, aus wirtschaftlichen Erwägungen, wegen der Vergeudung von wertvollem Gut: Die Tiere, die für die Verstorbenen geopfert wurden, durften nicht verzehrt werden, sie wurden vernichtet. Mag sein, daß diese Erwägung eine Rolle spielte. Noch viel deutlicher erscheint uns aber der Zusammenhang zum ›symbolischen‹ Denken: Unter Solon wurden in Athen viele neue Gesetze eingeführt, an denen sich die allmähliche Dominanz eines von der Schrift beherrschten abstrakten Nomos erkennen läßt. Sie implizierten auch eine deutliche Reduktion der Trauerriten um die Verstorbenen, wie Nicole Loraux in »Die Trauer der Mütter« dargestellt hat.[849] Es fand also insgesamt ein Abstraktionsprozeß statt, bei dem Symbole an die Stelle der Originale traten: Die Blutrache wurde durch einen Stier ersetzt, der seinerseits durch Wergeld substituiert wurde. Der Preis wurde vom Priester oder einer Instanz festgelegt. In diesem Prozeß nahm der Leib des Menschen allmählich einen ›nominalen‹ Geldwert an. »Daraus resultiert einerseits die Schuldknechtschaft (d. h. wer Schulden gemacht hat, bezahlt sie, wenn ihm andere Lösemittel nicht zur Verfügung stehen, mit seinem Leibe ab), […] andererseits Kauf und Verkauf von Menschen.«[850] Mit anderen Worten, das Geld – abgeleitet vom alten Zahlungsmittel des Rinderopfers –

Diana von Ephesos mit Stierhoden auf dem Brustpanzer:
Am Ursprung des Geldes stand die geopferte Männlichkeit.

wurde in jeder Hinsicht zum Wertmaßstab für Menschen-leben.

Diese Gleichsetzung von Geld und Menschenleben ver-dankte sich der Tatsache, daß das Opfertier, das durch das Symbol auf der Münze substituiert wurde, seinerseits ein Substitut für das Menschenopfer darstellte: »In Ägypten stellte das Siegel, mit welchem die Opfertiere bezeichnet wurden [d. h. zur Opferung freigegeben wurden, weil sie als rein galten], einen knieenden Mann dar, der mit auf den Rücken gebundenen Händen an einen Pfahl befestigt ist und dem das Messer an der Kehle sitzt. Darin kommt zum Ausdruck, daß das Vieh Stellvertreter des Menschen ist; das Siegel stellt die Verbindung her zwischen dem Original-und dem Ersatzopfer. Die gleiche Idee liegt den ältesten Münzbildern zugrunde.«[851] Das Geld substituiert also das Tieropfer, das seinerseits an die Stelle des Menschenopfers getreten ist. Die Pythagoräer lehnten deshalb auch den Verzehr von Fleisch ab: Im Opferschmaus sei ursprünglich das Menschenopfer enthalten.[852]

Das Geld sollte den Zusammenhang zum Menschenopfer bis in die Moderne bewahren: Wir haben im zweiten Kapitel dargestellt, daß das Alphabet durch den Abstraktionsschub, den die Zeichen einforderten, eine Art von kollektiver ›Kastrationsmaschine‹ darstellt. Dieselbe Eigenschaft offen-bart sich auch beim Geld, das sich etymologisch von Opfer *und* ›Kastration‹ ableitet. Gary Taylor bringt das lateinische Wort *castrare* in Verbindung mit Worten aus dem Hebräi-schen und aus dem Sanskrit, die ›Eunuch‹ bzw. ›Messer‹ be-deuten.[853] Mackensen verweist auf einen ähnlichen Zusam-menhang, indem er die Kastration vom altlateinischen Wort *castrum* (Messer) ableitet.[854] Die genaue Bedeutung von *castus* wiederum ist: ›rein zum Opfer‹.[855] Der »Oxford Eng-lish Dictionary« wird noch expliziter: Erst ab dem 16. Jahr-hundert bürgerte sich der Begriff der *castration* im Eng-lischen ein. Vorher, und noch bis ins 19. Jahrhundert gebräuchlich, wurde die Herstellung sexueller Impotenz mit dem Begriff *to geld* umschrieben: »to deprive (a male) of generative power or virility, to castrate or emasculate«.[856] Diese Bedeutung war wörtlich gemeint, wurde aber auch figurativ verwendet, um von der ›Unfruchtbarkeit‹ einer Mine, eines Vermögens oder einer Herde zu sprechen. Der Begriff wurde auch angewandt auf die Austilgung von obszönen Passagen aus einem Buch. Da das englische *geld* – wie *guild* und Gilde als Opfergemeinschaft – zugleich mit dem germanischen Wort *gelt* (Götteropfer, später Geld) verwandt ist, ist in dieser Wortgeschichte noch bis in den Beginn der Moderne die Erinnerung an das ›ursprüngliche‹ Opfer enthalten. Auch der spanische Stierkampf erzählt von diesem Zusammenhang: Als Symbol seines Sieges über den Stier, dessen Bild bis heute in den Zeichen des Geldes enthalten ist, erhält der Matador den Schwanz und das Ohr des erlegten Tieres.[857] Die beiden Trophäen erzählen von der Kastration des Männlichen (der Schwanz) und des Weiblichen, das vom Ohr, dem empfangenden Organ, symbolisiert wird (vgl. S. 119). Der durch das Alphabet und das Geld geschaffenen Kastration konnte niemand entkommen: Sie betraf jeden einzelnen Körper.

Mit der zunehmenden Abstraktion des Geldes sollte die Erinnerung an die Wunde keineswegs verschwinden, sondern sich immer tiefer dem Wissen über das Geld einschreiben. Kurnitzky sieht in der Aufhebung des ›Opferzusammenhangs‹ die Voraussetzung für die Entstehung einer »befriedigenden Organisation der Gesellschaft«.[858] Das ist sicher richtig: Das Geld hatte, vergleichbar dem Alphabet, eine große zivilisatorische Macht. Doch gerade der Abstraktionsprozeß, den das Geld seit der Antike durchlaufen hat, impliziert eine zunehmend *tiefere* Festschreibung des Opferzusammenhangs. So wurden immer neue Opferzusammenhänge hergestellt, die in unterschiedlichen Gestalten ihren Ausdruck fanden: erstens in der

Lohnarbeit, die an das Geld gekoppelt wird. Das ganze Werk von Marx und Engels handelt von dem ›Mehrwert‹, den das Kapital durch die Bindung an den menschlichen Leib gewinnt. Der zweite Zusammenhang war die Einführung des Söldners, dessen Beruf im 7. Jahrhundert zeitgleich mit dem Geld entstand.[859] Er genoß in der Antike eine ähnlich negative Einschätzung wie in späteren Zeitaltern. Das verband ihn wiederum mit der dritten Kategorie einer ›Beleibung‹ des Geldes: der Prostitution. Gemeinsam war beiden die von dem Sophisten und Politiker Lysias (einem Zeitgenossen von Sokrates) geäußerte Vorstellung: »Die Körper der Hellenen gehören dem, der sie bezahlen kann.«[860] Der Unterschied bestand lediglich in der Geschlechtszugehörigkeit. Der Beruf des Söldners ging mit neuen Kampfweisen und einer Armeeaufstellung einher, die den einzelnen männlichen Körper in einer ›beweglichen Polis‹ verschwinden ließen.[861] Der weibliche Körper der Prostituierten hingegen verschwand im Geldumlauf. Und noch eines unterschied die Prostitution vom Söldnerwesen: Erstere hatte, wie das Geld, ihren Ursprung im Tempeldienst.

Die Hierodulie, d. h. die sakrale Prostitution, war laut Laum »ein Ersatz des Menschenopfers; anstatt den Göttern geschlachtet zu werden, verrichtet der Geweihte Tempeldienste«.[862] Es gibt also zwei Formen von Substitut: Im einen Fall tritt das Tieropfer, das später durch das Geld ersetzt wird, an die Stelle des Menschenopfers. Im anderen Fall substituiert die sakrale Prostitution – die Überlassung des sexuellen Körpers – das Menschenopfer. Beidem liegt der Gedanke der Stellvertretung zugrunde. »Aus dem Menschenopfer wird das Tieropfer, aus dem Tieropfer entwickelt sich die Zahlung von Tieren als Wergeld. Wergeld ist Lösegeld, mit dem der Mensch sein Leben erkauft. Lösegeld ist also Opferersatz; wer Lösegeld gibt, befreit seinen eigenen Leib vom Geopfertwerden.«[863] Das nominalistische Geld impliziert also nicht nur die Kastration, sondern auch einen möglichen ›Freikauf‹ vom Opferstatus. In diesem ›Freikauf‹, der einen Freikauf von der Macht der Götter – oder der Natur – beinhaltet, ist die große zivilisatorische und domestizierende Macht des Geldes enthalten, die – so wie das Alphabet für die Entstehung der Polis, der Demokratie und der Wissenschaft prägend wurde – der Ökonomie und dem Handel den Weg wies.

Allerdings kann sich das Geld nie von seinem Ursprung aus dem Opfer freikaufen. Denn mit dem Verlust seines sakralen Ursprungs verliert es seine ›Glaubwürdigkeit‹, wäre also als Mittel des ›Freikaufs‹ nicht mehr geeignet. So sollte dem weiblichen Körper die Funktion zuteil werden, der Fragilität des Geldes die ›Deckung‹ zu verleihen: dem körperlosen Zeichen eine Verankerung in der menschlichen Leiblichkeit zu verschaffen, dem höchsten und kreditwürdigsten Wertmesser. Für die Geschichte der Heiligen Prostitution zeichnet sich deshalb nicht überraschenderweise ein Verlauf ab, der in enger Beziehung zum ›Heiligen Geld‹ steht. Hier dringen wir zum Kern der Frage vor, was die symbolische Geschlechterordnung mit der Ökonomie von Orient und Okzident zu tun hat.

Die Heilige Prostitution

Herodot, der ca. 480 v. Chr. geboren wurde, beschreibt einen Ritus aus Babylon, der in fast allen Geschichten der Heiligen Prostitution (Hierodulie) zu finden ist. »Nun aber komme ich zu der häßlichsten Sitte der Babylonier. Jedes Mädchen dort muß sich einmal im Leben am Tempel der Aphrodite hinsetzen und sich jedem beliebigen Fremden preisgeben. Manche, die sich auf ihr Geld etwas einbilden und mit den andern nichts zu tun haben wollen, lassen sich im geschlossenen Wagen nach dem Tempel fahren und von einer zahlreichen Dienerschaft begleitet. Die meisten

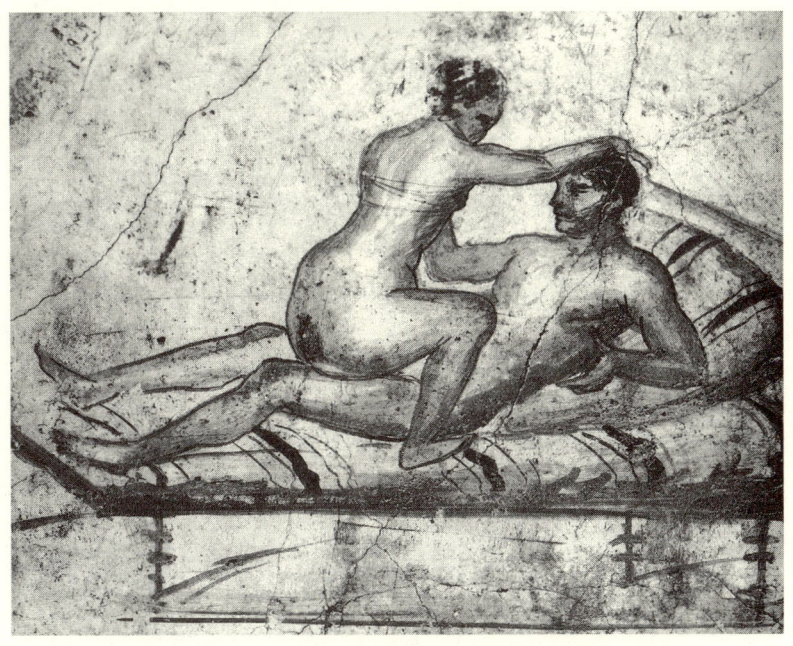

Die Heilige Prostitution verließ den Tempel zusammen mit dem Heiligen Geld. Abbildung aus dem Bordell von Pompeji.

aber machen es so: Sie sitzen im Haine der Aphrodite mit einem Kranz von Schnüren auf dem Kopfe, eine ganze Menge [Mädchen]; denn es kommen und gehen viele. Auf den geraden Wegen, welche nach allen Richtungen zwischen den Weibern durchführen, gehen die Fremden auf und ab, um sich eine auszusuchen. Ein Mädchen, das da sitzt, darf nicht eher nach Hause gehen, bis ihr irgendeiner ein Stück Geld in den Schoß geworfen und sie außerhalb des Heiligtums beschlafen hat. Wenn er ihr das Geld zuwirft, muß er sagen: ›zu Ehren der Göttin Mylitta‹. Aphrodite heißt nämlich bei den Assyrern Mylitta.«864

Daß es in der Antike die kultische Sexualität bzw. die Tempelprostitution gab, wird heute nicht mehr bezweifelt. Doch schon Herodot war der sakrale Gedanke, der ihr zugrunde lag, fremd. Zu seiner Zeit gab es in Griechenland

397

schon längst eine – von Solon eingerichtete – staatlich ver-
waltete, profane Prostitution. Herodot vertrat die Ansicht,
daß die jungen Frauen von Babylon durch die geschlechtliche Hingabe ihre Aussteuer verdienten, so wie später fast
alle Theoretiker der Prostitution den Grund für ihre Verbreitung in der Veranlagung der Frauen – und nicht etwa
der Klienten – suchten. Oder sie verorteten, wie der Sexualwissenschaftler Iwan Bloch, den Ursprung der Prostitution
in der ›ungehemmten‹ Sexualität der ›Matriarchate‹.[865]

Die sakrale Tempelprostitution oblag den Priesterinnen,
die ein hohes gesellschaftliches Ansehen genossen, das erst
später, mit der allmählichen Profanisierung der Prostitution, sank. Den mythischen Hintergrund bildete die Vorstellung von der ›Heiligen Hochzeit‹, deren Höhepunkt
die Kopulation des Königs mit einer die Göttin vertreten-
den Priesterin bildete.[866] Die sich über Tage hinziehenden,
aufwendigen Riten implizierten auch einen Hinweis auf
Menschenopfer und sakrale Prostitution: »Im Festzug
werden junge Männer mitgeführt, die auf ihren Nacken ein
hölzernes Joch tragen und solcherart vielleicht Kriegsgefangene darstellen. Es folgen alte und junge Frauen mit
dem Haarputz der Prostituierten und schließlich die Bürger der Stadt, begleitet von Musikanten mit Leiern und
Trommeln.«[867]

Zur sakralen Prostitution gehörte auch die Opferung von
Töchtern, die der Göttin geweiht wurden. Davon verspra-
chen sich Familien eine Gnade der Gottheit. Die den
Tempeln geschenkten Mädchen hatten sakrale sexuelle Tempeldienste zu verrichten und wurden vom Tempel unterhalten. Sie durften nicht ohne weiteres heiraten. Hatten sie
Kinder, so wurden diese laut dem Gesetzbuch des Hammu-
rabi im königlichen Palast erzogen. Die Inschrift auf dem
Sockel einer monumentalen Statue der Göttin aus Nord-
syrien aus dem ersten Jahrtausend lautete, daß bei Vertrags-
bruch eine Strafe gefordert wird: »Sieben Söhne von ihm soll

man vor dem Wettergott verbrennen, sieben Töchter von ihm soll er der Ištar als Prostituierte überlassen.«[868]

Der Text verdeutlicht die geschlechtliche Codierung des Opfers: Bezog sich das Menschenopfer auf die Söhne, so die Hierodulie auf die Töchter. Die Fremden, die mit den Hierodulen Beischlaf hatten, mußten dafür zahlen: in Form von Naturalien oder Geld. Das ›Einkommen‹ gehörte dem Tempel.[869] 1857 schrieb der Theologe J. J. Döllinger:»Da der Grundgedanke des Opfers die Hingebung des Menschen an die Gottheit mittelbar oder durch Substitution ist, so konnte das Weib der Göttin nicht besser dienen, als durch Prostitution. Daher war auch der Gebrauch, daß Jungfrauen vor ihrer Vermählung einmal im Tempel der Göttin sich preisgeben mußten, so verbreitet; es war dies in seiner Art dasselbe, was das Opfer der Erstlinge von den Feldfrüchten war.«[870] Eine Reminiszenz an die Tempelprostitution scheint sich – auf ironische Weise – bis ins Mittelalter gehalten zu haben, wo Bordelle als ›Abteien‹, Dirnen als ›Nonnen‹ und die Bordellwirtin als ›Äbtissin‹ bezeichnet wurden, und auch in der Pornographie der Moderne sind Nonnen und Klöster ein häufiges Motiv.

Von Babylon breitete sich die religiöse Prostitution nach Westen aus, um in Zypern, Askalaon in Syrien, Kythera und Athen aufzutauchen. Überall wurde sie von den Phöniziern mitgebracht, die auch das Alphabet in Griechenland eingeführt hatten.[871] In Griechenland fand man sie am häufigsten in den Städten mit intensivem Fremden- und Warenverkehr. In Korinth, so schreibt Strabo, war der Tempel der Aphrodite so reich, »daß er mehr als 1000 dem Tempeldienst gewidmete Buhldirnen hatte«.[872] Es ist unklar, ob es auch eine homosexuelle Tempelprostitution gab. Es gab Priester, die wechselnde Geschlechtsidentitäten annahmen – den Göttern dienten sie in männlicher, den Göttinnen in weiblicher Kleidung –, und es gab die Galloi, Priester, die sich zu Ehren der Göttin Kybele kastrierten. Bloch vermutet, daß sie ein Kontingent sakraler homosexueller Prostitution bildeten.[873]

Die jüdische Religion untersagte die Tempelprostitution. Der Bereich des Sexuellen war dem Profanen zugeordnet und wegen der strengen Trennung zwischen dem Bereich des Göttlichen und des Menschlichen aus dem Tempeldienst verbannt. In Deuteronomium 23,18–19, heißt es: »Du sollst nicht bringen Hurenlohn und Hundegeld in das Haus des Ewigen, deines Gottes, zu irgendeinem Gelübde; denn ein Greuel des Ewigen, deines Gottes, ist beides.« Mit der Herausbildung des Monotheismus, der auch den Übergang von der (oft matrilinearen oder matrilokalen) Clangemeinschaft zur Ehe beinhaltete, verschwand die Tempelprostitution aus den biblischen Berichten. Um so deutlicher trat nun die profane Prostitution hervor, die jedoch den Frauen fremder Kulturen überlassen blieb. In den Sprüchen Salomonis wird die Hure als ›Ausländerin‹ *(nochrija)* bezeichnet: »Die Weisheit wird dich schützen vor dem fremden Weibe, der Ausländerin, die glatte Reden führt.«[874]

Die ersten regelrechten Bordelle entstanden in Griechenland, wo sich der Übergang von sakraler zu profaner Prostitution vollzog. Hier zeigt sich ein erster Unterschied zwischen Okzident und Orient, der wiederum der unterschiedlichen ökonomischen Logik entspricht. In der vom Edelmetall bestimmten Wirtschaft wird der Frauenkörper zum Eigentum des Mannes: Im Orient entstanden große Harems und der Handel mit Sklavinnen: »Durch den Besitz eines Maximums an Ehefrauen brachte ein Mann seinen Stand und seine Macht zum Ausdruck«, schreibt Leila Ahmed.[875] Der weibliche Körper entsprach dem ›Rohstoff‹, der Garant von Reichtum war. Das ›umlauffähige‹ Zeichensystem Geld verlangte hingegen nach einer Form von ›sexueller Leibeigenschaft‹, die ›umlauffähig‹ war und rasch wechselnde Tauschobjekte implizierte. Der weibliche Körper wurde hier in eine ›lebende Münze‹ verwandelt.[876]

Die Organisation der Prostitution in Griechenland, wie sie 594 v. Chr. von Solon eingeführt wurde, trat die Erbschaft des *obolos* an: Sie diente dem Opferkult des Geldes. Es war die erste Form einer staatlich organisierten Prostitution: Solons Bordelle waren Staatsbordelle, die von Staatsbeamten verwaltet und beaufsichtigt wurden und in denen der Staat die Steuer von den einzelnen Prostituierten einzog.[877] Die Frauen in den Bordellen wurden aus dem Sklavenstand und dem Stand der Unfreien rekrutiert. Die Bordelle befanden sich in öffentlichen Gebäuden, den sogenannten *oikema*, zu denen auch die Tempel gehörten. Später verlagerten sie sich in private Gebäude, blieben aber unter Staatsaufsicht.[878] Die Kosten für den Besuch des Bordells legte Solon auf einen *obolos* fest.[879] Zunächst gab es daneben noch die sakrale Prostitution, aber sie verschwand allmählich, so wie auch das Geld allmählich den sichtbaren Bezug zu seinem sakralen Ursprung verlor.

Die Prostituierten in den Bordellen waren rechtlos, und sogar die meisten freien Prostituierten waren Sklaven eines Kupplers oder eines Besitzers, der sie zu Zwecken der Prostitution vermietete.[880] Die massenhafte Einführung von Sklaven in Hellas und Rom, wo die Zahl der Sklaven ein vielfaches der freien Bevölkerung ausmachte, wurde bestimmend für die Prostitution. Die Buden der Geldwechsler wurden zu einer beliebten Wechselstelle für kupplerische Zwecke – ein Hinweis unter vielen, daß die Prostitution mehr mit der Zirkulation des Geldes als mit einem Relikt ›orgiastischer Sexualität‹ oder dem Schutz der Ehe zu tun hat, wie Bloch die Prostitution interpretiert.[881] Die Bordelle der Antike waren eine Vorform der modernen Kasinos und Spielsäle, wo ebenfalls käufliche Sexualität und die Erotik des Geldes zusammengebracht werden.

Aus dem Tauschhandel zwischen dem ›leeren Signifikanten‹ Geld und dem weiblichen Körper sollte sich der Topos von der Putzsucht, der Schminke und dem Trügerischen der Prostituierten entwickeln – ein Topos, der schon in den Texten der Antike zu finden ist und in jedem Zeitalter aktualisiert wurde.[882] »Professionelle Verlogenheit ist mit Heuchelei und Betrug unzertrennlich verbunden. Die Dirne muß Liebe zu ihrem jeweiligen Besucher heucheln, um seine Leidenschaft stärker zu reizen und um ein höheres Honorar zu erzielen«, schreibt Bloch.[883] Die Prostituierte mußte einen Orgasmus vortäuschen[884] und mit ihrem Körper für ebenjenen ›Mehrwert‹ einstehen, der dem käuflichen Sexualakt wie dem abstrakten Geld fehlt. Daß es sich hier um eine Rollenzuweisung handelt, ist an einem Gesetz abzulesen, das es in Griechenland den ehrbaren Frauen verbot, sich auffallend zu kleiden, während die Prostituierten reichverzierte und farbige Kleidung anlegen durften.[885] Ein ähnlicher staatlicher Eingriff in die Kleidung und das Geschäft mit der Prostitution galt auch später für Venedig, wo die Stadtväter von den Prostituierten großzügigere Dekolletés forderten, um das Geschäft anzuheizen. Der Name der *Ponte delle Tette* (Titten-Brücke) erinnert noch heute daran. Auf diese Weise wurden die Prostituierten zu den Schrittmachern wechselnder Moden und neuer Kleidungsstile; das galt für die Antike wie für das Mittelalter.[886]

Die ›Sichtbarmachung‹ des Körpers der Prostituierten läßt diese als ›sichtbaren‹ Beweis für den unsichtbaren Wert des Geldes erscheinen. Die wechselnden Moden, die von der Prostitution ausgingen, verwiesen auch auf den Konsum und die Notwendigkeit neuer Waren, die mit der Geldwirtschaft einhergehen. Zugleich ist das Bild vom ›trügerischen‹ weiblichen Körper mit seiner Putzsucht, seiner Schminke und seinen lauten Farben das Gegenstück zum Symbol Geld, dessen ›Leere‹ und trügerischer Aspekt nie zutage treten darf. Die ›Unzuverlässigkeit‹ der Prostituierten half, die Unzuverlässigkeit des Geldes zu verdecken. »Auch im Altertum sind Unsummen an die Prostitution verschwendet worden, auch damals ist ein sehr bedeutender Teil des Na-

Die »Deutsche Bank« von Karl Valentin:
»Keine plötzliche Entwertung der Person wird je vergessen,
sie ist zu schmerzlich. Man trägt sie ein Leben lang mit sich herum,
es sei denn, man kann sie auf einen anderen werfen.«

tionalvermögens ihren unproduktiven Zwecken geopfert
worden«, so Iwan Bloch.[887] Aber kann man sagen, daß die
Prostitution unproduktiv war? Aus der Sicht des Geldes
läßt sich das nicht aufrechterhalten. Sie brachte das Geld unter die Leute; sie ließ das Symbol (und das symbolische
Denken) zirkulieren. Vor allem verlieh sie dem Symbol
einen ›echten Leib‹ – und diesen Prozeß kann man bis in die
Moderne verfolgen. Er begleitet den zunehmenden Abstraktionsprozeß des Geldes.

Nicht zufällig hat Simmel in seiner »Philosophie des Geldes« dem Thema Prostitution ein ausführliches Kapitel gewidmet. »Nur die Transaktion um Geld trägt jenen Charakter einer ganz momentanen Beziehung, die keine Spuren

403

hinterläßt, wie er der Prostitution eigen ist. [...] Indem man mit Geld bezahlt hat, ist man mit jeder Sache am gründlichsten fertig, so gründlich, wie mit der Prostituierten nach erlangter Befriedigung.«[888] Für Simmel ist das Verhältnis von Geld und Prostitution geprägt von der Abstraktion und Anonymität, die beiden eignet. Es kommt ein Faktor hinzu: die zeugende Macht über die Materie. Gerade weil das Geld als reines Zeichensystem seinen Besitzer, wie Canetti schreibt, in den Entwertungsprozeß einbezieht, verlangt es nach einem beständigen Wertmesser, der seine ›Glaubwürdigkeit‹ erhält. War einst das Rind dieser ›Wertmesser‹, so trat allmählich eine modernere Form von Fleisch an seine Stelle. Je abstrakter das Geld wurde, je mehr es seine Bindung an die Materie verlor, desto wichtiger wurde die käufliche Sexualität. Dieser Zusammenhang ist um so wichtiger, als am Ursprung des Geldes eine symbolische Kastration stand.

Canetti hat dargestellt, wie die Erfahrung der Entwertung durch die Inflation an den Juden weitergegeben wurde. »Keine plötzliche Entwertung der Person wird je vergessen, sie ist zu schmerzlich. Man trägt sie ein Leben lang mit sich herum, es sei denn, man kann sie auf einen anderen werfen. [...] Was man braucht, ist ein dynamischer Vorgang der *Erniedrigung*: Es muß etwas so behandelt werden, daß es weniger und weniger gilt, wie die Geldeinheit während der Inflation, und dieser Prozeß muß sich fortsetzen, bis das Objekt in einem Zustand kompletter Wertlosigkeit angelangt ist. Dann man kann es wegwerfen wie Papier oder einstampfen lassen.«[889] Durch die traditionelle Gleichsetzung von ›Jude‹ und Geld seien die Juden prädestiniert gewesen für diese Rolle, und in ihrer Behandlung habe der Nationalsozialismus »den Prozeß der Inflation auf das genaueste wiederholt«: Sie wurden entwertet und schließlich zu ›Ungeziefer‹ gemacht, »das man ungestraft in Millionen vernichten durfte«.[890] Die Parallelen von Geld und weiblichem Körper sind anders und hängen doch eng mit derselben Angst zusammen: der Angst, daß das Zeichensystem Geld seine Loslösung von der Materie offenbaren könnte. Es entsteht eine Wechselbeziehung, die dazu führt, daß mit der zunehmenden Abstraktion des Geldes die Bedeutung der profanen Prostitution wächst.

Der Übergang zur profanen Prostitution

Der Sexualwissenschaftler Iwan Bloch hat 1912, wenige Jahre nach Simmels »Philosophie des Geldes«, eine Geschichte der Prostitution veröffentlicht, die weniger wegen seiner Thesen als wegen der Fülle des von ihm zusammengetragenen Materials noch immer als Standardwerk gelten darf. Analytisch stellt sie freilich das typische Produkt eines wissenschaftlichen Diskurses über die Sexualität dar, der sich an der Theorie des ›männlichen Triebs‹ orientiert. Bloch zitiert den Juristen Franz Krassel, der 1894 die Prostitution folgendermaßen definierte: »Juristisch kann die Prostitution nur definiert werden als die Hingabe des weiblichen Körpers zur Befriedigung des Geschlechtstriebes gegen Entgelt an den Mann, wobei das Entgelt seitens beider Teile als Bedingung dieser Hingabe gegeben und genommen, beziehungsweise vorausgesetzt wird.«[891] Damit macht der Jurist das Geld zum Angelpunkt einer Definition der Prostitution, schränkt sie aber auf die heterosexuelle Beziehung ein. Das ist um so erstaunlicher, als die homosexuelle männliche Prostitution gegen Ende des 19. Jahrhunderts, in Deutschland wie anderswo, sehr verbreitet war. Auch das römische Recht wie das kanonische und germanische Recht, die sich diesem anschlossen, kannten männliche oder lesbische Prostitution nicht. »Für sie ist Prostitution nur möglich zwischen Personen verschiedenen Geschlechts.«[892] Da es aber auch in Rom die männliche Prostitution gab, die homosexuelle wie die heterosexuelle,[893] bedeutet die Nicht-Verankerung dieser Tatsache im Recht, daß mit den Prostitutionsgesetzen eigentlich die symbolische Geschlechterordnung verhandelt wurde: Als ›Tauschobjekt‹ für das Geld kam nur der weibliche Körper in Frage. Er galt als das materielle Pendant zur Münze, hinter der sich das ursprüngliche Opfer verflüchtigt hatte und das ohne diese Anbindung an einen ›sakralisierten‹ weiblichen Körper seiner Glaubwürdigkeit verlustig zu gehen drohte. Ludwig Ammann hat auf die Sakralisierung des weiblichen Körpers im Islam hingewiesen, die mit seiner Fortpflanzungsfähigkeit zusammenhängt (vgl. S. 101). Hier ging es um eine Sakralisierung, die auf der Potenz – und damit verbunden: der Fortpflanzungsfähigkeit – des Geldes basierte. Allerdings sind ›Männlichkeit‹ und ›Weiblichkeit‹ als Codes zu verstehen: Männlichkeit steht für das abstrakte Zeichen, die Zeichenhaftigkeit des Geldes, Weiblichkeit hingegen für die Materialisierung dieses Zeichens, für seine Macht über die ›Wirklichkeit‹. Weil es sich um symbolische Codes handelte, nicht um ›den‹ Frauenkörper, brauchte die männliche Prostitution vom Recht nicht ausdrücklich thematisiert zu werden; sie war als ›weiblich‹ definiert worden, egal, ob sie von einem Mann oder einer Frau ausgeübt wurde.

Aus diesem Grund erscheint es auch befremdlich, daß Bloch in der Prostitution einen »Überrest, ein Aequivalent, des ursprünglich freien Geschlechtslebens der Menschheit« sehen will.[894] Er meint, in ihr den »Dienst eines zügellosen Naturprinzips« zu erkennen, dem »die beengende Fessel der Ehe zuwider ist«.[895] Die Männer, die als ›Kunden‹ der Tempelprostitution auftauchen, gelten Bloch als »Stellvertreter der Gottheit«, die ihre Pflicht vollbringen »als ›Ablösung‹ oder ›Sühne‹ für die Beschränkung der ursprünglichen sexuellen Ungebundenheit«.[896] Sie tragen eine ›Schuld‹ ab, die darin besteht, daß die Sexualität ›zivilisiert‹ wurde. Bloch war der Überzeugung, daß die Prostitution ihre Existenz der Institution Ehe verdankte. Seitdem die Ehe die Frau in ein »Wertobjekt« und »rein individuelles Eigentum des Mannes« verwandelt habe, suche der Mann nach Möglichkeiten der Entfesselung außerhalb der Ehe.[897] Aus der Ehe sei die »die pekuniäre Entschädigung« auf die Prostitution übertragen worden, die sich deshalb parallel zu ihr »entwikkeln mußte«. In der Antike habe sich ein Dualismus »zwischen der strengen monogamen Zwangsehe auf der einen und einer außerordentlichen geschlechtlichen Freiheit des Mannes auf der anderen Seite« herausgebildet, und Solon habe die Prostitution legalisiert, »um die Ehe zu schützen«.[898] Diese »streng patriarchale Ordnung« führte Bloch wiederum auf den Einfluß des Orients zurück.[899]

Diese Erklärungen leuchten aus mehreren Gründen nicht ein. Erstens genossen die Frauen zur Zeit Solons in einigen Teilen des Orients, etwa in Ägypten, eine erheblich größere Freiheit als die Griechinnen (vgl. S. 304). Zweitens: Wenn sich die neue Geschlechterordnung Griechenlands einem Teil des orientalischen Raums (Byzanz oder Persien) verdankte, warum taucht die Prostitution dann dort als ein später Import aus dem Westen auf? Auch ist der von Bloch behauptete Zusammenhang zwischen Ehe und Prostitution in Griechenland nicht einleuchtend. Wegen des geringen Honorars kamen die Klienten der Bordelle aus allen Schichten, unter ihnen waren hauptsächlich Arbeiter und Sklaven, deren Ehen für den Staat nicht notwendigerweise schützenswert waren, weil keine Vermögen vererbt wurden. Die Tatsache, daß die Bordelle vor allem in Hafen- und Handelsstädten eingerichtet wurden, wo Militärs und Kaufleute verkehrten,[900] zeigt, daß es nicht um eine Nebeneinrichtung der Ehe, sondern eher um eine Ware und die zirkulierende Münze ging. Die wohlhabenden griechischen Bürger hielten sich Hetären und bedurften der Bordelle nicht. Und selbst bei den Hetären drehte sich alles ums Geld, wie Bloch selbst schreibt: »Die geschickte und raffinierte Ausbeutung der Männer erscheint als der einzige Zweck und das einzig Vernünftige des Hetärendaseins, während in den niederen Sphären der Prostitution und in den gewöhnlichen Bordellen das Honorar recht gering war.«[901] Der kausale Zusammenhang von Ehe und Prostitution ist auch für spätere Epochen nicht haltbar: Zwar ist es unbestreitbar, daß die Einrichtung der Ehe eine wirtschaftliche Abhängigkeit der Frau vom Mann schuf, doch der Rückgang dieser Abhängigkeit – Bloch selbst war Zeitzeuge der erfolgreichen Kämpfe von Frauen um Wahlrecht, Bildung, persönliches Eigentum – führte keineswegs zu einem Rückgang von Prostitution und Menschenhandel um 1900.

Fast die gesamte Organisation der Prostitution, wie man sie heute kennt, stammt aus dem griechischen Altertum. Natürlich gab es auch im Orient die Prostitution, aber vor allem dort, wo der Handel eine wichtige Rolle spielte. Große Städte wie Konstantinopel, Thessaloniki oder Antiochien hatten zahlreiche Fremdenkolonien, die die wichtigste Klientel für die Prostitution lieferten. Mit der Ausbreitung des Hellenismus durch das Römische Reich und dank des byzantinischen Kaisertums drang die profane Prostitution, wie die Geldwirtschaft, nach Asien, Europa und Nordafrika vor, »um später auch im mohammedanischen Orient Eingang zu finden«.[902]

Der verzögerte Import der Prostitution nach westlichem Modell in den orientalischen Raum hing damit zusammen, daß sich hier eine andere Form von ›Kapitalisierung‹ des weiblichen Körpers durchgesetzt hatte: der individuelle Besitz der Frau, nicht der schnell wechselnde ›Gebrauch‹ ihrer Geschlechtsmerkmale. Der Besitzgedanke fand seinen Ausdruck in der Sklaverei ebenso wie in der bis heute vielerorts erhaltenen Sitte des Brautgelds. Die Sklavinnen mußten oft zu hohen Preisen erworben werden. Die Häuser der Sklavenhändler in den arabischen Städten dienten gelegentlich auch als Bordelle, doch es ging dabei weniger um den schnell wechselnden Kunden als um das schnell wechselnde Eigentumsrecht an den Frauen. Es gibt im Islam die Einrichtung der ›Tagesehe‹, die dem zirkulierenden Besitz der Frauen relativ nahe kommt. Aber sogar diese Einrichtung ist mit einem, wenn auch zeitlich beschränkten, ›Eigentum‹ am Frauenkörper verbunden. Die griechische und die sich von ihr ableitende Prostitution der westlichen Welt schlossen nie den Eigentumsgedanken ein – höchstens in Form von Kapitalisierung des Geldes. Ebendas unterscheidet eine Ökonomie, die auf dem Bewahren von Edelmetallen beruht, von der Geldwirtschaft, die, wie Simmel schreibt, einer schnell wechselnden Fluktuation bedarf: »Hier ermöglicht also das Geld eine ganz eigenartige Expansion der Persönlichkeit, sie sucht sich nicht mit dem Besitz der Dinge selbst zu schmücken, die Herrschaft über diese ist ihr gleichgültig; es genügt ihr vielmehr jene momentane Macht über sie.«[903] Die Lust am ›momentanen Besitz‹ charakterisiert auch das Verhältnis des Freiers zur Prostituierten.

Mit Verwunderung konstatiert Bloch, daß Antike und Mittelalter der Prostituierten zwar Verachtung entgegenbrachten – »Die mittelalterliche Prostituierte ist die offizielle Persönlichkeit und Paria der Gesellschaft in einer Person«[904] –, aber im Aberglauben die Begegnung mit einer Prostituierten als Glücksomen gewertet wurde. Jakob Grimm führt in seiner »Deutschen Mythologie« einige Beispiele dafür an.[905] Bloch erklärt sich diesen Widerspruch damit, daß »sich mit einer Prostituierten die Vorstellung fesseloser, uneingeschränkter Zeugung und Fruchtbarkeit und daher des Wohlstands und Gedeihs verbindet«.[906] Eine solche Vorstellung von einer »fessellosen und uneingeschränkten Zeugung und Fruchtbarkeit« verbindet sich schwerlich mit den Lebensbedingungen einer Prostituierten, wohl aber mit dem Geld und dessen Vermehrungsvermögen. Aristoteles lehnte die Verzinsung von Geld ab, weil eine unge-

schlechtliche Fortpflanzung und Vermehrung widernatürlich sei. Doch im »Hippolytus« läßt Euripides seinen
Titelhelden von der Sehnsucht nach einer Fortpflanzung
träumen, die ohne Frauen, aber durch das Geld bewerkstel-
ligt wird: »O Zeus, was brachtest du ans Sonnenlicht die
Frauen,/ ein heuchlerisches Übel für die Menschheit?
Denn/gedachtest du den Stamm der Menschen fortzupflan-
zen,/ so brauchtest du das nicht durch Frauen zu gewäh-
ren,/ nein, brauchten nur die Sterblichen in deinen Tem-
peln/ für Gold, für Eisen oder schweres Kupfer sich/ die
Sprößlinge [wortwörtlich: der Kinder Samen] zu kaufen, jeder für den Preis,/ der seinem Steuersatz entspricht.«[907]
Wenn sich also mit der Prostitution die Vorstellung von
Fruchtbarkeit verband, so hing diese weniger mit der Sexualität als mit der Fruchtbarkeit des Geldes zusammen.

Das Geld und die Prostitution im Mittelalter

Als sich im 12. und 13. Jahrhundert im christlichen Norden
Europas das Stadtwesen zu entwickeln begann – und diese
Entwicklung ging mit dem Übergang von einer Natural- zu
einer Geldwirtschaft einher –, erfuhr auch die Prostitution
ihre Verankerung im Gemeindewesen. Noch im 14. Jahrhundert umfaßte die größte Stadt Deutschlands kaum mehr
als 40000 bis 50000 Einwohner. Die Geldwirtschaft führte
ihrerseits zu einer zunehmenden Zirkulation von Menschen: dem ›fahrenden Volk‹. Die Organisation des Prostitutionswesens, die sich nun entwickelte, ähnelte den Einrichtungen, die Solon in Athen geschaffen hatte: Sie basierte
auf Bordellen, die auch in kleineren Städten – von zweitau-
send oder weniger Einwohnern – eingerichtet wurden. Das
geschah mit Einverständnis von Stadtrat und Kirche. Die
Kirche begründete ihre Befürwortung dieser Einrichtungen
mit Argumenten, die schon Augustinus angeführt hatte:

Die Prostitution sei als ›kleineres Übel‹ zu tolerieren, um ein größeres Übel, die Unzucht mit ehrbaren Frauen und Mädchen, zu verhindern.[908]

Ab dem 14. Jahrhundert verzeichnen so gut wie alle Städte Westeuropas ›Frauenhäuser‹: in den romanischen Ländern etwas früher als in den germanischen.[909] Diese mittelalterlichen Frauenhäuser waren, wie unter Solon, förmliche Staatsgebäude, die sich im Besitz der Stadträte, eines Fürsten oder der Kirche befanden und für deren Rechnung arbeiteten. Alle legislativen und sittenpolizeilichen Maßnahmen und Verordnungen zielten auf die Aufrechterhaltung dieses Prostitutionswesens, das zunftmäßig organisiert war und »auf eine radikale Vertilgung der sogenannten freien Prostitution« abzielte.[910] Eine solche von der Obrigkeit organisierte Prostitution – bei der der Souverän dem sexuellen Geschäft seinen Stempel aufsetzt – gleicht der Münze, die sich in dieser Zeit ebenfalls als Zeichen der Souveränität einer Stadt oder eines Fürstentums entwickelte. Die staatlich oder kirchlich geführten Einrichtungen schrieben den Prostituierten vor, daß sie sich keinem Mann verweigern durften; es war ihnen auch untersagt, mit ihrem »lieben Mann«, einem Freund oder Zuhälter, umsonst Geschlechtsverkehr zu haben. Ihr Körper gehörte, wie eine Nürnberger Polizeiordnung ausdrücklich festhielt, der Allgemeinheit.[911] Wenn eine der Frauen das ökonomische Interesse der Stadt »durch uneigennützige und nichts eintragende Liebschaft« schädigte, schritt die Obrigkeit gegen sie ein.[912] Wie eine Münze gleichgültig der Ware gegenübersteht, die man durch sie erwirbt, so durfte auch die Prostituierte keinen Unterschied zwischen den einzelnen Kunden machen. Genau diese ›Gleichgültigkeit‹ in bezug auf den ›Genuß‹ beschreibt Simmel als das Wesen des Geldes: »Dadurch, daß wir am Geld die Genußwerte der damit beschaffbaren spezifischen Objekte vorempfinden, daß der Reiz derselben

411

auf das Geld übertragen und von ihm vertreten wird«, erhalten die »einzelnen Genußempfindlichkeiten eine Art von Vergleichbarkeit«.[913]

An dieser Entwicklung hatte die christliche Theologie ihren Anteil. 1215 hatte die Kirche die Transsubstantiationslehre zum Dogma erhoben: Hostie und Wein, Symbole für den Leib des Herrn, nahmen den Status von ›Realität‹ an. Kurz danach wurden in Frankreich, in Florenz und Genua die ersten Goldmünzen geprägt: Münzen wie der Louisdor, der auf ›Realwährungen‹ oder Edelmetallen basierte. Bis dahin hatten Klöster und andere Einrichtungen mit ›Geisterwährungen‹ gehandelt, für die es kein Äquivalent im öffentlichen Handel gab. Mit den Goldmünzen jedoch, so Cipolla, »wurden alle Geister echt, und jeder konnte jede Denomination tatsächlich sehen und berühren«.[914] Eine der Begleiterscheinungen waren freilich Falschmünzerkönige wie Philipp IV. von Frankreich, die unterwertiges Geld in Umlauf brachten, sobald es ihnen an Liquidität mangelte. So löste sich das Geld erneut von den Edelmetallen, und das ermöglichte die Zirkulation von Waren und ihren Substituten: der ›lebenden Münze‹. Die Prostitution wurde zu einem Indiz für die Handelskompetenz des Nominalgeldes. In einer Urkunde von Amsterdam aus dem 15. Jahrhundert wurde die Einrichtung von Frauenhäusern mit der Begründung gerechtfertigt: »Gemeine Frauen sind in einer großen Handelsstadt wie der unsrigen nicht zu entbehren.«[915]

Je umfassender die Geldwirtschaft und je abstrakter das Geld wurde, desto wichtiger wurde die Prostitution. Im 14. Jahrhundert entwickelte sich ein Bankwesen, für das die Templer während der Kreuzzüge das Modell geschaffen hatten. Da einige Fürsten zugleich eine systematische Inflationspolitik betrieben, entstand die Notwendigkeit einer regulierenden Geldinstanz. Nikolaus von Oresme, der ab 1377 Bischof von Lisieux und als Berater des französischen Königs tätig war, schrieb ein Traktat über das Geld, in dem er vorschlug, das Geld den Fürsten zu entziehen und zum Kollektiveigentum zu machen.[916] Der Fürst sollte nicht mehr Eigentümer, sondern nur Hüter der Münze sein. Damit wurde einerseits die Zentralbank vorweggenommen, andererseits aber auch die Entstehung des privaten Bankwesens ermöglicht.

Mit dieser Entwicklung wanderte auch die Prostitution aus dem öffentlichen in den privaten Markt ab. Die ersten Vertreter des Bankwesens im abendländischen Mittelalter, die Lombarden, unterhielten in ihren Geschäftshäusern Bordelle; das zeigen Verordnungen der französischen Könige Karl V. und Karl VI. betreffend Privilegien lombardischer Bankiers in Paris, Amiens und Meaux.[917] Die Bankiers übernahmen damit die doppelte Erbschaft des Tempels: das Geld wie die sakrale Tempelprostitution. Ab dem 14. Jahrhundert entwickelte sich zunehmend ein bargeldloser Verkehr mit Wechseln, Schecks und Indossamenten. Schweden und andere Länder führten im 17. Jahrhundert das erste Papiergeld ein, eine Neuerung, die schon bald danach von dem schottischen Bankier und Wirtschaftstheoretiker John Law aufgegriffen wurde. John Law erhielt 1715 in Frankreich die Genehmigung zur Errichtung einer Privatnotenbank und gründete zwei Jahre später die *Companie d'Occident* als Handelsgesellschaft für den französischen Kolonialbesitz in Nordamerika. Die stark spekulative Nachfrage nach den Aktien für diese Gesellschaft führte zur ständigen Neuausgabe von Aktien und Banknoten, und die dadurch bewirkte erste Papiergeldinflation stürzte Frankreich 1720 in eine schwere Wirtschaftskrise. Law wurde zum ersten Theoretiker des Papiergeldes und der produktiven Wirkungen des Kredits.[918]

Die allmähliche Wandlung des Geldes zum reinen Zeichen war von einer Ausbreitung der Prostitution begleitet, die in den Städten der Industrieländer Ende des 19. und Anfang des 20. Jahrhunderts zu einem Massenphänomen wurde. Der Zuhälter nahm nun die Stelle ein, die zuvor Stadtrat, Fürst oder Klerus innehatten; er wurde zur Wechselstelle, an der das Zeichen gegen den Körper getauscht und das Geld zu Fleisch wurde. Zuhälter begannen, »die Prostituierten als einträgliche Einnahmequelle zu verwerten und mit ihnen Handel zu treiben, wie mit einer beliebigen anderen Ware«.[919] Im 19. Jahrhundert traten die sexuellen Implikationen eines gewandelten Finanzmarktes mit seinem ›notierten‹ Geld und den Aktien deutlich zutage. Zola beschreibt sie in seinem Roman »Das Geld«, in dessen Zentrum die Börse steht: der Tempel des Industriezeitalters, um den herum die alten Opferrituale stattfinden. Es wird Geld geopfert und Geld verloren – und es wird in sexueller Münze gezahlt. Saccard, der Gründer der *Banque Universelle*, ein Spieler und ehemaliger Pleitier, gewinnt seine Gläubiger, darunter auch alte Adelsfamilien, die bis dahin eher auf Landbesitz – also Realien – als auf die Börse gesetzt hatten,[920] dadurch, daß er nicht nur den Bau von Eisenbahnlinien in Palästina und die Erschließung von Silberminen auf dem Karmel verspricht, sondern als Krönung und »eucharistische Verheißung der fernen Expedition«[921] auch die Eröffnung einer vatikanischen Bank in Jerusalem, der »Bank zum Heiligen Grab‹: »eine katholische Bank, die von den Interessen der gesamten Christenheit getragen wäre: eine riesige Maschine, die die jüdische Bank zerschmettern und vom Erdball hinwegfegen sollte«.[922]

Zola verdeutlicht nicht nur die enge Beziehung von Aktie und christlicher Religion, sondern auch die von Börse und Sexualität. Saccard, so heißt es im Roman, »hatte selbst auch nie große Leidenschaften kennengelernt, weil er der Welt des Geldes angehörte, zu sehr beschäftigt war, seine Nerven anderweitig verausgabte und die Liebe monatsweise bezahlte. Wenn er, auf seinen neun Millionen hockend, Verlangen nach einer Frau verspürte, dachte er nur daran, eine sehr teure zu kaufen, um sie vor ganz Paris zu besitzen, so als würde er sich einen sehr großen Brillanten schenken, um ihn sich lediglich aus Eitelkeit an die Krawatte zu stecken. Und war das nicht eine ausgezeichnete Reklame? Wenn ein Mann in der Lage war, viel Geld für eine Frau auszugeben, mußte er dann nicht ein klar erfaßbares Vermögen haben?«[923]

Hatte Hobbes zweihundert Jahre zuvor das Geld mit dem Blutkreislauf des Staates verglichen,[924] so erklärt der Börsenspekulant des 19. Jahrhunderts den Aktienhandel zur Pumpe, die den Blutkreislauf in Gang hält. Saccard: »Begreifen Sie doch, die Spekulation, das Börsenspiel ist das zentrale Räderwerk, das Herz eines so großen Geschäftes wie des unseren. Ja, das Herz, das das Blut mobilisiert, es überall in kleinen Bächen aufnimmt, sammelt, in Strömen in alle Richtungen zurückfließen läßt und einen ungeheuren Geldumlauf bewirkt, der das Leben der großen Geschäfte ausmacht.«[925] Für ihn ist das Geld deshalb auch zeugungsfähig, allen Warnungen von Aristoteles zum Trotz. Saccard zu seiner Geliebten: »»Ja, die Spekulation. Warum haben Sie Angst vor diesem Wort? Die Spekulation gibt dem Leben doch erst seinen Reiz, sie ist das ewige Begehren, das zu kämpfen und zu leben zwingt. [...] Wenn ich einen Vergleich wagen dürfte, könnte ich Sie überzeugen ...‹ Er lachte wieder, denn er wollte ihr nicht zu nahe treten. Doch als ein Mann, der sich vor Frauen gerne brutal gibt, wagte er seinen Vergleich dann trotzdem. ›Schauen Sie, glauben Sie denn, daß man ohne ... wie soll ich es sagen? ohne Ausschweifungen viele Kinder zeugen würde? Auf hundert ungezeugte Kinder kommt eines, das man zustande bringt. Das Übermaß bringt das Notwendige hervor, nicht wahr?‹«[926]

Das Geld und die Prostitution
im 20. Jahrhundert

Im 20. Jahrhundert, das die Ablösung von der Goldparität, die Aufhebung der Deckung durch die Zentralbanken und zuletzt das elektronische Geld brachte, verfestigte sich die Wechselbeziehung von Geld und Prostitution. Die Industrieländer begannen Frauen und Kinder aus der Dritten Welt zu importieren; es entstanden die international operierenden Zuhälterringe. Heute sind 85 bis 90 Prozent der Prostituierten in den kapitalistischen Industrieländern von Zuhältern abhängig. In den Entwicklungsländern und in Osteuropa ist dieser Anteil noch höher. »Die Personen, die sich prostituieren, sind also in der Minderheit; die große Mehrheit der Frauen und Kinder werden prostituiert.«[927] Unter den Kindern gibt es viele Jungen, doch nach den Schätzungen sind 90 Prozent der Opfer des Menschenhandels weiblich.[928] Es geht also auch hier um eine ›Sexuierung‹, wie sie der symbolischen Geschlechterordnung des Geldes zugrunde liegt. »In den in voller Expansion befindlichen Sexindustrien, die erhebliche Bevölkerungsbewegungen produzieren und phantastische Profite und Einkommen generieren, konzentrieren sich die fundamentalen Charakteristika der aktuellen kapitalistischen Wirtschaft«, schreibt Poulin.[929]

Der moderne Menschenhandel ist das Spiegelbild eines neuen Kapitalmarktes, der vom unsichtbaren elektronischen Geld gesteuert wird, das in der Ware Mensch seine Beglaubigung findet. Nach einem Bericht der EU-Kommission von 2003 und der Europol von 2001 werden jedes Jahr etwa 500 000 Frauen mit dem Ziel der Prostitution auf den Markt der 15 Länder der Europäischen Gemeinschaft geworfen. 75 Prozent von ihnen sind 25 Jahre alt oder jünger. Ein hoher Anteil ist minderjährig. »Weltweit sind jedes Jahr etwa 4 Millionen Frauen und Kinder Opfer des welt-

Die Prostituierte als Ware,
die dem Geld seine ›Glaubwürdigkeit‹ verleiht.

weiten Menschenhandels mit dem Ziel der Prostitution. Im Jahre 2001 schätzte man die Zahl der prostituierten Personen in allen Ländern zusammengenommen auf 40 Millionen – und diese Zahl wächst ständig.«[930]

Parallel zum ›Import‹ von Prostituierten in die Industrieländer setzte ein weltweit florierender Sextourismus ein: auf die Philippinen, nach Thailand, Lateinamerika oder Afrika. Einer Schätzung von 1995 zufolge macht das Prostitutionseinkommen 59 bis 60 Prozent des Staatshaushaltes von Thailand aus. Es hat seine Gründe, wenn diese Regierung im Jahre 1987 für den Sextourismus mit dem Slogan warb: »The one fruit of Thailand more delicious than durian: its young women.«[931] Nicht nur die Zielländer des Sextourismus, auch die Industriestaaten vermischen die ›Fruchtbarkeit‹ des Geldes mit der käuflichen Sexualität:

Die Prostitution gehört inzwischen zur ›Entwicklungsstrategie‹ der internationalen Organisationen. Viele Länder der Dritten Welt, die Kreditanträge stellen, werden von Organisationen wie dem Internationalen Währungsfonds und der Weltbank aufgefordert, ihre Tourismus- und Unterhaltungsindustrie zu entwickeln. »In jedem dieser Fälle führte die Erweiterung dieses Sektors zu einem Aufschwung der Industrie des Sexhandels.«[932]

Laut Sabine Dusch erreicht die Prostitution weltweit einen Umsatz von 60 Milliarden Euro im Jahr.[933] Die Sexindustrien repräsentieren in den Niederlanden fünf Prozent des Bruttosozialproduktes, in Japan ein bis drei Prozent; nach einer Schätzung der Internationalen Arbeitsorganisation von 1998 machte die Prostitution in Thailand, Indonesien, Malaysia und auf den Philippinen zwischen zwei und 14 Prozent aller Wirtschaftsaktivitäten aus.[934] Es ist bezeichnend, daß alle Untersuchungen zu Menschenhandel und Prostitution zunächst über Zahlen sprechen. Körper und Sexualität werden in Millionen gerechnet, die Einkünfte daraus in Milliarden. Elias Canetti schrieb von der Faszination für die ›Million‹, die einst für ein ›echtes‹ Vermögen stand, aber in der Inflation plötzlich ihren Wert verlor. Dieses Wort von den Millionen, so schreibt er, übertrug Hitler auf die Bevölkerungs- und Eroberungspolitik. In seinen Reden sei es gegangen um »die Millionen von Deutschen, die außerhalb des Reiches leben und noch zu erlösen sind«.[935] Eine ähnliche Wechselbeziehung zwischen den ›Millionen‹ und dem Körper wiederholt sich heute in der Prostitutionsindustrie. Das ist nicht die Schuld derer, die das Phänomen statistisch zu erfassen und sichtbar zu machen versuchen. Es liegt an der Sache selbst: an der Beziehung zwischen dem unsichtbaren Geld und der Ware Sexualität. Der Hinweis auf die ›Millionen‹ verdeutlicht das Verschwinden von Menschen und Körpern hinter Zahlen. In vielen Ländern der Dritten Welt, aber auch in vielen alten GUS-Staaten sowie in Ost- und Zentraleuropa »sind unter dem Impakt einer Strukturanpassungspolitik und der Liberalisierung der Ökonomie Kinder und Frauen zu den neuen Rohstoffen (*new raw resources*)« der nationalen und internationalen Handelsbeziehungen geworden.[936]

Die Strukturen der modernen Prostitution sind denen der Antike und des Mittelalters bemerkenswert ähnlich, sie haben nur weiter ausgedehnte Dimensionen angenommen. Mußten die Bewohnerinnen der früheren Frauenhäuser immer Ortsfremde sein, so kommen auch heute 80 Prozent der Prostituierten Amsterdams aus dem Ausland. Noch 1960 waren 90 Prozent der Prostituierten in Holland Niederländerinnen.[937] In den anderen europäischen Ländern sieht es ähnlich aus. In Frankreich hat sich die Zahl der Prostituierten in den letzten zehn Jahren verdoppelt, aber es handelt sich fast ausschließlich um (zumeist illegale) Migrantinnen, vor allem aus Rumänien, Albanien und Sierra Leone. Die Legalisierung und Liberalisierung der Prostitutionsgesetze, die in einigen Ländern den Frauen eine größere Unabhängigkeit von den Zuhältern verschaffen sollte, hat dazu geführt, daß die Zahl der einheimischen Prostituierten im Vergleich zu den eingewanderten gesunken ist. In Paris kommen heute auf vierhundert ›unabhängige‹ Prostituierte mehr als viertausend Frauen aus Osteuropa und Afrika.[938] Staaten, die liberale Prostitutionsgesetze eingeführt haben, verdanken diesen beträchtliche Einnahmen. Holland hat heute über den Prostitutionssektor eine jährliche Steuereinnahme von einer Milliarde Euro.[939] In Deutschland liegt, laut einer Schätzung der Ökonomen Reichelt und Topper, der Prostitutionsumsatz bei jährlich 14,5 Milliarden Euro.[940] In den Worten der Autorin Karla Sponar, die sich mit dem Thema beschäftigt hat: »Für die Menschenhändler sind die gehandelten Frauen so gut wie Gelddruckmaschinen.«[941]

Bei der Liberalisierung der Prostitutionsgesetze spielten

die ›Frauenrechte‹ eine wichtige Rolle. Die Verfügungs-
macht über den eigenen Körper, die sich Frauen über Jahrzehnte erkämpften, wurde zu einem Vorwand, die Liberalisierung der Sexualität und mit ihr der käuflichen Sexualität
einzufordern. So gehörten Feministinnen – Poulin zitiert
einige von ihnen – zu den Vorkämpferinnen einer Freiheit
der Pornographie und einer Liberalisierung der Prostitutionsgesetze. Auch die Prostituierten selbst berufen sich auf
›die Rechte der Frau‹. Im Sommer 2006 unterschrieben die
Vertreterinnen mehrerer französischer und belgischer Prostituiertenverbände einen öffentlichen Aufruf gegen eine
Gesetzesinitiative der *Parti Socialiste*, der zufolge die Freier
(nach dem schwedischen Modell) der Strafverfolgung unterliegen sollten. Sie drehten das Argumente derer, die in der
Prostitution Gewalt gegen Frauen sehen, um: »Wird nicht
an uns Gewalt verübt, wenn uns das Gesetz Sexualbezie-
hungen untersagt, durch die wir unseren Lebensunterhalt
bestreiten? [...] Ist es nicht antifeministisch, uns zu infanti-
lisieren und uns die freie Verfügung über unseren Körper zu
verweigern?«[942] Der Feminismus ist nicht nur zu einem
Ausdruck von *political correctness* geworden; er dient auch
der Verkaufsförderung. »Alle ›Produkte‹ der Sexindustrien
werden als Errungenschaften einer liberalisierten Sexualität dargestellt. Wie jeder Markt hat auch der der Prostitution kein anderes Ziel, als sich zu entwickeln. Um das zu erreichen, muß er neue Bedürfnisse wecken, Angebot und
Nachfrage erweitern.«[943] Es sei, so Poulin, ein ›Neusprech‹
entstanden, durch das »die Freiheit, sich zu prostituieren«,
als ein Recht und eine Errungenschaft der Kämpfe der
Frauen erscheint. Die Intervention gegen die Prostitutions-
oder Pornographieindustrie werde nicht mehr als Zeichen
von Puritanismus, sondern als eine Aggression gegen die
Freiheit der Frauen verurteilt. »Diese Wendung ist spekta-
kulär. Weil es Frauen gibt, die andere Frauen prostituieren,
weil es Filmemacherinnen gibt, die Pornos drehen, weil es

Besitzerinnen von Sexshops gibt, sind die Sexindustrien zu einem Ort feministischer Subversion geworden!«[944] Inzwischen sind auch am Menschenhandel viele Frauen beteiligt: In Bayern ist ein Viertel aller Tatverdächtigen weiblich.[945]

Die Rolle der ›Frauenrechte‹ bei der Ausbreitung der Prostitution ist die eine Seite der Entwicklung; die andere Seite betrifft die Konsumenten der Sexindustrie. »Der ›Kunde‹ ist der große Abwesende der internationalen Konventionen und Untersuchungen über die Prostitution.«[946] Er ist genauso abwesend, abstrakt und unsichtbar wie das Geld selbst. Was heißt das aber? Foucault hat beschrieben, wie intensiv das Interesse des Bürgertums an der Nachkommenschaft war.[947] Poulin spricht in dem Zusammenhang von einer »Kultur des Spermas«, die die feudale »Kultur des Blutes« ablöste. Auch die moderne Sexindustrie interessiert sich für die männliche Ejakulation. Aber anders als im 19. Jahrhunderts geht es heute nicht um Nachkommen, sondern um den ›vergeudeten Samen‹. Der Sinn der modernen Ejakulation besteht darin, »den männlichen Selbstwert zu garantieren«, schreibt Poulin ironisch.[948] Aber geht es wirklich um den männlichen Selbstwert? Gewiß, die symbolische Kastration, die am Ursprung der Geschichte des Geldes stand, will sich vergessen machen. Aber es geht auch um den ›Selbstwert‹ des Geldes. Das Geld ist ein ›knapp gehaltenes Nichts‹ – und deshalb soll das Sperma in Strömen fließen: Es soll finanzielle Liquidität anzeigen. Und der prostituierte Körper ist der Klingelbeutel, in den sich dieses ›vergeudete Sperma‹ ergießt. Wurde das frei flottierende Geld aus jeder Bindung an einen Souverän entlassen, so ist auch das Sperma von jeder Pflicht entbunden und dient nur noch dem Kreislauf eines ständig zu erneuernden Sexkonsums.

Hinter dieser neuen »Kultur des Spermas« verbirgt sich eine symbolische Ordnung, die man als die ›Ordnung des

Symbols‹ bezeichnen könnte. Diese Ordnung gibt sich am Körper der durch die Sexindustrie fabrizierten Prostituierten zu erkennen, die dem Geld seine Deckung verleiht. Aber die Ordnung offenbart sich auch an der großen Zahl der Konsumenten, die die Sexindustrie generiert. Diese Konsumenten sind nicht ›naturgegeben‹, allen Phantasien von der ›Männlichkeit‹ des Geschlechtstriebs zum Trotz, sondern sie sind, wie Poulin schreibt, das Produkt eines Konsumbedarfs, der durch das Angebot überhaupt erst hergestellt wird.[949] Wie bei Solon und wie im Mittelalter ist bei der Fabrikation von Angebot und Nachfrage der Staat beteiligt. Die liberalen Prostitutionsgesetze Deutschlands sind dafür ein deutliches Beispiel. Freie Marktwirtschaft? Eher eine Staatswirtschaft, die den Markt der Freier organisiert. Ebendies ist die große Neuerung des 20. Jahrhunderts: die freiwillige und massive Unterwerfung der Prostitutionskonsumenten unter eine symbolische Ordnung, von der sie nicht viel mehr als eine hastige Ejakulation zu erwarten haben. Wie gering sie selbst die ›Männlichkeit‹ ihrer Prostitutionsklienten einschätzen, offenbaren die Vertreterinnen der französischen Prostituiertenverbände in ihrem öffentlichen Aufruf vom Sommer 2006: »Unsere Klienten sind keine Fleischfresser, die nach Sex hungern, so wie sie beschrieben werden. Sie sind oft sehr schüchtern und verlangen nach Diskretion. An Fußballabenden bleiben sie unter sich und sind zu betrunken, um Sex zu haben.«[950] Ein mächtiger Sexualtrieb, der sich Befriedigung verschaffen muß? Eher ein Sexualtrieb im Dienst der Gemeinschaft. Daß das Verhalten der Söldner der Sexindustrie auch heute durch alte religiöse Überlieferungen codifiziert wird, hat Sabine Grenz in einer Untersuchung gezeigt, in der sie Gespräche mit Freiern in Berlin führte und die ›rituellen‹ Aspekte ihrer Bordellbesuche untersuchte.[951]

Zusammenfassend: Es läßt sich eine Linie erkennen, bei der sich das Geld und die Prostitution wie Spiegelbilder zueinander verhalten. Die Entwicklung der ›profanen Prostitution‹ wird lesbar als ein Mittel, dem Geld, kastrierendes Zeichen schlechthin, eine quasi-physiologische Macht zu verleihen und der asexuellen ›geistigen Fruchtbarkeit‹ ein geschlechtliches Vermögen zuzueignen. So wird die durch das Geld entstandene Kastration zum Verschwinden gebracht: Wessen Sperma fließt, der ist auch liquide. Es entsteht ein ›Vermögen‹ in jedem Sinne des Wortes. Das christliche ›Kreuzes-Paradox‹ besagt, daß das Kreuz Tod *und* Auferstehung symbolisiert. Eine ähnlich paradoxe Symbolik begleitet auch die Geschichte des Geldes: Entstanden aus der kastrierenden Macht des Zeichensystems, ist es zum Symbol von Selbstermächtigung geworden – einer eingebildeten Selbstermächtigung, die im prostituierten Körper seinen Bezug zur ›Wirklichkeit‹ findet.

Ex oriente nix

Das einzige Kulturgebiet, das vom westlichen Sextourismus nicht erobert wurde, ist der islamische Raum. Alle anderen Kontinente gehören schon längst zum Netzwerk der Sexindustrien. Ausgerechnet der Orient, auf den sich noch im 19. Jahrhundert alle erotischen Phantasien des Westens richteten, ist für den Prostitutionstourismus heute ein schwarzer Fleck. Zwar ist auch Marokko inzwischen ein Ziel des Sextourismus. Aber Ägypten? Pakistan? Obgleich säkularisiert und dem Westen gegenüber aufgeschlossen, basiert ihre touristische Anziehungskraft nicht gerade auf der Sexindustrie. Ebenso wird man sich auch schwertun, in den Reiseangeboten des Prostitutionstourismus Reiseziele im Iran, in Algerien, Syrien, Libyen, den Staaten des arabischen Golfes zu finden. Natürlich gibt es auch dort die Prostitution. Aber sie ist entweder illegal und wird mit der Todesstrafe geahndet (etwa in Saudi-Arabien). Oder sie unterliegt dem Gesetz der Kurz- oder ›Genußehe‹ (*Mut'a-Ehe*), die eine innermuslimische Angelegenheit ist. Das heißt, der sexuelle Kommerz *zwischen* Orient und Okzident, die Einbeziehung der islamischen Länder in den westlichen Sextourismus funktionieren nicht. *Ex oriente nix.*

Könnte auch dies ein Grund für die Erregung sein, die Kopftuch, ›Ehrenmord‹, ›Zwangsehe‹ und die ›Frau im Islam‹ hervorrufen? Wir haben die vielfältige Bedeutung des ›leeren Signifikanten‹ Kopftuch in den einzelnen Kontexten – der westlichen Diaspora, im säkularen oder politisch-religiös organisierten islamischen Raum – beschrieben. Wir haben versucht darzustellen, daß im Westen der berechtigten Erregung über den ›Ehrenmord‹ ein seltsames Schweigen über die zahlreichen Tötungsdelikte an westlichen Frauen gegenübersteht, die von ihren ›zivilisierten‹ Männern nur deshalb erschlagen werden, weil sie von ihrem Recht auf Trennung Gebrauch machen wollen. Ebenso auffallend ist die Gleichgültigkeit gegenüber der Prostitutionsindustrie und dem millionenfachen Handel mit Frauen und Kindern, der die westliche Geldwirtschaft begleitet. Dieses Schweigen rückt die Erregung über die türkischen ›Zwangsehen‹ in ein ganz anderes Licht.

Ein Artikel des »Spiegel« von November 2004 über »Allahs rechtlose Töchter« beginnt mit der Aussage: »Tausende Musliminnen leben in Deutschland unter dem Joch des Patriarchats, weggesperrt in der Wohnung, hilflos gegen Gewalt und Zwangsheirat. Ohne Chancen auf Integration verschwinden sie in einer Parallelwelt, die von fundamentalistischen Haustyrannen dominiert wird.«[952] Man braucht in dieser Beschreibung nur die Worte ›Zwangsheirat‹ durch ›Zwangsprostitution‹ und den ›fundamentalistischen Haustyrannen‹ durch den Zuhälter (oder den Klienten) zu ersetzen, um eine präzise Beschreibung der Situation vieler Ausländerinnen zu haben, die in der deutschen Sexindustrie arbeiten. Auch sie sind ›Importbräute‹

und ›Zwangsbräute‹, auch ihnen wird der Paß abgenommen, und auch sie kommen ohne Deutschkenntnisse in dieses Land und sind ohne Schutz der Gewalt ihres Milieus ausgeliefert. Dabei unterliegen sie einer doppelten Gewalt: der des Zuhälters und der des ›Konsumenten‹. Mag sein, daß aus Rußland ›importierte‹ Frauen, im Gegensatz zu vielen ›importierten‹ Bräuten aus der Türkei, »wissen, daß Vergewaltigung in Deutschland eine Straftat ist«.[953] Aber sie erfahren am eigenen Leib, daß diese Gewalt mehrheitsfähig ist. Sie sind nicht »Sklavinnen auf dem muslimischen Ehemarkt«,[954] sondern ›Sexsklavinnen‹ – und das gilt als eine ›normale‹ Erscheinung der modernen liberalen Gesellschaft. Daß sich der Kapitalismus auch anders denken läßt, zeigt das Beispiel Schweden, wo die Prostitution seit 1999 verboten ist und – weltweit einmalig – nicht die Prostituierte, sondern der Freier bestraft wird. (Dem Sextourismus entkommt freilich auch Schweden nicht.)

»Während die Linke für Frauenprojekte in der Dritten Welt sammelte, übersah sie die Frauen vor ihrer Haustür – ganz so als wären sie unsichtbar«, schreibt der »Spiegel« und meint die in Deutschland lebenden zwangsverheirateten Türkinnen.[955] Auch dieser Satz läßt sich wortwörtlich auf die Situation der Zwangsprostituierten anwenden, ebenso wie die Rede von ›Doppelmoral‹ und ›Parallelgesellschaft‹. Der SPD-Politiker und Bürgermeister von Neukölln, Heinz Buschkowsky, beklagt sich in einem Interview mit dem rechtsextremen Blatt »Die Junge Freiheit« über die Doppelmoral, »daß viele zum Beispiel weit mehr empört [sind], wenn Ausländer rechtsextremistischer Gewalt zum Opfer fallen, als wenn türkische Frauen aus Gründen der Familienehre erschossen, geschlagen oder gepeinigt werden. Vermutlich hängt das mit der deutschen Fixierung auf den Nationalsozialismus zusammen, die ich zwar verstehen kann, die aber nicht davon ablenken darf, was heute in unserem Land passiert.«[956] In Umkehrung heißt das, daß er das deutsche Gewissen von der NS-Erbschaft und fremdenfeindlicher Gewalt entlasten möchte, indem er den Blick auf die Gewalttaten türkischer Männer lenkt. Ihnen unterstellt er, den Rechtsstaat zu unterwandern: »Eine Parallelgesellschaft in abgekapselter, von außen unzugänglicher Form mit eigenen Verhaltensnormen und Regeln, die nicht denen der Mehrheitsgesellschaft entsprechen, birgt die Gefahr des rechtsfreien Raums und des Entstehens von Lebenswelten jenseits unserer Verfassungsnorm.«[957] Wenn es in Deutschland eine ›Parallelgesellschaft‹ gibt, so besteht sie in der Prostitutionsindustrie. Nur ist diese ›Parallelgesellschaft‹ kompatibel mit der ›Mehrheitsgesellschaft‹, und sie bewegt sich innerhalb unserer ›Verfassungsnormen‹.

Wir kritisieren nicht die Empörung über Zwangsehe und den ›Brautimport‹. Uns erstaunt nur das beredte Schweigen über Menschenhandel und Zwangsprostitution, der viele Frauen in den Bordellen der westlichen Länder oder durch den Sextourismus ausgesetzt sind. Allein für Deutschland geht die UNO von 200000 Zwangsprostituuierten aus, andere Schätzungen liegen bei 120000.[958] Diese ›Bräute‹ leben in Gefängnissen und befinden sich in der Abhängigkeit von Männern, mit deren Gewalt und Vergewaltigungspraxis sich vermutlich nur wenige der islamischen Ehemänner messen können. Weshalb hat dieser Umgang mit dem Körper von Frauen und Kindern nicht eine ähnliche Erregung zur Folge? Gelegentlich eine Zeitungsnotiz hier, eine Statistik da. Von einer öffentlichen Erregung keine Spur. Weshalb beschließt der deutsche Staat – zu Recht –, daß Zwangsehen unter Strafe gestellt werden sollen, während das neue, am 1. 1. 2002 in Kraft getretene Gesetz, durch das die ›Sittenwidrigkeit‹ der Prostitution aufgehoben wurde, es ermöglicht, daß ein Ehemann zugleich Zuhälter seiner Frau ist? Das Schweigen über den Menschenhandel offenbart, daß über Prostitution gesellschaftlicher Konsens herrscht, während alle Erscheinungen, die den Islam betreffen, als Bedrohung gesellschaftlicher Normen betrachtet werden.

Mit unserem Buch verfolgen wir die Absicht, die unausgesprochenen Diskurse zu begreifen, die sich hinter dem Topos von der ›Frau im Islam‹ verbergen. Der islamische Schleier ist u. a. das Symbol einer nicht stattfindenden ›Handelsbeziehung‹. Sah Fanon in der entschleierten Frau das Pfandstück einer ›harten Währung‹ nach westlichem Muster, so erscheint das Kopftuch wie das Symbol einer anderen Art von ›Währung‹. Wir sprechen hier ganz ausdrücklich in ökonomischen Metaphern: Wenn wir die Geschichte des Geldes und die mit ihr eng verbundene Geschichte der Prostitution so ausführlich beschrieben haben, so deshalb, weil sich hinter beidem – der Währung wie der käuflichen Sexualität – eine ganze Geschichte des religiösen Denkens verbirgt, das sich bis in die moderne säkulare Welt hinein erhalten hat und immer wieder, auf je neue Weise, seine Rechte einfordert. Das Christentum erscheint wie das Kontinuum, über das sich die Antike bis in die Moderne fortschreibt.[959] So gesehen, ist es nicht erstaunlich daß auch in den modernen ›säkularen‹ Gesellschaften unterschiedliche Denkweisen aufeinanderstoßen.

Okzident und Orient haben beide die Erbschaft alter, sakraler Gesellschaften angetreten: Die Erbschaft des Okzidents besteht in der Macht des Symbols, das eine Loslösung vom Leiblichen sowie die Inkarnation des Abstrakten einfordert. »Erst die Geldwirtschaft«, so Simmel, »hat in das praktische Leben – und wer weiß, ob nicht auch in das theoretische – das Ideal zahlenmäßiger Berechenbarkeit gebracht.«[960] Die Erbschaft des Orients war eine andere: Der Orient hat die Mathematik entwickelt und von Griechenland die Wissenschaft übernommen. Aber er hat sich der »Mathematisierbarkeit der Welt« verweigert: der Übertragung der Zahl in die Sinnlichkeit selbst. Die orientalische

Art der ›Währung‹ zeigt sich an der Bedeutung, die der Orthopraxie zugewiesen wird, und vielleicht auch daran, daß sich in einigen Ländern die Sozialstrukturen oraler Kultur erhalten haben. Das Weiterbestehen solcher Strukturen bedeutet nicht, daß der Orient nicht längst schon zu einem Teil der Welt geworden ist, die nach dem Zeichensystem Geld funktioniert. Gerade die Terroristen des 11. September haben das Gegenteil bewiesen: Um an Geld zu kommen, wurden sie nicht mit Bargeld und auch nicht mit Scheck- oder Kreditkarten ausgerüstet; sie wurden mit einem bestimmten Symbol versehen, das sie abzuliefern hatten, um Geld in Empfang zu nehmen. Sie hatten ihr Verhalten der Zeichenhaftigkeit des Geldes angepaßt – ein Indiz unter anderen, daß der 11. September mehr von der Ausbreitung des westlichen Denkens als von einer dem Islam inhärenten Gewalttätigkeit erzählt. Aber eben *weil* die ›Ordnung des Symbols‹ den Orient erfaßt hat, regt sich auch der Widerstand dagegen.

Das Kopftuch erscheint heute als der einzige ›leere Signifikant‹, der sich mit dem Geld messen kann. Deshalb haben die beiden so viele Gemeinsamkeiten: die religiöse Herleitung, die Nähe zur symbolischen Geschlechterordnung, ihre Bedeutungsvielfalt. Nur in einem stehen sich das Geld und das Kopftuch diametral gegenüber: Das Kopftuch macht unsichtbar, aber es hat etwas zu verbergen: einen ›wirklichen‹ Frauenkörper. Das substanzlose Geld hingegen bedient sich des Frauenkörpers, um zu verbergen, daß es nichts ist als ein Zeichen: ein Symbol, an das es zu ›glauben‹ gilt.

NACHWORT

Wir haben in unserem Buch die vielen Facetten des transkulturellen Austauschs zwischen ›Orient‹ und ›Okzident‹
dargestellt. Dabei sind wir oft idealtypisch vorgegangen,
weil sich auf diese Weise die Strukturen und Denkmuster,
die diesem über viele Jahrhunderte gewachsenen Austausch
zugrunde liegen, deutlicher zeigen lassen. Tatsache ist jedoch, daß es zwischen den einzelnen europäischen und
nordamerikanischen Gesellschaften erhebliche Unterschiede gibt, was den Umgang mit dem Islam im eigenen Land
angeht. Deutschland hat – hier mal wieder – einen Sonderweg beschritten.

Deutschland kennt seit einigen Jahren eine hoch aufge-
heizte Debatte um die Integration von Muslimen, die mit
Polemiken, Emotionalität und oft erstaunlicher Undiffe-
renziertheit geführt wird. Bücher wie Necla Keleks »Die
fremde Braut«, Ayan Hirsi Alis »Ich klage an« oder Seyran
Ates »Große Reise ins Feuer« sind nicht nur Bestseller, sie
werden auch als ernsthafte Beiträge zur Diskussion über
die Integration von Muslimen in die deutsche Gesellschaft
gelesen. Als Innenminister empfahl Otto Schily Keleks
Buch im »Spiegel«, und die website der Stadtverwaltung des
Berliner Bezirks Neukölln bewirbt alle drei Bücher als
Fachliteratur zum Thema Zwangsheirat.[961] Dabei weisen
Migrationsforscherinnen, die sich seit vielen Jahren mit
dem Thema beschäftigen, auf die Unhaltbarkeit der darin
vertretenen Thesen hin: »Diese Literatur ist unwissen-
schaftlich und arbeitet ganz offensichtlich mit unseriösen
Mitteln.«[962] Die Wissenschaftler zeigen sich in einem offe-

nen Brief, den die Wochenzeitschrift »Die Zeit« im Februar 2006 veröffentlichte, besorgt über die Einseitigkeit der Diskussion und plädieren auch angesichts der hohen Zahl an Einwanderern, die in Deutschland leben, für eine weniger emotional aufgeladene, dafür an nachprüfbaren Fakten orientierte Diskussion. »Derweil haben in manchen Bundesländern bereits 40 Prozent der Schüler Migrationshintergrund. Es wird also Zeit, eine rationale Diskussion über die zukünftige Gestaltung der Einwanderungsgesellschaft zu führen. Doch das kann man nicht auf der Grundlage von Boulevardliteratur tun, sondern indem man sich auf Erkenntnisse stützt, die auf rationale Weise gewonnen wurden.«[963] Daß die Islamkritikerin und Abgeordnete Hirsi Ali, »das beste Beispiel für gelungene Integration in den Niederlanden« und »Aushängeschild der Meinungsfreiheit in Holland«,[964] in ihrem Asylantrag von 1992 fälschlicherweise angab, aus Somalia geflohen zu sein, um einer Zwangsheirat zu entgehen, ist einerseits symptomatisch für ihre seither eingenommenen Positionen, andererseits erzählt das auch von den Erwartungen der europäischen Gesellschaft an Migrantinnen aus islamischen Ländern.

Eine Möglichkeit, die Diskussion auf eine rationale Grundlage zu stellen, besteht darin, nach den Gründen für die Lust an der Polemik und für die »ethnische Panik« (Claudia Koonz)[965] zu fragen. Eine Antwort lautet, daß sich mit populistisch angeheizter Stimmung und mit Emotionen leichter Politik betreiben läßt. In dieser Hinsicht ähneln viele der heutigen Debatten über ›den Islam‹ den Debatten des 19. und frühen 20. Jahrhunderts über ›den Juden‹. »Der Jud' ist schuld? Diskussionsbuch über die Judenfrage«, so hieß ein Band, der 1932 erschien und in dem Antisemiten und Mitglieder der jüdischen Gemeinden zu Worte kamen. Rückblickend ist die Unbesorgtheit, mit der ein solches, damals breit rezipiertes Buch ›die Judenfrage‹ anging, bemerkenswert. Vor allem aber erstaunt bei den Diskutanten der damaligen Debatte, wie wenig sie ihre eigenen Positionen reflektierten: Sie taten so, als sei ›der Jude‹ das Problem – nicht etwa die Fragestellung selbst. Etwas Ähnliches scheint heute auch in vielen Diskussionen über ›den Islam‹ auf. So wäre es an der Zeit, daß sich die Wortführer und Wortführerinnen in dieser Debatte mehr Gedanken über die Paradigmen machen, die ihren eigenen Positionen zugrunde liegen. Wenn in einer Gesellschaft derartig emotional aufgeladene Debatten geführt werden, so steht dahinter zumeist das Bedürfnis, von anderen hoch emotional besetzten – aber unaussprechlichen – Fragen im eigenen Land abzulenken: etwa von wachsender sozialer Ungerechtigkeit oder einer Geschlechterordnung, die alles andere als geschlechtergerecht ist und die, wie wir am ›Ehrenmord‹ westlicher Prägung oder der Ausbreitung von Prostitution und Menschenhandel zu zeigen versuchten, den Okzident zu ebenjenem Frauenverächter macht, als den er den Islam denunziert. Die aktuelle Debatte scheint auch die Funktion zu haben, von den Ängsten vor der Globalisierung abzulenken: Diese Ängste werden gerne den nichteuropäischen Ländern unterstellt – und gewiß zu Recht. Aber die Folgen der Globalisierung haben, wie Zygmunt Bauman und andere nachdrücklich zeigten,[966] schon längst den Okzident erreicht und vielleicht sogar auf bedrohlichere Weise: Die Industrieländer gehören, soweit sie als ökonomische Systeme nicht untergehen wollen, alle zu den Wegbereitern der Globalisierung. Sie sind also sowohl deren Protagonisten als auch deren Opfer. Das allerdings ist eine Position, die zu reflektieren sich durchaus lohnen würde.

Eine weitere Erklärung für die hohe Emotionalisierung der Debatten über ›den Islam‹ hängt eng mit der deutschen Nachkriegsgeschichte zusammen und bezieht sich auf die Schwierigkeiten vieler Deutscher, mit dem Mauerfall und der Wiedervereinigung umzugehen. Die Mauer hatte Deutschland nicht nur geteilt, sie hatte die Deutschen auch verbunden, indem sie ihnen erlaubte, einen Feind zu konstruieren, der nicht im Ausland, sondern im ›anderen Deutschland‹ verortet war.[967] Die von Deutschen während des Nationalsozialismus begangenen Verbrechen hatten – zu Recht – den deutschen Selbsthaß genährt. Aber dieser Selbsthaß ließ sich so schön auf den jeweils anderen Teil Deutschlands – die ›totalitäre DDR‹, die ›von alten Nazis verseuchte westdeutsche Gesellschaft‹ – übertragen. Mit dem Fall der Mauer kam dieser innere Feind auf einen Schlag und unerwartet abhanden. Es entstand ein Vakuum an der Stelle, an die vorher die abgespaltenen Anteile der nationalen Identität delegiert worden waren. So ist es kein Zufall, daß es kurz nach der Wiedervereinigung in Ost- und Westdeutschland zu gewaltsamen Angriffen auf Asylbewerber und Einwanderer kam. In Rostock wurde eine Unterkunft für Asylbewerber in Brand gesteckt. Während die Anwohner applaudierten und fremdenfeindliche Parolen riefen, starben Menschen in den Flammen. In Mölln legten rechtsradikale Jugendliche in einem von türkischen Einwanderern bewohnten Wohnhaus Feuer. Sechs Menschen kamen um. Insbesondere türkische Einwanderer haben bis heute die Konsequenzen dieses abhanden gekommenen Feindbilds zu tragen. Nicht nur wurden und werden antisemitische Stereotypen auf sie übertragen; am türkischen Einwanderer und allen Bevölkerungsteilen ›mit Migrationshintergrund‹ werden auch Fragen über ›Gewalt‹ und ›Asozialität‹ abgehandelt – Fragen, die sich angesichts der zahlreichen Übergriffe gegen Ausländer in Deutschland mindestens ebensogut an der deutschen Gesellschaft reflektieren ließen.

Filme wie »Berlin in Berlin« (Sinan Cetin, 1994), »Lola und Billidikid« (Kutlug Ataman, 1999) und »Gegen die Wand« (Fatih Akin, 2004) spielen allesamt in exotisierten türkischen Milieus, die sich unübersehbar vom Leben der durchschnittlichen Einwandererfamilie unterscheiden. »Lola und Billidikid« ist in der Homosexuellen- und Transvestiten-Subkultur Berlins angesiedelt, »Berlin in Berlin« konstruiert das unwahrscheinliche Szenario eines Deutschen, der bei einer türkischen Familie, die ihn umbringen will, um ›Asyl‹ ersuchen muß. In »Gegen die Wand« – hier ist der Bezug zu Mauer und Wiedervereinigung kaum zu übersehen – sind die Charaktere so gezeichnet, daß man ihr ›Schicksal‹ schwerlich als Repräsentation der Wirklichkeit türkischer Einwanderer begreifen kann. Daß die Filme nicht den Anspruch erheben, ein repräsentatives Bild türkischer Einwanderer in Deutschland zu zeichnen, spricht nicht gegen sie, aber ihre irrealen Züge machen sie anschlußfähig für Fragen, die ›den Deutschen‹ ohne ›Migrationshintergrund‹ auf den Nägeln brennen. Die überzeichnete Darstellung einer türkischen ›Parallelgesellschaft‹ erscheint wie der Schauplatz, auf dem deutsch-deutsche Konflikte stellvertretend ausgehandelt werden. In allen drei Filmen geht es um das Gefühl, in der eigenen Kultur fremd zu sein, um gestörte Kommunikation, um unaussprechliche ›Verbrechen‹ (Homosexualität, Inzest, Mord) und um die Nöte, die aus der Erfindung der eigenen Vergangenheit resultieren.

Daß es vornehmlich türkische Einwanderer sind, auf die die deutsche Mehrheitskultur ihr Bedürfnis nach dem ›anderen‹ projiziert, hängt nicht nur damit zusammen, daß Türken die größte Einwanderergruppe in Deutschland bilden – den Antisemitismus gibt es auch in Gegenden, in denen keine Juden leben. Und es liegt auch nicht nur an der kulturellen ›Fremdheit‹ der anderen Gesellschaft – denn bei aller Differenz haben Deutschland und die Türkei vieles gemeinsam. Beide Länder haben mit Problemen zu kämpfen, die aus der Teilung in einen ›entwickelten‹ Westen und einen ›unterentwickelten‹ Osten resultieren; wie Berlin ist das vom Bosporus durchkreuzte Istanbul eine geteilte Stadt. Schließlich haben beide Nationen in ihrer Vergangenheit einen Genozid verübt, mit dessen Thematisierung und Erinnerung sie sich, wenn auch auf unterschiedliche Weise, schwertun. Der von der Türkei bis heute offiziell geleugnete Völkermord an den Armeniern während des Ersten Weltkrieges wurde von Deutschland – das mit der jungtürkischen Diktatur verbündet war – nicht nur toleriert, sondern in der Zeit zwischen den Weltkriegen von rassistisch-antisemitisch orientierten Politikern und Schriftstellern als Beispiel für eine ›gelungene Lösung‹ von ›Minderheitenproblemen‹ begrüßt. Insofern stellte der Genozid an den Armeniern ein Vorbild für die Ermordung der Juden dar.[968] In beiden Ländern werden diese historischen Beziehungen von einer breiten Öffentlichkeit kaum diskutiert; möglicherweise sind sie aber ein um so wirkungsmächtigerer Grund für die Absonderung türkischer Einwanderer von der deutschen Mehrheitsgesellschaft. Die Rede von den ›Parallelgesellschaften‹ und ›Ghettos‹ wäre somit ein Symptom für unbewußte Ängste, die beide Gesellschaften miteinander verbinden.

Uns ging es in diesem Buch darum, die Verhandlungen zwischen ›Orient‹ und ›Okzident‹ aufzuzeigen, den Zwischenraum zu beleuchten, in dem sich beide Seiten begegnen und in dem diese ›Verhandlungen‹ stattfinden. Wir haben uns dabei bewußt an die Darstellung historischer Diskurse gehalten, weil der Rückblick den Blick auf die Gegenwart schärft. Aber wir haben unseren Blick auch auf das Jetzt gerichtet, weil heute viele Menschen mit muslimischen Wurzeln – seien sie Einwanderer oder seien sie hier geboren – in Deutschland leben und dieses ›Dazwischen‹ am eigenen Leibe erfahren. Weil sie beide Seiten kennen und sich weder in der einen noch in der anderen Gesellschaft ganz ›zu Hause‹ fühlen, sitzen sie zwischen allen Stühlen. Das gilt ganz besonders für Frauen: nicht nur, weil die Kulturen ihre Differenzen so gerne auf dem Territorium des weiblichen Körpers austragen, sondern auch, weil sie am extremsten die Unterschiede zwischen einer ›traditionellen‹ und einer ›modernen‹ Gesellschaft zu spüren bekommen. Dabei besitzen aber gerade sie die Fähigkeit, als ›Botschafterinnen‹ zwischen den Kulturen zu vermitteln. Nur wer beide Seiten kennt, ist zu kritischer Selbstreflexion imstande. Und wer eine Sensibilität für beide Kulturen besitzt, ist in der Lage, die ungeschriebenen Gesetze der jeweils ›anderen‹ Seite zu entziffern. Das können Frauen jedoch nur, wenn sie nicht gezwungen werden, sich für die eine *oder* die andere Seite zu entscheiden. Dadurch gewinnt auch die Gesellschaft, in der sie leben. Wenn man um die Wirkungsmacht des ›Dazwischen‹ weiß – und wir haben in diesem Buch einige Facetten darzustellen versucht –, ist die Tatsache, daß Menschen der Raum gegeben wird, ›zwischen den Stühlen zu sitzen‹, gar nicht hoch genug einzuschätzen. Die USA sind ein gutes Beispiel: Die Dynamik dieses Landes beruht vornehmlich auf der Tatsache, daß es sich *nicht* um eine homogene Gesellschaft handelt, sondern um ein Land, das viele unterschiedliche kulturelle Anstöße aufzunehmen und sich zu eigen zu machen versteht. Wir wünschen uns, daß dieses Buch auch als Plädoyer verstanden wird, den ›Reichtum‹ zu erkennen, der Gesellschaften auszeichnet, die in der Lage sind, unterschiedliche kulturelle Traditionen aufzunehmen.

Anmerkungen

1 In den romanischen Sprachen wird, statt von Globalisierung, oft von Mondialisierung gesprochen. Der Begriff umfaßt neben der ökonomischen auch die soziale und kulturelle Dimension des Zusammenwachsens der Welt.

2 Frantz Fanon, Algerien legt den Schleier ab, in: ders., Aspekte der algerischen Revolution, Frankfurt/M. 1969, S. 26 f.

3 Ebd., S. 42.

4 Meyda Yeğenoğlu, Colonial Fantasies. Towards a Feminist Reading of Orientalism, Cambridge 1998, S. 47.

5 Ebd., S. 57.

6 Edward Said, Orientalismus, Frankfurt/M., Berlin, Wien 1981, S. 8 f.

7 Das gilt für die Begründung des Kopftuchurteils des Bundesverfassungsgerichtes wie für das informative und differenzierte Buch von Heide Oestreich, deren Darstellung des Kopftuchstreits uns von der Notwendigkeit entbunden hat, alle Positionen der europäischen Debatte noch einmal aufzuführen. Vgl. Heide Oestreich, Der Kopftuchstreit. Das Abendland und ein Quadratmeter Islam, Frankfurt/M. 2004. Daneben gibt es auch zahlreiche juristische, politikwissenschaftliche und soziologische Untersuchungen, die wir nicht aufzählen können. Ein Blick ins Internet genügt, um zu erkennen, daß die Vielfalt an Positionen und Texten zu diesem Thema enorm ist. Diese Erregung ist ein Indiz unter vielen, daß anhand dieses Symbols tiefsitzende Fragen behandelt werden.

8 Sigmund Freud, Das Unbewußte, in: ders., Gesammelte Werke, Frankfurt/M. 1952 ff., Bd. X, S. 263–303, hier S. 286; ders., Neue Folge der Vorlesungen zur Einführung in die Psychoanalyse, XXXI. Vorlesung, in: GW, Bd. XV, S. 62–86, hier S. 80.

9 Julia Kristeva, Fremde sind wir uns selbst, Frankfurt/M. 1990, S. 53.

10 Vgl. dazu auch Farideh Akashe-Böhme, Frausein – Fremdsein, Frankfurt/M. 1993.

11 Kristeva, Fremde sind wir uns selbst, S. 73.

12 Sigmund Freud, Das Unheimliche, in: Gesammelte Werke, Bd. XII, S. 227–268.

13 Kristeva, Fremde sind wir uns selbst, S. 209.

14 Malek Alloula, The Colonial Harem, Minneapolis, London 1986; Sarah Graham-Brown, The Seen, the Unseen and the Imagined. Private and Public Lives, in: Reina Lewis, Sara Mills (Hg.), Feminist Postcolonial Theory. A Reader, Edinburgh 2003, S. 502–519.

15 Graham-Brown, The Seen, the Unseen, S. 510.

16 Alloula, Colonial Harem, S. 14.

17 Sure 24:31. Wir beziehen uns auf folgende Übersetzung: Der Koran, aus dem Arabischen übers. v. Max Henning, mit einer Einleitung und Anmerkungen v. Annemarie Schimmel, Stuttgart 1991.

18 1. Kor 11,3–16.

19 Vgl. Auszug aus einem Vortrag v. Carsten Colpe, Kopftuch und Schleier. Was verbergen sie, was sprechen sie aus?, in: Meral Akkent, Gaby Franger, Das Kopftuch. Ein Stückchen Stoff in Geschichte und Gegenwart, Frankfurt/M. 1987, S. 67 f.

20 Vgl. u. a. John L. Esposito, Von Kopftuch bis Scharia. Was man über den Islam wissen sollte, Leipzig 2003, S. 120.

21 Fanon, Algerien legt den Schleier ab, S. 17 f.

22 Maxime Rodinson, Islam und Kapitalismus, m. einer Einleitung v. Bassam Tibi, Frankfurt/M. 1986, S. 159 f.

23 Kardinal Ratzinger beim Silvestergottesdienst im Regensburger Dom, 31. 12. 2003, d.p.a., 1. 1. 2004.

24 Z. B. im Deutschlandfunk, 2. 4. 2004.

25 Alle drei zit. n. d. Hamburger Abendblatt, 6. 6. 2004.

26 Vgl. Maya Deren, Divine Horsemen. The Living Gods of Haiti, London, New York 1953.

27 Maria Cramer, Das altägyptische Lebenszeichen im christlichen (koptischen) Ägypten, Wiesbaden 1955.

28 Vgl. Theologische Realenzyklopädie, hrsg. v. Gerhard Müller, Berlin, New York 1990 (folgend zitiert als TRE), Bd. XIX, S. 712; s. a. Jörg Lechler, Das Hakenkreuz. Die Geschichte eines Symbols, Leipzig 1921; Th. Wilson, The Swastika. The earliest known symbol and its migrations, Washington, D. C., 1896.

29 Vgl. Christina v. Braun, Ist die Sexualwissenschaft eine ›jüdische Wissenschaft‹? Vortrag zum 50. Jahrestag der Deutschen Gesellschaft für Sexualforschung, in: Zeitschrift für Sexualforschung, 14. Jahrgang (2001), S. 1–17.

30 Vgl. Christina v. Braun, Das ein-gebildete Geschlecht. Bilderverbot, Bilderverehrung und Geschlechterbilder, in: Hans Bel-

ting, Dietmar Kamper (Hg.), Der Zweite Blick. Bildgeschichte und Bildreflexion, München 2000, S. 149–170.

31 Vgl. TRE, Bd. XIX, S. 723.

32 Gerhardt B. Ladner, St. Gregory of Nissa and St. Augustine on Cross Symbolism, in: Late Classical and Medieval Studies, Festschrift f. A. M. Friend jr., Princeton 1955, S. 88–95.

33 Aloys Grillmeier, Der Logos am Kreuz, München 1956.

34 TRE, Bd. XIX, S. 726; vgl. auch Erich Dinkler, Signum Crucis, Tübingen 1967; Helga Möbius, Passion und Auferstehung in Kultur und Kunst des Mittelalters, Wien 1979.

35 TRE, Bd. XIX, S. 726.

36 Ebd., S. 727.

37 Ebd., S. 730; vgl. auch Joseph Wilpert, Die römischen Mosaiken und Malereien der kirchlichen Bauten vom 4. bis 13. Jahrhundert, Freiburg 1916.

38 Hans Belting, Das Bild und sein Publikum im Mittelalter. Form und Funktion früher Bildtafeln der Passion, Berlin 1981; Karl Young, The Drama of the Medieval Church, 2 Bde., Oxford 1933.

39 TRE, Bd. XIX, S. 754; vgl. auch Kurt Bauch, Christus am Kreuz und der Heilige Franziskus. Festschrift f. Carl Georg Heise, Berlin 1950, S. 103–112.

40 Alberich Altermatt, Christus pro nobis. Die Christologie Bernhards von Clairvaux in den ›Sermones per annum‹, in: Aci, 33 (1977), S. 3–176.

41 So etwa Paulus, Gal 5,24: »Die welche Jesus Christus zugehören, haben das Fleisch samt seinen Leidenschaften und Gelüsten gekreuzigt.«

42 Caesarius v. Heisterbach, »Duplex est religiosum crucifixio, hominis interioris per alienam compassionem, et hominis exterioris per propriam carnis mortificationem«. Dialogus miraculorum, Dist. VIII, c. 19.

43 TRE, Bd. XIX, S. 748.

44 Zit. n. Leo Steinberg, The Sexuality of Christ in Renaissance Art and in Modern Oblivion, New York 1983, 2. erw. Aufl.: Chicago, London 1996, S. 53.

45 So etwa Paulus in Röm 6 u. Kol 2,12.

46 Auf dem Parteitag der CDU im Herbst 2000 wurde unter dem Schlagwort der ›Leitkultur‹ über die Rolle des Christentums als Grundlage der europäischen ›Identität‹ debattiert. Angela Merkel griff den Begriff erneut beim CDU-Parteitag im Dezember 2004 auf.

47 Zur Geschichte der christlichen Selbstgeißelung vgl. das erhellende Buch von Niklaus Largier, Lob der Peitsche. Eine Kulturgeschichte der Erregung, München 2001.

48 Vgl. dazu die Darstellung von Peter Brown, Die Keuschheit der Engel. Sexuelle Entsagung, Askese und Körperlichkeit im frühen Christentum, München 1994.

49 Brian Stock, The Implications of Literacy. Written Language and Models of Interpretation in the Eleventh and Twelfth Centuries, Princeton 1983, übers. v. d. Verf.

50 Der Zusammenhang von ›Mal‹ und ›Malerei‹, hat Walter Benjamin sehr beschäftigt. Vgl. Fragmente, Ausgewählte Schriften, Ästhetische Fragmente (1917), in: Gesammelte Schriften, hrsg. v. Rolf Tiedemann, Herrmann Schweppenhäuser, Frankfurt/M. 1982, S. 613 ff. Das ›Mal‹, das sowohl den ›Fleck‹ als auch einen Zeitpunkt (etwa des Essens, der ›Mahl‹-Zeit) bezeichnet, ist in der Tat auch etymologisch verwandt mit dem ›malen‹, das eigentlich bedeutet ›mit einem Fleck versehen‹. Das Christentum stellt darüber hinaus auch einen Sinnzusammenhang zwischen dem ›Wundmal‹ und dem ›Mahl‹ (heiligen Abendmahl) her.

51 Otto Treitinger, Die oströmische Kaiser- und Reichsidee nach ihrer Gestaltung im höfischen Zeremoniell, Jena 1938; vgl. auch TRE, Bd. XIX, S. 740.

52 Ebd., S. 751.

53 Ernst H. Kantorowicz, Die zwei Körper des Königs. Eine Studie zur politischen Theologie des Mittelalters, München 1990.

54 Hermann Rauschning, Gespräche mit Hitler, New York 1940, S. 51. Rauschnings Aufzeichnungen geben die Gespräche mit Hitler nicht wortwörtlich wieder. Sie sind aus der Erinnerung niedergeschrieben. Dennoch werden sie von Historikern als Quelle benutzt, denn sie treffen in erstaunlichem Maße sowohl den Sprachduktus Hitlers als auch viele Aussagen, die er gemacht hat. Vor allem die Aussagen über die Religion stimmen zum Teil wortwörtlich mit den später auf Veranlassung von Martin Bormann durch Heim und Picker aufgezeichneten Tischgesprächen überein.

55 Zit. n. Caroline Walker Bynum, Fragmentation and Redemption. Essays on Gender and the Human Body in Medieval Religion, New York 1991, S. 96. Deutsch: Der Leib Christi im Spätmittelalter. Eine Erwiderung auf Leo Steinberg, in: Fragmentierung und Erlösung. Geschlecht und Körper im Glauben des Mittelalters, Frankfurt/M. 1995, S. 61–108.

56 Zit. n. Bynum, Fragmentierung und Erlösung, S. 77.

57 Zit. n. Leo Steinberg, S. 83, übers. v. d. Verf.

58 Ebd., S. 46.

59 Dorothy Nelkin, M. Susan Lindee, The DNA Mystique. The Gene as a Cultural Icon, New York 1995, S. 2, übers. v. d. Verf.

60 Hans Jörg Rheinberger, Alles, was überhaupt zu einer Inskription führen kann, in: Ulrich Raulff, Gary Smith (Hg.), Wissensbilder. Strategien der Überlieferung, Berlin, 1999, S. 265 bis 278, hier S. 272.

61 Zit. n. Nelkin, Lindee, DNA Mystique, S. 6 f., 39.

62 J. Laroff, The Gene Hunt, in: Time, 20. 3. 1989, S. 62–71, übers. v. d. Verf.

63 Gary Bergel, When You Were Formed in Secret, Reston, VA (National Right to Life Pamphlet) 1988, S. 2.

64 Alfred E. Crawley, The Idea of the Soul, London 1909, S. 209, 211 (der Aufsatz war dem Eugeniker Francis Galton gewidmet), übers. v. d. Verf.

65 Paul Popenoe, Roswell Hill Johnson, Applied Eugenics, New York 1920, S. 29, übers. v. d. Verf.

66 Nelkin, Lindee, DNA Mystique, S. 28.

67 Ebd., S. 29.

68 Ebd., S. 31.

69 Zum ›sakralisierten Kind‹ vgl. auch Ian Hacking, der auf den Topos im Zusammenhang mit sexuellem Mißbrauch und dem Krankheitsbild der ›multiplen Persönlichkeit‹ eingegangen ist: Ian Hacking, Aristotle Meets Incest – and Innocence, in: James Chandler, Arnold Davidson, Harry Harootunian (Hg.), Questions on Evidence. Proof Practice, and the Persuasion across the Disciplines, Chicago 1991, S. 476.

70 »In Großbritannien soll erstmals ein Kind durch Jungfernzeugung geboren werden. Eine junge Frau, die noch keinen Geschlechtsverkehr hatte, wurde in einer Klinik von Birmingham künstlich befruchtet und suchte sich Haut-, Augen- und Haarfarbe des Samenspenders aus. Drei weitere Frauen, die ebenfalls ohne sexuellen Verkehr ein Kind empfangen wollen, werden für umgerechnet DM 500,- von der Klinik behandelt. Nach den Angaben des Hospitals steigt die Zahl der Frauen, die Jungfrau und Mutter in einem bleiben wollen.« In: Die Tageszeitung, 12. 3. 1999.

71 Zit. in Der Spiegel Special, 1998, S. 125.

72 Alice Schwarzer, Die Gotteskrieger und die falsche Toleranz, zit. in Oestreich, S. 108. Dieselbe Metaphorik wiederholt sie in einem Interview mit dem Spiegel, 47 (2004), S. 70.

73 Zum symbolischen Weiterleben des Menschenopfers im Christentum vgl. Hyam Maccoby, Der Heilige Henker. Die Menschenopfer und das Vermächtnis der Schuld, Stuttgart 1999, S. 161.

74 Vgl. Said, Orientalismus, Kapitel 1.

75 Akashe-Böhme, Frausein – Fremdsein, S. 67.

76 Dazu ausführlich Leila Ahmed, Women and Gender in Islam. Historical roots of a modern debate, New Haven, London, 1988, im folgenden übers. v. d. Verf.

77 Renate Kreile, Der Schleier. Verbindendes Kulturphänomen?, in: Zeitschrift für KulturAustausch, 3 (1996), S. 70–73, hier S. 70.

78 Ahmed, Women and Gender, S. 5.

79 Ebd., S. 36.

80 Eine Dokumentation der reichen regionalen Traditionen bieten Meral Akkent, Gaby Franger, Das Kopftuch. Ein Stückchen Stoff in Geschichte und Gegenwart. Basörtu. Geçmiste ve Günümüdzde Bir Parça Kumas, Frankfurt /M. 1987.

81 Bildmaterial bei Akkent, Franger, Das Kopftuch, S. 79.

82 Alfred Jeremias, Der Schleier von Sumer bis Heute, in: Der Alte Orient, 31 (1931), S. 9. Zur religiösen Symbolik des Schleiers vgl. auch Moshe Barasch, Der Schleier. Das Geheimnis in den Bildvorstellungen der Spätantike, in: Aleida Assmann, Jan Assmann (Hg.), Schleier und Schwelle II. Geheimnis und Offenbarung, München 1998, S. 181–204.

83 Jeremias, Schleier, S. 15.

84 Ebd., S. 48–52.

85 Zit. in Akkent, Franger, Das Kopftuch, S. 65.

86 Vgl. Jeremias, Schleier, S. 33 f.

87 Hildegard Cancik-Lindemaier, Arcana Aedes. Eine Interpretation zum Heiligtum der Vesta bei Ovid, in: Aleida Assmann, Jan Assmann (Hg.), Schleier und Schwelle I. Geheimnis und Öffentlichkeit, München 1997, S. 163–178.

88 Volkert Haas, Babylonischer Liebesgarten. Erotik und Sexualität im Alten Orient, München 1999.

89 Zit. in Akkent, Franger, Das Kopftuch, S. 70.

90 Jeremias, Schleier, S. 39.

91 Claudia Knieps, Geschichte der Verschleierung der Frau im Islam, Würzburg 1993, S. 70.

92 Jeremias, Schleier, S. 60.

93 Knieps, Geschichte der Verschleierung, S. 375.

94 Im Islam wurde das Barttragen für den Mann vorgeschrieben, damit er sich von den Männern anderer Religionen unterscheide. Vgl. Malise Ruthven, Der Islam. Eine kurze Einführung, Stuttgart 2000, S. 141.

95 Zur kulturhistorischen Bedeutung des Haares für Weiblichkeitsvorstellungen vgl. Inge Stephan, Das Haar der Frau. Motiv des Begehrens, Verschlingens und der Rettung, in: Claudia Benthien, Christoph Wulf (Hg.), Körperteile. Eine kulturelle Anatomie, Reinbek 2001, S. 27–48.

96 Akkent, Franger, Das Kopftuch, S. 85.
97 Zit. in Brown, Die Keuschheit der Engel, S. 271.
98 Ebd.
99 Ruthven, Der Islam, S. 138 f.
100 Nilüfer Göle, Republik und Schleier. Die muslimische Frau in der Moderne, Berlin 1995, S. 91.
101 Ruthven, Der Islam, S. 141.
102 Fatima Mernissi, The Meaning of Spatial Boundaries, in: Lewis, Mills, Feminist Postcolonial Theory, S. 489–501, hier S. 498, übers. v. d. Verf.
103 Göle, Republik und Schleier, S. 99.
104 Doris Laufenberg, mündliche Mitteilung.
105 Ruthven, Der Islam, S. 127.
106 Ludwig Ammann, Privatsphäre und Öffentlichkeit in der muslimischen Zivilisation, in: Nilüfer Göle, Ludwig Ammann (Hg.), Islam in Sicht. Der Auftritt von Muslimen im öffentlichen Raum, Bielefeld 2004, S. 69–117, hier S. 86 f.
107 Ammann, Privatsphäre und Öffentlichkeit, S. 89.
108 Ebd., S. 91.
109 David Bailey, Gilane Tawadros (Hg.), Veil. Veiling, Representation and Contemporary Art, Boston, London 2003, S. 23, übers. v. d. Verf.
110 Mernissi, Spatial Boundaries, S. 496.
111 Ebd., S. 494.
112 Zit in ebd., S. 492.
113 Zit in Akkent, Franger, Das Kopftuch, S. 65.
114 Michel Foucault, Überwachen und Strafen. Die Geburt des Gefängnisses, Frankfurt/M. 1994.
115 Norbert Elias, Über den Prozeß der Zivilisation. Soziogenetische und psychogenetische Untersuchungen, 2 Bde., Frankfurt/M. 1976. Der Begriff der Zivilisation enthält kulturelle Vorannahmen und impliziert u. a. die Überlegenheit des Westens über den ›Orient‹, siehe auch Nilüfer Göle, Die sichtbare Präsenz des Islam und die Grenzen der Öffentlichkeit, in: Göle, Ammann, Islam in Sicht, S. 11–44.
116 Ruthven, Der Islam, S. 123.
117 Friederike Stolleis, Öffentliches Leben in privaten Räumen. Muslimische Frauen in Damaskus, Würzburg 2004, S. 167.
118 Ammann, Privatsphäre und Öffentlichkeit, S. 78.
119 Ebd., S. 87.
120 Göle, Republik und Schleier, S. 62.
121 Siehe dazu die Beispiele bei Akkent, Franger, Das Kopftuch, S. 88–91.
122 Ebd., S. 139 f.

123 Zit. in ebd., S. 141; der dort abgedruckte Originaltext lautet: »nachdem undter dem weyplichen geschlechte hie inn dieser loblichen Statt, Eyn myßbreanoch und unordnung entstanden ist, Also daß sie ye zu Zeyten bey tag unnd nacht, auff offnere strassen Ire heuebter und angesycht mit schüerzhemden, Tischtüchern und annderm, ausserhalb pfleglichs und gewonlichs gespendes Gebundenes, d. Verf. bedecken, unnd sich damit unkenndtlich machen /. S' Ist eyn erber Rate / Got dem allmechtigen und der Junckfreowen Marie, zu lobe / Auch allem weyblichen geschlechte zu auffenthaltung und Ere, Sollichenn myßbreanoch abzustellen.«

124 Ebd., S. 102 f.

125 Vgl. dazu die ausgezeichnete website des Badischen Landesmuseums Karlsruhe zur Ausstellung Türkenbeute http://www.tuerkenbeute.de.

126 Akkent, Franger, Das Kopftuch, S. 102.

127 Zit. ebd., S. 105.

128 Ebd., S. 108.

129 Göle, Republik und Schleier, S. 91.

130 A. Holly Shissler, Beauty Is Nothing to Be Ashamed Of. Beauty Contests As Tools of Women's Liberation in Early Republican Turkey, in: Comparative Studies of South Asia, Africa and the Middle East, 24:1 (2004), S. 107–122.

131 Ebd., S. 108.

132 Siehe die Internetzeitung: http://english.peopledaily.com.cn/200311/10/eng20031110_127973.shtml sowie Samadzais website http://www.VidaSamadzai.com.

133 Elmar Theveßen, Schläfer mitten unter uns. Das Netzwerk des Terrorismus und der hilflose Aktionismus des Westens, München 2002, S. 13.

134 Sarah Jansen hat gezeigt, daß der Diskurs des ›Schädlings‹, der um 1880 entstand, im Zusammenhang mit der aus Nordamerika importierten Reblaus, die die deutschen Weinstöcke befiel, von Anfang an auf die politische Ebene übertragen wurde, um einen ›Feind der einheimischen Kultur‹ zu bezeichnen, zu dessen ›Vertilgung‹ Mittel erfunden werden mußten. Sara Jansen, Schädlinge. Geschichte eines wissenschaftlichen und politischen Konstrukts 1840–1920, Frankfurt/M. 2003.

135 Theveßen, Schläfer mitten unter uns, S. 13.

136 Ebd.

137 Ebd.

138 Ebd.

139 Ebd., S. 39.

140 Fanon, Algerien legt den Schleier ab, S. 19 f.

141 Christopher Dickey, Women of Al Qaeda, in: Newsweek, 12. 12. 2005, S. 29.
142 Fouad Allam, Der Islam in einer globalen Welt, Berlin 2004, S. 125.
143 Ebd., S. 126.
144 Fanon, Algerien legt den Schleier ab, S. 39 ff.
145 Allam, Islam in einer globalen Welt, S. 55 f.
146 Ebd., S. 42.
147 Ariane Sadjed, Islamische Moderne und die Konstruktion kultureller Authentizität im Iran, unveröffentl. Manuskript, 2006.
148 Fariba Adelkah, Being Modern in Iran, London 1999, S. 102, übers. v. d. Verf.
149 Sadjed, a. a. O.
150 Adelkah, S. 107.
151 Ebd., S. 108.
152 Ebd.
153 Silke Wenk, Imperiale Inszenierungen? Visuelle Politik und Irakkrieg, in: Sabine Jaberg, Peter Schlotter (Hg.), Imperiale Weltordnung. Trend des 21. Jahrhunderts?, Baden-Baden 2005, S. 63–93; dies., Visual Politics, Memory, and Gender, in: Ulrike Auga, Christina v. Braun (Hg.), Gender in Conflicts. Palestine, Israel, Germany, Berlin, London 2006.
154 Die Welt, 25. 9. 2003.
155 Berliner Zeitung, 15. 7. 1998.
156 Im Interview mit Stefan Heinlein, Deutschlandfunk, Informationen am Morgen, 25. 6. 2004.
157 Vgl. u. a. Die Welt, 8. 7. 2006.
158 Landtag von Baden-Württemberg, Drucksache 13/2793.
159 Der Tagesspiegel, 14. 10. 2004.
160 Einbringungsrede im Landtags-Plenum am 2. 2. 2004, S. 7.
161 Der Tagesspiegel, 30. 6. 2004.
162 Der Tagesspiegel, 4. 3. 2005.
163 Ebd.
164 Der Begriff der ›Säkularisierung‹ hat eine vielschichtige Bedeutung, die einer genaueren Klärung bedarf. Sprachlich leitet sich der Begriff von lat. saeculum – in der Bedeutung von Geschlecht, Generation oder auch Zeitalter – her. In der Vulgata ist ›saeculum‹ ambivalent besetzt: Einerseits verweist er auf eine große Zeitspanne, andererseits aber auch auf ›diese Welt‹ unter der Macht Satans. Im mittelalterlichen Sprachgebrauch steht der ›weltliche Mensch‹ als ›saeculis‹ dem durch das Mönchsgelübde gebundenen ›religiosus‹ gegenüber. Seit Ende des 16. Jahrhunderts wird der Begriff der saecularisatio von französischen Kirchenrechtlern und Juristen zur Bezeichnung des

Übergangs eines Ordensgeistlichen in den weltlichen Stand benutzt. Später erweitert sich der Begriff zur Bezeichnung des
Übergangs kirchlichen Eigentums in weltliche Hände. Erst im
19. Jahrhundert wird der Begriff der ›Säkularisierung‹ zu einer
geschichtstheoretischen oder geschichtsphilosophischen Kategorie, nun aber mit einer ambivalenten Bedeutung – er beinhaltet die Emanzipation aus der Bevormundung durch die Kirche
bzw. die Entkirchlichung und verweist zugleich auf die schwin-
dende Integrationskraft der Religion bzw. die Entleerung religiöser Gehalte, impliziert also auch eine ›Verfallsgeschichte‹.
Vgl. Insa Eschebach, Susanne Lanwerd, Säkularisierung, Sakralisierung und Kulturkritik, in: Metis, 9 (2000), S. 10–26. Im vor-
liegenden Kontext wird der Begriff im Sinne der ›Weltwerdung‹
christlich-religiösen Denkens verwendet.

165 David Biale, Eros and the Jews. From Biblical Israel to Contemporary America, New York 1992, S. 217, übers. v. d. Verf.

166 Jacob Joseph v. Polonnoye, Korets 1780, zit n. Mendel Piekarz,
Hasidism as a Socio-religious Movement on the Evidence of
Devekut, in: Hasidism Reappraised, 1997, S. 225–250, hier
S. 225, übers. v. d. Verf.

167 Tikva Frymer-Kensky, Law and Philosophy: The case of sex in
the bible, in: Jonathan Magonet (Hg.), Jewish Explorations of
Sexuality, Providence, Oxford 1995, S. 3–16, hier S. 4, übers.
v. d. Verf.

168 Ebd., S. 5.

169 Hannah Rockman, Sexual Behaviour Among Ultra-Orthodox
Jews: A review of laws and guidelines, in: Magonet (Hg.),
Jewish Explorations of Sexuality, S. 191–204.

170 Carla Merlini, Il campo lessicale dei verbi di purità in ebraico
antico. Diss., Semitische Linguistik, Universität Florenz,
1998/99.

171 Susannah Heschel, Sind Juden Männer? Können Frauen jüdisch
sein? Die gesellschaftliche Definition des männlich/weiblichen
Körpers, in: Sander Gilman, Robert Jütte, Gabriele Kohlbauer-
Fritz (Hg.), »Der schejne Jidd«. Das Bild des »jüdischen Körpers« in Mythos und Ritual, Wien 1998, S. 86–96, hier S. 95.

172 Eph 5,28.

173 Deutsche Predigten und Traktate, hrsg. und übers. v. J. Quint,
Zürich 1979, S. 83 f.

174 Meister Eckehart, Schriften, Düsseldorf, Köln 1959, S. 271.

175 Thomas v. Aquin, Summa theologica. Das Gesetz, kommentiert v. Otto Hermann Pesch, Heidelberg 1977, Bd. 13, Teil I,
Frage 92, 3.

176 Sure 24:30.

177 Ammann, Privatsphäre und Öffentlichkeit, S. 87.

178 Ebd., S. 107.

179 Ahmed, Women and Gender in Islam, S. 66.

180 Ebd.

181 Ebd., S. 65.

182 Amin A. Khairallah, Outline of Arabic Contributions to Medicine, Beirut 1946, S. 24; vgl. auch Cyril Elgood: A Medical History of Persia, Cambridge 1951.

183 Khairalla, Outline of Arabic Contributions to Medicine, S. 22.

184 Ahmed, Women and Gender in Islam, S. 65.

185 Allam, Der Islam in einer globalen Welt, S. 58 f.

186 Ahmed, Women and Gender in Islam, S. 41.

187 Ebd., S. 44.

188 Ebd., S. 42.

189 William Montgomery Watt, Muhammad at Medina, Oxford 1956, S. 272 f.

190 Ahmed, Women and Gender in Islam, S. 42.

191 William Montgomery Watt, Women in the Earliest Islam, in: Studia Missionalias, 40 (1991), S. 162–173, übers. v. d. Verf.

192 Ahmed, Women and Gender in Islam, S. 58.

193 Ebd., S. 44.

194 Ebd., S. 45.

195 Ebd., S. 73.

196 Newsweek, 12. 12. 2005, S. 30 f., übers. v. d. Verf.

197 Hans G. Kippenberg, Tilman Seidensticker (Hg.), Terror im Dienste Gottes. Die ›geistliche Anleitung‹ der Attentäter des 11. September 2001, Frankfurt/M. 2004. Der Band gibt den vollständigen Text in arabischer und deutscher Sprache wieder und kontextualisiert eine Reihe von Ausführungen aus dem Koran.

198 Gehad Mazarweh, Wanting to Die or Wanting to Live. The phenomena of suicide bombers in Israel and Palestine, Vortrag auf der Tagung ›Violence or Dialogue: Between Collective Fantasy and Collective Denial‹, Berlin 10.–12. Juni 2004.

199 Ebd.

200 Ruth Stein, Fundamentalism, Father and Son, and Vertical Desire, Vortrag auf der Tagung ›Violence or Dialogue: Between Collective Fantasy and Collective Denial‹, Berlin 10.–12. Juni 2004, S. 17, Zitate übers. v. d. Verf.

201 Ebd.

202 Ebd.

203 Ebd.

204 Ebd., vgl. auch dies., Evil as Love and as Liberation. The Religious terrorist's mind, in: D. Moss (Hg.), Hating in the First

Personal Plural. Psychoanalytic essays on racism, homophobia, and mysogyny, New York 2003; dies., Vertical Mystical Homoeros. An Altered Form of Desire in Fundamentalism, in: Studies in Gender & Sexuality, 4, S. 38–58.

205 Said, Orientalismus, S. 346.

206 Ebd., S. 351.

207 Vgl. den Arab Human Development Report (AHDR) von 2002. Creating Opportunities for Future Generations. Sponsored by the Regional Bureau for Arab States/UNDP. Arab Fund for Economic and Social Development, New York 2002.

208 Gilles Kepel, Die Rache Gottes. Radikale Moslems, Christen und Juden auf dem Vormarsch, München, Zürich 1991.

209 Vgl. Kippenberg, Seidensticker, Terror im Dienste Gottes, S. 21.

210 Göle, Die sichtbare Präsenz des Islam, S. 21.

211 Jan Assmann, Das kulturelle Gedächtnis. Schrift, Erinnerung und politische Identität in frühen Hochkulturen, München 1999, S. 280.

212 Harold Innis, Empire & Communications, neu bearb., m. einer Einleitung und einem Nachwort v. David Godfrey, Victoria/ Toronto 1986, S. 7 f., übers. v. d. Verf.

213 Vgl. u. a. Jack Goody, Ian Watt, Konsequenzen der Literalität, in: dies., Kathleen Gough, Entstehung und Folgen der Schriftkultur, mit einer Einleitung v. Heinz Schlaffer, Frankfurt/M. 1986, S. 63–122.

214 Der Begriff der ›Textgemeinschaft‹ stammt v. Brian Stock, The Implications of Literacy. Written language and models of interpretation in the eleventh and twelfth centuries, Princeton 1983.

215 Wir haben auf diesen Zusammenhang schon vielfach hingewiesen und begnügen uns hier mit kurzen Verweisen: Vgl. u. a. Christina v. Braun, Versuch über den Schwindel. Religion, Schrift, Bild, Geschlecht, Zürich, München 2001; dies., Alphabet und Kastration, in: Michael B. Buchholz, Günter Gödde (Hg.), Das Unbewußte in aktuellen Diskursen. Bd. II, Gießen 2005, S. 393–415; Bettina Mathes, Reproduktion, in: Christina v. Braun, Inge Stephan (Hg.), Gender@Wissen. Ein Handbuch der Gendertheorien, Köln, Weimar, Wien 2005, S. 81–90; dies., Under Cover. Das Geschlecht in den Medien, Bielefeld 2006.

216 Esposito, Von Kopftuch bis Scharia, S. 35.

217 Peter Heine, Islamismus und Anti-Semitismus, Vortrag auf der Tagung ›Violence or Dialogue: Between Collective Fantasy and Collective Denial‹, Berlin 10.–12. Juni 2004.

218 Bruce Lincoln, Die Meditationen des Herrn Atta, 10. September 2001: Eine genaue Textlektüre, in: Kippenberg, Seidensticker, Terror im Dienste Gottes, S. 41.

219 Die ›geistliche Anleitung‹, in: ebd., S. 22.

220 Jan Assmann, Die mosaische Unterscheidung. Oder der Preis des Monotheismus, München, Wien 2003, S. 30 ff.

221 Dan Diner, Die versiegelte Zeit. Über den Stillstand in der islamischen Welt, Berlin 2005, S. 243.

222 Sadjed, Islamische Moderne und die Konstruktion kultureller Authentizität im Iran.

223 Charlotte Wiedemann, Das schleierhafte Land, in: Die Zeit, Nr. 47, 11. 11. 2004.

224 Ebd.

225 Albrecht Fuess, Die islamische Schlachtrede und die ›Geistliche Anleitung‹, in: Kippenberg, Seidensticker, Terror im Dienste Gottes, S. 55–66, hier S. 56.

226 Esposito, S. 24.

227 Ebd., S. 25.

228 Angelika Neuwirth, Three Religious Feasts between Narratives of Violence and Liturgies of Reconciliation, in: Thomas Scheffler (Hg.), Religion Between Violence and Reconciliation, Beirut, Würzburg 2002, S. 49–82, hier S. 58.

229 Esposito, Von Kopftuch bis Scharia, S. 28 f.

230 Ebd.

231 Ahmed, Women and Gender in Islam, S. 94.

232 Ebd., S. 93.

233 Hans-Caspar v. Bothmer, Karl-Heinz Ohlig, Gerd-Rüdiger Puin, Neue Wege der Koranforschung. Der Koran als Gemeindeprodukt?, in: Magazin Forschung, 1 (1999), S. 33–46.

234 Sadik al-Azm, Orientalism and Fundamentalism Re-Visited, Vortrag auf der Tagung ›Orientalism and Fundamentalism in Jewish and Islamic Critique‹, Dartmouth College, 26. bis 28. Januar 2006.

235 Mohammed Turki, Erinnerung und Identität. Ansätze zum Verstehen der gegenwärtigen Krise im arabisch-islamischen Denken, in: Angelika Hartmann (Hg.), Geschichte und Erinnerung im Islam, Göttingen 2004, S. 51–64, hier S. 59.

236 Eduard Bornemann, Ernst Risch, Griechische Grammatik, Frankfurt/M. 1978, S. 75.

237 Diner, Versiegelte Zeit, S. 115.

238 Ebd., S. 127.

239 William A. Graham, Beyond the Written Word. Oral Aspects of Scripture in the History of Religion, Cambridge 1987, S. 160. Wir verdanken Angelika Neuwirth den Hinweis auf dieses Buch.

240 Esposito, Von Kopftuch bis Scharia, S. 105.

241 Eph 5,28.

242 Aurelius Augustinus, Die Nutzen des Fastens, Würzburg 1958, S. 9.
243 Leila Ahmed, A Border Passage. From Cairo to America – a Woman's Journey, New York 1999, S. 121 f.
244 Ebd., S. 126.
245 Ebd. S. 127.
246 Ebd., S. 128.
247 Ebd.
248 Martin Riesebrodt, Fundamentalismus als patriarchalische Protestbewegung. Amerikanische Protestanten und iranische Schiiten im Vergleich, Tübingen 1990, S. 19 f.
249 Vgl. Sabine Damir-Geilsdorf, Politische Utopie und Erinnerung. Das ›Goldene Zeitalter‹ in islamischen Diskursen heute, in: Angelika Hartmann (Hg.), Geschichte und Erinnerung im Islam, Göttingen 2004, S. 75–94, hier S. 91.
250 Ebd., S. 21.
251 Ahmed, Border Passage, S. 128 f.
252 Haym Soloveitchik, Rupture and Reconstruction. The Transformation of Contemporary Orthodoxy, in: Tradition. A Journal of Orthodox Jewish Thought, 28:4 (1994), S. 64–130, hier S. 65.
253 Ebd., S. 78 f.
254 Ebd., S. 71.
255 Ebd.
256 Ebd., S. 83.
257 Ebd., S. 87.
258 Ebd., S. 103.
259 Paula E. Hyman, East European Jewish Women in an Age of Transition, 1880–1930, in: Judith Baskin, Jewish Women in Historical Perspective, 2. Aufl., Detroit 1999, S. 270–286, hier S. 274.
260 Ebd.
261 Allam, Islam in einer globalen Welt, S. 114.
262 Ebd., S. 115.
263 Ebd.
264 Ebd.
265 Ruthven, Der Islam, S. 38.
266 1. Kor 11,7.
267 TRE, Bd. VI, S. 501.
268 Aurelius Augustinus, Fünfzehn Bücher über die Dreieinigkeit, München 1936, 2. Bd., 12. Buch, 7. Kapitel, S. 136–140.
269 Vgl. dazu: Karin Elisabeth Borresen, Subordination and Equivalence, Washington, o. J., S. 25–30; für die Weiterführung dieser Gedanken bei Thomas von Aquin vgl. Joseph Francis

Hattel, Femina ut imago die, in: The Integral Feminism of St. Thomas Aquinas, Rom 1993, S. 280–284.

270 Zit. in Oestreich, Der Kopftuch-Streit, S. 76.

271 Ebd.

272 Ebd.

273 John Berger, Ways of Seeing, Harmondsworth 1972, S. 47.

274 Oestreich, Der Kopftuch-Streit, S. 9.

275 Birgit Rommelspacher, Anerkennung und Ausgrenzung. Deutschland als multikulturelle Gesellschaft, Frankfurt/M. 2001.

276 Zur Geschichte des Bikinis siehe Beate Berger, Bikini. Eine Enthüllungsgeschichte, Hamburg 2004.

277 Ebd., S. 52.

278 Ebd., S. 54.

279 Ebd., S. 50.

280 Ebd., S. 67.

281 Ebd., S. 71–106.

282 Carolyn Merchant, Der Tod der Natur. Ökologie, Frauen und neuzeitliche Naturwissenschaft, München 1987, S. 17 f.

283 Zit. in Berger, Bikini, S. 53.

284 Ebd., S. 53.

285 Ebd., S. 133.

286 Ebd., S. 132.

287 Die Welt der Liebe im Islam. Eine Enzyklopädie, Darmstadt 1996, S. 76.

288 Berger, Bikini, S. 52.

289 Ebd., S. 94.

290 Ebd., S. 73.

291 Ebd., S. 115.

292 Ebd.

293 Ebd., S. 152.

294 Berger, Ways of Seeing, S. 54.

295 Jennifer Fluri, The Naked Veil and the Retro-Modern ›Other‹. (Re)reading the unveiling of Afghan Women, Vortrag an der Humboldt-Universität zu Berlin v. 21. 6. 2006, unveröffentl. Manuskript, 2006.

296 Zur Geschichte der Knidia in der Kunst des Okzidents vgl. Christine Mitchell Havelock, The Aphrodite of Knidos and her Successors: a historical review of the female nude in Greek art, Ann Arbor 1995.

297 Nanette Salomon, Die Venus Pudica, in: Heide Wunder, Gisela Engel (Hg.), Geschlechterperspektiven. Forschungen zur Frühen Neuzeit, Königstein 1998, S. 79–99, hier S. 82.

298 Ebd., S. 82.

299 Ebd., S. 84.

300 Ebd., S. 87.

301 Ebd., S. 86.

302 Havelock, The Aphrodite of Knidos, S. 3.

303 Zit. in Berger, Bikini, S. 61.

304 François Jacob, Die Maus, die Fliege und der Mensch, München 2000, S. 167.

305 Joan Kelly-Gadol, Did Women Have a Renaissance?, in: Renate Bridenthal, Claudia Koonz (Hg.), Becoming Visible. Women in European History, Boston 1977, S. 137–164.

306 Dazu Heide Wunder, Er ist die Sonn, sie ist der Mond. Frauen in der Frühen Neuzeit, München 1992.

307 Owen Hughes, Frauenmoden und ihre Kontrolle, in: Christiane Klapisch-Zuber (Hg.), Geschichte der Frauen. Bd. 2: Mittelalter, Frankfurt/M. 1993, , S. 147–170, hier S. 150.

308 Ebd., S. 152.

309 Ebd., S. 152 f.

310 Ebd., S. 154.

311 Ebd., S. 160.

312 Claudia Benthien, Haut. Literaturgeschichte, Körperbilder, Grenzdiskurse, Reinbek 2001, S. 119.

313 Ebd.

314 Thomas Kleinspehn, Der flüchtige Blick. Sehen und Identität in der Kultur der Neuzeit, Reinbek 1991, S. 121.

315 Oscar Wilde, Das Bildnis des Dorian Gray, Leipzig o. J., S. 129.

316 Ebd., S. 261.

317 W. W. Gull, Anorexia hysterica, in: British Medical Journal, 2 (1873), S. 527 ff.; E. C. Lasègue, De l'anorexie hystérique, in: Archives Génerales Médicales, 21 (1873), S. 385–403.

318 Zit. n. Günther H. Seidler, Zwischen Skylla und Charybdis. Die unumgängliche Scham der anorektischen Frau, in: ders. (Hg.), Magersucht. Öffentliches Geheimnis, Göttingen, Zürich 1993, S. 167–188, hier S. 167.

319 Zum Thema Magersucht und Bild vgl. Christina v. Braun, Nicht ich. Logik Lüge Libido, 6. Aufl., Frankfurt/M. 2005.

320 Berger, Bikini, S. 112 f.

321 Fanon, Algerien legt den Schleier ab, S. 29.

322 Françoise Meltzer, For Fear of the Fire. Joan of Arc and the Limits of Subjectivity, Chicago 2001, S. 65.

323 Simone de Beauvoir, Das andere Geschlecht. Sitte und Sexus der Frau, Reinbek 1956, S. 167.

324 Ebd.

325 Meltzer, For Fear of the Fire, S. 10.

326 Ebd., S. 167 f.

327 Das altenglische Wort meidenhad kann sowohl maidenhead (Jungfernhäutchen) als auch maidenhood (Jungfräulichkeit) bezeichnen und bringt die enge Verbindung zwischen Jungfräulichkeit und Hymen zum Ausdruck.

328 The Hali Meidenhad, zit. in Kathleen Coyne Kelly, Performing Virginity and Testing Chastity in the Middle Ages, New York 2000, S. 123.

329 Brown, Die Keuschheit der Engel, S. 275.

330 Vgl. Hermann L. Strack, Das Blut im Glauben und Aberglauben der Menschheit, 8. Aufl., Leipzig 1911, S. 75 f.

331 Brown, Die Keuschheit der Engel, S. 310.

332 Kelly, Performing Virginity, S. 91.

333 Giulia Sissa, Maidenhood without Maidenhead. The female body in ancient Greece, in: John J. Winkler, David Halperin, Froma Zeitlin (Hg.), Before Sexuality. The construction of erotic experience in the ancient Greek world, Princeton 1990, S. 339–464, vor allem S. 353 ff.

334 Ebd., S. 343.

335 Zur Erotisierung der Jungfräulichkeit vgl. Claudia Opitz, Hunger nach Unberührbarkeit? Jungfräulichkeitsideal und weibliche Libido im späten Mittelalter, in: Feministische Studien, 5 (1986), S. 59–75.

336 Meltzer, For Fear of the Fire, S. 69.

337 Die Kastration als Zeichen der Jungfräulichkeit, wie sie einige frühe Christen praktizierten, konnte sich nicht durchsetzen, und seitdem haften der Jungfräulichkeit des männlichen Körpers keine körperlichen Zeichen an.

338 Marie H. Loughlin, Hymeneutics. Interpreting virginity on the early modern stage, Lewisburg, London 1997.

339 Göle, Republik und Schleier, S. 118.

340 Die Welt der Liebe im Islam, Stichwort ›Jungfräulichkeit‹.

341 Vgl. den Artikel v. Nelly Youssef auf der website von quantara.de: http://www.qantara.de/webcom/show_article.php/_c-469/_nr-446/i.html, 7. März 2006.

342 Ammann, Privatsphäre und Öffentlichkeit, S. 91.

343 Yeğenoğlu, Colonial Fantasies, S. 49.

344 Ebd., S. 58.

345 So etwa Drucilla Cornell, Die Versuchung der Pornographie, Frankfurt/M. 1997, S. 45.

346 Ebd., S. 122.

347 Barbara Vinken, Das Gesetz des Begehrens. Männer, Frauen, Pornographie, Vorwort zu: Cornell, Versuchung der Pornographie, S. 12.

348 Paula Findlen, Humanism, Politics and Pornography in Renaissance Italy, in: Lynn Hunt (Hg.), The Invention of Pornography. Obscenity and the origins of modernity, 1500–1800, New York 1993, S. 49–108, hier S. 49.

349 Ebd., S. 54.

350 Gertrud Koch, Was ich erbeute, sind Bilder. Zum Diskurs der Geschlechter im Film, Frankfurt/M. 1989, S. 106.

351 Michel Foucault, Sexualität und Wahrheit. Bd. 1: Der Wille zum Wissen, Frankfurt/M. 1983, S. 97.

352 Ebd., S. 98.

353 Koch, Was ich erbeute, sind Bilder, S. 107.

354 Ebd., S. 108.

355 Ebd., S. 106.

356 Ebd., S. 119.

357 Ebd., S. 120.

358 Linda Williams, Hard-Core. Power, Pleasure, and the Frenzy of the Visible, Berkeley, Los Angeles 1999, S. 48–50.

359 Foucault, Sexualität und Wahrheit, S. 91.

360 Christopher Caldwell, Daughter of the Enlightenment, in: The New York Times Magazine, 3. 4. 2005, S. 26–31, hier S. 29.

361 Ayaan Hirsi Ali, Ich klage an. Plädoyer für die Befreiung der muslimischen Frau, München 2005.

362 Yasemin Karakasoğlu in einem Interview mit Quantara.de: http://www.qantara.de/webcom/show_article.php/_c-469/_nr-457/i.html.

363 Alloula, Colonial Harem, Minneapolis 1986, passim.

364 Ebd., S. 17.

365 Ebd., S. 25.

366 Ebd., S. 26.

367 Foucault, Sexualität und Wahrheit, S. 91.

368 Alloula, Colonial Harem, S. 4.

369 U. a. Hedwig Röckelein, Charlotte Schoell-Glass, Maria E. Müller (Hg.), Jeanne D'Arc, oder wie Geschichte eine Figur konstruiert, Freiburg 1996.

370 Opitz, Hunger nach Unberührbarkeit, S. 183.

371 Ruth Schirmer-Imhoff (Hg.), Der Prozeß Jeanne d'Arc 1431 bis 1456, München 1956, S. 56.

372 Ebd., S. 67.

373 Meltzer, For Fear of the Fire, S. 119–164.

374 Schirmer-Imhoff, Der Prozeß Jeanne d'Arc, S. 24.

375 Ebd., S. 53.

376 Ebd., S. 30.

377 Opitz, Hunger nach Unberührbarkeit, S. 173.

378 Ebd.
379 Meltzer, For fear of the Fire, S. 201.
380 Opitz, Hunger nach Unberührbarkeit, S. 196.
381 Yeğenoğlu, Colonial Fantasies, S. 89 f.
382 Ausführlich dazu ebd., S. 68–94.
383 Ebd., S. 74.
384 Marion Baumgart, Wie Frauen Frauen sehen. Westliche Forscherinnen bei arabischen Frauen, Frankfurt/M. 1999, S. 89.
385 Yeğenoğlu, Colonial Fantasies, S. 106.
386 Ebd., S. 107.
387 Zit. in Akkent, Franger, Das Kopftuch, S. 147.
388 Zit. ebd., S. 147.
389 Zit. ebd., S. 146.
390 Zit. ebd., S. 145 f.
391 Vittoria Alliata, Harem. Die Freiheit hinter dem Schleier, Berlin 1987, S. 152.
392 Ida v. Hahn-Hahn, Orientalische Briefe, 1844, zit. in: Stefanie Ohnesorg, Mit Kompaß, Kutsche und Kamel, St. Ingbert 1996, S. 263.
393 Der Spiegel, 47, 15. 11. 2004, S. 62.
394 Zit. in Ohnesorg, Kompaß, Kutsche und Kamel, S. 250.
395 Zit. ebd., S. 260.
396 Ida Pfeiffer, Reise einer Wienerin in das Heilige Land, Wien 1844, 2 Bde., Bd. 2, S. 22; zit. ebd., S. 270 f.
397 Zit. ebd., S. 270.
398 Zit. ebd., S. 254.
399 Ebd., S. 271.
400 Akashe-Böhme, Frausein – Fremdsein, S. 33.
401 Kristeva, Fremde sind wir uns selbst, S. 11.
402 Zit. in Ohnesorg, Kompaß, Kutsche und Kamel, S. 271.
403 Zit. in Baumgart, Wie Frauen Frauen sehen, S. 17.
404 Zit. ebd., S. 19.
405 Zit. ebd., S. 27.
406 Zit. ebd., S. 29.
407 Der Spiegel, 47, 15. 11. 2004, S. 79.
408 Zit. in Ohnesorg, Kompaß, Kutsche und Kamel, S. 261.
409 Zit. ebd., S. 261 f.
410 Zit. ebd., S. 264.
411 Zit. ebd.
412 Vgl. die website www.beautywithoutborders.org.
413 Liz Mermin, The Beauty Academy of Kabul, 2004, 76 Min.
414 Fluri, Naked Veil.
415 Yasemin Karakasoğlu, Geschlechtsidentitäten (gender) unter türkischen Migranten und Migrantinnen in der Bundesrepu-

blik, in: Geschlecht und Recht. Argumente zum deutsch-türkischen Dialog, Hamburg 2003, S. 34–49.

416 Ebd., S. 41.

417 Bericht der Kommission an den Rat, das Europäische Parlament, den Europäischen Wirtschafts- und Sozialausschuß und den Ausschuß der Regionen zur Gleichstellung von Frau und Mann 2005; www.bmgf.gv.at/cms/site/detail.htm?thema= CH0331&doc=CMS1110898910070.

418 Rommelspacher, Anerkennung und Ausgrenzung, S. 128.

419 Zu dieser Debatte vgl. u. a. Ute Gerhard, Gleichheit ohne Angleichung. Frauen im Recht, München 1987; Ute Gerhard, Andrea Maihofer et al. (Hg.), Gleichheit und Differenz. Menschenrechte haben (k)ein Geschlecht, Frankfurt/M. 1990; Seyla Benhabib, Der Streit um die Differenz. Feminismus und Postmoderne, Frankfurt/M. 1994; Jane Flax, Jenseits von Gleichheit. Geschlecht, Gerechtigkeit und Differenz, in: Herta Nagl-Docekal, Herlinde Pauer-Studer (Hg.), Politische Theorie, Differenz und Lebensqualität, Frankfurt/M. 1996, S. 223–250; Geneviève Fraisse, Die Kontroverse zur Geschlechterparität, in: Feministische Studien. Zeitschrift für interdisziplinäre Frauen- und Geschlechterforschung, 20. Jg. (2002), Nr. 2, S. 271–280.

420 Rommelspacher, Anerkennung und Ausgrenzung, S. 126.

421 Ulrike Teubner, Olga Zitzelsberger, Forschungsbericht Frauenstudiengang im technisch-naturwissenschaftlichen Bereich der Fachhochschule Darmstadt, Darmstadt 1996, S. 1.

422 Ulrike Teubner, Produktive Störungen im Prozeß der Geschlechterkonstruktion selbst auf engstem Raum? Anmerkungen zu einem Experiment mit Monoedukation, in: Carmen Gransee (Hg.), Der Frauenstudiengang in Wilhelmshaven. Facetten und Kontexte einer paradoxen Intervention, Opladen 2003, S. 107–121, hier S. 109.

423 Teubner, Zitzelsberger, Forschungsbericht, S. 3.

424 Teubner, Produktive Störungen, S. 108.

425 Rommelspacher, Anerkennung und Ausgrenzung, S. 126.

426 Teubner, Produktive Störungen, S. 110.

427 Akashe-Böhme, Frausein – Fremdsein, S. 32.

428 Kristeva, Fremde sind wir uns selbst, S. 209.

429 Der Spiegel, 47, 15. 11. 2004, S. 62.

430 Ebd., S. 72.

431 Zit. in Oestreich, Der Kopftuch-Streit, S. 101.

432 Zit. ebd.

433 Emma 1/2 (1999); vgl. auch Alice Schwarzer in Emma 2 (2006).

434 William Montgomery Watt, Der Einfluß des Islam auf das europäische Mittelalter, Berlin 2002, S. 64.

435 Ebd., S. 25.
436 Ebd., S. 51.
437 Vivian B. Mann, Thomas F. Glick, Jerrilynn D. Dodds (Hg.), Convivencia. Jews, Muslims, and Christians in Medieval Spain, New York 1992, S. 104.
438 Watt, Der Einfluß des Islam, S. 53.
439 Ebd., S. 43.
440 André Clot, Das maurische Spanien. 800 Jahre islamische Hochkultur in Al Andalus, Düsseldorf 2004, S. 223.
441 Ebd., 230 ff.
442 Thomas Arnold, Alfred Guillaume (Hg.), The Legacy of Islam, Oxford 1931, zit. in Watt, Der Einfluß des Islam, S. 49.
443 Bernard Lewis, What Went Wrong? The Clash Between Islam and Modernity in the Middle East, New York 2003, S. 79.
444 Abdul Karim Chéhadé, Ibn al-Nafis et la découverte de la circulation pulmonaire, Beirut 1955.
445 Watt, Der Einfluß des Islam, S. 14.
446 Nancy G. Siraisi, Medieval and Early Renaissance Medicine. An introduction to knowledge and practice, Chicago 1991, S. 1–16.
447 Ebd., S. 7 f.
448 Ebd., S. 8 ff.
449 Aurelius Augustinus, Vom Gottesstaat, Bd. II, Buch 22, Kapitel 22, Zürich 1978, S. 805, 808.
450 Siraisi, Medieval and Early Renaissance Medicine, S. 9.
451 Bernhard v. Clairvaux, Sämtliche Werke, lateinisch/deutsch, hrsg. v. Gerhard B. Winkler, Bd. III, Innsbruck 1992, S. 601 (Brief 345).
452 Siraisi, Medieval and Early Renaissance Medicine, S. 140.
453 Ebd., S. 124, 131–133.
454 Der Spiegel online, 24. 8. 1994.
455 Bernard Lewis, What went Wrong?, S. 120.
456 Ebd., S. 121.
457 Mohamed Turki, Erinnerung und Identität, S. 59.
458 David S. Landes, Revolution in Time. Clocks and the Making of the Modern World, Cambridge, London 1983.
459 Zit. n. Fritjof Capra, Wendezeit. Bausteine für ein neues Weltbild, Bern, München, Wien 1983, S. 68.
460 Vgl. u. a. Stanislav Andreski, The Syphilitic Shock, Encounter 58:5, May 1982, S. 7–26; vgl. auch ders., Max Weber's Insights and Errors, London 1984.
461 Vgl. New York Times, 21. 2. 2006, S. D2.
462 Ausführlicher zur paradoxen Rolle der Schuld im Christentum in: Christina v. Braun, Versuch über den Schwindel, Kapitel 9.

463 Cornelius Castoriadis, Gesellschaft als imaginäre Institution. Entwurf einer politischen Philosophie, Frankfurt/M. 1990, S. 454.

464 Rémi Brauge, Europa. Eine exzentrische Identität, Frankfurt/M. 1993, S. 120. Wir verdanken den Hinweis auf dieses Werk Geert Henrich, Identitätskonstruktion und Geschichtsbilder im Modernediskurs, in: Hartmann (Hg.), Geschichte und Erinnerung im Islam, S. 31–50.

465 Vgl. Turki, Erinnerung und Identität, S. 62.

466 Ivesa Lübben, Nationalstaat und islamische *umma* bei Hasan al-Bannā. Gründungsmythos und Annäherung an gesellschaftliche Realität, in: Hartmann, Geschichte und Erinnerung im Islam, S. 117–144, hier S. 142.

467 Günter Dux, Die Zeit in der Geschichte. Ihre Entwicklungslogik vom Mythos zur Weltzeit, Frankfurt/M. 1989, S. 271.

468 Landes, Revolution in Time, S. 7.

469 René Descartes, »Untersuchungen über die Grundlagen der Philosophie, worin das Dasein Gottes und die Unterschiedenheit der menschlichen Seele von ihrem Körper bewiesen wird«, in: ders., Philosophische Werke, übersetzt, erläutert und mit einer Lebensbeschreibung des Descartes versehen v. J. H. v. Kirchmann, Abteilung I-III, Berlin 1870, Abt. II, S. 110.

470 Gottfried Wilhelm Leibniz, Grundwahrheiten der Philosophie (Monadologie), Frankfurt/M. 1962, S. 117.

471 Gottfried Wilhelm Leibniz, Die Theodizee, Hamburg 1968, S. 21 f.

472 Isaac Newton, Philosophiae naturalis principia mathematica 1687, deutsch: Mathematische Grundlagen der Naturphilosophie, ausgewählt, übersetzt, eingeleitet und herausgegeben v. Ed Dellian, Hamburg 1988, S. 44.; vgl. auch das Vorwort v. Ed Dellian, S. XVIII f.

473 »Ein Ding kann zur nämlichen Zeit unmöglich sein und nicht sein«, so Leibniz, weshalb »die Zeit und der Raum [...] die Natur ewiger Wahrheiten (haben), welche sich ebensowohl auf das Mögliche wie auf das Wirkliche beziehen«. Gottfried Wilhelm Leibniz, Neue Abhandlungen über den menschlichen Verstand, ins Deutsche übers., mit Einleitung, Lebensbeschreibung des Verfassers und erläuternden Anmerkungen versehen v. C. Schaarschmidt, 2. Aufl., Leipzig 1904, S. 68, 128.

474 Landes, Revolution in Time, S. 69.

475 Rudolf Wendorff, Zeit und Kultur, Opladen 1980, S. 233.

476 Foucault, Sexualität und Wahrheit, S. 88 f.

477 Said, Orientalismus, S. 84.

478 Foucault, Sexualität und Wahrheit, S. 60.
479 Evelyn Baring (Lord Cromer), Modern Egypt, New York 1908, Bd. 2, S. 146–167.
480 Said, Orientalismus, S. 49.
481 Vgl. Christina v. Braun, Inge Stephan (Hg.), Einführung, in: dies., Gender@Wissen. Ein Handbuch der Gender-Theorien, Köln, Weimar, Wien 2005, S. 7–45.
482 Said, Orientalismus, S. 351.
483 Ebd.
484 Sigmund Freud, Die Weiblichkeit, in: Gesammelte Werke, Bd. XV, S. 119–145, hier S. 120.
485 Sigmund Freud, Drei Abhandlungen zur Sexualtheorie, in: Gesammelte Werke, Bd. V, S. 27–145, hier S. 50.
486 Sigmund Freud, Über die weibliche Sexualität, in: Gesammelte Werke, Bd. XIV, S. 517–537, hier S. 522.
487 Sigmund Freud, Die Weiblichkeit, S. 142.
488 Ebd., S. 134.
489 Sander L. Gilman, Freud, Race and Gender, in: Jonathan Magonet (Hg.), Jewish Explorations of Sexuality, S. 135–156, hier S. 155.
490 Said, Orientalismus, S. 49 f.
491 Sigmund Freud, Quelques considérations pour une étude comparative des paralysies motrices organiques et hystériques, in: Gesammelte Werke, Bd. I, S. 39–55, hier S. 50 f.
492 Ausführlicher zu dieser Funktion der Hysterie: v. Braun, Nicht ich, 1. Kapitel.
493 Said, Orientalismus, S. 49.
494 Ebd., S. 213 f.
495 Ebd.
496 Ebd., S. 216.
497 Ebd.
498 Ebd.
499 Théophile Gautier, Constantinople et autres textes sur la Turquie, hrsg. u. m. Anmerkungen versehen v. Sarga Moussa, Paris 1996, S. 185.
500 A. Grosrichard, Structure du Sérail, zit. n. Mary J. Harper, Recovering the Other. Women and the Orient in Writings of Early Nineteenth Century France, in: Critical Matrix, 13 (1985), Digitaler Ausdruck, S. 4.
501 Gustave Le Bon, Psychologie der Massen (1895), Stuttgart 1973, S. 22.
502 Ebd., S. 20.
503 Kreile, Der Schleier. Verbindendes Kulturphänomen?, S. 72. Zu den Ver- und Entschleierungsphantasien im aktuellen deut-

schen Ausländerdiskurs siehe auch Nanna Heidenreich, Deutsche (Un)Sichtbarkeiten, in: Eva Lezzi, Monika Ehlers (Hg.), Fremdes Begehren. Transkulturelle Beziehungen in Literatur, Kunst und Medien, Köln, Weimar, Wien 2003, S. 307–319.

504 Said, Orientalismus, S. 249.

505 »Es ist falsch zu sagen: ich denke. Man müßte sagen: es denkt mich. Ich ist ein anderer.« Arthur Rimbaud, Seherbriefe, in: ders, Sämtliche Dichtungen, zweisprachige Ausgabe, München 1997, S. 367 f.

506 Hugo v. Hofmannsthal, Brief des Lord Chandos an Francis Bacon, in: ders., Sämtliche Werke, hrsg. v. Ellen Ritter, Frankfurt/M. 1991, Bd. 31 (Erfundene Gespräche und Briefe), S. 46.

507 Ebd., S. 48.

508 Said, Orientalismus, S. 213.

509 Gustave Flaubert, Die Versuchung des Heiligen Antonius, Zürich 1979, S. 176 ff.

510 Freud, Die Weiblichkeit, S. 143.

511 Sandor Ferenczi, Versuch einer Genitaltheorie, in: Schriften zur Psychoanalyse, hrsg. v. Michael Balint, Frankfurt/M. 1972, Bd. II, S. 333 ff.

512 Said, Orientalismus, S. 205.

513 Ebd.

514 Ebd., S. 208.

515 Arthur Rimbaud, 2. Seherbrief, in: ders., Gedichte, Leipzig 1989, S. 99.

516 Ebd.

517 Jules Michelet, Introduction à l'histoire universelle, in: ders., Œuvres complètes, hrsg. v. P. Vialaneix, Paris 1971, Bd. 2, S. 230.

518 Harper, Recovering the Other, S. 6.

519 Auguste Comte, Système de politique positive, instituant la réligion de l'humanité, 4 Bde., Paris 1851–1854, Bd. 4, S. 305.

520 Ebd.

521 Ebd. S. 304.

522 Ebd., Bd. 1, S. 227.

523 Zit. n. Jehan d'Ivray, L'Aventure Saint-Simonienne et les Femmes, Paris 1928, S. 144.

524 Harper, Recovering the Other, S. 7.

525 Michel Chevalier, Système de la Méditerranée (1832), zit. ebd.

526 Emile Barrault, Occident et Orient, Paris 1835, S. 254.

527 Charles Fourier, Théorie des quatre mouvements et des destinées générales (1808), in: ders., Œuvres complètes, Paris 1841, Bd. 1, S. 71.

528 Meyda Yeğenoğlu, Colonial Fantasies, S. 23.

529 Francis Bacon, zit. in Merchant, Tod der Natur, S. 179.

530 Ebd.
531 Ebd.
532 Ebd.
533 Harper, Recovering the Other, S. 8.
534 Sigmund Freud, Die Weiblichkeit, S. 122.
535 Said, Orientalismus, S. 157 f.
536 Ulrike Brunotte, Religion und Kolonialismus, in: Hans Kippen-
    berg, Jörg Rüpke, Kocku v. Stuckrad (Hg.), Europäische Reli-
    gionsgeschichte. Konzepte, Entwicklungspfade, Vermittlungs-
    formen, erscheint Göttingen 2007.
537 Claudia Brunner, Männerwaffe, Frauenkörper? Zum Ge-
    schlecht der Selbstmordattentate im israelisch-palästinensi-
    schen Konflikt, Wien 2005, S. 147.
538 Assmann, Das kulturelle Gedächtnis, S. 282 ff.
539 Ebd.
540 Ebd., S. 109.
541 Peter Matussek, Performing Memory. Kriterien für einen Ver-
    gleich analoger und digitaler Gedächtnistheater, in: Para-
    grana, 10 (2001), S. 291–320, hier S. 304. Wie für viele Be-
    griffe, die dem Zeitgeist entsprechen, gibt es auch für den
    Begriff des ›immersive environment‹ keinen Erfinder; er
    stammt aus der Subkultur der späten 70er oder frühen 80er
    Jahre des 20. Jahrhunderts. Näheres zu dem Begriff: Monika
    Fleischmann, Virtualität und Interaktivität als Medium. Die
    Auflösung des Raumes, in: GMD-Spiegel, 1 (1996), S. 42–44;
    Oliver Grau, Verlust der Zeugen. Das lebendige Werk, in:
    Götz-Lothar Darsow (Hg.), Metamorphosen, Gedächtnis-
    medien im Computerzeitalter, Stuttgart, Bad Canstatt 2000,
    S. 101–121.
542 Erwin Panofsky, Die Perspektive als symbolische Form, in: Ka-
    ren Michels, Martin Warnke (Hg.), Erwin Panofsky, Deutsch-
    sprachige Aufsätze, Studien aus dem Warburg Haus, Berlin
    1998, S. 664–757, hier S. 666.
543 Zit. n. Annette Brauerhoch, ›A Mother to me‹. Auf den Spuren
    der Mutter im Kino, in: Frauen und Film, 56/57 (1995), S. 59 bis
    78, hier S. 62; vgl. auch E. Ann Kaplan, Susan Squier (Hg.),
    Playing Dolly. Technocultural formations, fantasies, and fictions
    of assisted reproduction, New Brunswick 1999.
544 Damir-Geilsdorf, Politische Utopie und Erinnerung, S. 76.
545 Ebd., S. 83.
546 Ebd., S. 88.
547 Dazu ausführlicher: Christina v. Braun, Von Wunschtraum zu
    Alptraum. Eine Geschichte utopischen Denkens, Video, Mün-
    chen 1984, 45 Min.

548 Zit. n. Damir-Geilsdorf, Politische Utopie und Erinnerung, S. 83.

549 Ebd., S. 85.

550 Christian Hillgruber, Der deutsche Kulturstaat und der muslimische Kulturimport. Die Antwort des Grundgesetzes auf eine religiöse Verantwortung, in: JZ 1999 (Jahres- und Tagungsbericht der Görres-Gesellschaft 1998), S. 538–547, hier S. 538.

551 Ebd., S. 547.

552 Ebd.

553 Kantorowicz, Die zwei Körper des Königs, S. 206.

554 Mary Douglas, Die zwei Körper. Ritual, Tabu und Körpersymbolik. Sozialanthropologische Studien in Industrie- und Stammesgesellschaft, Frankfurt/M. 1993. Was Ernst Kantorowicz als die »zwei Körper des Königs« für das christliche Mittelalter und die frühe Neuzeit beschrieben hat, stellt sie an anthropologischen Beispielen auch für andere Kulturen dar: die Spiegelbildlichkeit von sozialem und physiologischem Körper, die für die christliche Kultur in dem von christologischen Vorstellungen abgeleiteten Konzept des ›unsterblichen‹ königlichen Körpers enthalten ist.

555 Vgl. dazu die Ansichten unterschiedlicher Wissenschaftler und Schriftsteller in: Arthur Kirchhoff (Hg.), Die Akademische Frau. Gutachten hervorragender Universitätsprofessoren, Frauenlehrer und Schriftsteller über die Befähigung der Frau zum wissenschaftlichen Studium und Berufe, Berlin 1897.

556 1. Kor 10,17.

557 Röm 12,5; vgl. auch 1. Kor. 12,27.

558 Eph 5,23 u. 28.

559 Kantorowicz, Die zwei Körper des Königs, S. 39.

560 Ebd., S. 222.

561 Ebd., S. 225.

562 Theodor Gottfried v. Hippel, Über die Ehe, Berlin 1774, S. 96.

563 Mitteilung des Ministeriums für Kultus, Jugend und Sport Baden Württemberg v. 13. 7. 1998, Nr. 119 (1998).

564 Assmann, Das kulturelle Gedächtnis, S. 206.

565 Ebd., S. 201.

566 Lev 19,3.

567 Vgl. z. B. H. Eilberg-Schwartz (Hg.), People of the Body. Jews and Judaism From an Embodied Perspective, New York 1992.

568 Assmann, Das kulturelle Gedächtnis, S. 127.

569 Ex 29,46.

570 Alfred Marx, Opferlogik im alten Israel, in: Bernd Janowski, Michael Welker (Hg.), Opfer. Theologische und kulturelle Kontexte, Frankfurt/M. 2000, S. 129–149, hier S. 140.

571 Ebd.
572 Mimi Lipis, Symbolic Houses and Hybrid Places of Belonging in Judaism. The Sukkah, Dissertation, unveröffentl. Manuskript.
573 Paula E. Hyman, Gender and the Immigrant Jewish Experience in the US, in: Judith R. Baskin (Hg.), Jewish Women in Historical Perspective, 2. Aufl., Detroit 1999, S. 312–336, hier S. 314.
574 Esposito, Von Kopftuch bis Scharia, S. 185.
575 Ahmed, Women and Gender in Islam, S. 40.
576 Ebd., S. 47.
577 Hans Jonas, Gnosis. Die Botschaft des fremden Gottes, hrsg. v. Christian Wiese, Frankfurt/M. 1999, S. 26.
578 Ebd., S. 45.
579 Ebd.
580 Ebd., S. 81.
581 Ebd., S. 87.
582 Ebd., S. 89.
583 Ebd., S. 71.
584 Ebd., S. 92.
585 Ebd., S. 94.
586 Ebd., S. 100 f.
587 Sure 2:143.
588 Esposito, Von Kopftuch bis Scharia, S. 189.
589 Ebd., S. 31.
590 Ebd., S. 57.
591 Ebd.
592 Ammann, Privatsphäre und Öffentlichkeit, S. 80 f.
593 Ahmed, Women and Gender in Islam, S. 54.
594 Damir-Geilsdorf, Politische Utopie und Erinnerung, S. 87.
595 Ahmed, Women and Gender in Islam, S. 4.
596 Ebd., S. 19.
597 Ebd., S. 19 f.
598 Ebd., S. 28.
599 Ebd., S. 30.
600 Ebd., S. 33.
601 Ebd.
602 Ebd., S. 60.
603 Ebd., S. 62.
604 Ebd., S. 67.
605 Ebd.
606 Zit. in ebd., S. 85.
607 Elaine Pagels, Adam, Eva und die Schlange. Die Theologie der Sünde, Reinbek 1991, S. 188.

608 Ebd., S. 191.
609 Ahmed, Women and Gender in Islam, S. 93.
610 Ebd.
611 Ebd., S. 45.
612 Ebd., S. 87.
613 Ebd.
614 Ebd., S. 46.
615 Ebd., S. 61.
616 Allam, Islam in einer globalen Welt, S. 92.
617 Ahmed, Women and Gender in Islam, S. 142 f.
618 Zit. ebd., S. 147.
619 Ebd., S. 146.
620 Ebd., S. 145.
621 Evelyn Baring (Lord Cromer), Modern Egypt, New York 1908, Bd. 2, S. 134.
622 Ebd., S. 538.
623 Ebd., S. 538 f.
624 Ahmed, S. 153.
625 Zit. ebd.
626 Ebd., S. 151.
627 Ebd.
628 Zit. ebd., S. 153.
629 Ebd., S. 154.
630 Ebd.
631 Ebd.
632 Ebd.
633 Ebd., S. 155.
634 Beth Baron, Egypt as a Woman. Nationalism, Gender and Politics, Los Angeles, London 2005.
635 Beth Baron, Nationalist Iconography. Egypt as a Woman, in: James Jankowski, Israel Gershoni (Hg.), Rethinking Nationalism in the Middle East, New York 1997, S. 104–124, hier S. 107.
636 Ebd.
637 Ebd.
638 Baron, Nationalist Iconography, S. 113.
639 Zit. in Ahmed, Women and Gender in Islam, S. 160 f.
640 Ebd., S. 164.
641 Ebd., S. 163.
642 Ebd., S. 166.
643 Ebd., S. 167.
644 Ebd., S. 194.
645 Ebd., S. 210.
646 Ebd., S. 222.

647 Ebd., S. 223.
648 Fadwa El Guindi, Veiled Activism. Egyptian Women in the Contemporary Islamic Movement, in: Femmes de la Méditerranée Peuples Meditéranéens, 22/23 (1983), S. 87 f.
649 Ahmed, Women and Gender in Islam, S. 225.
650 Ebd.
651 Ebd.
652 Ebd.
653 Ebd., S. 244 f.
654 Ebd., S. 247.
655 Elizabeth Fox-Genovese, Feminism without Illusions. A Critique of Individualism, Chapel Hill 1991, S. 137 f., 14, 31.
656 Christiane Schlötzer, Ehren-Morde in der Türkei, in: Süddeutsche Zeitung, 19. 1. 2004.
657 Ebd.
658 Christine Schirrmacher, idea. Organ des Instituts für Islamfragen der Deutschen Evangelischen Allianz, April 2005; vgl. auch http://www.idea.de/shop/index.php?cat=c41_Christenverfolgung.html.
659 Bernhard Laum, Heiliges Geld. Eine historische Untersuchung über den sakralen Ursprung des Geldes, Tübingen 1924, S. 64, neu aufgelegt: Berlin 2006; wir zitieren nach der Originalausgabe.
660 Benedict Anderson, Die Erfindung der Nation. Zur Karriere eines folgenreichen Konzepts, Berlin 1998, S. 37.
661 Ebd., S. 14.
662 Ebd.
663 Ebd., S. 16.
664 Ebd., S. 79.
665 Ebd., S. 16.
666 In Spanien, wo solche Tötungen noch häufiger vorzukommen scheinen, wurde kürzlich die Regierung von Amnesty International und der UNO aufgefordert, Maßnahmen zum Schutz der Frauen zu ergreifen. Vgl. http://news.amnesty.org.
667 Der Tagesspiegel, 2. 5. 2005.
668 Kugelhagel ›aus Liebe‹, in: Der Tagesspiegel, 25. 8. 2005.
669 Helen Fischer, Why We love? The Nature and Chemistry of Romantic Love, New York 2005, S. 177.
670 Der Tagesspiegel, 9. 6. 2006.
671 Erica Goode, When Women Find Love is Fatal, in: New York Times, 15. 2. 2000, F1. Hinweise auf einen Teil dieses statistischen Materials verdanken wir Rainer Stadler (Süddeutsche Zeitung), dem wir an dieser Stelle dafür danken.
672 Ebd.

673 Dazu ausführlicher: Braun, Versuch über den Schwindel, 6. Kapitel.

674 »Es sei daran erinnert, daß die sogenannte jüdische Orthodoxie ein Produkt des europäischen neunzehnten Jahrhunderts ist; Moses Mendelssohn, der 1786 in Berlin starb, bezeichnete sich selbst nicht als orthodoxen Juden, obwohl er sich streng an die Tora hielt. Das gleiche gilt für Maimonides oder die rabbinischen Gelehrten, die den Talmud herausgaben. Auch König David bezeichnete sich nicht als orthodox.« Paul Mendès-Flohr, Wissensbilder im modernen jüdischen Denken, in: Ulrich Raulff, Gary Smith (Hg.), Wissensbilder. Strategien der Überlieferung, Berlin 1999, S. 221–240, hier S. 229.

675 »Ihren Anfang nahm die Säkularisierung des jüdischen Wissens in Berlin, wo in den zwanziger und dreißiger Jahren des neunzehnten Jahrhunderts eine akademische Disziplin mit dem bezeichnenden Namen Wissenschaft des Judentums ins Leben gerufen wurde.« Mendès-Flohr, Wissensbilder, S. 232.

676 Allam, Islam in einer globalen Welt, S. 87.

677 Dan Diner, Revolutionizing the Wider Middle East? A Historical Perspective on a Changing Order, Vortrag auf der Tagung: ›Violence or Dialogue: Between Collective Fantasy and Collective Denial‹, Berlin 10.–12. Juni 2004.

678 Göle, Republik und Schleier, S. 134.

679 Zit. ebd., S. 136.

680 Ebd., S. 115.

681 Bernard Lewis, The Emergence of Modern Turkey, 2. Auflage, Oxford 1968, S. 14.

682 Ebd., S. 16.

683 Ebd., S. 17.

684 Ebd., S. 34.

685 Ebd., S. 35.

686 Zit. ebd., S. 41.

687 Ebd., S. 53.

688 Ebd., S. 54.

689 Ebd., S. 41.

690 Ebd., S. 42 f.

691 Ebd., S. 43.

692 Zit. ebd., S. 44.

693 Ebd., S. 52.

694 Ebd., S. 52 f.

695 Ebd., S. 53 f.

696 Ebd., S. 58.

697 Ebd., S. 59.

698 Ebd., S. 60.

699 Ebd., S. 61.
700 Ebd.
701 Ebd., S. 77.
702 Ebd., S. 79.
703 Ebd., S. 71.
704 Ebd., S. 72.
705 Ebd., S. 81.
706 Ebd., S. 91.
707 Ebd., S. 95.
708 Ebd., S. 33.
709 Ebd., S. 13.
710 Ebd., S. 31.
711 Ebd.
712 Ebd., S. 128.
713 Ebd., S. 34.
714 Ebd., S. 13.
715 Ebd., S. 104.
716 Ebd., S. 105.
717 Zit. ebd., S. 114.
718 Ebd., S. 122.
719 Allam, Islam in einer globalen Welt, S. 12.
720 Zit. n. Lübben, Nationalstaat und islamische *umma* bei Hasan al-Bannā, S. 125.
721 Ebd.
722 Jeffrey M. Peck, Virtual Identities. Constructing New German Jewish Identities Through IT, unveröffentl. Manuskript; vgl. ders., Being Jewish in the New Germany, New Brunswick 2006.
723 Mark Poster, What's the Matter with the Internet, Minneapolis, London 2001, S. 148 ff.
724 Ebd., S. 167 f.
725 Ebd., S. 167.
726 Allam, Islam in einer globalen Welt, S. 160.
727 Ebd., S. 155.
728 Ebd.
729 Ebd.
730 Ebd.
731 Ferdinand Tönnies, Gemeinschaft und Gesellschaft, Leipzig 1887.
732 Allam, Islam in einer globalen Welt, S. 60.
733 Ebd., S. 156.
734 Ebd.
735 Ebd., S. 157.
736 Ebd.

737 Ebd., S. 161.

738 Ebd., S. 89.

739 Ebd., S. 116.

740 Ebd., S. 170.

741 Ebd., S. 173.

742 Olivier Roy, zit. ebd., S. 174.

743 Ebd., S. 176.

744 AG »Muslimische Frau in der Gesellschaft«: Appell muslimischer Frauen an die PolitikerInnen in Deutschland, http://Muslimat-berlin.de.

745 Der Islam »ist die größte Minderheitenreligion in Europa«, dennoch sind Muslime, so die Politikwissenschaftlerin Jytte Klausen in einer aktuellen Studie, »in den europäischen Machteliten stark unterrepräsentiert«. Innerhalb der Europäischen Union ist Deutschland nicht nur eines der Länder mit dem restriktivsten Einwanderungsrecht. In Deutschland ist nur ein Sechstel der hier lebenden erwachsenen Muslime wahlberechtigt. Zum Vergleich: In Großbritannien sind es mehr als die Hälfte. Zudem beschreiben drei Viertel der muslimischen Einwanderer sich als Briten (S. 17). »Einschränkende Einbürgerungsrichtlinien bewirken, daß der Status ›Ausländer‹ häufig über Generationen hinweg weitergegeben wird, so daß politische Parteien dazu tendieren, muslimische Wählerinnen und Wähler zu ignorieren, denn Nichtbürger können nicht zur Wahl stehen und auch nicht an Wahlen teilnehmen« (ebd.). Diese ›Vererbung‹ des Ausländerstatus von den Eltern auf die Kinder und Enkel führt, so Klausen weiter, dazu, daß die Integration der MigrantInnen in der Generationenfolge nicht leichter, sondern zunehmend schwieriger wird. Vgl. dazu Jytte Klausen, Europas neue muslimische Elite, in: Aus Politik und Zeitgeschichte (APuZ), 20 (2005), S. 15–23.

746 Vgl. Emmanuel Richter, Die Einbürgerung des Islams, in: APuZ, 20 (2005), S. 3–7.

747 Ebd., S. 4.

748 Ebd.

749 http://www.quantara.de/webcom Artikel: Elena Ern, Wie ein Dach auf einem Haus.

750 Göle, Die sichtbare Präsenz des Islam, S. 23.

751 Ebd., S. 24.

752 Göle, Republik und Schleier, S. 113–115.

753 Oestreich, Der Kopftuch-Streit, S. 132.

754 AG »Muslimische Frau in der Gesellschaft«, 12 wichtige Aspekte zur Debatte über »das Kopftuch« und muslimische Frauen, http://Muslimat-berlin.de.

755 Fatima Az-Zahra Sagir, Jenseits des Zeigefingers, Schlangenbrut, 77 (2002), zit. in Oestreich, Der Kopftuch-Streit, S. 152.
756 Karakasoğlu, Geschlechtsidentitäten (gender) unter türkischen
Migranten und Migrantinnen in der Bundesrepublik, S. 47.
757 Sigrid Nökel, Muslimische Frauen und öffentliche Räume.
Jenseits des Kopftuchstreits, in: Ammann, Göle (Hg.), Islam in
Sicht, S. 283–308, hier S. 286.
758 Oestreich, Der Kopftuch-Streit, S. 31.
759 Karakasoğlu, Geschlechtsidentitäten (gender) unter türkischen
Migranten und Migrantinnen in der Bundesrepublik, S. 43.
760 Nökel, Muslimische Frauen und öffentliche Räume, S. 298.
761 Oestreich, Der Kopftuch-Streit, S. 132.
762 Karakasoğlu, Stellungnahme zu den Motiven von jungen
Musliminnen in Deutschland für das Anlegen eines Kopftuchs,
angefordert vom Landtag Nordrhein-Westfalen. http://
www.wz-berlin/zkd/aki/files/karakasoglu_gutachten_kopf-
tuch.pdf.
763 Nökel, Muslimische Frauen und öffentliche Räume, S. 305.
764 Werner Schiffauer, zit. in Oestreich, Der Kopftuch-Streit,
S. 151.
765 Sabine Schiffer, Der Islam in deutschen Medien, in: APuZ,
20 (2005), S. 23–30, hier S. 25.
766 Die Tageszeitung, 22. 9. 2003, S. 5.
767 Frantz Fanon, Algerien legt den Schleier ab, S. 26.
768 Zit. n. Richard P. Mitchell, The Society of the Muslim Brothers,
London 1969, S. 257.
769 Gayatri Spivak, The Postcolonial Critic, New York 1990,
S. 284–290.
770 Richard Poulin, La Mondialisation des industries du sexe.
Prostitution, pornographie, traité des femmes et des enfants,
Paris 2005, S. 11.
771 Maxime Rodinson, Islam und Kapitalismus, Frankfurt/M. 1986.
772 Ebd., S. 56.
773 Ebd., S. 41.
774 Ebd., S. 44.
775 Ebd., S. 47.
776 Ebd., S. 65 f.
777 Ebd., S. 194 f.
778 Ebd., S. 149.
779 Ebd., S. 114.
780 Ebd., S. 117.
781 Charles C. Torrey, The Commercial-theological Terms in the
Koran, Leyden 1892, S. 48.
782 Rodinson, Islam und Kapitalismus, S. 208.

783 Ebd., S. 279 f.
784 Ebd., S. 280.
785 Karl Marx, Ökonomisch-philosophische Manuskripte (1844), in: Marx-Engels Werke, 2. erg. Auflage, Berlin 1968, Bd. 1, S. 547.
786 Zit. n. Rita Schober, Das Geld. Geschichtliche Befunde und erfundene Geschichte, Nachwort zu: Emile Zola, Das Geld. Roman, Berlin 1983, S. 306.
787 Georg Simmel, Philosophie des Geldes, 2. vermehrte Auflage, Leipzig 1907, S. 99.
788 Laum, Heiliges Geld.
789 Elias Canetti, Masse und Macht, München, Regensburg 1960, Bd. 1, S. 205.
790 Laum, Heiliges Geld, S. 7.
791 Ebd., S. 17, 25.
792 Ebd., S. 29.
793 Ebd., S. 23.
794 Ebd., S. 39.
795 Ebd.
796 Zit. n. ebd., S. 32.
797 Ebd., S. 57.
798 Ebd., S. 48.
799 Ebd., S. 49.
800 Ebd., S. 52.
801 Ebd., S. 29.
802 Ebd., S. 85.
803 Ebd., S. 86.
804 Ebd., S. 87 f.
805 E. Reisch, Griechische Weihgeschenke, S. 9, zit. n. ebd., S. 88.
806 Ebd., S. 84.
807 Ebd., S. 89.
808 Ebd., S. 90.
809 Simmel, Philosophie des Geldes, S. 185.
810 Ebd., S. 425.
811 Ebd., S. 489.
812 Laum, Heiliges Geld, S. 92.
813 Ebd., S. 102.
814 Ernst Curtius, Der religiöse Charakter der griechischen Münzen, in: Monatsberichte der Königlich Preußischen Akademie der Wissenschaften zu Berlin (1869), Berlin 1870, S. 466 f.
815 Laum, Heiliges Geld, S. 95.
816 Ebd., 109.
817 Jochen Hörisch, Brot und Wein. Die Poesie des Abendmahls, Frankfurt/M. 1992.
818 Laum, Heiliges Geld, S. 115.

819 Ebd., S. 117.
820 Ebd., S. 118.
821 Alfred Kallir, Sign and Design, Berlin 2002, S. 40.
822 Laum, Heiliges Geld, S. 127.
823 Ebd., S. 139.
824 Ebd., S. 142.
825 Ebd., S. 144.
826 Ebd., S. 143.
827 Ebd., S. 149 f.
828 Ebd., S. 153.
829 Ebd., S. 150 f.
830 Kantorowicz, Die zwei Körper des Königs, S. 40.
831 Laum, Heiliges Geld, S. 150 f.
832 Horst Kurnitzky, Triebstruktur des Geldes. Ein Beitrag zur Theorie der Weiblichkeit, Berlin 1974, S. 154 f.
833 Laum, Heiliges Geld, S. 99.
834 Rodinson, Islam und Kapitalismus, S. 131.
835 Laum, Heiliges Geld, S. 127.
836 Ebd., S. 91 f.
837 Ebd., S. 92.
838 Zit. in Rodinson, Islam und Kapitalismus, S. 61.
839 Lewis, The Emergence of modern Turkey, S. 28 ff.
840 Laum, Heiliges Geld, S. 133.
841 Ebd., S. 135.
842 Ebd., S. 128 f. Die unterschiedlichen Angaben zu den Verhältnissen (13½ bzw. 13⅓) befinden sich im Original.
843 Pauly-Wissowa-Kroll, zit. n. Laum, Heiliges Geld, S. 129.
844 Canetti, Masse und Macht, S. 205.
845 Laum, Heiliges Geld, S. 137.
846 Vgl. Kurnitzky, Triebstruktur des Geldes, S. 49 ff.
847 Laum, Heiliges Geld, S. 66.
848 Ebd., S. 67.
849 Nicole Loraux, Die Trauer der Mütter. Weibliche Leidenschaft und die Exzesse der Politik, Frankfurt/M., New York 1990.
850 Laum, Heiliges Geld, S. 72.
851 Ebd., S. 146.
852 Kurnitzky, Triebstruktur des Geldes, S. 40.
853 Gary Taylor, Castration. An Abbreviated History of Western Manhood, New York 2002.
854 Lutz Mackensen, Ursprung der Wörter. Etymologisches Wörterbuch der deutschen Sprache, Wiesbaden 1985, S. 204.
855 Zit. n. Iwan Bloch, Handbuch der Gesamten Sexualwissenschaft in Einzeldarstellungen. Bd. 1: Die Prostitution, Berlin 1912, S. 544.

856 The Oxford English Dictionary (OED), 5. Aufl., hrsg. v. J. A. Simpson, Oxford 1964, S. 95.

857 Kurnitzky, Triebstruktur des Geldes, S. 151.

858 Ebd., S. 159 f.

859 Oliver Stoll, Gemeinschaft in der Fremde. Xenophons ›Anabasis‹ als Quelle zum Söldnertum im Klassischen Griechenland, in: Göttinger Forum für Altertumswissenschaft, 5 (2002), S. 123–183, hier S. 127.

860 Zit. ebd., S. 125.

861 Ebd., S. 130.

862 Laum, Heiliges Geld, S. 82.

863 Ebd., S. 81.

864 Volkert Haas, Babylonischer Liebesgarten, S. 80.

865 Bloch, Prostitution, S. 75.

866 Ebd., S. 123.

867 Ebd., S. 124.

868 Ebd., S. 90.

869 Ebd., S. 92 f.

870 J. J. Döllinger, Heidentum und Judentum. Vorhalle zur Geschichte des Christentums, Regensburg 1857, S. 398 f.

871 Ebd., S. 80.

872 Strabo, VIII, 6,20, zit. n. Bloch, Prostitution, S. 85.

873 Bloch, Prostitution, S. 107.

874 Spr 2,16

875 Ahmed, Women and Gender in Islam, S. 104.

876 Den Begriff übernehme ich von Pierre Klossowski, Die lebende Münze, Berlin 1998.

877 Bloch, Prostitution, S. 215 ff.

878 Ebd., S. 321.

879 Ebd., S. 357.

880 Ebd., S. 240.

881 Ebd., S. 363. Plautus schreibt in ›Truculentus‹: »Denn fürwahr/ Der Kuppler und der Huren gibt es jetzt fast mehr,/Als je der heißeste Sommertag sonst Fliegen bringt./Trifft man sie sonst nicht, lagern sie doch scharenweise/Sich um die Wechseltische den lieben langen Tag./Und da gehören sie auch hin.« (I,1, 45 ff.).

882 Ebd., S. 335 ff., 340.

883 Ebd.

884 Ebd., S. 324.

885 Ebd., S. 446.

886 Ebd., S. 354.

887 Ebd.

888 Simmel, Philosophie des Geldes, S. 413.

889 Canetti, Masse und Macht, S. 206 f.

890 Ebd., S. 207.

891 Franz W. Krassel, Privatrecht und Prostitution. Eine sozial-juristische Studie, Leipzig, Wien 1894, zit. in Bloch, Prostitution, S. 30.

892 Ebd., S. 36.

893 Ebd., S. 385.

894 Ebd., S. 51.

895 Ebd., S. 70.

896 Ebd., S. 71.

897 Ebd., S. 197 f.

898 Ebd., S. 212.

899 Ebd., S. 219.

900 Ebd., S. 252.

901 Ebd., S. 354.

902 Ebd., S. 210.

903 Simmel, Philosophie des Geldes, S. 351.

904 Ebd., S. 670.

905 Jakob Grimm, Deutsche Mythologie, Einleitung v. Leopold Kretzenbacher, Berlin 1875–1878. Photomechanischer Nachdruck, Graz 1968, Bd. II, S. 941.

906 Bloch, Prostitution, S. 475 f.

907 Euripides, Hippolytus, übers. u. hrsg. v. Dietrich Bender, Berlin 1975, Vers 616 ff.

908 Bloch, Prostitution, S. 641 ff.

909 Ebd., S. 739.

910 Ebd., S. 731 f.

911 Ebd., S. 672.

912 Ebd., S. 759.

913 Simmel, Philosophie des Geldes, S. 278 f.

914 Carlo M. Cipolla, ›Ghost Money‹, in: ders., Money, Prices and Civilization in the Mediterranean World, Princeton 1956, S. 42.

915 Bloch, Prostitution, S. 808.

916 Nicolas v. Oresme, De Mutatione Monetarium. Traktat über Geldabwertung, Berlin 1999.

917 M. Rabutaux, De la prostitution en Europe depuis l'antiquité jusqu'à la fin du XVIe siècle, Paris 1865, S. 58 f.

918 John Law, Money and Trade Considered with a Proposal for Supplying the Nation with Money (1705), in: Œuvres Complètes de Law, 3 Bde., hrsg. v. P. Harsin, Paris 1934–1935.

919 Bloch, Prostitution, S. 206.

920 Zur Gräfin Beauvilliers, die schließlich ihre letzten Ersparnisse (und damit die bescheidene Mitgift ihrer Tochter) in die Banque Universelle steckt und dafür sogar den letzten Land-

besitz veräußert, sagt Saccard: »Grundbesitz hieß Stagnation des Geldes, dessen Wert wir verzehnfacht haben, indem wir es in Form von Papiergeld und Wertpapieren aller Art aus dem Bereich des Handels und der Banken in Umlauf brachten. So wird die Welt erneuert werden, denn nichts war möglich ohne das Geld, ohne das flüssige Geld, das umläuft und überall eindringt ...« Zola, Das Geld, S. 95.

921 Ebd., S. 192.
922 Ebd., S. 197.
923 Ebd., S. 195.
924 Thomas Hobbes, Leviathan. Oder Stoff, Form und Gewalt eines kirchlichen und bürgerlichen Staates, hrsg. und eingeleitet v. Iring Fetscher, Frankfurt/M. 1999, S. 194.
925 Zola, Das Geld, S. 86.
926 Ebd., S. 102.
927 Poulin, La Mondialisation des industries du sexe, S. 12.
928 Ebd., S. 13.
929 Ebd., S. 21 f.
930 Ebd., S. 22.
931 Ebd., S. 44.
932 Ebd., S. 69 f.
933 Sabine Dusch, Le Trafic d'êtres humains, Paris 2002, S. 109.
934 Poulin, La Mondialisation des industries du sexe, S. 22.
935 Canetti, Masse und Macht, S. 204.
936 Poulin, La Mondialisation des industries du sexe, S. 23.
937 Ebd., S. 27.
938 Ebd., S. 28.
939 Ebd., S. 29.
940 Richard Reichel, Karin Topper, Prostitution. Der verkannte Wirtschaftsfaktor, in: Aufklärung und Kritik, Zeitschrift für freies Denken und humanistische Philosophie, 10 (2003), Sonderdruck, S. 1–29, hier S. 10.
941 Karla Sponar, Fast ungestört und salonfähig. Menschenhandel – eine neue Form der Sklaverei, Deutschlandfunk, Hintergrund Politik, 9. 12. 2004.
942 Non à la pénalisation de nos clients, in: Libération, 12. 7. 2006.
943 Ebd., S. 187.
944 Ebd.
945 Süddeutsche Zeitung, 10. 3. 2004.
946 Ebd., S. 18.
947 Foucault, Sexualität und Wahrheit, S. 139 ff.
948 Poulin, La Mondialisation des industries du sexe, S. 185.
949 Ebd., S. 86.
950 Non à la pénalisation de nos clients, in: Libération, 12. 7. 2006.

951 Sabine Grenz, (Un)heimliche Lust. Über den Konsum sexueller Dienstleistungen, Wiesbaden 2005.

952 Der Spiegel, 47, 15. 11. 2004, S. 60.

953 Rotraut Wiedemann, Koordinatorin ›Häusliche Gewalt‹ bei der Berliner Polizeidirektion 5, die hier über das Unwissen türkischer Frauen über die Menschenrechten berichtet. In: Der Spiegel, 47, 15. 11. 2004, S. 74 f.

954 Die Rechtsanwältin Seyran Ates im Gespräch mit der Tageszeitung, zit. n. FAZ.NET, 19. 4. 2005.

955 Der Spiegel, 47, 15. 11. 2004, S. 66.

956 Die Junge Freiheit, 11. 3. 2005

957 Ebd.

958 Süddeutsche Zeitung, 10. 3. 2004

959 Der Theologe Adolf v. Harnack hat das Christentum beschrieben als eine »monotheistische Weltreligion auf dem Grunde des Alten Testaments und des Evangeliums, aber aufgebaut mit den Mitteln der hellenischen Spekulation und Ethik«. Adolf Harnack, Lehrbuch der Dogmengeschichte, 3. Aufl., Freiburg i. Br. 1894, Bd. I, S. 785 f. Nietzsche hat die christliche Lehre als ›Platonismus fürs Volk‹ bezeichnet. Friedrich Nietzsche, Jenseits von Gut und Böse, Vorrede. Vorspiel einer Philosophie der Zukunft, in: Kritische Gesamtausgabe, hrsg. v. Giorgio Colli u. Mazzino Montinari, Berlin 1968, 2. Bd., 6. Hauptstück, 6. Abt., S. 4.

960 Simmel, Philosophie des Geldes, S. 499.

961 www.zwangsheirat.de.

962 Die Zeit, 4, Januar 2006.

963 Ebd.

964 Der Tagesspiegel, 16. 5. 2006.

965 Claudia Koonz, Ethnische Panik. Das Kopftuch in den französischen und britischen politischen Kulturen, Vortrag an der Humboldt-Universität zu Berlin v. 24. 5. 2006.

966 Zygmunt Bauman, Globalization. The Human Consequences, New York 1998; ders., Verworfenes Leben. Die Ausgegrenzten der Moderne, Hamburg 2005.

967 Klaus Theweleit, Das Land, das Ausland heißt. Essays, Reden, Interviews zu Politik und Kunst, München 1995.

968 Hans-Lukas Kieser, Dominik J. Schaller (Hg.), Der Völkermord an den Armeniern und die Shoah. The Armenian Genocide and the Shoah, Zürich 2002.

Bildnachweis

Der Spiegel Bildarchiv, Hamburg 21
Corbis, Düsseldorf 24
Musèe de l'homme, Paris 25
Picture-Alliance, Frankfurt 27, 37, 59, 261, 358
Abdel Wahed el-Wakil, James Steele, An architecture for people. The complete works of Hassan Fathy, London 1997 69
Metropolitan Museum of Art, New York 120
Cinetext, Frankfurt 157
AFP, Berlin 159, 163, 193
Gaetano Petrioli, Tabulae anatomicae, Rom 1741 160
Capitol Museum, Rom 169
John Sparagana 182, 183
Malek Alloula, The Colonial Harem, Minneapolis 1989 204, 205
The Beauty Academy of Kabul, Regie: Liz Mermin, 2005 (Standfoto) 223
Montgomery Watt, Der Einfluß des Islam auf das europäische Mittelalter, Berlin 2002 234, 235
Bilderberg. Archiv der Fotografen, Hamburg 339
Karl Valentin Erben c/o Rechtsanwalt Gunter Fette, München 403

Trotz intensiver Recherchen konnten nicht alle Rechtsinhaber ausfindig gemacht werden. Berechtigte Ansprüche bitten wir, an den Verlag zu richten.

Deborah Scroggins
Die weiße Kriegerin
Ein Schicksal in Afrika
Aus dem Englischen von Katja Klier
420 Seiten. Gebunden
ISBN 3-351-02636-6

Eine Frau in Afrika

Die dramatische Lebensgeschichte der Emma McCune, die sich
im vom Bürgerkrieg zerrütteten Sudan in einen schwarzen
Rebellen verliebte und auf mysteriöse Weise ums Leben kam:
Als Emma, die mit ihrem glamourösen Auftreten und ihrer
außergewöhnlichen Schönheit Aufsehen erregte, den charisma-
tischen Rebellenführer Riek Machar trifft, ist es Liebe auf den
ersten Blick. Doch die weiße Frau an der Seite des schwarzen
Mannes wird für einen Krieg innerhalb der Rebellentruppen
verantwortlich gemacht. Sie stirbt im Alter von 29 Jahren bei
einem Verkehrsunfall, dessen Umstände bis heute im dunkeln
liegen. Emma, Tochter reicher britischer Eltern, hatte in Oxford
studiert und ging schließlich für ein UNICEF-Projekt in den
Sudan, wo sie sich bald die Zuneigung der Bevölkerung erwarb.
In einfachsten Verhältnissen lebend, gelang es ihr, 110 Schulen
zu gründen, Hunger und Seuchen zu bekämpfen. Die vielfach
preisgekrönte Journalistin Deborah Scroggins erzählt Emmas
Leben in all seinen Facetten berührend und mitreißend.

Mehr Informationen erhalten Sie unter
www.aufbau-verlag.de oder in Ihrer Buchhandlung

AUFBAU VERLAGSGRUPPE

Hong Ying
Tochter des großen Stromes
Roman meines Lebens
Aus dem Chinesischen von Karin Hasselblatt
315 Seiten. Gebunden
ISBN 978-3-351-02638-7

Die Lebensgeschichte der chinesischen Bestsellerautorin

Geboren 1962, wächst Hong Ying in einem Elendsviertel an den Ufern des Yangtse auf. Das Mädchen hat Angst vor der Zukunft, und ahnt, daß eine schreckliche Geschichte hinter der Familie liegt. Zur Frau heranreifend, entdeckt sie Geist und Körper lustvoll und schmerzlich. Sie wird schwanger, verliert den Geliebten und das Kind. Als sie beschließt, ihr Schicksal selbst in die Hand zu nehmen, beginnt für sie ein neues Leben. »Tochter des großen Stromes« ist ein ehrliches und erschütterndes Selbstbekenntnis. In ihrer Autobiographie offenbart Hong Ying ihre abenteuerliche Vergangenheit und das Drama eines Landes. Von Kindheit an träumt sie von einem Leben ohne Armut und Leid, voller Liebe und Vertrauen. Doch es begegnen ihr nur Aberglaube, Hunger, Mißtrauen und Haß.

Mehr von Hong Ying im Taschenbuch:
Die chinesische Geliebte. Roman. AtV 2208
Der chinesische Sommer. Roman. AtV 2089

Mehr Informationen erhalten Sie unter
www.aufbauverlagsgruppe.de oder in Ihrer Buchhandlung

aufbau
AUFBAU VERLAGSGRUPPE